启笛

阅读中被照亮

Jens Ivo Engels

ALLES NUR GEKAUFT

追寻透明

[德] 延斯·伊沃·恩格尔斯　著

黄行洲　李烨　译

Korruption in der Bundesrepublik seit 1949

译　歌德学院（中国）翻译资助计划

北京大学出版社
PEKING UNIVERSITY PRESS

目录

在德国，反腐斗争在两德重新统一之前基本都是一个次要话题。

导　论

1981年底，《明镜周刊》（*der Spiegel*）在一篇文章[1]结尾处一语双关——“联邦德国 = 香蕉共和国”[1]。此时“弗利克事件”（die Flick-Affäre）刚刚拉开序幕，总部位于汉堡的《明镜周刊》首次报道了联邦德国首都波恩的政治家们涉嫌贪腐。把联邦德国说成“香蕉共和国”，这在1981年委实匪夷所思。当时还几乎无法想象，正是那些支持德国的政治家或一本正经的记者把香蕉共和国的概念和德国联系了起来。然而，这种情况很快就将改变。十六年之后，一位名叫沃尔夫哈特·贝格（Wolfhart Berg）的记者出版了一本书，书名就叫《德意志香蕉共和国》（*Bananen-republik Deutschland*）[2]。

时至今日，德国可能还有许多人本能地附和《明镜周刊》的观点。何谓香蕉共和国？香蕉共和国指的是政治体制腐败、不能与时俱进、工作效率低下的弱国。贝格在1997年出版的这本书中就清醒地认识到，“不管您信不信……我们所有人都深陷其中”，所说的就是腐败问题[3]。事实上，大约在两德重

---

[1] “BRD = Bananenrepublik”，BRD是“德意志联邦共和国”的德语缩写，与“香蕉共和国”（Bananenrepublik）中的字母B和r对应。这种一语双关的文字游戏颇具讽刺意味。香蕉共和国是对某种政治及经济体系的贬称，特指那些贪腐盛行、有强大外国势力介入、受其间接支配的傀儡国家。之所以叫“香蕉共和国”，是因为这类国家的经济通常依赖出口香蕉、可可、咖啡等经济作物。有关形容词也应用于具有裙带资本主义色彩的资本主义国家，在特定语境中专指美国在中南美洲操控的被保护国和傀儡政权。——译者注（本书脚注均为译者注）

新统一之后，德国政坛就开始对政治和行政中愈演愈烈的腐败现象展开了激烈讨论。

从此，这些位高权重、代表德国的人丑闻缠身。2012 年，联邦德国总统克里斯蒂安·武尔夫（Christian Wulff）因为涉嫌滥用职权被迫辞职。1999 年末，赫尔穆特·科尔（Helmut Kohl）卸任德国总理仅一年后，涉嫌接受非法政治献金和受贿的丑闻就被披露。20 世纪 90 年代初，巴登符滕堡州州长洛塔尔·施佩特（Lothar Späth）和巴伐利亚州州长马克斯·施特赖布尔（Max Streibl）因为受到类似指控相继辞职。大约同一时期，在外交礼仪上地位仅次于联邦总统的二号人物、德国联邦议院议长丽塔·苏斯穆特（Rita Süssmuth）险些因为两件事马失前蹄——这两件事分别涉嫌所谓公车私用和政府专机私用。

这份丑闻录（chronique scandaleuse）难免挂一漏万，但联邦德国无论如何算不上“香蕉共和国”。进一步仔细观察会发现，德国的国家机构在上述腐败丑闻中发挥了推波助澜的作用。检察院着手对武尔夫进行调查才是他辞职的直接原因。科尔公开承认了部分指控，他所在的政党基督教民主联盟必须向国家偿还高额款项。丽塔·苏斯穆特之所以得以保留原职，是因为她每次使用公车出行后都原原本本记录在案。仔细观察后很容易发现，德国和那些不实施贿赂就寸步难行的国家不一样。香蕉共和国一词经不起进一步推敲，它代表了一种喜欢小题大做的政治文化。

仔细观察之后还会有第二个发现：纵观德意志联邦共和国的历史，腐败问题绝非越来越严重，真正严重的政治腐败事件还要追溯到更早些时候。联邦议院存在贿选现象，这影响到了两个事关国家政治的重大决定：一是 1949 年确认以波恩取代美茵河畔的法兰克福作为首都，二是 1972 年通过提交建设性不信任案弹劾联邦总理维利·勃兰特（Willy Brandt）的计划以失败告终。在这两起事件中，腐败的议员都起到了决定性作用。但当时的德国还谈不上腐败盛行。

联邦德国早期何以对腐败行为如此宽容？后来的舆论评价又为什么对腐败行为不依不饶？探究这些问题能更好地了解“二战”结束以来德国政治和德国公众的自我理解，了解德国的道德观念、政治许可的界限、价值的转变，了解对经济和政治、政治家和民众之间关系的看法，以及丑闻化的运行机制等。

在此过程中，我们还将发现一些意想不到的联系。起初对腐败问题包容有加，很大程度上是为了精心呵护民主这棵“幼苗”；但它也源于一种今天看来值得怀疑的纳粹主义（Nationalsozialismus）观点（纳粹主义当时主要因为腐败而没有得到认可）。后来对腐败问题不依不饶则是媒体热衷于批评的结果。还有一个原因，那就是1990年以来反腐败一跃成为后意识形态环境下政治领域的一个主题。直到今天，在国际发展援助领域也几乎没有人批评“反腐+透明=富裕和民主化”这个简单的公式。恰恰是在自由市场力量、经济全球化和美国外交利益的共同作用下，腐败看起来像是凭空出现的一个人类中心话题。批判腐败官员成为一种主流论调，削弱了民众对公共行政的信任。在这种情况下，私有化、去政府干预、解构国家，以及最终削减社会福利都显得迫在眉睫。

在德国，反腐斗争在两德重新统一之前基本都是一个次要话题。20世纪80年代，随着弗利克财团政治献金丑闻被曝光，这一状况才得以改变。但是在两德重新统一后，随着法律修订、行业专家和一系列反腐机构的参与，反腐才成为一个独立的政治场域（Politikfeld）。全球最重要的反腐机构源自德国：德国人彼得·艾根（Peter Eigen）根据德国的法律创立了透明国际（Transparency International），该机构总部设在柏林。

从对腐败问题的讨论也可以看出人们对国家精英的信任何以迅速土崩瓦解。短短几年内，这种论调在关于腐败的讨论中尤为刺耳。考察有关腐败辩论的历史也能知道今天人们何以对政党和政治家嗤之以鼻。这段历史也和引入道德因素进行政治分析密切相关。此外，如果抛开20世纪90年代以来关于“透明”的历史，那就几乎无法书写腐败的历史。透明一词，以光线通透喻指一种更加美好、没有腐败的社会形式。即便政治家以“玻璃议员”（gläserne Abgeordnete）的形式登场，他们的承诺也很少能够兑现。民主政体的优势在于拥有作为修正手段的批判性媒体。可如果这种批判削弱了对其政治机构的信任，最终削弱了对民主政体合法性基础的信任，那该如何是好？今天，民主制度出现危机的原因多种多样，有关腐败的辩论历史可以为此提供一些细节。

这本书并非关于德国1945年以来的腐败史。贿选、行贿、结党、庇护、微观政治、幕后谈话和权力的暗箱操作等并非本书的研究对象，至少不是本书的直接研究对象。本书研究的是与这些腐败现象有关的辩论和丑闻。因此，我无意对德意志联邦共和国政界过去和现在是否确实腐败、在多大程度上腐败妄下判断。腐败不适合作为历史分析的范畴，单从这一点看，是否腐败的问题就无法回答。因为谁要是提到腐败，那就是在进行道德评判。此外，腐败也无法量化。营私舞弊、相互勾结和政治庇护等现象的增加或减少只能凭印象描述，无法精确计算。

对于政治文化而言，关于腐败的讨论是最有说服力的。贯穿全书的问题是：谁在什么时候谈论了政治腐败的哪些问题？此人为什么这么做？出于什么想法或者出于何种利益这么做？第二个问题虽然不是总能找到答案，但常常会有一些提示能够拓展我们的视角。因为在公开的讨论中，人们通常知道腐败现象的批判者和反腐人士是谁。因为他们在努力，这在当今的政治讨论中是可以理解的。在激烈的交锋中，持中立态度既无可能也无意义。然而历史学家的任务是退一步去调查那些看上去自然而然的事。人们究竟为什么批评腐败？为什么腐败长期以来是个冷门话题？这种批判会带来哪些意想不到的后果？这种批判有哪些驱动力，会导致哪些后果？这种批判如何影响共和国的政治文化和自我形象？另外还有一些更为具体的问题也很有意思，比如为什么没有属于左翼的对腐败的批评，或者对权威持批判态度的左翼自由主义者和主张市场自由的腐败批评者是如何走到一起的。

本书时间上的转折点和关键点是两德重新统一之后的年份。全球和德国国内因素对有关腐败的辩论如火如荼起了推波助澜的作用。尽管这种转变已有先兆，比如弗利克政治献金丑闻，以及1970年代和1980年代最早的、小心翼翼围绕透明展开的辩论。然而，对这场辩论起决定性作用的是波恩共和国（die Bonner Republik）和柏林共和国（die Berliner Republik）处理政治腐败做法的巨大反差。如果认为1980年之前没有任何针对腐败的批判，那无疑是一种错误的印象。

从本书第一部分论述联邦德国早期关于腐败的讨论中，可以看出当时也已经有了批判性的新闻报道，也存在种种丑闻和事件。人们普遍认为，服从权威的阿登纳（Konrad Adenauer）时代没有腐败；但事实恰恰相反——即便阿登纳这位共和国的开国总理也未能幸免，成为有关腐败辩论的对象。不过当时的批评非常务实，主要针对个人，很少抨击政治制度。联邦德国成立最初几十年的显著特点是没有进行与腐败问题相关的讨论，也不存在反腐斗争的政治场域。因此，我也是按照编年史顺序讨论各种事件和辩论，这种讨论大都受限于事件和辩论的动机。曾经有一种超越党派的共识，认为德国的政治家和行政机构并不腐败。1981 年的弗利克事件改变了这种论调。此时，政党的权力及其与商界的联系引起了人们的关注。不仅新闻媒体质疑许多政治家为人是否正直，联邦议院也就此进行了公开讨论，德国的政治体制看似陷入了黑暗之中。

全球化时代，一个国家的历史几乎不可能被孤立地书写，德国的历史尤其如此。但具有苏联特色的社会主义[2]在全球范围的崩塌直接促成了两德重新统一。腐败的历史如果不放在全球化和国际发展政策的背景下也无法理解。因此，本书第二部分探讨全球的反腐斗争。首先我会介绍反腐斗争的思想史，阐述的背景是新自由主义及与之相关的各种国家发展理论和发展目标。其次我会介绍解决腐败问题的有效模式——透明。最后我会介绍国际反腐败政策中最重要的政治发展趋势和人物，尤其要着重说明透明国际的作用，然后再谈谈反腐政策在南半球国家的政治后果。

本书的第三部分涉及柏林共和国的前 20 年，从两德重新统一到 2012 年克里斯蒂安·武尔夫辞职。我首先探讨转型时期和后转型时期的情况。腐败对这一时期的影响微乎其微。其次我将介绍反腐斗争这一新的政治场域是如何伴随着越来越多的媒体报道和文献形成的，政治透明在德国也发挥了重要作用，与此相关的一些要求可以回溯到 1970 年代早期。有关议员收入和忠诚度的讨论，以及议员为实现透明所付出的

[2] 也译国家社会主义、国有社会主义，专指 19 世纪德国首相俾斯麦推行的福利制度和政策。本书为了和广为人知的希特勒的纳粹主义或国家社会主义（Nationalsozialismus）区分而选择王朝社会主义这一译名。

努力等都促使我思考透明承诺的悖论和界限。最后，我将按时间顺序列举两德重新统一后最重大的腐败丑闻；这些丑闻不仅涉及政治家，在两个案例中还涉及大型企业：大众汽车公司和奔驰汽车公司。

一、什么是腐败?

我们需要界定究竟什么是腐败。如前所述，本书关注的不是特定的提供好处、行贿受贿或中饱私囊的行为，而是有关腐败的辩论和评价。这些辩论的话题比较零散，这是其特点之一。只有在极少数情况下，辩论的话题局限于某次贿选，或是收受金钱或礼物后做出的政治决定，通常包括怀疑官员或议员违规收取好处，混淆政党和国家利益，政党融资以及政界和商界的关系等问题。最晚从1990年代开始，政治家的每一种收入——不论是正式津贴还是兼职所得似乎都背上了以权谋私的名声，甚至努力在党内获取权力也可能被认为是一种腐败形式。关于腐败的政治辩论常常导致常见的关于道德和规矩、政治家优势和公共利益劣势的争论——虽然这只是个极端的例子。

从腐败的词义入手讨论，能够在一定程度上解释何以会出现腐败[4]。按照传统的定义，腐败指的是滥用公权实现个人利益的行为。透明国际等组织给出的新定义则比较宽泛：腐败指的是滥用公众委托的权力谋取私利[5]。所有定义中重要的一点是私人利益和公共利益之间的矛盾，腐败始终是一种滥用行为——集体在此过程中遭受损失，官员或其他非公共领域的参与者则从中受益。按照这种理解，腐败总是对公众不利，从而不利于国家目标的实现。还有一个问题始终挥之不去：作为人民代表的官员和政治家在决策中有多大的自由裁量空间，可以得到哪些好处。

之所以出现这种冲突，只是因为个人和私人领域之间以及个人与公共领域之间要划出界限。我们还会发现，划定这种界限并不容易。几乎所有的腐败事件也都围绕这样一个问题展开：私事始于何处，公务终于何处。目前还没有任何明确的办法能够一劳永逸地解决这个问题，更多情况下人们都在用无穷无尽的材料对其进行澄清。事实上，之所以存在有关腐败的讨论，是因为存在一种突出的矛盾：一方面，暗示私人领域与公共领域之间有一道玻璃般透明、可谓永久有效的界限；另一方面，没有人能说清这条界限具体在哪里。

举几个简单的例子。比如联邦总理乘车参加一项活动，活动中他阐明了自己的政策，这种情况下，联邦总理的身份究竟是政府首脑还是政党领袖？公职人员中断私人假期处理公务，这算因私还是因公？国家会承担参加公务活动的差旅费吗？还是这笔费用必须由公职人员自行承担？如果国家付费，那么这样的度假会过度增加公务开支吗？还是工作职责影响了私人生活？政治家和私人朋友以及其他决策者共同用餐是出于公务还是私人目的？如果政治家结识了一个游说集团的说客，逐渐和他成为朋友，让他参与家庭决定，那么私事和公务的界限何在？这主要要从时间上判断：公务关系持续到什么时候，私人关系从何时开始？

上述疑问在关于康拉德·阿登纳、丽塔·苏斯穆特、乌拉·施密特（Ulla Schmidt）、克里斯蒂安·武尔夫等人的丑闻中起了决定性作用。显然很难对这些疑问给出令人满意的答案。这也是有关腐败的政治辩论的素材源源不断的原因之一。可以这么说：由于公私之间的界限从来不是一成不变，而且每个公职人员都有私人生活，因此所有政治家都可能遭到腐败的指控，这一点值得关注。因为在过去 10 年中，我们为普通民众发起了一场走向完全不同的辩论。鉴于互联网无所不在、社交媒体平台上有人自愿泄露最私密的信息，也鉴于随时可以上网和居家办公，许多评论员为私生活的丧失、公共和私人领域之间没有任何界限而鸣不平。在这样的时代背景之下，如果公众还是习惯把一切都和腐败挂钩，就显得不合时宜了，这就像是要和历史的幽灵决一死战。今天，人们普遍批评利用政治职务谋取个人利益的行为，这种现象背后也许隐藏了一种“幻肢痛”[3]，这种早已消失的“四肢”就是私人事务。

值得一提的是，对透明这一概念进行观察的方法也和上文的观察方法类似。透明承诺洞察政治，旨在使尽可能多的人理解尽可能复杂的过程。作为一种政治价值，透明还是新鲜事物。因此，作为希望和期望，透明处在这样一个当时大多数人都认为越来越复杂、越来越难以看穿的世界里。世界越不透明，对透明的希望——实际上是对透明的要求就越强烈。这明显必定导致挫败感。

二、前情回放：一部极简腐败史

德国 1949 年的政治腐败并非凭空出现。相反，许多人认为腐败的历史和人类历史一样古老，是任何社会都存在的问题。这不无道理，因为古希腊人和古罗马人就已经思考过贿选和利己主义统治（selbstsüchtige Herrschaft）会带来哪些弊端。但如果认为腐败现象亘古不变那就大错特错了。举个简单的例子：18 世纪时，人们对行贿买官以求敛财致富的行为

[3] 也称幻痛。某些人或动物失去四肢后会产生幻觉，感觉失去的四肢仍旧附着在躯干上，并与身体的其他部分一起移动，部分截肢后的病人幻肢上有疼痛感。

还习以为常[6]。

与其他法律概念和道德标准一样，腐败始终都是时代的产物。或者说，腐败现象随着历史发展不断变化。正因此，它才成为历史书籍关注的话题，否则就没有什么需要分析和说明的了。

现代的腐败观念是特定历史时期的产物。把私人领域和公共领域区分开来对其至关重要。18 世纪中叶，欧洲启蒙运动首次提出了区分私人领域和公共领域的要求。大约自 18 世纪和 19 世纪之交的法国大革命起，哲学家、宪法学家、君主和国家公职人员就一致同意对私权和公权的区分。从此以后，官员不得利用公职谋取私人利益或为自己谋利，至少在理论上没有争议。即便对自己的家庭、自己的党派、自己所在城市或省份的居民也不可以区别对待。

违反这一规定就违背了现代政治的基本原则。一视同仁的规定体现了现代国家的种种价值，包括诸如法律面前人人平等的思想；国家是一个只为公共利益服务的组织，这个组织建立在抽象的规则之上，而非首先建立在个人具体利益基础之上。这些价值背后还包括人民主权原则，即国家行为只能为全体国民服务，不能为个人服务。虽然 19 世纪的许多君主国不接受人民主权作为政治原则，但在确定国家目的时，这些君主国对此类基本原则的意见完全一致。

由此出现了明确的国家公职人员价值等级体系。这些公职人员当然也有私人生活，他们也关爱家人心系同乡，为同道中人略尽绵薄之力，编织政治网络，优先关照党内同仁，构建政治代理人体系（Klientelsystem）。不过他们这么做的时候必定偷偷摸摸。大约 19 世纪后，没有哪个政治家或国家公职人员敢公开利用职务之便谋取私利。近代早期情况还不是这样，当时虽然已经制定了统治者和官员必须服务于公共利益的规定，但还有一些与之竞争的准则，人们偶尔会在不同的场合参照这些准则，比如官员优先考虑自己的亲属时就会参照“博爱”准则。

大约19世纪后，谁要是被怀疑为他人提供便利或中饱私囊，可以矢口否认并拒绝指责；人们不再接受的是以其他理由对此进行解释。赫尔穆特·科尔就是个明显的例子，在政治献金丑闻中，科尔信誓旦旦地以个人名誉为自己的行为辩护，他的做法令所有旁观者错愕不已——身居政界要职，必须时时优先考虑公共利益。

从此以后，关于腐败的辩论不会发生在政治真空地带，而且大多数情况下这些辩论不具有道德哲学特征。历史上，掌权者及其政治对手很早就意识到了腐败指控的力量。这种巨大力量体现在两个层面：一方面，一旦为自己或他人谋利的行为被公开且无法否认，就可能断送政治前途。媒体的地位越重要，政治家越依赖公众的信任，这种关联就越密切。另一方面，有关腐败的讨论还经常进入更深层的共同政治生活领域。在欧洲历史上，围绕腐败问题展开的辩论常常引发根本性的剧变，之所以如此仅仅是因为如果政治制度被认为建立在腐败关系之上，那么它就失去了合法性。

因此，有关腐败的辩论贯穿了欧洲的政治史。我简要介绍其中辩论最激烈的几个时期。从封建制度盛行的旧欧洲向现代政治转型的时期，社会上除了抱怨缺乏自由和存在不公正的特权外，还有关于腐败的讨论。

1800年前后，主张革命与改革的势力和运动常常通过指责现实腐败提出自己的政治诉求。法国的革命派这么做，英国激进与温和的改良派这么做，在政治上与其统治者非常接近的许多德意志邦国的改革者也这么做。简而言之，这种新的腐败概念为革命派和自由派推广其现代国家理念助了一臂之力。[7]

随着工业化的开始和19世纪中叶经济资产阶级（Wirtschaftsbürgertum）的崛起，腐败这一概念首次被批评家用于评价统治者及政治家和企业主之间的关系。从这一时期开始，批评腐败者、鞭挞院外主义和经济界的代表影响力很大，认为企业主通过送钱和有针对性地送礼使官员俯首帖耳，为自己大开方便之门。直到今天，这种情况仍容易引起嫌疑、招致批评。[8]

19世纪末，各级议会中错综复杂的利益格局引起了人们的注意。那时现代大众传媒刚刚问世，报刊开始爆料丑闻，议员的行为成为关注的焦点。自由派关心的是议员道德上是否完美无瑕，左翼人士则批判大公司的所有人对当时通常并不富有的议员的影响日益增加，激进的右翼批判者也初具规模。后者公开批判作为政治组织形式的议会制，论点主要是议会制会导致以权谋私盛行，同时还会引发反犹主义的阴谋论。[9]

经历了第一次世界大战的蹂躏之后，各种极右势力狼狈为奸，汇成侵袭欧洲民主制度和议会制的狂风暴雨。独裁者和专制政权在两次世界大战期间接二连三地废除了奉行自由主义的议会体制。废除的理由是政治精英及其机构存在腐败。在西班牙、意大利、德国和法国都是如此：在所有这些国家，激进的政治边缘人士把议会制说得腐败透顶。这在很大程度上有助于他们废除民主制度。1923年夺权的西班牙独裁者米戈尔·普里·德·里维拉（Miguel Primo de Rivera）的表现尤为典型。他援引了1900年前后一位实际上主张自由主义的批评腐败者的观点，认为西班牙需要一位能够治愈国内腐败的“铁腕外科医生”，号称自己要像外科医生一样在西班牙实施强硬措施。[10]

有关腐败的辩论极大地削弱了自由秩序的可信度。在德国，魏玛共和国就是一个典型的例子。这个国家每年都有关于腐败或中饱私囊的丑闻，社民党和其他民主人士是这些运动的主要牺牲品。右翼民族主义者、批评纳粹主义的人士和报社利用了这种说法。毫无疑问，魏玛共和国也由于针对所谓民主制度下受益者的仇恨言论而失败。[11] 如果要把有关政治腐败辩论的益处和危险加以区分，那么观察这段历史极有帮助。

总体上可以认为，自 19 世纪晚期以来，有关腐败的辩论更加频繁，语调也更加激进。这与新的公众媒体有关，或许也和各党派逐渐为了对立的意识形态而战，从而矛盾日益加剧有关。从这个意义上说，有关腐败的辩论是政治对抗日益加剧的一种表现。值得注意的是第二次世界大战之后的时代：在德国和其他欧洲国家，这种讨论戛然而止。不仅如此，我们还将看到战后联邦德国的媒体和政治家们如何小心谨慎、犹豫不决地对待腐败这个话题。

最后还有必要提及关于腐败的指控。正如上文所述，不论过去还是现在，谁都不可能主动对履行公职过程中的以权谋私、中饱私囊甚至行贿受贿的行为进行辩解。这和现代政治的特殊规则体系有一定关系——在这种体系中，公共利益总是高于个体利益或私人利益。

此外，还有一种源远流长的对腐败指控的看法。这里指的是腐败问题在道德上的极度错位。腐败不是一种分析式的概念，而等同于一种道德评判。这种关联至少溯及中世纪中期[4]，在当时的神学辩论中，腐败代表了人的堕落，代表了人自犯下

---

[4] 中世纪发展的最高峰时期，一般认为包括 11 世纪、12 世纪和 13 世纪，承接中世纪前期和后期。

原罪以来就具有的犯错和犯罪倾向。[12]

此外，自古希腊罗马时期以来，在政治理论中腐败是一个描述政治体制整体堕落的概念。启蒙运动之后，对腐败概念的理解又增加了一个视角，这种视角对我们今天理解腐败仍然起决定性作用。启蒙运动人士发明了一种对时间和历史发展的新的理解方式。直到 18 世纪末，才出现了认为“人类能够把命运掌握在自己手中，人类能够对改善自己的命运起决定性作用”的观点。在理想的情况下，这意味着进步。在这段历史中，腐败发挥了自己的作用。因为从此以后腐败不仅代表不道德，而且也代表缺乏进步、陈旧、过时、落后。直到今天，尚未进入现代政治中的腐败体制还被视作前现代的残渣余孽。如果想要解释波恩共和国的政治家和记者何以反对怀疑他们涉嫌腐败的说法，想要知道 1990 年代发展援助政策的代表们何以成功地把腐败说成南半球现代化发展的障碍，那就一定要注意这一背景。这也解释了为什么对柏林共和国腐败情况的判断使人担心自己生活在一个香蕉共和国。

有无数证据可以证明，德意志联邦共和国建立之初就与腐败的恶名纠缠不清。

第一章
波恩共和国的腐败
（1949—1990）

有无数证据可以证明，德意志联邦共和国建立之初就与腐败的恶名纠缠不清。第一届联邦议院被收买之后出人意料地通过决议，决定死气沉沉的小城波恩为联邦政府驻地，德意志联邦共和国之所以叫波恩共和国只因为巴伐利亚党（die Bayernpartei）的一些议员抵挡不住金钱的诱惑，在最后一刻把选票投给了并不占优势的波恩，这才导致波恩共和国这个名字一直沿用至今。在此之前，法兰克福几个月来一直被认为是胜券在握的热门候选城市，因为它毕竟曾是保罗教堂[1]国民议会所在地，是联邦德国民主传统最悠久的城市。人们甚至已经开始规划把联邦政府机构迁至这座位于美茵河畔的城市，并且开始未雨绸缪地建造议会大厦；但在法兰克福落选之后，黑森州广播电台搬进了这座大厦。与其他一些腐败案例不同的是，人们很早就知道首都选址事件的背景。早在1950年，即法兰克福意外落选后的第二年，创刊不久的新闻杂志《明镜周刊》就进行了相关的批评报道。联邦议院随即成立了一个调查委员会，力图澄清此事。这就是说《明镜周刊》关注了此次首都选址事件，当时有很多机会对成立不久的德意志联邦共和国的腐败问题展开辩论。

但是，出人意料的事情还是发生了：联邦议院和波恩共和国居然都没有给公众留下“可以被收买”的印象。这之所以出人意料，是因为魏玛共和国时代出现的失误和这次事件

[1] 位于德国美茵河畔的法兰克福。1848年第一次德国国民议会在此召开。

相比无足轻重，却导致全社会对议会制群起而攻之。波恩共和国提供了大量可供批判的素材：首都选址丑闻之后，议会和政府又爆出许多腐化堕落或中饱私囊的事件。1950 年代末、1960 年代初，国防部的多位高官涉嫌在分配订单时中饱私囊。1958 年，联邦总理康拉德·阿登纳的一位亲信就因为受到类似指控丢了乌纱帽。基社盟政治家、曾经担任国防部部长的弗朗茨·约瑟夫·施特劳斯（Franz Josef Strauß）不得不在几乎30 多年的时间里一再声明自己没有以权谋私、中饱私囊的行为。

最具轰动效应、政治后果最严重的腐败案件发生在 1972 年 4 月，当时政府在议院中以极其微弱的优势占有多数席位。此时的问题不是首都选址，而是维利·勃兰特领导的社民党和自民党联合政府是否还能继续执政，同时也涉及针对东方集团（der Ostblock）的缓和政策（die Entspannungspolitik）何去何从的问题。议会党团和政党“你方唱罢我登场”之后，勃兰特政府在联邦议院失去了多数席位。联盟党（die Union）[2] 觉察到这是个夺回政权的好机会，于是向联邦议院提交了弹劾联邦总理的议案。但谁也不曾料到这次弹劾竟以失败告终。这次又是因为选票被人收买，而且和首都选址事件一样，很早就传出了相关的谣言并设立了调查委员会。但最终波恩共和国还是没有给公众留下腐败的印象。1980 年代，弗利克政治献金丑闻曝光后这种情况才发生了变化。历史学家对这类腐败事件也所知甚少，在对波恩共和国进行的整体性历史描述中，即便提及这些事件，也只是蜻蜓点水。那么，为什么有关腐败的指控没有引起持续关注？为什么这些指控没有破坏波恩共和国的政治氛围？本书第一部分将探讨这些问题。

---

[2] 德国联盟党成立于 1950 年，由德国基督教民主联盟（基民盟）（CDU）和德国基督教社会联盟（基社盟）（CSU）组成。

第一节　逆境中的新起点

一、现金换来的首都波恩？1951 年的首都选址丑闻

德意志联邦共和国这个新生的民主国家很早就面临一个难以回答的“格雷琴之问”[3]：在对待腐败的指控时要如何把握开诚布公的度？所有旁观者都意识到，腐败的指控可能会使整个国家风雨飘摇。19 世纪末以来的争论也一再证实了这一点。“一战”后，许多独裁政权则因为作出了消除腐败的承诺而被接受；这些独裁者包括西班牙的米戈尔·普里·德·里维拉、意大利的贝尼托·墨索里尼（Benito Mussolini）和法国的菲利浦·贝当（Philippe Pétain）等。[13] 本以为联邦德国可以不受腐败问题的困扰，但这种希望迅即破灭了。波恩共和国成立次年就出现了一起严重的腐败丑闻。各党派和新闻界决定采取谨慎澄清的策略，最后他们如愿以偿。

真相究竟如何的[14] 问题最终不了了之，人们只知道提出了哪些指控——腐败案件常常如此。令大多数旁观者大跌眼镜的是，1949 年秋新选出的联邦议院批准了一项联邦参议院在上半年通过的议案：把议会和政府所在地设在莱茵河畔的波恩。位于美茵河畔的法兰克福，是神圣罗马帝国皇帝的加冕宝地，1848 年在这里选举产生了第一届国民议会，但在这次首都选址之争中它却铩羽而归。结果公布之后，许多人都感到震惊。

虽然一开始还“犹抱琵琶半遮面”，但是投票受到操纵的

[3] 指难以回答的关键性问题。典出歌德《浮士德》——格雷琴问浮士德：“你是怎么看待宗教的？”

传闻不胫而走。1950 年年初，在首都的记者几乎不知情的情况下，一个小的联邦议院议会党团内部进行了一场激烈的辩论，谈到了巴伐利亚党（Bayernpartei）在波恩的联邦议院中占有 17 个席位。当时，巴伐利亚党内部有两个派系在争夺权力，这个党的政治家们内部斗争时也相互指责对方贪腐。在内部的一次仲裁程序中，党内成员互相指责对方在首都选址的投票中收受了贿赂。据党主席约瑟夫·鲍姆加特纳（Josef Baumgartner）称，其所在议会党团的多名议员告诉他，有人就投票问题向他们行贿。始作俑者是安东·东豪泽（Anton Donhauser），他是巴伐利亚党的议员，并且暗中收受了贿金。另一位巴伐利亚党议会党团成员则透露，联邦议院的所有政党中有上百名议员收受了 1 000～20 000 帝国马克不等的贿赂。

巴伐利亚党的党内仲裁过程有文字记载。1950 年 9 月，《明镜周刊》首次根据这些记录对首都选址丑闻作了大规模报道。9 月 27 日，它向错愕不已的公众报道了有关腐败的指责。[15] 这篇文章也指出了用于贿赂的资金来源——工业基金。颇具讽刺意味的是，经联邦德国财政部部长、基社盟成员弗里茨·舍费尔（Fritz Schäffer）介绍，巴伐利亚党的东豪泽从一家为各政党工作而设立的私人基金募得了款项。

这篇文章包含符合民众胃口的丑闻所需要的一切要素，一发表即在媒体和波恩政坛引起了轩然大波。一方面，该文报道了巴伐利亚党的议员在每周往返于慕尼黑和波恩的火车上进行秘密谈话；另一方面，如果没说错的话，文章指出新选出的联邦议院的代表腐败透顶。不过，这篇报道语气仍然非常平和，作者在提及有关腐败的指责时语带嘲讽，但又能把握分寸，和两次世界大战期间的报道风格截然不同。作者也没有对当事人和联邦议院，或者对整个民主制度作出任何评价，在文中还避免“道德泛滥”和“激情澎湃”。此后几十年间，但凡涉及腐败问题，《明镜周刊》都保持这种谨慎态度。

《明镜周刊》并不是通过调查追踪获取信息的，爆料的是巴伐利亚党地方办事处（die BP-Landesgeschäftsstelle）的一位工作人员，他和鲍姆加特纳关系密切，向他提供了设法获取的仲裁程序的有关文件。也就是说，这个事件的背景是巴伐利亚党党主席鲍姆加特纳和以东豪泽为首的小团体之间的权力斗争。[16]

联邦议院的各个党派都意识到了事态的严重性。巴伐利亚党提出议案，议院投票表决之后成立了第一个调查委员会。设立该委员会的决议认为，这些有关腐败的指控影响到了整个联邦议院的荣誉和地位，因此必然关系到整个议院的公信力。1951 年 5 月底，调查委员会在举行了 24 次公开会议、13 次非公开会议后提交了总结报告。[17]

最终，调查委员会无法证实或许也不愿证实有关“选票被收买”的指控，尤其无法证实指控中提到的令人咋舌的贿赂金额，但还是确认有议员收了企业的钱，特别是以东豪泽为首的议员小团体从院外集团[4]人士奥古斯特·海因里希斯鲍尔（August Heinrichsbauer）管理的基金会收到了资金。这笔款项实际上是财政部部长舍费尔介绍的，目的是使巴伐利亚党的议员们结清过去几次选举中的欠款。舍费尔这位基社盟政治家可能有意挑起巴伐利亚党的内部矛盾。多名巴伐利亚党的议员也承认从石油企业的说客那里拿了钱，作为回报，

[4] 院外集团，也称“游说集团”，指由专业的游说人员和代表组成的，通过与政府、立法机构或其他政治决策机构进行协商和交流来影响政策制定和立法进程的组织。他们通常是由公司、行业、团体、非政府组织或利益集团等发起和资助，目的是影响政策制定、促进自身利益的实现。

他们支持降低原油税率。其中，仅巴伐利亚党成员赫尔曼·奥默尔（Hermann Aumer）从德国艾维拉斯公司（Elwerath）收受的贿赂就超过2.1万马克。

媒体高度关注委员会的调查工作，但最关心的还是实事求是地追求真相，偶尔会思考金钱和政治之间的关系。虽然完全有机会“围猎”民主制度或新生的政治精英，但他们并没有这样做。不仅德国媒体如此，外国观察者也是这样。比如《纽约先驱论坛报》（*New York Herald Tribune*）并不认为这桩丑闻说明新生的联邦德国早期道德腐败，相反，该报宽容地把这桩丑闻和联邦议院的处理过程解释为民主成熟过程的一部分，认为这恰恰证明了联邦德国确实已经成为民主国家：“贿赂和腐败之后紧接着进行了公开调查和惩罚，如果这是民主治理进程的一部分，那么这就意味着联邦德国已经成为民主国家。”[18]

现在我们听听调查委员会结束调查工作之后联邦议院进行的全体辩论（Plenardebatte）[19]。分析这次辩论就像用放大镜观察各个党派的不同立场，会发现它们其实大同小异：各方当事人达成了广泛共识。各党派在经历了这一事件后虽然提出了不同的政治诉求（下文还将谈到这个问题），但最主要是有了同舟共济的意识。在这场辩论中，联邦议院的巴伐利亚党议会党团主席格布哈特·泽洛斯（Gebhard Seelos）首先发言，他的语气像是在宣布政党的纲领，随后发言的议员也大都采用了这种语气。泽洛斯在演讲中表达了对国家和民主制度声誉的担忧，认为政治和社会生活的清正廉洁是德意志民族传统的核心美德，因此有关腐败的指责也有损德国的国家声誉。在全体代表的叫好声中，他要求彻底消灭一切不干净的、可能损害民主机构的东西。几乎谁都听得出来，这和纳粹宣传用语的腔调如出一辙，但泽洛斯讲话的内容还是建立在西方政治的基本制度之上。

社民党议会党团主席阿道夫·阿恩特（Adolf Arndt）对他的议会同仁们大声说道："要是觉得这是肮脏的交易（Mauschelei），那我们都可以回家了。"[20] 阿恩特以这种戏剧性的话语表达了一种所有发言人都认同的观点，大家都担心人民对新的民主机构的信任会遭到破坏。出人意料的是，天主教中央党议员伯恩哈德·赖斯曼（Bernhard Reismann）等发言者甚至表扬《明镜周刊》客观地向公众传达了这些指责。如此和谐的景象在此后的讨论中再也没有出现过。但赖斯曼和其他多位发言人也批评了那些利用谣言给联邦议院抹黑的人——他指的主要是有关贿赂的指控。

阿恩特最终还是要求财政部部长舍费尔辞职，因为舍费尔用密谋的钱支持了巴伐利亚党的部分成员。他把时间线拉回到了遥远的1890年代法国巴拿马丑闻（der Panama-Skandal）时期，认为尽管没有人能证实，但他还是认为乔治·克列孟梭（Georges Clemenceau）因为议会的形象可能受损而暂时退出法国政坛，因此称赞克列孟梭是历史楷模。这种说法严重歪曲了历史。联邦议院的议员们都知道，作为政治家的克列孟梭在《凡尔赛条约》谈判中态度强硬，在两次世界大战期间也对德国持敌视态度。阿恩特犯了一个错误：克列孟梭不是放弃议席，而是未能再次当选。阿恩特批评了一种在后来的弗利克事件中再次发挥作用的现象，即政府与反对党（巴伐利亚党也是反对党）之间看起来沆瀣一气。他认为，只有政府和反对党之间存在真正的对立，而且这种对立没有在幕后被金钱所掩盖时，议会才值得信任。这种现象使人更加怀疑议员有贪腐问题。相反的，天主教中央党议员赖斯曼则认为金钱交易的目的是使巴伐利亚党的议员有朝一日加入基社盟。

1951 年成立的调查委员会和进行的辩论之所以引人注目，也因为调查和辩论涉及一系列此后几十年间定期进入议事日程的话题。其中包括政党和议员如何对待金钱，尤其是当资金来自商界时该怎么办。联盟党议会党团要求禁止出于特定目的向政党捐款的行为并处罚受贿的议员，其他发言者则希望向联邦议院议员颁发荣誉勋章。这些要求有些几十年后才得以实现。社民党更进一步，提出了一项要求所有党派公布捐款来源的提案。它还要求设立一种诉讼程序：如果有人为谋取私利而滥用联邦议院的议员身份，联邦宪法法院可以利用这种诉讼程序取消其议员资格。[21] 虽然许多发言者支持政党有公开收入来源的义务，但各方普遍认为，如果没有企业的捐赠，政党几乎不可能生存。此外，社民党还要求对利益相关者进行登记。至今，人们还以“院外集团登记册”（Lobby-register）为关键词讨论这样的计划，申请者认为公开信息会增进人们对议会工作的信任。

上述提议没有一项在短期内得以实现。最早在 1972 年联邦议院才有了荣誉勋章和一份自愿登记的院外集团登记册。在德国，直到 1994 年受贿的议员才在有限的范围受到惩罚。尽管如此，联邦议院还是排除万难，通过决议建议取消 4 名巴伐利亚党议员的议员资格。阿恩特再次以“清正廉洁”论证了这项仍由社民党提出的建议的合理性：议院必须开除那些“不属于这里的‘决策者’”。但不止阿恩特一个人在做出评价时摇摆不定：这究竟是结构性问题，还是议员个人的融入能力和性格特点导致的？

也就是说，在对上述事件的评价中德国联邦议院形成了广泛的共识。只有一位发言人的观点与众不同，他就是德国共产党的议员海因茨 · 伦纳（Heinz Renner）。伦纳在发言中和当时的大多数人一样，采取了怀疑腐败普遍存在的态度。

他利用这次辩论对联邦德国的民主制度发起总攻，矛头直指阿登纳政府，认为除了首都选址问题，阿登纳以微弱优势当选联邦总理也是贿选的结果，因此阿登纳政府不合法。伦纳还指出各个保守的政党与商界之间关系密切。他提到，自魏玛时代起，资产阶级政党就得到企业界的资助，议员被尽数收买。不过当时的调查委员会拒绝进行更加细致的调查，因为“如果那么做的话就会发现幕后黑手——阿登纳和希特勒就是以这些幕后黑手的名义实施反人民的政策的”。其实，调查委员会已经发现商界为各党派提供资助基金。个别管理这些基金的利益集团代表的名字也被公布出来，包括罗伯特·普费尔德门格斯（Robert Pferdmenges），一位来自科隆的议员和银行家，也是跟着阿登纳鞍前马后几十年的亲信。

然而，其他党派不愿附和这种认为腐败现象普遍存在的判断，主持会议的主席以不符合议会规范为由禁止德国共产党的代表发言。

两年之后，在1953年联邦议院选战中最大的反对党社民党的表现也很罕见。社民党领导机构出版了一本题为《企业家斥资百万收买政治势力!》（*Unternehmermillionen kaufen politische Macht!*）的小册子，内容与联邦议院中讨论的话题相同，即各种经济协会资助竞选和首都选址丑闻，等等。只不过小册子更加直言不讳，认为首都选址丑闻证实了“民主制度被企业腐蚀”，部分内容符合伦纳的论证思路。其中“魏玛共和国的覆灭应该重演吗?”（Soll sich das Zugrundegehen der Weimarer Republik wiederholen?）一章用大量篇幅列举了很多经济界资助希特勒的文献。作者们委婉地假设，如果受到商界资助的资产阶级政党再次获胜，1953年之后德国可能就不会再有自由选举了。[22]

但这些激进的论调很快销声匿迹。各党派在联邦议院的议员可能都会有不少人被系统性收买而被商界操纵——这种怀疑在弗利克事件中才再次被提及，只不过这次是由绿党提出的。联邦议院的民主力量和公开出版的报刊暂时同意把对巴伐利亚党议员的腐败指控束之高阁。

《明镜周刊》的出版人鲁道夫·奥格施泰因（Rudolf Augstein）也认同这种共识。联邦议院辩论结束之后，他详细评价了调查委员会的工作，赞扬它“对民主制度大有裨益”。[23]奥格施泰因对调查委员会的工作当然满意，因为无论从表面还是实质看都极大地帮助了他的杂志。《明镜周刊》在这次丑闻中扮演了“共和国政治良心”的角色，把一个话题提上了议事日程，联邦议院不得不对此作出回应。公众也把调查委员会称作明镜委员会（Spiegel-Ausschuss）。委员会的成员向奥格施泰因询问信息的来源，但他拒绝透露。这至少能够证明一部分媒体独立于政府和各个党派。《明镜周刊》的发行量大幅增加：1948 年发行量还只有 6 万册，1951 年春天就达到了约 12 万册。[24]

奥格施泰因在评论中还发表了其他观点，这些言论今天看来令人惊讶，但表达了 1950 年代人们对政治腐败的普遍态度。与 1990 年代之后《明镜周刊》的立场完全相反，1950 年代的奥格施泰因认为：通过法律途径反腐和惩治议员受贿并非当务之急；依法反腐没有什么坏处，但实际上也没有什么实际作用。他没有指责商界对政界的影响。相反地，他认为由于议员对经济政策所知甚少，商界应该对政治施加更多影响。奥格施泰因甚至为此提议进行宪法改革，保证各企业“在一个按照等级划分的经济参议院中”有参与政治决策的发言权。他认为可怕的是难以控制、针对个别利益的院外集团对政界的影响，因此呼吁增加透明度。尽管如此，他还是非常理智地劝说大家不要滥用反腐的大棒：“如果没有从经济到政治的稳定‘关系’（这种‘关系’和腐败之间的边界在哪里？），如果没有从政治到经济的稳定‘关系’，现代国家治理根本无从谈起。”[25] 同一期《明镜周刊》上还刊登了一篇有关美国院外主义的长文，似乎想借用美国这个最大的西方“民主”国家来佐证奥格施泰因的评论。

为什么联邦德国早期会如此谨慎地评论有关政治腐败的指控？一个核心原因就是担心民主制度受到伤害，这和人们对魏玛共和国终结的记忆有关系。在纳粹掌权 20 年之后，战后最具影响力的女记者之一玛丽昂·格雷芬·登霍夫（Marion Gräfin Dönhoff）描述了腐败与民主之间的这种联系。她认为，纳粹之所以在 1933 年能够成功掌权是因为在德意志帝国终结后纳粹劝说民众相信德国已经陷入腐败。她忧心忡忡地评论道：“今天仍然有人寄希望于独裁者清正廉洁地治国理政”，正如历史已经证实的那样，这是一种极其危险的幻觉，因此，自己所在的政治新闻界在这方面责无旁贷。因为没有永远正确的政治制度，所以不能让个案成为闹剧。[26]

1959 年联邦内政部部长格哈德·施罗德（Gerhard Schröder）也发表过类似观点。他认为魏玛共和国有一种风气：有些“丑闻被夸大和扩大，这不仅对民主毫无益处，反而给民主的敌人递了刀子”，而继续保持这种态度是个“严重的错误”。[27] 今天，历史学家们赞同施罗德当时的判断[28]，在当时他也并非孤掌难鸣。从这个意义上说，德意志联邦共和国早期的媒体和党派吸取了魏玛共和国的历史教训。

二、纳粹主义之后：以“拒腐蚀”的民主制度取而代之

对首都选址丑闻的谨慎处理方式至少和魏玛共和国时期

比起来出人意料。原因在于人们无论如何都想避免像中世纪迫害女巫那样迫害民主制度。这个决定并非一时兴起，而是在纳粹政权倒台后长期与腐败斗争的基础上作出的。下面就此展开论述。

要强调的是，腐败不是战后的主导性话题。与战后重建、难民融合、融入西方、重建武装和国家主权等重大问题比起来，反贪反腐属于边缘话题，与此有关的文章也都“默默无闻”地隐藏在个别新闻报道或出版物中。比如，1947 年到 1957 年期间出版的新闻杂志《明镜周刊》中，仅有约 25 篇关于腐败的文章标题中含有腐败一词，大多数文章介绍的都是国外的情况。尽管首都选址一事极有可能成为丑闻，联邦议院辩论时还是很少提及腐败问题。

但腐败这个话题绝非无足轻重。因为但凡谈及它，大都将其视作联邦德国在政治上寻求自我的必经阶段，讨论的重点是覆灭的纳粹政权和新成立的民主国家的本质。鉴于纳粹的历史罪行和道德土崩瓦解，以及德国战败、在分裂的国家建立了全新的国家制度，联邦共和国树立自信（Selbstvergewisserung）的一种重要说法是：“新的国家没有腐败”，至少支持新国家的人希望如此。

这种立场的基础是战后在克服纳粹留下的历史包袱上的努力。一种常见的策略是指责纳粹党人腐化堕落。纳粹的暴行首先不是杀害犹太人、不是犹太大屠杀、不是秘密处死老弱病残、不是迫害和战争罪行，而是纳粹统治阶层的贪污腐化和以权谋私。两种情况促使当时的人们这么做：一是这么做有助于把纳粹国家描述为一种异族统治（Fremdherrschaft），同时弱化了直到战争爆发时都有许多民众支持纳粹政权的事实；二是德国人想借此把自己当作战争的受害者，这样一来，真正的受害者群体所遭受的苦难反而不受关注了。

作家瓦尔特·冯·霍兰德（Walther von Hollander）分析了联邦德国广播公司收到的听众来信，他的研究对解读这种“纳粹腐败论”颇有启发意义。霍兰德在1949年分析了大约8 000封寄给联邦德国广播公司政治编辑部的信，评估民众对新生的民主共和国的态度。他遗憾地发现，民众对新成立的国家机构非常不信任，在文章结尾这样写道：民主主义者的一个巨大失误在于未能充分批判“纳粹令人难以置信的腐化堕落和穷奢极欲”，“不得不说，这比所有揭露集中营罪行的做法”更能向民众阐明民主制度的道德优越性。[29] 其实，“纳粹腐败论”的这套说法并不新鲜。所谓纳粹执政的“褐色统治”[5] 时期，虽然大量民众支持纳粹统治，但肯定有人对纳粹统治者的行为心存不满。不满主要不是因为纳粹的罪行，而是批评纳粹高官和当权者收受贿赂。[30]

联邦德国成立之初，把纳粹和腐败相提并论的观点在民众中占主流。这种提法有时出现在一些今天看来非常可疑的评论中。按照这种说法，即便是党卫军成员，只要他坚定不移地反对腐败，也能在第三帝国[6]“错误的生活”中过上“正确的生活”。曾经的党卫军法官康拉德·摩根（Konrad Morgen）就属于这种情况。第三帝国时期，摩根负责审理腐败案件，包括审理奥斯威辛集中营看守的腐败案件。战后，他也不得不接受“去纳粹化审判”（Entnazifizierungsverfahren）。当时他称自己和自己进行的审判是“往纳粹正确的机器里掺沙子”，一些观察家甚至把他视为反抗纳粹政权的斗士。摩根对党卫军成员作出了判决，但主要不是因为党卫军谋杀集中营的囚犯

[5] 纳粹德国军队的部分军装是褐色的，褐色因此成为纳粹的象征色。

[6] 第三帝国，Drittes Reich，对1933—1945年阿道夫·希特勒领导的纳粹党统治下德国的称呼。

(判决中对此几乎只字未提)，而是因为他们以权谋私、掠夺囚犯财物和过分残暴。在战后的公众眼中，甚至在对摩根的法庭审判程序（Spruchkammerverfahren）中一些在今天看来有助于“优化”纳粹罪行的行为却被视作道德义举。因为他们认为摩根是勇敢的法官，他拒绝屈从于纳粹强权，曾致力于打造廉洁的看守队伍。以这种方式摩根成功地被法庭宣判无罪。[31]

摩根的表述之所以有效是因为当时人们对纳粹主义进行了极为“个性化”的观察，在罪责问题上尤其如此。大屠杀中的匿名组织结构几乎没有引起关注，纳粹党的政治崛起也无人问津。当时人们不愿提及结构上的原因，而把纳粹罪行主要归咎于希特勒的个性和权谋之术。因此不少人把希特勒的成功解释为他腐败的阴谋诡计的结果，认为他之所以能够长期掌握控制官员和部长们，是因为腐蚀了他们。[32]上述背景有助于我们更容易理解对党卫军法官摩根的评价。但今天，我们知道德国的精英之所以不支持希特勒不是因为希特勒收买他们，而是出于建功立业的心理和贯彻执行一切上级指令的意愿。官员经常主动支持希特勒，因为许多人原则上赞同纳粹主义的目标，做好了配合“元首”工作的准备。因此，他们提前表现得服服帖帖，用所作所为让人感觉自己正是纳粹政权所需要的。[33]

但大多数德国人认为自己是受害者。在纽伦堡举行的战犯审判在当时的联邦德国就不是热门话题。大多数德国人对所谓的“去纳粹化程序”持更加强烈的批判态度。调查显示，先是英、法、美、苏4个“占领国”而后是联邦德国当局试图把纳粹独裁政权中那些鲜为人知的罪人绳之以法。在所谓去纳粹化庭审程序中，人们试图确认作为个体的德国人参与了哪些罪行，而原则上所有成年人都要接受这种特殊法庭的审判，他们被分为 5 类：主犯（Hauptschuldige）、从犯（Belastete）、轻罪从犯（Minderbelastete）、追随者（Mitläufer）和无罪者（Entlastete）。这种几乎“一网打尽”的审判程序使战后的德国人把自己视为受害者：首先是希特勒政权的受害者，其次是战争和盟军炮火袭击的受害者，最后是思想审查（Gesinnungsprüfungen）的受害者。虽然思想审查由德国的国家机构实施，但委托方却是战胜国。这样一来，在去纳粹化庭审过程中中饱私囊和玩弄权术特别引人注目就不足为奇了——它们看似证实了这些庭审过程的虚伪性。

1950 年，《明镜周刊》报道了一场针对北威州“去纳粹化”特派员罗伯特·萨尔维希特（Robert Saalwächter）的法庭审判。[34] 虽然他本人没有出庭，但审判的内容涉及他的工作和生活。萨尔维希特家的女管家和他们夫妇的一位女性朋友曾向原先的纳粹党人提出，如果对方愿意出钱，可以帮助他们在去纳粹化庭审过程中获得有利判决。由此可见，篡改审判在当时司空见惯。虽然大多数所谓“帕西尔证明”[7] 并非花钱收买，而是“举手之劳”和受害者之间互帮互助的结果，但女管家和这位女性朋友向警方的卧底索要 1000 马克~2000 马克不等的费用。萨尔维希特的妻子很可能也曾提出这样的要求，只不过无从考证。《明镜周刊》这篇报道的重点是要证明萨尔维希特的生活方式骄奢淫逸、有伤风化。邻居称他消费无度，和穿着暴露的女性夜夜笙歌。据说，他的妻子药物成瘾，常常伪造吗啡处方。这种道德堕落、身体颓废的画面和资产阶级生活格格不入，必然导致犯罪。有趣的是，这篇

[7] 在“去纳粹化庭审过程”中，举证责任被倒置，被审判者要自行寻找证人自证清白。这种做法最后导致了朋友、同事、邻居之间互相作证。人们把这类为自己“洗白”的证词嘲讽性地以德国知名的洗衣粉品牌“帕西尔”（Persil）命名，称为“帕西尔证明”。

报道并没有从政治角度进行任何评论，但其颇具讽刺意味的标题《去纳粹化：更多就更好》（Entnazifizierung. Mehr ist besser）表明，人们并不认为这仅仅是萨尔维希特一家的问题。读者无论如何都会有一种印象，认为整个去纳粹化制度都建立在一个道德上颇为可疑的灰色地带——当时许多人可能都同意这种观点。

早在1950年，《时代周报》（*die Zeit*）就宣称“去纳粹化的闹剧”（Denazifizierungskomödie）已经结束。一家中介公司的老板为了让“顾客”获得较轻的判决，向去纳粹化法庭的首席检察官大肆行贿。[35]1950年代关于腐败的犯罪学专业书籍中也经常有对去纳粹化进程中腐败问题的报道。[36]这些描述最终都证实了这样一种指责：去纳粹化的标准不明确，常常使不该减刑的人获得减刑。虽然没有明说，但批评腐败现象实际上是批评去纳粹化过程中缺乏“透明度”和可信度。

1950年至1955年，联邦和各联邦州出台不同的法律，结束了去纳粹化运动，这些法律得到几乎所有议会党团和党派的赞同。许多负罪的前纳粹分子获释后重新融入社会，[37]相关的腐败讨论就此偃旗息鼓。

社会上对新建立的政治制度普遍持怀疑态度。许多联邦德国人关心的不仅是民主或独裁的问题，他们也关注行政管理的基本功能。早在1947年秋，“腐败和管理混乱对国家权威的危害”就促使北威州的议会任命了一名国家反腐专员。10月2日，州议会通过决议设立反腐专员职位；10月20日，任命社民党议员、伊塞隆（Iserlohn）市的市长维尔纳·雅可比（Werner Jacobi）为反腐专员。采取这项措施的背景是，许多人认为战后的国家制度已经彻底崩溃，因此议员们认为当务之急是要重建对国家行为的信任。国家反腐专员的任务是听取民众对管理混乱或腐败问题的意见，监督相关部门。反腐专员可以查看卷宗，独立进行调查，甚至有权禁止个别官员行使公职权力。这个职位只存在了两年，联邦德国建国之后不久就被撤销，因为人们认为井然有序的法院和警察机构又能正常运行了。后来，一位曾与这位专员共事的人认为，这个职位的作用如同“国家的自卫行为”（Notwehrakt des Staates）。此外，北威州并非唯一采取相应行动的联邦州：1947年，石荷州也任命了一位反腐特派专员，慕尼黑总检察院则在同年设置了反腐总局。[38]

上述措施表明，消除公务员队伍的腐败对于战后社会何其重要。当时，日益蔓延的腐败现象成为一种隐喻，暗示战后国家对许多职位管理不力。贫穷的经历、受到驱逐导致的流离失所、经济和行政的崩溃、供给困难、黑市和暴利——这些经历和腐败现象融为一体。中产阶级人士也得自己“安排”一日三餐或“顺”点儿煤炭取暖。1946年新年前夕，科隆红衣大主教约瑟夫·弗林斯（Josef Kardinal Frings）在布道时说，作为主教他可以容忍民众为了生存而采取一些不当行为。[39]战后，许多被驱逐者和经历过狂轰滥炸的幸存者生计艰难，只能靠当局睁一眼闭一眼默许非法交易维生。不管怎么说，买卖食品和黑市交易成为当局滋生贪污腐败的土壤。虽然部分媒体对此持批判态度，但也认为这是极端困难时期几乎不可避免的现象。[40]在这种对是非曲直普遍丧失信心的背景之下，国家在管理上的困境显而易见。

各部门内部也困难重重。许多国家机构被盟军解散，包括全国性机构、直到1945年依然在运行的党派等级制度平行结构，也包括诸如运行无碍的行政管辖权等不太显眼的结构。在占领国看来，首先要在市镇层面，其次在联邦州层面“重塑”国家的合法性；每天都要努力让民众认可这种新的国家合法性。一种可行的策略是政府以清正廉洁的形象出现在公众面前。如果能做到这一点，那么新的国家和已经覆灭的纳粹国家相比就具有道德优势。但这无法通过与过去“一刀两断”和另起炉灶来实现——至少人们似乎曾经在苏联占领区做过尝试但未能成功。所以，现行的解决方案延续了普鲁士公务员国家（der preußische Beamtenstaat）的传统。

1957年曾任北威州反腐专署刑侦委员会委员（Krimi-nal-rat）的基内（Kiehne）还曾请求延续“具有悠久传统、道德稳定的老式职业公务员观念”。他认为国家正常运行的关键在于道德上值得信赖。从1933年和1945年这两个历史性时刻起，德国行政体系中的“公务员职位遭到非职业因素入侵”。这一方面指的是党派成员使行政机构政治化，另一方面指的是曾经的市场经济从业者进入公务员队伍，在其中发挥越来越重要的作用。因为他们具有“商业化”思维，所以可能接受因为工作而馈赠的礼物。[41] 理想状态是有一支受过严格团队精神训练、具有特殊道德品质的公务员队伍。虽然这种特殊的道德品质已经丧失殆尽，但还有可能重建。似乎只有这样才能保证行政体系的公平和良好运转。

老式公务员的理想状态大多与魏玛共和国不沾边，而与普鲁士即德意志帝国时代相关。因此，主张廉洁行政者褒扬那些前民主时代的精英——他们旷日持久的反抗也是魏玛共和国失败的原因之一。当然，1950年前后人们几乎还没有意识到上述种种关联。不管怎么说，这一论点与联邦德国社会大部分人的努力无缝契合：他们允许行政、司法和经济领域的人员保持延续性，新的秩序在联邦德国国家“机房”大部分“老人”的帮助下得以建立。

然而新建立的国家不是德意志帝国时代以“服从”为核心的行政体系的翻版。同盟国极其重视建立一个本质上实行民主制度，包括政党、有影响力的议会和自由的、具有批判性的媒体在内的国家。由于德国的传统问题缠身，因此这个目标实现起来异常迅速，而且十分稳定。早在 1940 年代末期就有人为民主制度及其坦率真诚高唱赞歌——今天人们会说这就是“透明”。报纸上一篇介绍 1947 年春天汉堡手工业协会举办公开会议的文章颇具代表性：会议探讨的是原材料的配额如何分配，各市镇的代表参加了此次会议。虽然许多人不适应在公开发言中针锋相对的“民主风格”（demokratischer Stil），但这种“民主风格”的巨大优势在于只要感觉有缺点和不公平就可以表达出来。行政部门可以就批评意见为自己辩护，“这无异于在很大程度上对明确提出的腐败指控“釜底抽薪”。[42]

人们把这种干预措施总结为：公开辩论能够预防腐败。此前弗朗茨·海特格雷斯（Franz Heitgres）也曾提出过类似要求。1946 年海特格雷斯曾是德国共产党党员，参加过抵抗运动，后来加入了社民党。他从进行民主教育的角度出发，提议必须公开“去纳粹化委员会”的人员组成，认为这么做能更容易使阴谋诡计和行贿受贿被曝光，可以预防委员会内部的腐败。[43]

1940 年代末至 1950 年代初，联邦德国的国家制度依然存在争议。战后，联邦德国社会寻求积极的价值，也就是寻求第三帝国之后德国人身份建构的基础；而有关腐败的讨论就与此有关。在寻找“好德国人”特征的过程中，受过教育的市民阶层的形象决定了“好德国人”的特征。人们处处参照西方国家的价值，包括基督教信仰、家庭、个人主义、艺术、音乐和文学等高雅文化方面的成就；所谓德国人热爱大自然的特性位列其次。这些解读有助于克服民族主义、找到西欧国家的共同点和拒绝专制主义统治结构。[44] 人们希望再次发扬光大的价值也包括普鲁士传统中德国公务员道德上的“清正廉洁”。因此，那些赞扬德国政府清廉的人希望全场一致送上掌声。直到 1980 年代，尽管各种事件接连不断，但这种信条几乎从未受到质疑。

1951 年，有关德国政府廉洁的说法在联邦议院关于首都选址丑闻的辩论中仍被提及。多名发言人抱怨联邦议院和政府在民众中的认可度低。[45]1950 年代的民意测验证实了这种状况。那时，《基本法》的价值观是否会在民众中长久存在还很不确定，[46] 因此新的政治精英必须主动寻求支持，而这为反腐斗争提供了机会。

在 1950 年前后，把民主作为对抗腐败的工具进行售卖，这还是一项大胆的创新。两次世界大战期间，议会制和党派争端几乎在整个欧洲还是腐败的代名词，在魏玛共和国尤其如此，法国、西班牙和意大利也不例外。在当时腐败似乎是自由民主国家的一个典型问题——至少右派和左派在不计其数的"丑闻化"运动中制造了这种印象。这些运动主要针对以权谋私、院外主义和所谓民主精英"会被收买"的情况。[47] 处于政治光谱边缘的极端主义者也以最终消除腐败为由为他们的权力诉求辩护。要有严密的结构、有力的措施、强大的政治领袖：这是当时的反腐方案。在德国，纳粹分子声称掌权之后将消灭所有腐败的政治家和国家公职人员，他们以这种方式进行自我宣传。1923 年，西班牙独裁者普里·德·里维拉也正是以反腐为由发动政变，墨索里尼的说法也大同小异。当然，这些承诺很快被证实无法兑现。两次世界大战期间，没有哪个欧洲国家的民主主义者能够制定出一种振奋人心的对策。民主主义者们始终孤立无援，这一点引人注目。[48]

第三帝国终结后，联邦德国的民主主义者开始反戈一击。1949 年，利奥·梅内（Leo Menne）在《科隆社会学和社会心理学期刊》(*Kölner Zeitschrift für Soziologie und Sozialpsychologie*) 上整合了多个论据。在一篇题为《腐败》（Korruption）的论文中，他呼吁反对极权国家、反对社会主义、支持民主制度，[49] 认为道德即国家及其公务人员的道德是关键。

梅内假设德国历史上的国家和行政机构原则上并不腐败，他引用上文已经提及的普鲁士—德意志公务员队伍的神话作为例证，认为到魏玛共和国晚期，主要是纳粹时期腐败问题才骤然增多；当下也还有许多由战后贫困导致的腐败问题。而从最近的历史中可以总结如下教训：专制政权，尤其是纳粹主义摧毁了“普遍的民众道德”，从而滋生了腐败。一方面，腐败催生了懦弱和虚伪的风气；另一方面，独裁者的典型做法是夸大其词作出承诺，试图以此收买人心。梅内认为，行政体系提拔“无能之辈”的腐败行为导致的结果是“道德低劣者的统治”，类似情况也适用于纳粹主义。国家直接干预经济生活，制造越来越多腐败的机会，唯有民主才是出路。腐败的专制统治下获益的是少数人，而民主制度下多数人的意志控制着政府，可以防止“腐败落地生根”。[50]

梅内很快又找到一些论据，可以追溯到魏玛共和国时期的讨论。他认为下列情况不属于腐败：政治协商和政治交易；政党对行政体系人员任命的影响；院外主义及类似的东西，因为政党并不等于国家。根据定义，腐败只能出现在国家层面，不会出现在私人领域。由此梅内转向了一个非常拘泥于形式的腐败概念。尽管如此，这篇文章还是提供了战后讨论中最重要的论据：民主制度的道德优势。同时，文章完全摒弃了自由的激情、人民主权思想和来自其他民主理论的论据，它传递的主要信息是：民主最好地确保了国家、公务员和人民在道德上完美无瑕。

要知道，自德意志帝国时代以来，自由和人民主权在德国资产阶级保守派人士的思想中就经常被视为是来自西方而非来自德国的价值。这篇文章显然试图以这种思路证明民主制度和廉洁国家的传统同宗同源。在这种保守的思想传统中，国家和政府等同于一种高尚的道德理想。这种情况下，言论自由虽然被认为不可或缺，但它本身没有价值。它是一种阻止腐败趋势的手段，保证公务员品德高尚从而确保“国家权威”。

梅内的文章还有一个与纳粹主义截然不同的特点，就是赞扬了产权保障制度。这值得注意是因为在20世纪的前几十年里资本主义通常被视为现代世界腐败的起因，对腐败的批判一度伴随着左派和右派反对资本主义的批判性言论出现。也就是说，梅内在其文章里彻底重新定义了就腐败问题展开的辩论——他这么做的目的显然是为了赢得市民群体。

但并非只有梅内把腐败嫌疑和国家管理联系在一起。在战后国家对原材料和食品实施管控的阶段，《时代周报》开设专栏，强烈批评国家对经济的一切管控形式。人们在这个专栏里经常能读到这样的论点：国家管理滋生了腐败，比如给了获得授权的公务员贪腐的机会。[51]1950年代，德国驻波兰记者约翰内斯·马斯（Johannes Maaß）发回国内的报道也持类似观点。马斯称，社会主义中的腐败体现在平民百姓一贫如洗和政府官员锦衣玉食的巨大反差上。[52] 时政评论员、东欧问题专家恩斯特·哈尔珀林（Ernst Halperin）认为，人们在“斯大林模式的计划经济”中只能借助警察国家的方法“以一种勉强可以忍受的方式压制腐败和混乱”。[53] 但他也指出，所谓混乱，不仅利用了人们对社会主义的恐惧，而且利用了对波兰民众的传统偏见。

和梅内的文章一样，上面引用的文字说明战后权威的时政评论员如何试图使民众接受民主制度和市场经济。需要再次强调的是：传统上，对腐败的批评和对议会制及资本主义的批评联系在一起。在新出现的战后秩序的背景下，这种联系有所松动。这个新生的国家能否不负众望，取代纳粹德国且没有腐败，还有待观察。然而对首都选址事件的处理方式表明：人们努力不把有关腐败的辩论变成打击新生共和国的大棒。

第二节　廉洁的共和国？共和国前 20 年的腐败

在政治讨论中摒弃“反腐的道德大棒”，并不意味着对腐败和滥用职权现象完全视而不见。在阿登纳时代及他的两位继任者执政时期，也进行了关于腐败的辩论。和普遍的看法相反，部分媒体仔细观察并批评了官员和政客，偶尔也对司法领域的盲点提出了批评。这就是说，通过舆论批评公开监督国家和政界原则上是可行的，但语气通常比较缓和。这一时期的腐败丑闻没有导致任何引起轰动的辞职事件，唯一例外的是常年担任联邦议院议长的欧根·格斯滕迈尔（Eugen Gerstenmaier），他在大联合政府执政期满前不久因为受到“议院以权谋私”的指责而丢了乌纱帽。早期的联邦德国尽管丑闻或辩论接连不断，但并未没完没了地关注政治腐败问题。直到 1990 年代反腐政策才成为议会和政府的职能范畴。

一、基尔布、科布伦茨、科莱特：1960 年前后的丑闻

1950 年代到 1960 年代的过渡时期，联邦德国经历了大大小小一系列丑闻。政治家、高官以及在国家行政机构、政界和商界边缘游走者全都卷入了腐败丑闻。

这一时期最棘手的案件大概发生在绍姆堡宫（Palais

Schaumburg)，直击共和国的权力中心[8]。案件的当事人是1951年至1958年担任阿登纳总理私人助理的汉斯·基尔布(Hans Kilb)。基尔布是阿登纳的左膀右臂，总是忙得不可开交，但也对跑车情有独钟——至少以《明镜周刊》为首的批判性媒体是这么看的。1958年夏，基尔布刚从波恩来到布鲁塞尔，在欧盟前身机构之一的欧洲原子能共同体（Euratom）总部工作。波恩检察机构的侦察员在他的老家波恩耐心等待了一个星期，才在9月初批准警方拘捕这位前总理办公室工作人员。当然，因为逮捕令的有效期只有几个星期，他的职业生涯并未就此终结。[54]

起初，阿登纳这位亲信的情况不容乐观。基尔布免费使用奔驰豪华轿车约4年之久，戴姆勒波恩分公司先后为他提供了8种不同型号的汽车，包括多辆敞篷车和一辆190SL型跑车。戴姆勒波恩分公司首席说客弗里德里希·胡梅尔斯海姆（Friedrich Hummelsheim）亲自负责此事。基尔布把一辆路德维希港的克诺尔制药公司（Knoll AG）赞助的“欧宝雷科德”汽车留给了妻子。波恩的检察机构怀疑这可能是受贿行为，因为基尔布曾经不遗余力地为这家位于德国辛德尔芬根(Sindelfingen）的欧宝汽车公司奔走。对他最主要的指控包括：基尔布亲力亲为，使奔驰轿车成为阿登纳总理的公务用车。在制定有关大型货车载重法规的讨论中，基尔布也为欧宝公司站台出力。

除常见的对个人受贿的指控外，这次丑闻还包含另一方面内容。基尔布不仅在业余时间驾驶奔驰轿车，还坐着奔驰轿车处理了许多公务，包括为阿登纳每年夏天在意大利北部

---

[8] 绍姆堡宫是一座位于德国波恩的新古典主义风格建筑，曾是德国联邦总理府。

卡德纳比亚（Cadenabbia）度假做准备，也包括参加作为基民盟主席的阿登纳的群众集会和选战活动。

奔驰公司显然有大量公然逾规越矩的行为，但基尔布的上级阿登纳是否批准了这些行为？为此，阿登纳不得不两次接受检察机构的询问。这在当时前所未有。1950 年代，人们还同意赋予总理等最高级别的国家代表某种特定的不可侵犯的权利。但在法律上，总理不得不接受询问。他的回答模棱两可：基尔布没有正式申请使用这些车辆，但阿登纳当然知情。这就是说，基尔布可能认为阿登纳随时会批准使用车辆。因此不该指责他公车私用。阿登纳总理忽视了一点：提出正式的用车申请在法律上可能无法获得批准。

也就是说这些车辆成了个人专用的公车，作为总理府官员的基尔布并非以个人身份，而是作为其所在机构的代表从中受益。这是否意味着国家省下了公务用车的费用？这是最初从被告的辩护策略得出的结论。但这种思路在接下来的审判中无法延续。因为事实证明，基尔布的多次旅行并非为了作为政府首脑的阿登纳，而是为在选战中为作为基民盟主席和首席候选人的阿登纳跑前跑后。此后，辩护的重点转移了：这些车辆是奔驰公司捐赠给政党政治家阿登纳的。这种说法被阿登纳证实后，有关腐败的指控就此淡出了公众的视线。最后，法官采信了这种说法，波恩地方法院中止了 1959 年 11 月 7 日针对基尔布的审判程序，理由是这些赠送的汽车是用于协助竞选。在法官看来，究竟能否委派总理府的员工完成这种任务尚无定论。但在这个案件中出现了一种引人注目的“法律风格”，按照这种风格，法院不愿过分深入追究政府政策的玄机。阿登纳总算是有惊无险，基尔布本人得以继续在布鲁塞尔工作，一直到 1970 年代退休年龄时才从欧盟委员会卸任。

但这桩丑闻影响深远。从“基尔布事件”中延伸出了一桩名副其实的司法丑闻，基尔布开奔驰车的事从此成为民众永久的记忆。此外还得知道，波恩的检察机构主要不是针对总理府的负责人展开调查。

1957年起，检察机关就盯上了奔驰公司在波恩的整个院外集团网络，该网络深入联邦行政体系内部，由奔驰公司出钱运营了一个规模巨大的“汽车租赁园”，德国的联邦政府官员和新成立的联邦国防军的军官免费使用这里的汽车不下250次，虽然他们开的并不都是顶级车型。直到1957年11月，一直在联邦议院负责科技事务的行政专员维尔纳·布隆巴赫（Werner Brombach）借了一台大众敞篷车，后来奔驰公司把车送给了他。本来布隆巴赫可以获得一辆奔驰汽车，但这和他微薄的薪水相比显得过于招摇，因此他主动申请“降级”使用大众汽车。这个事件中，奔驰公司确实对政府决策产生了影响，而且比在基尔布事件中的影响更为具体。布隆巴赫是交通委员会的助理，他的任务是为奔驰公司在波恩的首席说客弗里德里希·胡梅尔斯海姆提供交通委员会的内部信息。此外他还尝试通过作出符合奔驰公司利益的鉴定或表态影响委员会的成员。

除了奔驰公司和联邦议院外，多年前军火企业也进入了侦查人员的视线，尤其是其位于科布伦茨的联邦采购局的不当行为。直到1955年，阿登纳重新武装德国的努力取得了成效，联邦德国争分夺秒地投入大量资金建设自己的武装力量，联邦国防军需要武器，但也需要制服、食品、车辆和弹药等。负责此事的除了联邦国防部外还有位于科布伦茨的联邦采购局。（科布伦茨坐落于莱茵河和摩泽尔河畔，曾经是普鲁士的要塞城市。）起初，采购流程还不完善，制造商和军火商几乎沉浸在“淘金热”之中，采购部和国防部的办公室有时也像狂野的美国西部一样。科布伦茨的市政委员威廉·蒂德（Wilhelm Thiede）曾多次接受一家纺织公司老板的邀请和赠予，收到的礼物包括一台咖啡机、给他妻子的一个真皮手提包和至少22套西服。他在审判中称，作为对这种私人友谊的回馈，他向纺织公司透露了有关军队制服技术要求的秘密信息。他的同事显然也获得了葡萄酒、皮草、冰箱、西服、贷款和度假旅行等礼物。这些礼品也体现了欣欣向荣的富裕社会的消费文化，在当时还都炙手可热，不过没过多久，大多数“寻常百姓家”就都有机会买到这些商品了。1957年秋，至少40多名国防军行政人员涉嫌贪腐，52家公司成为被调查对象，112项针对被动和主动受贿的正式调查程序交由法院受理。[55] 波恩的侦查人员钓上的最大一条鱼大概要数陆军上校勒费尔霍尔茨·冯·科尔贝格（Löffelholz von Colberg）男爵。他是国防部“军事采购部”部长。勒费尔霍尔茨·冯·科尔贝格早在联邦国防军正式成立之前就负责军需采购事务，从1953年起就在与“军事采购部”有相同职能的所谓空白局（Amt Blank）任职。空白局或多或少是个正式筹备重新武装联邦德国事务的联邦机构。1953年起，勒费尔霍尔茨使他的利益团伙和经济界建立了联系，最重要的可能是通过奔驰波恩分公司直接与奔驰公司董事会建立的联系：他多次和董事会主席弗里茨·科内克（Fritz Könecke）[56] 会谈，也经常与其他董事或高层管理人员共进晚餐。《明镜周刊》嘲讽道：“从牡蛎到香槟，一切今天使联邦德国的生活更有品质的东西样样不缺。”[57]

显然勒费尔霍尔茨在一个和蒂德不同的圈子里活动。1956年，他参加了一次后来媒体上炒作得沸沸扬扬的度假旅行。他免费获得了一辆奔驰180D汽车用于度假，开着车拖家带口穿越联邦德国全境，拜访了为国防部供货的各家公司。每次他的做法都一样，先是要求参观工厂，接着就和妻子女儿一同应邀入住酒店，据说以这种方式造访了乌尔姆的马基路斯（Magirus）、奥本多夫的黑克勒—科赫（Heckler&Koch）、斯托克多夫的伟博思通（Webasto）和纽伦堡的曼恩（MAN）等公司——这还只是其中的几家。后来，他还为自己的女儿和戴姆勒的一名董事牵线搭桥，使他们成为恋人。

贪得无厌的勒费尔霍尔茨对于他的金主来说“物有所值”。波恩的检察机关没收了奔驰公司总部的文件，这些文件显示，奔驰公司几乎把勒费尔霍尔茨视为自己的员工。检察官对这位军官的具体指控是“在国防部操纵法律概念，损害联邦德国利益”，涉及的问题是，国防部是否有义务为有关公司报销国防项目的研发费用。勒费尔霍尔茨和一位旅长以及奔驰公司的一名董事会成员合作，为部长提供了一份符合奔驰公司要求的内部评估报告。[58] 最后真相大白。1959 年夏，波恩地方法院判处这位早已经被停职的上校 3 个月监禁，罪名是收受贿赂且情节严重。

1950 年代末，波恩的司法系统忙着调查高级官员和经济界的关系，这一时期的司法系统因为独立办案而受到交口称赞。主要负责这些案件的是一家主动作为的检察机构和波恩地方法院刑事审判庭庭长赫尔穆特·奎里尼（Helmut Quirini）。奎里尼在勒费尔霍尔茨案中作出了判决。1959 年，奎里尼以勒费尔霍尔茨案主审法官的身份成为《明镜周刊》的封面人物，《明镜周刊》盛赞其为英雄。这份在汉堡出版的杂志还刊发文章介绍奎里尼的生活：比如远征苏联时他的双脚曾被冻伤，比如他以“莱茵兰式幽默”审理案件，偶尔讲些令人忍俊不禁的“图恩斯—谢尔式笑话”[9]。简而言之，奎里尼受到了部分记者的追捧，但并非所有记者都喜欢他。比如，保守的《法兰克福汇报》（*Frankfurter Allgemeine Zeitung*）尖锐地批评了这位法官的风格。[59] 这桩丑闻发生不久之后，又出现了一桩“次生丑闻”，令司法系统如何处理腐败案件本身成为话题。

1958 年夏，社民党党员、北威州内政部部长胡贝特·比尔纳特（Hubert Biernat）首先拿波恩官员受贿事件说事。此时，公众对检察院进行的多项调查还毫不知情，但比尔纳特正在北威州参加竞选，社民党担心自己在选举中失利。司法部部长透露了消息并使调查在国防部内部众人皆知。调查证明，在波恩执政的竞争对手和企业进行了一系列肮脏的交易。在一次新闻发布会上，比尔纳特指责政府容忍波恩高级官员的所谓“野蛮行为”。[60] 不过，这个动作政治成效不大，社民党输掉了在北威州的选举。1958 年 7 月起，属于基民盟的州长弗朗茨·迈尔斯（Franz Meyers）执政，波恩官员受贿事件的司法政治风向由此转变。

回到 1959 年：彼时，针对基尔布、胡梅尔斯豪森（Hummelshausen）、布隆巴赫乃至奔驰公司董事会主席科内克等人的审判已经开始。波恩地方法院在没有给出明确理由的情况下改变了议事规程，后果之一是法官奎里尼不再负责包括基尔布案在内的重要案件的审判工作。现在负责此案的审判庭对案件的评价与此前完全不同，并中止了针对基尔布的审判程序。1962 年，位于杜塞尔多夫的北威州议会的一个调查委

[9] 图恩斯（Tünnes）和谢尔（Schäl）是当时科隆一家木偶剧院的两个传奇人物形象。图恩斯代表了性格平和、略显粗鲁又不乏精明的农民形象，谢尔则是幽默而狡黠的小市民的代表。

员会对此事展开了调查并找到了有力证据，证明1959年底波恩地方法院院长贝克尔（Becker）与州司法部部长奥托·弗莱因豪斯（Otto Flehinghaus）、州长迈尔斯都面对面讨论了那些悬而未决的诉讼程序。其他资料证明，贝克尔也曾尝试对波恩检察院的工作施加影响。因此他请求不要再反对有关中止基尔布案审判程序的决议。换而言之，有人怀疑这么做是出于政治动机操纵司法机构，以减轻联邦政府的压力。《明镜周刊》就从这个角度进行了报道，关于基尔布案的历史研究文献中也有少量描述采用了类似的观点。

但实际情况可能更复杂。客观来说，奎里尼的判决在法律上肯定是有争议的，完全有理由把这些棘手的案子移交给一个新的审判庭。当联邦最高法院对此前针对瓦尔特·哈尔斯坦（Walter Hallstein）和赫伯特·布兰肯霍恩（Herbert Blankenhorn）作出的判决进行复核时，奎里尼毫无悬念地因为他主审的这个案件遭到恶评。此前布兰肯霍恩被判4个月监禁，哈尔斯坦受到诽谤罪的指控，但因为证据不足而被无罪释放；而联邦最高法院在这两起案件中则认定无法证明他们有罪，作出了无罪判决。[61] 类似情况也出现在本文介绍的腐败案件中。经过几轮复核之后，1964年，伍珀塔尔地方法院对勒费尔霍尔茨作出的最终判决是：13件被动受贿案只保留一件，并以1000马克罚金替代监禁，勒费尔霍尔茨调任位于汉堡的联邦德国国防军的军官学院。[62] 其他诉讼的结果也与此类似。当事人（比如戴姆勒总裁科内克）要么被无罪释放，要么被处数额相对轻小的罚金（比如布隆巴赫和胡梅尔斯海姆案件）。这些案件经过多次复核，最后的处罚逐步比最初的判决减轻。[63] 也就是说，从刑法上看，法院对这些案件改判的余地不大。

大约在同一时期，还有一些以权谋私的案件让人们“牵肠挂肚”。比如，政治领导人的名誉首次受损。其中最著名的当属莱法州州长彼得·阿尔特迈尔（Peter Altmeier）。1956年，他为莱法州购买了一栋位于科布伦茨摩泽尔河畔、气派非凡的公务别墅，此前他一直以政府首脑的名义租住其中。购买之前，财务总局评估了这栋建筑的价值，但是评估价格低得离谱。1958年，《明镜周刊》调查此事的消息传开，评估价格修正为售价的两倍。

当社民党要求成立一个调查委员会时，美因茨基民盟议会党团认为“民主国家的尊严和权威”受到了来自“个人诋毁行为”的威胁。社民党自然要求进一步澄清事实，并要求公布所有与房屋销售有关的文件，也就是说人们要求信息透明。[64] 尽管如此，“阿尔特迈尔丑闻”依然没有带来持续性伤害。1959年基民盟也以绝对多数在北威州议会选举中获胜。十年之后，在和年轻的赫尔穆特·科尔的竞争中阿尔特迈尔才失去了州长职位。

1951年起在阿尔特迈尔内阁担任财政部部长的自民党人威廉·诺瓦克（Wilhelm Nowack）就没能全身而退。诺瓦克在担任一家联邦州控股公司监事会主席期间的行为给他带来了灾难。莱法州拥有弗兰肯塔尔（Frankenthal）的阿尔伯特&西高速冲床股份公司（Albert und Cie. AG）四分之三的股份；这是一家生产高端冲压机床的企业，生意红火。作为州政府代表的高级行政专员汉斯·布伦纳（Hans Brenner）和诺瓦克是监事会成员，诺瓦克任监事会主席。1954年，一位私人股东抛售了公司的大宗股份，公司以市场价回购了这些股票，两天之后又以低于市场价大约40%的价格出售给布伦纳和诺瓦克。1954年，诺瓦克投资15000马克买入股票，后来企业把这些股票的面值提高到了27000马克。1958年，诺瓦克以75000马克卖掉了大宗股份。州政府对这些交易一清二楚，州长阿尔特迈尔大概早就敦促诺瓦克抛售股票，但没起到什么作用，直到1958年夏《明镜周刊》开始调查此事。

此后，议会进行了多次问询，美因茨州议会成立了调查委员会。调查委员会发现，诺瓦克除了进行股票交易之外还收受了这家公司的各种礼物，包括一块波斯地毯、一块手表和一台收音机——虽然诺瓦克部长此前恰恰否认了此事，部长的儿子也从中获益：作为企业的实习生，他获得了过高的出国差旅补助。在调查委员会的总结报告中，议员们坚信诺瓦克的行为严格地说并不违法，尽管如此还是存在利益冲突，部长个人获得了好处，委员会认为这“不合适”。[65] 这场风波并未就此平息。联邦审计署对部长们在监事会任职的情况进行调查后发现，巴符州州政府成员均热衷于这种差事：1959年，8位州政府内阁成员在20家企业中累计担任28个监事会成员职务，包括多家巴符州并不持股的公司。[66]

1960年，第三个事件轰动一时：无党派人士、斯图加特市市长阿努尔夫·克雷特（Arnulf Klett）成为司法部门的调查对象。1955年，克雷特50岁生日时接受了地方企业赠送的贵重礼物，包括奔驰公司送的一块波斯地毯、博世公司送的一台电视机、斯图加特酿酒协会送的一枚领带夹，以及丁克勒克啤酒厂赠送的一幅油画。虽然检察机关提交了起诉申请，但未能进入审判程序，《图片报》对此提出了批评，《明镜周刊》则出人意料地在很大程度上保持中立态度，介绍了案情。[67]

二、关于国家的纯洁性：1960年前后的反腐之辩

上述事件引发了讨论。这些“意外事件”是共和国的腐败问题日益严重的表现吗？哪些情况对此负有责任？对于理

解官员、政界和经济界之间的关系，这意味着什么？

1958 年，《法兰克福汇报》的评论版刊登了一篇从上述角度出发所作的评论，认为民主制度虽然不能保证没有腐败，但只有它才能在独立的司法和公众的协助下查清这类事实真相，从而有效地反腐。[68]《斯图加特报》（*die Stuttgarter Zeitung*）就“诺瓦克事件”发表了类似观点：“整个事件表明，恰恰是民主机构有能力揭露黑幕。尤其对于那些因为认为我们经历的其他政权中没有发生这些事情，所以始终认为应该咒骂民主的人来说，这种看法已经深入骨髓。其实这些事情已经发生了，只不过没有公之于众；如果人们知道这些事情，那么处理问题的方法通常避免不了个人的打击报复、阴谋诡计和大发不义之财的企图。”[69]

然而，正如上文所述，基尔布案中记者们对司法机关的评价不尽相同。1958 年，《明镜周刊》还盛赞基尔布案是“德国司法判决历史上光辉的一页”，因为司法部门也对令德国政府不悦的案件提起了诉讼。评论者认为，对戴姆勒总裁科内克的指控是“波恩意识的转折点”。[70]

不过《明镜周刊》的这种做法并没有取得一致同意。相当一部分公众舆论认为波恩对审理的第一起腐败案件的判决过于严厉。1959 年，许多记者质疑对政府高官采取“零容忍政策”的合理性。《世界报》指责道：因为几次吃请就被判犯有腐败罪行是脱离实际的表现，这样习以为常的交往形式都会被视为犯罪，只会使国家公职人员无所适从。《莱茵邮报》（*die Rheinische Post*）在外交语境下讨论此事，担心这会给共产党人“递刀子”。该报谴责了“这种‘狩猎式反腐’形式”，认为这最终只会成为住在柏林潘科区（Pankow）的德意志民主共和国国家领导层茶余饭后的谈资。[71]

在诺瓦克事件中，《明镜周刊》在一年前也不得不忍受一些新闻界竞争对手的严厉批评。这些竞争对手认为，报刊用有关政治家生活的故事迫使他们辞职，实在让人无法忍受。这种批评让《明镜周刊》的出版人鲁道夫·奥格施泰因写了一篇长文为自己辩护，他否认《明镜周刊》的目的是让官员辞职，认为杂志的任务只是针砭时弊。

虽然媒体一边倒地报道阴暗面，但因为其他政府官员大都受到了震慑，所以起到了“惩前毖后、治病救人”的效果。[72] 而且《明镜周刊》也不指望其批评性报道能够如实反映德国的全部真相。

不久，《明镜周刊》以最尖锐的语气批评了对“基尔布案”以及波恩其他受贿案件的判决。就连最初谨慎发表评论的《时代周报》也受 1960 年代初北威州议会调查委员会曝光腐败案件的影响改变了看法，指责这些案件受到了政界的操纵。[73]

1960 年前后，有关腐败的辩论由此展现出千差万别的景象。但总体而言，德国还远不能在反腐问题上交出一份令自己满意的答卷。《明镜周刊》和《时代周报》也是如此，除了批判性文章外，读者在这些报刊上还会经常看到一些警告人们防止对腐败案件过度演绎和过分评价的文章。1966 年，《时代周报》曾对一篇耸人听闻的报道提出批评，这篇文章介绍的是国防部内部的所谓腐败案件，刊登在科隆的一家名为《特快》（*Express*）的小报上。[74] 一年后，汉堡的《时代周报》上发表了对调查记者伯恩特·恩格尔曼（Bernt Engelmann）撰写的一部著作的批判性书评。书评人彼得·施德勒（Peter Stähle）指责恩格尔曼，称他提出的有关腐败的指责只建立在间接证据的基础上，尤其当他声称“腐败会导致亡国”时危言耸听。[75] 但后来——自 1990 年代起，这些论点成为寻常说法。

即便对反对党而言，有关腐败的指控也只在一定条件下奏效。1959 年夏天发生的一个事件证明了这一点。2 月，社民党机关报《前进报》（*Vorwärts*）在一篇关于诺瓦克和阿尔特迈尔的报道中顺带提到，莱法州“似乎妄想取代‘腐败之都’波恩的地位”。可能今天人们根本不会把这句话当回事，[76]但在 1950 年代末期的波恩政坛可不是这样。4 个月后，《前进报》的这句话在辩论中被证明是个巨大的灾难，社民党一度希望在联邦议院引起关注，他们的愿望彻底破灭了。社民党议会党团对联邦政府进行了一次“大质询”[10]——这通常是反对党用于揭露政府主导的不光彩事情的手段。这次质询涉及联邦政府部门的腐败案件，主要是科布伦茨的受贿案和基尔布丑闻。

但在 1959 年 6 月 18 日联邦议院的辩论中，《前进报》上的这句话成了丑闻。内政部部长格哈德·施罗德破口大骂，多次指责社民党患有“腐败精神病”。[77]他指出，犯罪统计数字显示腐败明显减少；社民党在腐败问题上死缠烂打，破坏了氛围，不利于公务员开展工作。讨论中引人注目的是，施罗德称，事实证明“我们的职业公务员队伍”依然是有助于身份认同的因素；这支队伍中的每一位成员“今时一如往日，日复一日克己奉公、忠诚可靠、勤政廉洁地履行职责”。

事实上，社民党采取的这种传统的反对党攻击执政党的方法根本行不通。虽然赫尔曼·施密特（Hermann Schmitt）批评联邦政府支持有利于高级公务员贪腐的“普遍的精神氛围”，可让他愤愤不平的是“大企业和政府机构在阿登纳时代

---

[10] 大质询（die Große Anfrage）：通常由反对派的议会党团向联邦或联邦州政府提出的质询，分大质询和小质询（die Kleine Anfrage）两种。大质询涉及的范围更广，政府答复之后要求行政部门做更大量的工作，而且议会通常对政府的书面答复进行讨论。

你中有我、我中有你，以致许多利益攸关者认为政府不过是实现经济目的的工具”。[78] 这些引言表明，社民党议员之所以批判腐败，是因为其针对政界的目的不亚于针对商界。此次辩论结束后，《前进报》报道的政治色彩也有所淡化，仅限于批评人们对部长和高官收受礼物所知甚少。[79] 议员们还是为民主制度的声誉而提心吊胆。反对党和自民党议员赫尔曼·杜尔（Hermann Dürr）本身也认为腐败案件是对民主制度的威胁，在联盟党议员看来，有关腐败的辩论小题大做才是问题所在。

全体辩论表明，在这种时候对腐败的指责极不适合作为批判政府的话题。这说明批评政府时选择话题必须格外谨慎。内政部部长施罗德曾多次尝试把腐败和其他行为区分开来、精准定位，他还批评了随意扩大和混淆腐败概念的做法，施罗德对当时的法律状况作了这样的描述：公务员虽然禁止收礼，但只要其履职不受影响，那收礼就不是受贿。不区分腐败行为就展开有关腐败的辩论是有害的，原因有二：一是这会令当事人无所适从；二是这会在公众中造成国家和政府做事没有依据、含混不清的负面形象。基社盟议员阿尔布雷希特·施利（Albrecht Schlee）补充说，这场辩论激起了民众“对国家的反感”，人们只会心甘情愿地认为腐败无处不在。需要补充说明的是，21 世纪早期也存在类似的效应；不同之处在于 21 世纪似乎不可能再主张对腐败行为进行区分。

人们就收礼的原因达成了广泛的共识：经济界可疑的道德观渗入了国家公务员队伍。赫尔曼·施密特认为，这是私人经济中“与人方便”和道德堕落的表现——这种说法还没有完全摆脱阶级斗争的论调。联盟党代表再次认为，在这个领域有必要附和反对党。施罗德也忧心忡忡地写道：“人们对公务员的要求更严格，对经济生活的要求则通常更宽松，二者同时存在。”为此他也准备好了数据，表明欺骗和不忠在私有经济中日渐增加。因此，联邦议院的议员共同在德国公务员队伍周围建起了一道虚构的“防腐墙”：虽然公务员队伍有坚定不移的传统，但据说面临着日益严峻的来自经济界和公共道德的严峻挑战。此时，所有政治阵营对道德败坏都怨声载道。

但各党派对腐败事件导致的具体后果看法不一。社民党提出了一系列要求，比如取消针对“广告赠品”的免税政策，呼吁设立针对整个经济生活的反腐条款，要求就部长和高官收受礼品作出明确规定，因为现有的规定不够详细：依照现有规定，普通公务员是否可以收礼由其上级决定，对于部长则没有任何规定。此外，反对党要求禁止官员和部长在各类经济协会有偿做报告，还要求坚决追究高级官员的一切违法行为。

对于反对党提出的上述要求，执政党的议会党员都不愿意服从。相反地，各部长和联盟党议员则强调处理个案时要凭借细腻的感觉：上级要灵活判断而且必须以身作则。在辩论即将结束时施罗德讲述了他如何处理做报告所得的酬金：他说自己没有拒绝这笔钱，但收下后如数捐给了慈善事业。这就是说，和 21 世纪截然不同的是政府相信公务员有责任意识、相信公务员队伍值得信赖。在这些辩论中，诸如廉洁和荣誉感之类今天不太常见的概念占了很大比例。透明思想在这个框架内还不起作用，为私营经济制定反腐条款的建议在当时纯属痴人说梦。但我们会发现，正是这项建议于 1970 年代在美国得以实施，1990 年之后几乎放之四海而皆准，也包括德国。

在有关腐败的辩论场上，常有一位颇具影响力的知识分子的身影，那就是蒂宾根大学教授西奥多·埃申伯格（Theodor Eschenburg)。埃申伯格被认为是德国政治学的创始人之一，一度担任蒂宾根大学校长，同时，他也是一位公认的孜孜不倦的政治评论家，所著书籍引起了巨大反响，还作为《时代周报》的评论员定期为这家汉堡的刊物撰文，以具有批判精神著称。早在批评精神成为新闻界共识之前，埃申伯格就鞭挞各个党派和协会的权力腐败，反对党派和协会，维护民主制度，是1990年代以来人们所说的"政党批评家"。但埃申伯格在纳粹时期的所作所为也是其整体形象的一部分。一方面，他长期公开与犹太公民合作；另一方面，他在纳粹上台后不久就加入了党卫军，可能从所谓"雅利安化"（Arisierung）即强制没收犹太企业家的财产中获益。[80]

埃申伯格偶尔被误解为"政党国家"（Parteienstaat）的自由主义批判者。事实上，他介入了1960年前后关于腐败的讨论，这表明他捍卫的是一种保守的、近乎浪漫气质的、可以追溯至19世纪的国家观念。埃申伯格担心国家及其公务员队伍的纯洁性，他鞭挞了混淆行政机构和政治以及混淆行政和经济的现象，要求明确区分行政和社会之间的界限。埃申伯格声名鹊起可能主要是因为他运用了廉洁的德意志国家和"拒腐蚀"的德国公务员的神话。对于战后保守的德国人而言，政治被视为对自由的威胁。这是一个"非政治化"的国家公务员队伍的神话。当时对纳粹主义的解读通常是这样：极权主义和由纳粹分子驱动的日常生活与文化的政治化被认为是一种可怕的原罪。因此，《明镜周刊》也从这个角度批判了同意中止基尔布案诉讼程序的意见，因为党的机构和国家机构密不可分：纳粹党同样也是用这种观点使自己凌驾于国家之上。[81]

埃申伯格在其著述中常常提及传统：他认为在19世纪的普鲁士和后来由普鲁士统治的德意志帝国中既没有贪污腐败，

也没有官官相护。作为具有自己道德规范的社会阶层，当时的公务员和其他社会人群格格不入，仅仅出于这种社会优越感，公务员就不会收受任何礼物。因此，当时的行政确实是独立的。虽然，今天历史学家知道，这实际上不过是个神话，[82] 但 1960 年前后没有人公开反对这种评价。鉴于上述腐败案件，埃申伯格担心院外集团人士会通过送礼把官员们引入歧途，因此要求禁止经济界代表和国家公务人员有任何交往。他还认为道德败坏的根源在于商业往来的习惯，把国家行为和政治混为一谈是危险的。在基尔布案问题上，他指责总理把自己所在党派的利益等同于国家利益，这是绝对不能容忍的。

尽管如此，埃申伯格仍然不认为德国存在严重的腐败问题。他支持那些试图以客观的态度进行辩论的人，因此作出了一个腐败问题已衰败的诊断："人们根本不应该夸大腐败的程度。根据我们在"二战"中及战后所经历的一切，真正令人感到意外的是我们并没有变得更加腐败。如果要重新树立严格的标准，现在是个不错的机会。"[83]

埃申伯格心目中理想的"和谐国家"（neutraler Staat）建立在这样一种假设之上：即存在一种似乎可以客观决定、在不受党派和团体影响的情况下计算出的公共福利。他提到了早在 19 世纪就广为流行的思想：议员不能为自己的选民或自己选区的利益服务，而应该对全体人民负有义务，应该在联邦各部和联邦议院各党团之间划出一条清晰的界限。因此，埃申伯格认为，无论在过去还是现在都是一种普遍现象，部长级官员在许多具体问题上协助联邦议院的议会党团和议员——至少协助执政党在联邦议院的议会党团做准备工作也是一种丑闻，是"联邦部长滥用职权"的表现，因为行政机构无权干预立法机构的工作。[84]

在1961年出版的题为《官官相护》(*Ämterpatronage*)的小册子中，他指责各政党把政府的职位分配给党员，从而削弱了行政机构的中立性；认为无论如何都不能把公务员的忠诚分为对国家的忠诚和对政党的忠诚；政治争论在议会中占有一席之地、议会通过的法律应该由政治上中立的公务员执行。但他在书中也强调，行政机构比传说中更加中立，各个党派官官相护的现象有所减轻。[85]

犯罪学家沃尔夫·米登多夫（Wolf Middendorf）在其1959年出版的《犯罪社会学》(*Soziologie des Verbrechens*)一书中也结合科布伦茨案件探讨了“行政部门的腐败问题”。米登多夫也提到了普鲁士公务员的道德，认为正是这种道德在很大程度上阻止了德国的腐败，德国的腐败主要发生在与私营经济有关的地方。他认为1954年到1958年联邦德国发生的162起腐败案件微不足道，而比起德国清正廉洁的公务员队伍，美国是个反例：美国“腐败和政治沆瀣一气”，公务员严重政治化。[86]

考察“道德面临江河日下风险”（虽然还谈不上已经陷入礼崩乐坏的险境）的论调时，也必须考虑经济奇迹和崛起的大众消费等社会背景。虽然今天的历史学家把1950年代和1960年代的经济迅速繁荣视为新生民主制度稳定发展的一个主要原因，但多亏有了不同寻常的增长率，起初不同人口群体之间极其紧张的关系才有可能得以缓解。经济繁荣和消费给被从欧洲东部地区驱逐出来的难民和1961年之前来自民主德国的大量移民提供住房和工作岗位，收入增长造就了越来越多的个人消费新方式，从观看电影到购买电视机、从轻型摩托车到私家汽车、从野营到去意大利度假到1970年代乘坐飞机旅行。总而言之，一方面，在经济的推动下，人们普遍对未来持乐观主义态度；另一方面，也有人心存疑惑，比如知识分子和具有资产阶级思想的人担心礼崩乐坏。美国的大众文化被认为自由过头、粗俗不堪，是对德国文化认同的威胁。人们也担心消费会对公序良俗构成威胁。追求利益和以物质为导向是对心灵归宿和自然家园的威胁，是教会和早期自然保护主义者的共同观点。

在许多忧心忡忡的观察者看来，道德和消费、伦理和经济简直是不共戴天的死敌。因此，连环漫画和摇滚乐是对年轻人的威胁，企业家和院外集团人士的商业行为则是对公务人员正直与否的考验。《时代周报》杂志的女记者玛丽昂·格雷芬·登霍夫认为，如果“成功和富裕是普遍标准”，那就不要指望官员会率先垂范。“有什么样的国家，就有什么样的公务员。”[87] 在担心公司的代表和“感兴趣者”面临腐败威胁这一点上，社民党成员和保守派人士不谋而合。有时人们也对私营部门的指控使用性别隐喻。在“科布伦茨腐败案”的一审判决理由中，法官认为供应商和企业家使用了“不道德的诱惑艺术”，官员是贞洁烈女一般的受害者。[88]

三、菲巴格公司和“星际战斗机丑闻”：盛名之下其实难副的弗朗茨·约瑟夫·施特劳斯

任何一本有关波恩共和国丑闻的书都会专辟一章描写弗朗茨·约瑟夫·施特劳斯。对于腐败史而言，这仿佛是天经地义的事。除“《明镜周刊》丑闻”（die Spiegel-Affäre）外，还有两个军备政治事件和这位当时大概最有影响力的基社盟政治家的大名如影随形，它们分别涉及菲巴格公司（FIBAG）和星际战斗机。在争论中，施特劳斯引起两极分化，导致争论不休。一方面，施特劳斯被认为离经背道，他几乎公然展

示自己偏袒包庇和侍从主义[11]的政治风格，在经济和业务中讲究特殊关系，与人方便，自己方便。但另一方面，从腐败史的角度看，这些事件的影响低于人们的预期。1956 年，被任命为国防部部长是施特劳斯政治生涯的第一个高峰；1962 年末的“《明镜周刊》丑闻”则促使他被迫辞去这一职务。不过，在军备政策问题上的态度转变对他的影响不局限于他在任期间，而是一直持续到 1970 年代。

1961 年上半年，突然降临到施特劳斯头上的“菲巴格丑闻”（die FIBAG-Affäre）历时大约一年。[89] 这桩丑闻引发了一场名副其实的执政联盟危机。1962 年 6 月，联邦议院中大量自民党议员拒绝给菲巴格调查委员会的总结报告投赞成票，他们认为国防部部长施特劳斯未能尽职尽责。这是联盟党无论如何都不愿看到的评价，直到当年联邦议院夏季休会之后，自民党人才同意了一开始的总结报告。

事情的背景是这样的：作为北约伙伴和“二战”战胜国的美国要为自己的士兵在联邦德国寻找住所。具体而言，1950 年代末、1960 年代初要为美国军队新建 500 套价值约 3 亿马克的住房，但这笔费用该由哪国政府承担、谁来建造都颇有争议。

在这件事上国防部遵循两个明确的目标：一是尽量减少联邦政府的支出，二是尽可能让德国建筑公司参与其中。在此情况下，一位所谓的“项目打造师”（Projekteschmied）——慕尼黑建筑师洛塔尔·施洛斯（Lothar Schloß）找到了担任国防部部长的施特劳斯。当然，他是个水平不够的建筑师，虽然他在慕尼黑已经完成若干建筑，但根本没有接受过完整的建筑

[11] 也译恩庇主义或庇护主义，指以商品和服务换取政治支持的行为，通常涉及隐含或明确的交换条件。

培训。

但施洛斯手眼通天，和帕绍（Passau）的新闻出版商、基社盟的智囊人物、深得国防部部长赏识的约翰内斯·卡普芬格（Johannes Kapfinger）关系密切。1959 年 12 月，经卡普芬格介绍洛塔尔·施洛斯与施特劳斯见面，他借机向部长提议做一笔大买卖：由他领导一家私人建筑公司建造住房，联邦政府协助联系德国和美国的投资者。不久之后，施洛斯向国防部部长递交了一份方案，还请部长写了两封推荐信，以便他在美国寻找投资者，从军队获得订单。施特劳斯欣然应允，1960 年 6 月写了两封信。其中一封是当面交给施洛斯的普通推荐信，另一封则直接交给了美国国防部部长。因为施特劳斯违背惯例，发出信件之前既没有征得其他部委同意，也没有和国防部的专业部门协商，第二封信后来惹了大祸。

与此同时，施洛斯和建筑工程师卡尔·威利·布劳恩（Karl Willy Braun）、卡普芬格共同建立了一家股份公司，承接政府订单。经过深思熟虑公司取了名字——金融建筑股份公司（Finanzbau Aktiengesellschaft），简称“菲巴格公司”（FIBAG）。出版商参股建筑公司已经够异乎寻常的了，更离奇的是，卡普芬格并没有注入自己的资金，相反，他计划在公司成立后无偿获得价值 12.5 万马克的大宗股票。这显然是他在政界牵线搭桥的佣金。但国防部的内部审计结果对交易不利，这笔交易戛然而止。约一年后，国防部要回了之前亲手交给施洛斯的介绍信，交易失败了。此时，《明镜周刊》已经报道了菲巴格公司和施特劳斯为该公司提供庇护的事。[90]

这件事至今没有得到明确解释，最接近实际情况的版本是：施洛斯和布劳恩想要复仇或者出风头。无论如何，在《明镜周刊》的记者面前布劳恩对卡普芬格和施特劳斯横加指责。布劳恩说，股东卡普芬格不久前向他的贸易伙伴透露，施特劳斯要求获得一半的佣金。施洛斯也证实了这种说法，但卡普芬格和施特劳斯则对这一切都矢口否认。尴尬的是，形式上不同寻常地给美国国防部部长托马斯·盖茨（Thomas Gates）的信证明施特劳斯曾经替菲巴格公司索要有关费用。

利用职务之便以权谋私的指责当然非常严重，在诺瓦克和阿尔特迈尔事件的背景下尤其如此。尽管如此，《明镜周刊》的评论最初也极为谨慎。奥格施泰因先是强调这些说法疑点重重，但还是要求国防部部长对卡普芬格采取行动。

这个事件的发展有多条“叙事线”。阿登纳总理认为，施特劳斯是和自己竞争总理职位的政治对手，他让人对此事进行了内部审计。审计人员很快得出结论，称唯一可以证实的问题是那封信未经其他部委同意就寄给了盖茨。但人们的质疑和各种时政评论铺天盖地，足以使联邦议院提议设立一个调查委员会。联邦议院把调查任务限定为查明施特劳斯是否试图未经足够的审查就把订单交给建筑师施洛斯，说白了就是调查施特劳斯是否出于人情帮助了施洛斯。结果施特劳斯在第二轮调查中被宣告并未违规。早在调查委员会设立之初，人们就发现连反对党也没有指责施特劳斯腐败。因此，指责施特劳斯未能恪尽职守仅仅是因为怀疑他无缘无故地偏袒某个人或某个企业。[91] 从权力政治角度看，偏袒个人或企业没有多大差别，如果能够证明这位部长滥用职权，那他就不可避免地要辞职。议院中的辩论也是围绕施特劳斯究竟是否有腐败行为展开的。[92]

但在公开讨论中此事还在发酵，直到 1970 年代初才出现转机。之所以出现转机要归因于法庭的多次辩论。一方面是施特劳斯和布劳恩或施洛斯之间的辩论，另一方面是施特劳斯和《明镜周刊》之间的辩论。施特劳斯指责他的诉讼对手提供虚假证词，恶意诋毁，《明镜周刊》的报道也包括在内。

此后，施特劳斯和《明镜周刊》之间的长期论战有所缓和。1962 年秋，施特劳斯借口泄露军事机密禁止《明镜周刊》发声，编辑部被搜查，编辑被逮捕，包括《明镜周刊》总编鲁道夫·奥格施泰因。但联邦德国媒体团结起来支持自己的同行。此外，对《明镜周刊》的指控并不成立，施特劳斯在这件事上欺骗了公众——1962 年底他不得不引咎辞职。

此后若干年内，《明镜周刊》系统报道了施特劳斯事件。报道也提到了这位政治家的性格特点，在这些报道中，菲巴格丑闻作为论据反复出现。1960 年代中期，施特劳斯提起诉讼应对此类报道。在一次民事诉讼中，施特劳斯要求奥格施泰因提供赔偿，因为正是他指控施特劳斯腐败。法庭批准了这项起诉。施特劳斯认为没有证据能够证明自己任国防部部长期间贪腐。奥格施泰因则提出反对意见，认为不能从法律角度理解有关腐败的指控。他称这种有关腐败的指控是一种价值判断，是对施特劳斯从政经历的道德评价。虽然法庭没有采纳这种观点，但《时代周报》等其他报刊还是赞同奥格施泰因的说法，从而为逐渐普及腐败概念作出了贡献。[93]

菲巴格丑闻的效应主要是它给人造成了一种混乱的印象，认为施特劳斯没有忠于法律，不值得信任。在丑闻爆发之初杜塞尔多夫当地报纸《午间》（*Der Mittag*）就表达了一种观点，直到今天还影响着人们对巴伐利亚政坛的看法：“在巴伐利亚，‘哥们义气’（Spezitum）和德国人所说的友谊略有不同”，它是一种政治、交易和人脉的混合产物。”[94] 几个星期后，《汉堡回声报》（*Hamburger Echo*）指责施特劳斯身边尽是些不靠谱的朋友和商业伙伴。[95] 尽管保守的报刊尖锐地批判了《明镜周刊》掀起的这场政治运动，但施特劳斯这个品行不端的慕尼黑幕后黑手的形象就此在公众心中定格。在 1990 年代初的朋友事件（Amigo-Affäre）中，对于巴伐利亚地方政治的上述评论重新被人提起，接替施特劳斯担任巴伐利亚州长的马克斯·施特赖布尔因为把友谊、经济和政治过分混为一谈而下台。

有关弗朗茨·约瑟夫·施特劳斯的第二个大型腐败丑闻的实质内容虽然更少，[96] 但也具有重要意义，因为它使联邦德国的腐败史首次和自 1990 年代起变得非常重要的国际反腐运动联系在一起。比菲巴格丑闻更严重的是“星际战斗机事件”，它是由无穷无尽的问题、小丑闻和轰动事件组成的，事件始于 1958 年施特劳斯担任国防部部长期间，但将近二十年后在 1976 年联邦议院的选战中达到高潮。

星际战斗机是美国飞机制造商洛克希德公司（Lockheed Aircraft Corporation）生产的一款战斗机，官方名称是“F104”。1958 年，联邦德国订购了 300 架这款飞机，总价约 15 亿马克。当时德国空军急需一款现代战斗机。多个北约成员国也都决定购买这款战斗机——这看起来再好不过了。北约国成员使用相同的武器系统毕竟更容易协同作战。几位德国联邦空军的试飞员也主张购买 F104 战斗机。在和竞争机型法国的幻影（Mirage）战斗机直接进行对比后，这款“F104”征服了试飞员。弗朗茨·约瑟夫·施特劳斯个人努力促成这笔交易——虽然反对党对此持怀疑态度。尤其是野心勃勃、负责国防事务的政治家赫尔穆特·施密特（Helmut Schmidt）批评购买合同对德国不利。但政府认为这是笔划算的买卖：除了从美国本土直接购买之外，还有一部分飞机可以作为授权商品在联邦德国组装。德国的飞机工业也将受益于这笔军火交易。不过这笔交易有个问题，那就是德国联邦空军无法直接使用洛克希德公司提供的飞机。合同在签订时就白纸黑字写着：全部飞机都必须进行技术改装。这款所谓在技术上“登峰造极”的产品并非名副其实。

技术改装给德国军队带来了两个严重的问题：一是成本高得成了天文数字，二是加装的电子部件改变了飞机的重量分配。后者的政治后果更为严重，因为这样一来这款速度超快的战斗机的稳定性就不足。技术上本来就先天不足，又急于交付使用，因此飞行员没有多少时间试飞并把积累的经验转告洛克希德公司。德国空军原本可以根据这些经验在改装战斗机时进行技术优化，可他们没有这么做。就这样，星际战斗机有了安全隐患，成为名副其实的故障飞机（Pannenflugzeug）。联邦国防军购买的首批星际战斗机 1961 年就已经升空。有关菲巴格丑闻的讨论正在进行时，首次发生了星际战斗机坠毁事件。1962 年 6 月末，联邦议院就“星际战斗机决议”展开讨论，此后又进行了多次讨论。星际战斗机成了其飞行员的“死亡陷阱”——而当时是和平年代。截至 1966 年，共有 47 架星际战斗机坠毁，26 人丧生。1976 年，坠机事件增至 177 起，80 人丧生。[97]

除了对死亡人数感到恐惧，对“铁幕”一线的军队战斗力感到担忧，对采购和装备成本不断增加产生怀疑外，社会上还提出了一个相关的问题：这个明显很不划算的交易是不是通过合法渠道完成的。至少新闻界定期要报道星际战斗机这个持续性话题，因为每次坠机都为报道此事提供了契机。1965 年 1 月 20 日，社民党议员卡尔·维南德（Karl Wienand）在联邦议院称这次采购是“浪费”。此时，批评家还把错误地选购星际战斗机归咎于施特劳斯希望日后给这款战斗机加装核武器（其他竞争机型无法加装核武器）。[98] 而当时德国已经郑重承诺放弃拥有核武器，因此对施特劳斯的这种指责足以令联邦政府颜面扫地。

1970 年代中期以来出现了来自美国的对腐败的指责，这和以“商界水门事件”（Business Watergate）闻名的调查密切相关。因为商界水门事件指的不仅仅是尼克松总统1972年派人潜入位于总统府周围的对手的竞选总部进行窃听的行为——人们还发现这一事件中政府还多次滥用职权，政商两界沆瀣一气。该事件的一个重要组成部分是美国企业向国外的政治家和政党提供巨额资金。大型军备出口商洛克希德公司进入了调查人员的视线。这家飞机制造商曾在许多国家以政治献金和贿金资助政治家和政党，其中也包括有政党在1971年得到了公共资金的救助而免于破产。

1975年末，一个美国参议院的委员会发现了一个对联邦德国也产生重大影响的事件。[99] 曾任洛克希德公司驻波恩代表的欧内斯特·F. 豪瑟（Ernest F. Hauser）供称，基社盟在订购星际战斗机之前收到了一笔上千万的款项，也就是说施特劳斯部长被收买了。豪瑟以他个人的日记和信件证实了这个说法，他还加上了一个名副其实的“荒诞故事”(Räuberpistole)：一位官员听到风声之后威胁要将此事告诉反对党，施特劳斯绑架了此人，让人用一架洛克希德公司的飞机把他带到了美国。具有讽刺意味的是，豪瑟和施特劳斯之间确实曾经有过私交，二人1945年相识，当时豪瑟是巴伐利亚占领区的美军军官，施特劳斯是雄高县（Schongau）副县长，后来施特劳斯成了豪瑟的证婚人和教父。1961年，施特劳斯请求洛克希德公司把豪瑟派往德国担任首席说客。这是否算是巴伐利亚“特殊经济关系”（Spezlwirtschaft）的又一个案例？从表面上看似乎确实如此。

尽管提供了这些细节，这位污点证人还是不大可信——豪瑟被洛克希德公司解聘，并且曾经因为欺诈和伪造证件被判刑。就连《明镜周刊》也从一开始就承认了这一点。施特劳斯接受《世界报》采访时称，他曾在1960年代初期借给豪瑟5000马克，这笔钱豪瑟大部分没有归还，他把其中的一小部分转回了基社盟的一个账户。[100] 但不久之后，豪瑟的证词被证实是凭空捏造的，他提供的有关支付佣金的信件后来也被证实是伪造的。社民党和自民党联合政府设立的部内工作小组也得出了这样的结论：针对施特劳斯的指责毫无根据。

大约两年后施特劳斯又被指控另一种犯罪嫌疑。1978 年 1 月 14 日，《南德意志报》刊登了施特劳斯和威尔弗里德·沙纳格尔（Wilfried Scharnagl）之间的通话录音片段，沙纳格尔是施特劳斯的亲信、时任基社盟党报《巴伐利亚信使报》（*Bayernkurier*）主编。刊登的内容使人更加确信洛克希德公司曾向基社盟政治家行贿。然而这份文件也被证明部分是伪造的，可能是从民主德国国家安全部门史塔西传出来的。[101] 联邦议院再次成立了一个调查委员会。虽然针对洛克希德公司的调查显示，这家公司进行游说活动的力度很大，但调查委员会 1980 年初得出的结论仍然是：这些有关腐败的指责没有根据。[102]

如前所述，几乎没有谁大张旗鼓、具体地指出施特劳斯有腐败行为。但 1976 年夏天，选战中的社民党含沙射影地抨击施特劳斯和洛克希德公司暗通款曲。也就是说有关腐败的辩论只是间接展开——当然，人们对“政界和商界很多事情不正常”的印象可能会加深。《明镜周刊》没完没了地报道这些指责，但没有参与指责。值得注意的是，这份总部位于汉堡的刊物 1976 年 9 月呼吁参与竞选者不要再拿腐败问题大做文章。“对腐败问题口诛笔伐的风险在于，选民会认为一切都很可疑，以致索性闭门不出。”[103] 最晚到了 1990 年代，这类警告才逐渐销声匿迹。《明镜周刊》的出版策略并非始终如一，因为后来它又把施特劳斯塑造为“教父”形象。

尽管如此，纵观其他国家揭露洛克希德公司的过程，就会发现联邦德国看起来很干净。在欧洲，荷兰受这一丑闻的冲击最大，女王朱丽安娜（Juliana）的丈夫伯恩哈德亲王（Prinz Bernhard）被证实触犯刑法、收受了洛克希德公司的贿金。作为“二战”结束时的总司令和事件发生时的军队总监，伯恩哈德一言九鼎。他错就错在写信向洛克希德公司索贿——索贿的信件白纸黑字，等于提供了一份证明自己有罪的决定性材料。荷兰政府立即启动了针对这位亲王的刑事诉讼程序。女王为了保护亲王以退位相威胁，事态一度演变为一场名副其实的“国家危机”。这一丑闻最后以亲王“叩头谢罪”收场。女王的丈夫以公开认罪和辞去军职及其他职务换取免予被起诉。[104] 意大利、日本、南非、瑞典和墨西哥等国的政治家也被证实接受了洛克希德公司的贿赂。洛克希德丑闻在德国没有掀起多大波澜，但对美国的立法则产生了重要影响。1977 年的《海外反腐败法》（Foreign Corrupt Practices Act）是这起商界水门事件的直接产物。1990 年代起，这项法案对全球有关腐败的辩论产生影响。

四、对策：反腐部门和反贿赂条款

联邦德国国防军的采购事件产生了一定影响。早在 1957 年，德国联邦议院国防委员会就要求公开一份和国防部联系的“院外集团人士”名单，即提前公布说客的名单。但当时位于哈德霍赫（Hardthöhe）的联邦国防部没有答应这个有助于增加透明度的请求，[105] 而是采取了内部措施。不久之后，新任国防部部长弗朗茨·约瑟夫·施特劳斯采用了一项从财务上有效预防采购腐败的规定：如果发现公司和政府官员之间有徇私舞弊行为，那么公司要在违约金的框架内向国防部缴纳相当于货款 10% 的金额。但这项规定出台不久之后就自降了惩罚力度：如果公司告诉过员工送礼是违法行为（员工仍然送礼），则（对公司的）罚金不超过行贿员工年收入的一半。[106]

国防部采取的最重要的措施或许是在 1957 年 9 月特别设立了一个审核部门，这就是由行政专员卡尔·赫尔穆特·施内尔（Karl Helmut Schnell）领导的所谓“调查委员会”。两年后，这个委员会摇身一变成为常设部门。

1965 年，国防部领导层使这个部门从普通部门中分离出来，由副国务秘书直接领导。1964 年后，该部门更名为“特殊情况及与经济界交往行为调查部”（Ermittlungen in Sonderfällen, Verhalten im Verkehr mit der Wirtschaft），大多数情况下被称为反腐部（Antikorruptionsreferat），业务范围逐年扩大：1959 年有 5 个编制，1969 年增至 11 个。1964 年起，该机构还负责监督军事保安局（MAD）（联邦德国的军事情报机构的一个部门）。

反腐部有两项任务。一个是制定联邦德国国防军官员与企业代表交往的一般准则；另一个是负责调查有关腐败和欺诈的具体证据。虽然没有检察机关的职能，但它有权展开内部调查并查阅档案，只要有一项嫌疑被证实，就应当通知检察机关并支持公诉，并在权限范围内采取措施。反腐部每年处理 100~200 起案件，1966 年甚至达到约 500 起。[107]

人们完全可以把反腐部视为进入 21 世纪以来许多企业建立的合规部门的雏形。但和企业的合规部门相比，反腐部有一系列独特之处。最初，阿登纳在 1957 年提出了请求，希望国防部准备好资料，以便丑闻曝光时对新闻界迅速作出回应。在围绕科布伦茨联邦采购局的丑闻中没有这种资料。因此，阿登纳抱怨这是一次“公关失误”——这才是设立反腐部的真正动机。[108]

此外，反腐部人事上的延续性也值得注意。直到 1969 年，负责人事的是卡尔·赫尔穆特·施内尔，他经历了从行政专员到处长的典型仕途，在工作单位的地位在一定程度上与此平行地"蒸蒸日上"，直到成为独立的反腐部的负责人。人们认为各部的部长们不惜一切代价希望保留施内尔的职位。显然施内尔利用职务和职权在机构内部构建了一种强大的权力地位。也是因为这一点，1969 年第一位来自社民党的国防部部长赫尔穆特·施密特一上任就把施内尔调离这一岗位。大选之后，这个层级上的人事变动并不常见。更罕见的是，新闻居然对此作了报道和评论。[109]1980 年代联盟党重新执政后，施内尔继续其仕途，升任一个实力部门的负责人，几乎官至国务秘书。《明镜周刊》1989 年指出，在波恩联邦国防部的舞台上，施内尔几十年来扮演着"灰衣主教"[12] 的角色。[110]

施内尔的影响有多大呢？在履职之初，他为官员和士兵制定了与私营公司交往的行为规范，例如公职人员与公司的交往只能限于公务范围，只能在办公区域和公司代表交往，要避免在"娱乐场所"会面。按照该行为规范，军队不得接受公司向个别部队的捐赠，院外集团人士不得参加军队内部的庆祝活动，收到来源不明的礼物要像遇到试图行贿的行为一样向上级报告。[111]1960 年，一次针对联邦国防军士兵、官员和雇员的内部"训话"同样禁止接受工业界代表提供的"任何优惠，不论价值高低"——特别强调日历本、打火机、宴请或免费乘车等也包括在内。[112] 这些规则（Compliance-Regeln）主要是为了禁止具有半私人色彩的明显行贿行为，看起来异常严格。

---

[12] 灰衣主教，graue Eminenz，指拥有很大权力的决策者或顾问，他们在幕后操纵决策或以非公开、非官方的身份进行决策。这个词最早指法国红衣主教黎塞留的得力助手杜特朗布莱神父——他时常穿着浅褐色长袍，在当时浅褐色被称为灰色，遂被人称作灰衣主教。

但在追查腐败问题上，施内尔和反腐部选择性执法：他强调反腐部的政治作用，只有国防部的政治领导希望进行调查时反腐部才开展调查；只有在符合国防部利益的前提下信息才会转给其他部门或公众。施内尔还吹嘘自己有权直接向国务秘书和部长们汇报，换言之，他不受官方报批程序的约束，他的任务也不是对所有的过错实施惩罚，也不是制造透明，而是避免联邦国防军和国防部在政治上受损。即反腐部首先忠于国防部的政治领导。

施内尔所作所为都是为了这个目标。1967 年施内尔在因为“HS-30 步兵战车丑闻”而设立的调查委员会中的表现也不同寻常。当时他提供了极不完整的信息和记录，[113] 在许多当事人看来，此举是蓄意破坏委员会的工作。施内尔和记者的关系相爱相杀，他偶尔和记者见面，希望获取有关采购部门或军备公司违规行为的信息；但他非常重视报刊如何报道联邦国防军，试图就报道内容和报刊的联系人协商，一旦哪家的报道不合他的心意，就会中止联系。[114]

一些记者报道了施内尔极端离经叛道的做法。《明镜周刊》声称，施内尔在发现了美国科技公司史派里-兰德[13]的违规行为后与其签订了一份秘密合同。作为对施内尔不揭露其违规行为的回报，美国人答应一旦发现竞争企业支付贿金或官员索要贿金就告诉施内尔。1989 年，施内尔临退休时再次引起了公众的注意。当时，《明镜周刊》报道，1970 年代起施内尔通过可疑渠道获得了稿费和一家小出版社的股份，金额高达数百万马克，其中可能存在欺诈和勒索行为。但雷

[13] 原名雷明顿兰德（Remington Rand）公司，是一家成立于 1927 年的打字机生产企业，“二战”期间生产枪支。1985 年该公司与斯派瑞（Sperry）公司合并，更名为斯派瑞-兰德（Sperry Rand）公司。

根斯堡检察机构很快就中止了调查程序。[115] 总之，反腐部的作用和今天的合约部门大相径庭，施内尔几乎可以被称作“反透明行动家”（Antitransparenzakteur）。

反腐部虽然迅速建成，但有关腐败领域刑法改革的讨论则拖延了几十年。原因之一可能在于自 1950 年代起，虽然德国就刑法彻底现代化问题进行了深入讨论，但实际上各委员会的工作拖拖拉拉，直到 1969 年大联合政府执政时期即将结束时才通过了首批两部修正法案，其余三部法案 1974 年才得以通过。原因之二可能在于反腐条款被法学家和政治家视作“烫手山芋”，没有人想在这个问题上犯错误，最后一部大型修正法案中才包含了反腐改革的内容。

法律工作者们所说的腐败只包括两种违法行为：公职人员行贿受贿，以及官员徇私舞弊和以权谋私。1871 年颁布的《德意志帝国刑法典》（Reichsstrafgesetzbuch）第 331 条至第 335 条对这些违法行为作了规定（2015 年又增加了第 335a 条）。狭义上说，腐败只涉及国家公务员和向他们行贿人员。在 19 世纪的法律中，刑法中有关腐败的规定的确只涉及公务员；德意志帝国晚期和纳粹执政的第三帝国时期，有关腐败的规定扩展到不属于公务员编制的公职人员。以权谋私和腐败的区别在于：腐败指的是官员违法为行贿者谋取非法利益，以权谋私指的是国家公务员在正常行使职权的过程中收受或索要礼物，这种基本观念在过去数十年中虽然得到了扩展和加强，但其本质至今没有改变。

联邦德国成立之初，立法机构在这方面做的工作不多。1954 年，联邦政府设置了大刑法委员会（die Große Strafrechtskommission）；这个委员会由法学家、法官和公务员组成，致力于德国刑法的现代化，提出立法建议。1958 年起，该委员会也研究腐败问题，要求给相应的条款增加一个专属标题

“受贿与行贿”，以凸显其重要性，同时对这些条款作一定程度的细化与强化。

专家们和当时的政治家讨论的反腐话题差不多，他们要求更好地保护公共职位的纯洁性，而加强惩罚措施有利于保护大众对这种纯洁性的信任。[116] 同时专家发现，公务员尤其是经济部门的公务员受到的诱惑日益增多。但人们并没有一致认为必须加大惩罚力度。一些专家提醒，不应该处罚那些向官员送礼以感谢其公正执行公务的人，因为处罚他们很难向民众交代。[117]

1960 年 5 月 18 日，在基尔布事件和过去几个月中其他刑事判决的背景之下，联邦内阁针对相应的草案文本展开了讨论。对收礼官员的判决越来越重，这让内阁成员忧心忡忡。阿登纳和施特劳斯强烈反对对那些经过上级允许收受礼物的公务员进行刑事处罚。显然存在这样一种论调，认为必须保护国家公务员免受过分严厉的审判。[118]

两年后，联邦议院讨论了另一个草案。重点在于对以权谋私和为他人提供便利的行为更为明确地进行严惩。至此，主张严惩的人也如愿以偿。但这个草案直到 1974 年才生效。

五、格斯滕迈尔案

对波恩有所了解的人都听说过“高大的欧根”（Lange Eugen）：莱茵河畔一座引人注目的高层写字楼。在联邦德国政府迁都柏林之前，它一直是联邦议院议员办公和开会的地方，被视为波恩的政治“心房”。这个别称并非含沙射影，而是对一位身材矮小的政治家欧根·格斯滕迈尔（Eugen Gerstenmaier）的永久纪念：他下令建成了这栋由著名建筑师埃贡·艾尔曼（Egon Eiermann）设计的大楼。虽然这座建筑大名鼎鼎，但格斯滕迈尔几乎被人彻底遗忘。他是联邦德国成立之后二十年内最著名的政治家之一，也是基民盟创始人之一，1949 年起担任联邦议院议员，1954 年起担任联邦议院议长，多次被认为有望出任部长。1969 年 1 月，他的政治生涯在短短两周内就出人意料地结束了。这是命运的捉弄：1969 年 2 月，高大的欧根（大楼）落成之时，“矮小”的欧根已经不在其位了。

格斯滕迈尔因为一桩丑闻马失前蹄：他被指控中饱私囊，虽然被直接指控腐败，但这种指控类似于十年前针对采购部和国防部官员的指控，只不过“格斯滕迈尔案”不是一起简单的以权谋私的案件。据说这位联邦议院议长为了自己的利益而对联邦共和国的立法施加了影响。

此事与格斯滕迈尔在第三帝国时期的角色有关。这位基民盟政治家的履历在战后的波恩政坛，尤其在资产阶级政党中非常典型。格斯滕迈尔曾参加过抵抗纳粹的运动。1937 年，神学科班出身的他在罗斯托克大学取得了授课资格，却因为“政治不可靠”被教职聘任委员会立即扫地出门，此后在福音派教会的管理部门工作。格斯滕迈尔结识了参与 1944 年 7 月 20 日行动[14]的多位同谋，被当作他们的同伙而被捕。1945 年 1 月，人民法院[15]判处他 7 年监禁。119

战后，格斯滕迈尔作为具有新教信仰的基民盟选民和被

---

[14] 即 1944 年 7 月 20 日密谋案。指“第二次世界大战”后期由德国抵抗运动主导，说服军方刺杀希特勒的行动及其后续政变行动，密谋借此推翻以纳粹党为首的德国政府，进而与西方同盟国达成和平协议。该密谋行动以失败告终，近 200 名德国各界高层人士参与了 7 月 20 日密谋案。

[15] 1934 年由于希特勒对当时法院对于国会纵火案的审判结果不满而在宪法框架外另外设立的独立运作的法院。该法院管辖的案件为广义的政治犯罪。很多由人民法院审理的案件会作出死刑判决。

驱逐者融入战后社会的典范而声名鹊起。尽管他本人是施瓦本人，但在战后建起了新教救助机构，救助对象包括德国的战争难民。格斯滕迈尔经常发表纲领性演讲，把自己塑造为基民盟的幕后策划人。同时他公然反对社会主义。作为联邦议院议长，他努力赋予议院活动特殊的象征意义，从而使议院获得一定的尊严。政治上，他致力于加强议院和各议会党团相对于政府的权力——康拉德·阿登纳对此也偶有微词。格斯滕迈尔因此逐渐退出了权力政治中心。

格斯滕迈尔的演讲是为联盟党文化保守派人士中的一个重要部分服务的，经常要求公民和官员无私地为国家服务。他的演讲一方面受到了夸大国家地位传统的深刻影响，另一方面也受知足常乐的职业道德（ein genügsames Arbeitsethos）观念的影响，这符合他作为施瓦本虔敬主义者[16]的社会定位。格斯滕迈尔大力主张德国重建军备，拒绝认可民主德国，反复提及两德重新统一的目标，确立了在西柏林召开选举联邦总统的联邦大会传统，也就是说他坚持一种与民主德国的东柏林针锋相对的象征性政治（Symbolpolitik）。

1960年代初，格斯滕迈尔在第三帝国时期的历史就成为公众讨论的话题。曾经担任将军的赫尔曼·拉姆克（Hermann Ramcke）指责这位联邦议院议长既没有在反抗纳粹的运动中发挥作用，也不曾合法获得过学位。这可能与民主德国国家安全部门“史塔西”的一次行动有关：“史塔西”早就开始搜集格斯滕迈尔的档案资料并将其提供给了联邦德国媒体。不过这次事件的结局是：格斯腾迈尔起诉拉姆克诽谤并且胜诉。[120]

---

[16] 虔敬主义，Pietist，17世纪晚期到18世纪中期的一种宗教流派，主张教徒应该过虔敬的生活。

引发1969年指控的是另一起直接导致德意志联邦共和国早期对纳粹历史进行最深刻反思的事件：1965年，联邦议院不得不为修订一部向纳粹受害者提供赔偿的法律作准备，因为宪法法院驳回了当时有效的规定。格斯滕迈尔一年前就通过律师询问，自己因为受纳粹阻挠未能获得教授职位，现在是否可以获得赔偿，当时有关部门对此予以否认。1965年5月，一些在1969年1月事件发生期间被称作“格斯滕迈尔法”（Lex Gerstenmaier）的规则通过不甚明确的途径成功地成了法律草案。

《明镜周刊》声称，格斯滕迈尔个人曾经干预内政部和联邦议院议员的工作。这段经历使格斯滕迈尔的职业生涯陷入了一种罕见的局面。对任何因为政治上不服从纳粹政府而在取得教职之前或之后不久被迫中断学术活动的人按照法律规定进行补偿时，都应将此人视为已被任命为教授而依法进行补偿。这包括要求补发工资和退休金，还包括要求有权使用“教授”头衔。但这种法律中对其专门进行规定的情形极为罕见——到1969年初，类似的案例不超过5个，这与学术界的看法有关：大多数高校教师对纳粹分子持异常开放的态度。早在1933年大学就开始推行尽可能自愿“一体化”（gleichschalten）的政策，政治上“不可靠的人”很少能够取得授课资格，几周内驱逐了犹太同僚。1965年7月，这部后来被称作《格斯滕迈尔法》的法律草案在没有引起公众关注的情况下得以通过。从此以后，格斯滕迈尔拥有了教授头衔。按照新的法律，付给他的赔偿金达到了创纪录的约25万马克。[121]

这次，《亮点》周刊（*der Stern*）首先向公众报道了事件的经过。格斯滕迈尔迅速回应，但他的做法很不明智，几乎所有的评论者都认为他因为自己的愚蠢栽了跟头。因为这位联邦议院议长立即予以还击，反驳一切指责，认为自己作为纳粹受害者有权获得这笔赔偿金。他犯了两个大错：一方面，他把自己的情况和大学里在政治上随波逐流的人相提并论。他称这些人曾经是纳粹分子，都已经评上了正教授，战后很快就“官复原职”、重享荣誉，并领取丰厚的退休金。他还指出，多少昔日的纳粹分子今天在德国颐指气使，是一桩丑闻。另一方面，作为国家的最高代表之一，格斯滕迈尔居然批评德国这个法治国家。负责发放养老金的机构要求格斯滕迈尔提供证明自己中断职业生涯的文件，而他把这种要求与纳粹法庭的审判活动相提并论。122

当时，对联邦德国进行类似批判的做法蔚然成风。大学生组织的所谓“院外反对派”（APO）一再批判联邦共和国与第三帝国一脉相承，他们毫不忌讳地称联邦共和国的司法和行政体系是“法西斯式的”。在此之前一年，记者贝亚特·克拉斯菲尔德（Beate Klarsfeld）做了一个大胆的举动：1968 年 11 月 7 日，基民盟联邦党代会在柏林开会，克拉斯菲尔德登上会场的舞台，掌掴联邦总理库尔特·格奥尔格·基辛格（Kurt Georg Kiesinger），称他是“纳粹”——基辛格曾于 1933 年加入纳粹党。《明镜周刊》等左翼自由主义媒体和年轻一代的许多人都认为她的做法是义举[17]。

格斯滕迈尔的言论使自己进退维谷。他的许多党内同志都怀疑因为基辛格不打算把他纳入内阁名单，他想借此打击基辛格。但作为坚定反共政策的代表人物，格斯滕迈尔在左翼政治谱系也得不到认可。很多时候，与无数集中营的囚犯两手空空相比，他因为获得丰厚的赔偿而饱受批评。《明镜周

---

[17]　“院外反对派”批评联邦政府和第三帝国一脉相承，称其司法和行政体系是“法西斯式的”，因此克拉斯菲尔德掌掴联邦总理被认为是打击纳粹法西斯的义举。

刊》对格斯滕迈尔在历史上是否确实参与过反抗纳粹的活动也提出了质疑。由于格斯滕迈尔本身行为不当，新闻界的态度明确——就连保守派的报刊也对他提出了批评，这位联邦议院议长很快成了孤家寡人。[123]

1969 年 1 月 23 日，格斯滕迈尔宣布辞职。《时代周报》对他政治生涯的终结作出这样的评论：格斯滕迈尔“对于这个国家的许多公民来说已经成为一个负面代表人物。他是政治上的伪君子，要求他人奉公守法，自己却把国家当作服务机构加以利用；而且，人们忽然发现他最近又摆出一副受害者的样子”。[124] 但这种评论也表明，格斯滕迈尔案的关键并不是批判在政治家中普遍存在的自私自利思想，格斯滕迈尔丢了官职是因为他个人的特殊状况以及处理问题的方式不当。这使这次讨论时的舆论环境明显不同于 1990 年代之后出现丑闻时民众的普遍看法。1990 年代起，这类案件大多被描述为所谓政治精英腐败的结果；1960 年代后期还不存在这种“政治精英腐败论”——尽管当时出现了格斯腾迈尔案这起联邦德国历史上最严重的腐败案。

第三节　联邦议院中的贿选事件：社民党和自民党联合执政时代的格尔德纳、施泰纳、维南德（1970—1973）

只有 247 票——就差 2 票。议员们感觉不可思议，一时间目瞪口呆，随后联邦议院里爆发出雷鸣般的掌声。人们为联邦总理维利·勃兰特欢呼。莱纳·巴泽尔（Rainer Barzel）则呆若木鸡。这位联盟党议会党团主席只差两票就能当选联邦总理了。在 1972 年 4 月 7 日的联邦议院选举中，三位和巴泽尔属于同一阵营的议员投了弃权票，原以为胜券在握的巴泽尔因此与联邦总理一职失之交臂。这位年仅 47 岁的政治家在这一天遭遇了他政治生涯的滑铁卢。

几天前，联盟党议会党团提交了一份建设性不信任案，联邦总理将因为大多数议员投不信任票而下台，需选出一位新的政府首脑。在联邦议院开会之前，巴泽尔未雨绸缪，请人为他未来的内阁成员拍照。执政党方面笼罩着紧张情绪。因为相当一部分党员退党之后，社民党和自民党组成的联合政府在联邦议院不再拥有多数席位。联盟党提出不信任案申请后，总理府慌忙销毁档案，提拔有贡献的官员——通常政府看到自己大限将至时才会这么做。[125] 据说资深的社民党党员、卫生部部长凯特·史特博（Käte Strobel）在那以悲情开始的一天号啕大哭。[126]

在联邦议院的辩论中，维利·勃兰特发言时动情至深，还对他的“政治遗产”作了安排。因为毕竟受到质疑的不仅是他的总理职位，还有他巨大的政治成就——与波兰和苏联签订的《东部条约》(die Ostverträge)。外交部部长瓦尔特·谢尔（Walter Scheel）一语成谶：他说巴泽尔没有把握获得多数票，并对推翻政府的行为是否具有道德合法性提出了质疑。他这么做影射许多执政党党员“叛变”而加入了反对党阵营。的确如此：事发之前空气中就弥漫着一丝腐败的气息。据说此次轰动事件之后，社民党议员霍恩·巴泽尔（Horn Barzel）直言不讳道：“塞了钱了啊，塞了钱了啊，怎么还是这种结果。”[127]

大约一年之后，关于贿选的传奇故事就在波恩政坛流传开来，这些故事全都子虚乌有。但最初人们只明确知道维利·勃兰特还是总理。虽然执政党此时在联邦议院已经不再拥有多数席位，但在接下来1972年秋天举行的几场选举中社民党取得了胜利。与此同时，莱纳·巴泽尔的仕途开始走下坡路。1973年春，赫尔穆特·科尔把巴泽尔挤出了党内高层。十一年后，巴泽尔的政治生涯在又一次腐败丑闻中终结。1984年，公众认为他卸任基民盟主席后接受了一份由弗利克集团付钱的工作吃空饷，此后他卸任联邦议院议长。

对行贿和腐败现象的指责在联邦德国历史上并不少见，但重大的政治决定不会因此受到影响。到了1970年代初，情况发生了变化。如果没有当时的一系列腐败事件，历史将会是另外一种样子[18]。维利·勃兰特的总理职位和与“华沙条约组织”国家之间的“缓和政策”岌岌可危。这种缓和政策最初（也）由于议员的腐败行为而受到损害，随后又以类似方法得到拯救。这就是说，最重要的国家政策的转折点被腐败所操纵。这不像后来的弗利克事件一样仅仅事关一家企业的免税问题，或者像“基民盟党捐事件”那样涉嫌偏袒个别公司，而是事关比克里斯蒂安·武尔夫案中出现的看似以权谋私现象更重要的问题。更加不可思议的是，这桩丑闻今天几乎已经被人遗忘。从下面这个事实肯定可以找到解释：1974年发生的另一桩丑闻，即有关“史塔西”间谍君特·纪尧姆（Günter Guillaume）的丑闻的确令总理勃兰特下了台。

早在不信任案投票失败之前，种种事件和丑闻就已经交织在了一起，一切都围绕一个问题展开，即联邦议院的议员是否会被收买。同时人们也能从中得知一些不那么重要的议

[18] 意思是勃兰特是靠贿选（腐败）当选总理的。如果他不当选总理，可能就没有人推动华约组织国家之间的“缓和政策”，历史将因此不同。

员的行为方式，以及他们的担忧和困境。但有一点几乎无法忽视，那就是这一阶段大家都竭尽所能争夺权力。

一、勃兰特政府的使命

联邦德国经历了一次政治上的时代转折。1969 年的联邦议院选举之后，维利·勃兰特出人意料地当选联邦总理。之所以出人意料，是因为社民党并非实力最强的政党。联盟党对此自然颇有微词，认为总理职位理应属于自己，但自民党主席瓦尔特·谢尔在选举之夜就和勃兰特决定建立社民党与自民党联合政府。习惯了节节胜利的联盟党认为这种做法缺乏合法性，原因不仅在于选票的分配方法，也在于基民盟自 1949 年起一直参与提名总理候选人。联盟党把建立新的共和国，并使其在面对内部矛盾和外敌的情况下稳定发展归功于自己，这种说法不无道理：阿登纳总理不顾社民党的反对完成了诸如实行市场经济、外交上向西方国家靠拢等重要的政治转型。作出这些决定后，社民党自 1960 年代初起与联盟党实现了和解，1966 年起和联盟党组成大联合政府，入主内阁。尽管如此，联盟党还是认为社民党 1969 年赢得总理选举是篡权夺位。人们坚信，或者说至少希望勃兰特政府只能维持较短的时间。

对立阵营里社民党的感受则完全不同。社民党用了大约 10 年时间为成为执政党做了系统性准备，它先是在 1959 年的哥德斯堡党代会（der Godesberger Parteitag）上卸下了与阶级斗争有关的意识形态负担，最晚从此时起，甚至在此之前就已经支持联邦德国的基本政治共识，认可了市场经济和联邦国防军。1961 年，联邦议院大选一开始，年轻人就把希望寄托在维利·勃兰特身上。1965 年和 1969 年，勃兰特两次作为总理候选人参选，提出要使共和国现代化。鉴于当时社民党和自民党组成的联盟的政治权力几乎丧失殆尽，这样一种现代化看起来势在必行。1969 年，社民党和自民党提出要实现这种现代化。

一方面，人们能从技术专家治国（technokratisch）和经济政策角度理解现代化。因此，社民党经济部部长卡尔·席勒（Karl Schiller）早在大联合政府执政期间就制定了一项新的经济政策，在尊重科学的基础上，经济发展应当由国家规划和引导。专家和许多记者兴高采烈地赞扬理性规划和调控的优越性，认为这种做法是迈向更加美好未来的大胆而必要的步骤。但联盟党也参与了这种政治模式，具体参与者是 1966 年至 1969 年再次入主内阁的弗朗茨·约瑟夫·施特劳斯，当时他任联邦经济部部长。施特劳斯和席勒就像德国家喻户晓的漫画形象“普利施和普卢姆”[19] 一样如影随形。他们配合得天衣无缝，引入了新的经济政策，可没过几年就一败涂地。基民盟/基社盟的现代化进程也止步于此。

另一方面，包括采取“集中行动”（konzertierte Aktion）、实施“中期财政规划”在内的经济政策让专家们眼前一亮。1960 年代末，现代化对于大多数民众来说另有含义。1960 年代末期的特点是社会觉醒，具体体现在 1968 年反对越南战争、反对大联合政府的紧急状态法案、反对对纳粹历史缄默不语的学生抗议活动。尽管这个时期发生了严重冲突，但只是冰

[19] 普利施和普卢姆是德国漫画家威廉·布希（Wilhelm Busch）1882 年塑造的两个著名漫画形象（两只小狗）。《明镜周刊》1967 年刊登了菲利克斯·列克斯豪森（Felix Rexhausen）的一篇文章。作者在文中以“普利施和普卢姆”分别比喻在内阁中紧密合作的席勒和施特劳斯。之所以作这样的比喻，是因为两人形象反差较大：一个敦实，一个憔悴。“普利施和普卢姆”这种说法从此不胫而走。

山一角，社会结构即将发生深刻变化。今天，人们选择性地把这些过程称作“自由化”或者“价值转变”。社会和政治方面的重点发生了转移，虽然颇为缓慢。一直以来的政治和社会权威受到了质疑。对年轻一代而言，对实行父权制家庭中的父亲的批判，对宗教和教会权威或对政治家的批判变得常见。这种觉醒一开始体现在新的交往方式、新的服装和音乐风格上，男女平权、全球欠发达地区的利益和环境污染的危险等都成为引起关注的主题。很快，又体现在政治运动中，人们要求采用新的教育形式，更多地关注和理解儿童和青少年，而非以专制的方法教学。一种新的性道德（Sexualmoral）出现了：把婚外性行为和同性恋视为犯罪的做法遭到强烈质疑。一直以来对家庭共同生活的理解受到了“侵蚀”，年轻人住在共同租用的公寓里，尝试新的日常生活方式。情况还不止于此。越来越多的联邦德国人要求正视纳粹的历史，指出“房间里有大象”[20]，承认老一辈人中的大多数都曾犯下罪行。无论如何，人们越来越清楚地看到当时一种社会观念已经初具规模——这种观念今天在很大程度上已经成为共识。

尽管这种变化持续了二三十年，但引领发展的肯定不是联盟党。此时，联盟党的代表们以参与文化战斗的热情拒绝大部分改变。与此相反，维利·勃兰特和社民党则相反，他乐于接受这种变化之后的新生活。1963 年勃兰特作为柏林市长接待了极受欢迎的美国总统约翰·肯尼迪（John F. Kennedy）。当时许多观察家发现了两位的年轻政治家之间有巨大的相似之处，他们都代表了一种面向未来、开放的政治风格，老迈年高的阿登纳则似乎象征了过去。从此以后，勃兰特以

[20] 房间里有大象，der unsichtbare Elefant im Raum，比喻虽然显而易见，却被集体视而不见、不予讨论的事情或风险。

“德国肯尼迪”的形象出现，他的个人魅力在这一过程中起了很大作用。

这样的表象背后还有一段真实的历史。作为曾经反抗纳粹的战士，勃兰特在年轻一代眼中代表了“更加美好的”德国。1960 年代初，保守派还认为可以谴责勃兰特这位曾经的流亡者背叛祖国。作为私生子的勃兰特有能力使人相信自己在为建设一种新的家庭道德和性道德而努力，但联盟党对他身世的解读则令人大倒胃口，勃兰特最终成了这种解读方式的受害者。就在 1968 年之后部分群众逐渐失去耐心时，至少在许多拥护改革者看来，勃兰特可能成了共和国政治人物中最重要的“希望之星”。

因此，1969 年的权力更迭似乎成了当务之急。自民党内也有很多人愿意开始启动新的政治项目，包括自民党主席瓦尔特·谢尔大力支持的新的“东方政策”（Ostpolitik）。但他们的要求还不止于此，他们也想以某种方式重建共和国。自成立以来自民党走过了一段漫长的道路。“二战”刚结束时，该党还只是右翼势力和民族自由主义势力的聚集地。但在社会变革的影响之下，对自由主义的理解只是局限于“主张资产阶级的自由权利”。1960 年代初期起这一点就已经表现出来，比如联合执政的自民党在《明镜周刊》事件中猛烈抨击弗朗茨·约瑟夫·施特劳斯。1968 年在弗莱堡举行联邦党代会，以及 1971 年《弗莱堡提纲》（Freiburger Thesen）颁布之后，自民党就认同“社会自由主义”和各项社会改革，该党以此回应民众尤其是年轻人参与政治的要求。

1969 年 10 月 28 日，新当选的联邦总理勃兰特发表的《政府声明》中有一句话成了名言：敢于更加民主（mehr Demokratie wagen）。这表明新政府对民众的参政要求持欢迎态度。他在声明中还补充说道：“我们不需要盲从，正如我们的人民不需要官员装腔作势和高高在上。”“我们需要能够共同批判性思考、共同作出决定、共同负责的人。”[128]《政府声明》成为财政、法律、社会福利和外交等领域蓬勃发展的改革方案的前奏，环境政策等新的政策领域应运而生。许多人相信，通过这届政府的努力，联邦德国能够摆脱纳粹历史的束缚。

对此，部分民众和大部分自由派媒体欣喜若狂，但也有人心存担忧和疑虑，甚至怀有敌意。联合政府投票表决时多数票的优势非常微弱。保守的反对党在失去执政权后获得了喘息的机会，同时也从社会觉醒的迹象中发现社会道德状况受到了威胁。在外交政策领域，新政府也威胁要打破坚如磐石的基本原则。

1970 年前后，外交成了主要话题，这在联邦德国历史上颇为罕见。作为西柏林市市长，勃兰特自 1957 年起就开始积累外交经验，他不顾东柏林的反对意见，始终以务实的态度为联邦德国和民主德国分裂的受害者寻求解决问题的方案，例如在柏林墙建成之后制定了访问许可制度。1960 年代末，勃兰特最终致力于一些更重要的议题。作为大联合政府的外交部部长，他制定了一项改善与《华沙条约》（der Warschauer Vertrag）相关国家关系的计划。勃兰特及其顾问埃贡·巴尔（Egon Bahr）相信，为了增进信任、促进稳定，应该以注重现实政治的实用主义应对东方阵营国家。为此，人们已经做好了准备，愿意重新考虑一度不可动摇的立场。

在如何看待“第二次世界大战”结果的问题上各方分歧很大。自 1949 年起，联邦政府就持“民主德国是非法政治产物”的观点。哈尔斯坦主义（Hallstein-Doktrin）规定，波恩不与任何承认民主德国的国家保持外交关系。东欧的边界也不被承认——在虚拟的法律意义上，1937 年的德国边界线还有效：这首先涉及民主德国和波兰。

为了能够与社会主义国家建立更加密切的关系，新一届政府打算放弃这些立场。1970 年，联邦政府在《莫斯科条约》（der Moskauer Vertrag）和《华沙条约》中承认了波兰和民主德国的边界线，排除了使用武力重新统一德国的可能性。作为回报，苏联正式认可了西柏林与联邦德国的紧密联系。1971 年联邦德国与民主德国签署《过境协议》（das Transitabkommen），联邦德国人前往曾经的首都柏林旅行变得更加容易。1972 年联邦德国与东柏林签订的《基础协定》（Grundlagenvertrag），承认民主德国是主权国家，当然也没有把民主德国称作“外国”。到了这时，两个国家才能成为联合国成员。

这一切都极具争议。反对“东方政策”[21] 的人担心错失统一德国的机会。他们指出，人们面对民主德国的统治唯命是从，忘了被苏联军队逐出东部地区的德国人所遭受的不公正待遇——就这样接受了发生在民主德国的压迫现象。此外，联邦德国还出现了一种反共思潮：有人指责社民党仍未从其充满阶级斗争的历史中走出来，认为社民党人将不惜损害公众利益与和与自己有共同意识形态的民主德国社会主义者签订协议。这种指责备受争议，原因有二：一方面，曾经是共产党员的赫伯特·韦纳（Herbert Wehner）与东柏林统一社会党的领导层建立了良好联系；另一方面，参加 1968 年学生抗议活动（学运）的大学生援引了马克思主义。改革政策和东方政策同时出现，这会让人产生政府踏上“危险”的左倾道路的印象。

由此可见，1970 年代早期政坛局势混乱，各种矛盾一触

[21] 全称为“新东方政策”，Ostpolitik，指德意志联邦共和国 1969 年开始致力于与德意志民主共和国及其他东欧社会主义国家关系正常化的政策，维利·勃兰特的联邦德国社会民主党政府 1969 年上任起开始推行这一政策。

即发。在改革的狂热拥护者和旧制度的捍卫者之间存在针锋相对、高度情绪化的争论。辩论的话题多种多样，偶尔也会超出被允许的范围。1970 年至 1973 年期间发生的腐败事件也证实了这一点。

二、事件

根据不同的解读方式，可以把各种事件分为两个大型丑闻或四个彼此交织的丑闻。如果粗线条勾勒，事件经过可以简化为联邦议院中的贿选活动和事后公众的反应。

在 1969 年的选举中，社民党和自民党组成的执政联盟和反对党的得票相差无几。执政联盟在联邦议院拥有 254 个席位，仅比当选总理所需的席位多 5 个。一些自民党议员从一开始就对本党的政治路线，尤其对“东方政策”不满；一些社民党党员也不想长期追随政府。因此，在执政最初几年有人转投其他政党，其中主要是自民党的议员，特别有名的是前自民党主席、全德问题部部长和副总理埃里希·门德（Erich Mende）。门德是一位民族自由主义者，1970 年 10 月和其他两位同僚一起加入了联盟党的议会党团。社民党也有人倒戈，1972 年 2 月西里西亚同乡会主席赫伯特·胡普卡（Herbert Hupka）转入联盟党。截至 1972 年 4 月，政府中共有 6 名议员倒戈，这直接导致了反对党对莱纳·巴泽尔提出不信任案[22]。

[22] 不信任案，也称“不信任动议”，俗称“倒阁”，是一种议会议案，一般适用于议会制及半总统制国家的议会。通常由反对派提交给议会，要求以投票方式确认全体议员中信任执政党的比例过半数。如果执政党未能获得半数以上信任票，则只有两种结果：一是内阁成员集体辞职，二是解散议会重新举行议会大选。

早有谣言说上述议员倒戈的过程中存在不正当行为。联盟党许诺给予好处、提供便利，外加支付金钱，这些都起了作用。执政联盟方面常见的解释是：旧势力试图运用一切手段挽回他们在民主道路上丧失的权力。在本书后半部分我们将看到这些指责不无道理。这和一个以时代精神解释其现代先进政策的政府的“自画像”非常吻合。这样一来，反对政府一定是居心叵测的结果，而且组织反抗活动的手段一定颇为可疑。由于出现了“叛党”现象，不信任案从一开始就背负着“不合法”的恶名。那么，要对最后的选举结果进行修改吗？

但投票举行大约一年之后，人们发现勃兰特当选总理同样是贿选的结果。至少有2~3名联盟党议员被金钱收买，在无记名投票中投了弃权票。尽管这一点在1973年并未得到证实，但此次选举舞弊事件之后，执政党和反对党双方都涉嫌通过贿选操纵德意志联邦共和国的命运。1990年“史塔西”开放档案之后真相才大白于天下：许多证据表明，民主德国情报机构一手炮制了投弃权票的闹剧。

1970年11月的格尔德纳丑闻（die Affäre Geldner）轰轰烈烈地拉开了有关腐败辩论的序幕。巴伐利亚自民党议员卡尔·格尔德纳导演了一场政治上的突袭行动，以揭露联盟党的腐败行为。此前仅仅几周，门德和其他人转换党派的举动就曾轰动一时。按照格尔德纳本人的说法，他在这段历史中扮演了“民主英雄”的角色：来自威斯特法伦的造纸商、全国自由行动组织（die National-Liberale Aktion，由不久前刚刚退出自民党的议员西格弗里德·佐格尔曼［Siegfried Zoglmann］建立）成员安东·拜尔（Anton Beyer）找到格尔德纳，告诉他如果退出社民党转投基社盟，他将获得两份总额超过40万马克的顾问协议。格尔德纳则许诺将带更多的自民党人

“弃暗投明”，这样反对党就能获得竞争总理职位所需的多数选票。在拜尔引荐下，格尔德纳私下会见了基社盟的重量级人物理查德·斯图克伦（Richard Stücklen）和弗朗茨·约瑟夫·施特劳斯，要求他们作出书面保证，确保自己通过基社盟州议会的候选人名单[23]进入联邦议院。作为回报，他愿意签署一份转党声明，在巴伐利亚州州议会选战期间通过媒体公之于众，制造轰动效应。此次谈话后，基社盟政治家施特劳斯、斯图克伦和弗里德里希·齐默尔曼（Friedrich Zimmermann）就开始制订新的联邦内阁名单。11月6日，格尔德纳从拜尔那里收到了他的顾问协议。11月12日，施特劳斯和格尔德纳签署了转党声明和保证声明。11月13日，斯图克伦在纽伦堡的一次选战中宣布格尔德纳加入基社盟。

但因为格尔德纳从未打算退出自民党，所以他事先已经向自己所在的议会党团的领导层通了气。他和自民党议会党团主席沃尔夫冈·米施尼克（Wolfgang Mischnick）、社民党议会党团主席赫伯特·韦纳（Herbert Wehner）约定，假装接受基社盟提出的条件。格尔德纳给联邦议院议长写信说明了事件的原委，他把信寄存在一位公证员那里。斯图克伦在纽伦堡参加竞选活动之后不久，米施尼克就公布了此事，基社盟政治家操纵选举和腐败的行为由此众人皆知。[129]

情况通常都没有那么简单，这次也不例外。这是因为格尔德纳与拜尔早有联系。早在数年前拜尔就与格尔德纳签了协议——虽然他一直没有向格尔德纳支付薪金。相反，斯图克伦得知顾问协议一事可能大吃一惊，他有可能迫不及待地

---

[23] 德国联邦议院选举实行比例选举制，每个选民在选票上要打两个勾：第一票用来选举自己选区中的一位候选人进入联邦议院担任议员，联邦议院的一半议席给这类直选议员。另一半根据各政党的州提名名单分配，各政党在每个联邦州提出本党的联邦议院候选人。

想要解除合约，无奈为时已晚。基社盟自然不愿眼看着他们自以为天衣无缝的妙计功败垂成，于是坚持按原计划行事。后来，帕绍（Passau）的《新媒体报》（*Neue Presse*）散布谣言，称格尔德纳和米施尼克、韦纳合作并非出于本意。米施尼克和韦纳这两位议会党团主席本想以格尔德纳的一段绯闻逼其就范——格尔德纳在波恩确实有过一段婚外情。[130]

经过调查《时代周报》发现“双方都利用这一事件给对方强加一些卑鄙且不道德的行为”。[131] 弗朗茨·约瑟夫·施特劳斯评价格尔德纳的欺骗行为在政治道德上极其卑劣，米施尼克则认为自己是为了抵御政治对手的不正当方法而被迫自卫。从不久之后社民党的交通部部长格奥尔格·莱伯（Georg Leber）就此事发表的讲话可以看出当时争论的气氛何其热烈。莱伯称他将更加严格地审核那些在选战中给予基社盟资金支持、努力获得联邦订单的企业的核算情况。[132]

1972 年秋，这场“腐败大戏”的第二幕上演了。4 月份就不信任案进行投票之后，虽然有人大胆猜测谁是“叛徒”，但人们暂时还没有就腐败问题展开讨论。就连《明镜周刊》也没有指责任何幕后操纵行为。然而到了 9 月末，联邦总理维利·勃兰特又卷入了一桩小丑闻。此时，为提前举行的联邦议院选举而进行的选战已经启动。

这里再次回顾这一事件的背景：执政联盟阵营中的气氛很紧张，各种矛盾一触即发。1972 年 7 月初，属于社民党的财政部部长卡尔·席勒（Karl Schiller）在反抗政府政策的声音中辞职，他毫不掩饰地支持联盟党的政策。赫伯特·韦纳指责席勒任人唯亲，因为席勒担任部长期间曾任命妻子的小舅子为联邦土壤科学研究所（Bundesanstalt für Bodenkunde）主任。反对党阵营中，一位据称是证人的人声称，1933 年维利·勃兰特曾在吕贝克刺死过一名纳粹冲锋队队员。基民盟的竞选团队暗示，勃兰特如果竞选失败将移居国外，叛国罪的嫌疑再次出现。[133] 竞选各方都把另一方可能成功当选与魏玛共和国后期的情况相提并论。弗朗茨·约瑟夫·施特劳斯悲观地预言，这将是左翼极端主义执政之前德国进行的最后一次自由选举。社民党认为联盟党和德国国家人民党[24]一样（推行不自由的政策）。各个政党之间的辩论多得甚至连《明镜周刊》都应接不暇。[134]

1972年9月末，勃兰特在接受《明镜周刊》采访时，谈到了执政联盟中"叛逃"到反对党的人数过多很可能也是解散议会、重新举行大选的原因，因为当时执政联盟在联邦议院中确实已经不再拥有多数席位。针对记者提出的"腐败是否在党员改换门庭中发挥作用"的问题，勃兰特以寥寥数语作了肯定回答[135]，掀起了一股怒潮。反对党、大部分新闻记者和联邦议院议长凯-乌韦·冯·哈塞尔（Kai-Uwe von Hassel）指出，这种指责令人气愤，要么得拿出证据，要么就得辟谣。就连向来拥护政府政策的《时代周报》也明确表示不赞同勃兰特的指责，反而称赞执政联盟的议长坚持不懈地为确保选战中风清气正而努力。[136]

这下社民党忙于寻找证据了。勃兰特在一次与冯·哈塞尔的谈话中明确表示，他所理解的腐败不仅仅是金钱贿赂，还包括各种形式的许诺。然后，社民党提供了两名证人，即汉斯·巴登斯（Hans Bardens）和君特·梅茨格（Günther Metzger）。按照梅茨格的说法，他在议会党团的同僚、1972年转入基社盟的君特·穆勒（Günther Müller）曾经向他透露：有人许诺在州议会给他留一个议席，并在雷根斯堡大学为他

[24] 成立于1918年，是魏玛共和国时期的保守右派政党，1933年停止运行。

提供一个历史学教授的教席。巴登斯又报道说，一名酒店工作人员告诉他，自己曾在1970年偷听过施特劳斯和自民党议员西格弗里德·佐格尔曼的一次会谈。两人约定提供报酬丰厚的顾问协议，并许诺通过联邦议院选举的“第二票”提供议席，以此吸引4~8名自民党议会党团成员加入基社盟。当辩论开始对执政联盟不利时，冯·哈塞尔忙不迭中止了后续调查。[137] 外交部部长谢尔小心翼翼地与总理保持距离——并非在事件本身上，而是在用词上。谢尔没有采用腐败一词，而说联盟党使“政治道德败坏且进行政治欺骗”。[138]

大部分新闻界和政界的专业观察人士认为，有关腐败的辩论给社民党造成了极大损害。[139] 腐败这个具有刺激性的词一直都是禁忌。尽管选战中各方难免互相诽谤中伤，但许多人主要是害怕就腐败问题展开讨论，指责对手腐败显然比指责对手叛国，或指责某人试图建立独裁统治更有杀伤力。但选民不这么看，他们要么信任勃兰特，要么认为这些指责无足轻重。不管怎么说，勃兰特最终于1972年11月19日大获全胜，社民党第一次成为联邦议院中势力最大的议会党团。当年的参选率是91%，社民党得票率近46%——这是社民党在全国选举中取得的历史最好成绩。此时社民党和自民党组成的联合政府在联邦议院拥有271票，多于反对党的255票。执政联盟再也不必为在联邦议院表决时能否获得一半以上票数而提心吊胆了。“东方政策”和德国的国内改革由此得以继续实施。

当然，新政府也免不了受到有关腐败的指责，具体体现为施泰纳-维南德事件（die Steiner-Wienand-Affäre）。引发这一事件的是尤利乌斯·施泰纳（Julius Steiner），这位联邦议院的基民盟议员1972年底退出了议院。1973年6月初，施泰纳首先在《明镜周刊》发声[140]，说自己是在1972年的4月的不信任案投票中弃权的“叛徒”之一。起初他声称，良知迫使他这么做。几天后，他又有了另一种说法：社民党议会党团办公室主任卡尔·维南德曾向他提供5万马克现金，让他投弃权票，这些是在一次聚会中策划的：当时前社民党议员汉斯-约阿希姆·鲍奇勒（Hans-Joachim Baeuchle）把维南德和施泰纳请到了他巴腾州谢尔克林根（Schelklingen）的家中。施泰纳被认为是个酒鬼，一个臭名昭著的势利小人，政治上也乏善可陈。大家都知道1950年代他曾在巴符州宪法保卫局工作，后来又供职于德国联邦情报局。他还声称自己也曾假装答应为国家安全局的海外调查部门（Auslandsaufklärung der Staatssicherheit）工作。在遭到指控之后，他隐姓埋名，在奥地利的一家酒店里住了很长一段时间。《灵动》（*Quick*）杂志资助了他的住宿费，该杂志还发表了施泰纳的陈述。这一切都使他提出的指控缺乏说服力，虽然施泰纳的可信度有问题，但这个消息还是犹如一枚炸弹。

维南德否认此事并得到了他所在议会党团领导层的支持。调查委员会立即行动，试图澄清事件真相。鲍奇勒向委员会证实在他家里举行过聚会，但不承认对维南德的指控。鲍奇勒看起来也是个不值得信任的家伙：他债台高筑，在谢尔克林根市担任市长期间名声就不好。此外事实还证明，施泰纳所谓“在举行不信任投票后发生了金钱往来”的说法不能成立。与施泰纳的说法相反，维南德当天再也没有进入自己的办公室。就连施泰纳对维南德秘书的描述也和这位秘书的实际形象不符。尽管如此，还是有一些证据佐证了施泰纳的说法。比如维南德早在议会大厦投票活动之前就让人摆好了啤酒桶，据说是为了事成之后大肆庆祝。这种自信从何而来？有据可查的是，施泰纳在就不信任案举行投票次日就往维南德账户上存了5万马克，这笔资金来历不明。到1974年3月调查工作结束时，调查委员会除了确认有关施泰纳受贿的指控查无实据之外一无所获。[141]

人们本以为社民党经过这次事件之后会更加强大，但事实并非如此，问题主要出在维南德身上。这位议会党团办公室主任被认为是老奸巨猾的幕后操纵者，人们普遍相信他会做出贿选的行为。因为，维南德在早前的一桩丑闻中明显说了假话，并为自己捞取了经济上的好处。虽然议会党团主席韦纳几乎无条件地支持他，但维南德政治上早就气数已尽。8月30日，维南德辞职，这在许多人意料之中，部分报纸刊登这条消息时只是一笔带过。

维南德辞职的经过是这样的：起因于联邦德国历史上最大的空难之一，1971年9月6日，德国小型航空公司泛国际（Paninternational）的一架飞机从汉堡起飞仅几分钟后推进器起火，飞行员在7号高速公路上迫降，事故导致22人丧生，数十人受伤。调查人员很快查明，注入推进器冷却装置的不是水而是航空煤油，出现失误的原因是飞机保养过程混乱不堪。这起空难背后显然存在方法问题：联邦航空局对这家刚成立几年的航空公司的监管过于松散，以致公司懒散成风。这家公司也早就被盯上，由于企业经营中的失误面临被吊销经营许可证的风险。也就是说，这次空难本来能避免，但联邦航空局为什么迟迟不采取行动？

此时，人们开始怀疑维南德。一开始他解释说，泛国际这个名字他在报纸上第一次见到。事实很快证明，维南德与这家航空公司关系密切，认识其中的部分员工，泛国际公司管理层、交通部和联邦航空局的代表曾在维南德位于联邦议院的办公室里多次谈话，可能是为了在对公司经营状况存疑的情况下依然延长其经营许可。虽然没有人对此提出指责，但1972年3月维南德向联邦议院泛国际公司调查委员会声明自己和该公司没有签署任何顾问协议。与早期声明的不同之处在于，他称自己虽然从该航空公司获得了大约16万马克的现金，但这笔钱是公司偿还的私人贷款。1972年9月，调查工作结束时，参与调查的议员得出的结论是无法证实交通部犯有任何错误，也无法证实各方达成了非法协定。但人们还是认为维南德没怎么说实话，利用自己的政治影响为航空公司提供便利，同时也为个人牟取好处。[142]

1973年末，施泰纳–维南德事件调查委员会的工作全面开展，泛国际公司事件（die Paninternational-Affäre）再次把维南德推到了风口浪尖。在此期间，税务稽查部门关注到了问题是所谓偿还私人贷款。几番反复之后，波恩的检察机关1973年12月取消了维南德的豁免权，并获得了搜查其议员办公室的搜查令。搜查过程中，调查人员没收了多个带有“泛国际”标签的文件夹。1974年夏季，“泛国际”公司前总经理无意中透露并承认维南德从该公司收取了报酬。调查人员从维南德的多个账户上总共发现了50万马克来源不明的款额，维南德在腐败事件中的解释也再次变得扑朔迷离。[143] 在这种情况下，维南德不得不辞去其担任的各种政治职务。

尽管如此，关于腐败的辩论还是逐渐平息，因为在此期间其他事件吸引了民众对政界的注意力。1974年5月6日，维利·勃兰特卸任总理职务，原因是他身边的君特·纪尧姆被发现是“史塔西”的间谍。接替勃兰特的是赫尔穆特·施密特。此时出现了另外一种占主导地位的论调。清醒的实用主义者施密特取代了颇具个人魅力的勃兰特，这也使人们没有必要像从前那样带着情绪进行关于腐败的辩论。自1970年代中期起，面临“红军旅”（RAF）恐怖活动的各个政党再次同仇敌忾，紧密合作。一直到1980年代初，波恩才再次陷入种种腐败事件。

还需要澄清：究竟发生了什么，谁向谁行了贿。虽然没有明确答案，但已经覆灭的民主德国设在国外的情报机构提供了部分线索和证据表明，尤利乌斯·施泰纳和基社盟议员列奥·瓦格纳（Leo Wagner）确实在1972年各自从史塔西收到了5万马克，史塔西委托他们在不信任案中投弃权票。当时东柏林为缓和政策的前景感到担心，史塔西通过一名线人得知瓦格纳手头拮据。不过这些没有书面记录，只有前情报机构工作人员的证言和一份财务上的证据：有证据显示，瓦格纳1972年获得了来源不明的5万马克——这在8年后的一场信贷欺诈案中才得以证实。最晚到了1976年，瓦格纳确实成了定期向史塔西提供情报的线人。然而至今尚不清楚的是，他是知道此事还是无意中被人利用。有关施泰纳在不信任案投票中的作用也没有直接的书面材料，但可以证实的是，施泰纳1960年代和1970年代曾是非正式情报人员。埃里希·昂纳克（Erich Honecker）提供了另外一份证据。他曾在1972年5月和罗马尼亚统治者尼古拉·齐奥塞斯库（Nicolae Ceauşescu）会谈时声称，民主德国在举行不信任案投票前就已经采取措施支持勃兰特政府，目的是阻止基民盟上台。尽管如此，究竟是谁往联邦议院的投票箱里投了第3张弃权票？据推测，投这第3张弃权票的可能是基社盟联邦议院议员英格博格·盖森德费尔（Ingeborg Geisendörfer），因为她暗中支持东方政策；她还在一次采访中声明，投弃权票在道德上无可厚非。当时，刚从自民党退出的据说经济困难的议员威廉·赫尔姆斯（Wilhelm Helms）也是怀疑对象。但他们都对这些指控作了反驳。[144]

三、实用主义与愤怒：政治评价

毫不客气地说，社民党在联邦议院议会党团的办公室主任卡尔·维南德是个不可靠的人。1975年，由于偷逃“泛国际”公司支付酬劳的应缴税款而受到法院的判决并不是他最后一次与司法部打交道。“史塔西”的档案公开之后，调查人员揭露维南德曾是民主德国国家安全机关的海外员工。1997年，他因为给民主德国充当间谍被判处两年半监禁，还被处以高额罚金。此外，维南德还在东柏林和联邦德国的企业家之间牵线搭桥、介绍生意，也收取了佣金。1990年代，维南德还卷入了“科隆垃圾丑闻”（Kölner Müllskandal），他收取了企业主特里恩那肯斯（Trienekens）支付的高达几百万马克的贿金，使其获得建造垃圾焚烧装置的补贴，为此受到了法庭的严厉判决：2004年，维南德被判两年监禁，缓期执行。维南德自视为“政界机房里的技术员”。1990年代早期，他向一名记者说了自己对社民党议会党团办公室主任这一角色的理解，有关内容后来集结成册。[145]作为赫尔穆特·科尔的“同路人”，维南德在1966年大联合政府执政时期担任议会党团办公室主任，他的任务是使社民党在联邦议院的议员团结一致，远离公众视线；工作重点与其说是处理实质问题，但不如说是做组织工作，他对社民党议员的姓名及其观点了如指掌，而且为人随和，这些都有助于他做好这项工作。

1969年政府换届之后，维南德的职位不变。此时，因为执政党在联邦议院中虽然占有多数席位，但和反对党相比优势微弱，而且社民党议会党团主席韦纳希望维南德能替他解除后顾之忧，他面临特别的压力。维南德负责在议会党团内部营造良好氛围，他掌握了部分权力，参与了政府和执政联盟最核心圈子的讨论，决定全体辩论时的发言人名单，领取的薪酬和联邦部长一样多。在议会党团成员看来，维南德就是赫伯特·韦纳办公室大门的看门狗“赛普洛斯”[25]，哪位议员有事想找韦纳都必须通过维南德预约。利用这种机会，这位议会党团办公室主任安排韦纳的日程。韦纳的情绪通常每天从早到晚由饱满走向低落，如果维南德支持某位议员和他的议题，他就安排此人上午和韦纳见面；如果他不相信哪个议员，则此人下午才能见到一肚子气、看什么都不顺眼的韦纳。在勃兰特这里情况显然相反——好的谈话时间都安排在下午。

维南德显然把自己看成了政坛老手：远离吹得天花乱坠的政府改革激情，熟知政治上取得成功的决定性手段。他对把卡尔·格尔德纳作为诱饵，佯装答应基社盟提出的“弃暗投明”的条件后再把事情曝光的想法颇为不满。

维南德非常详尽地了解议员们的忧患，包括婚姻危机和健康问题，但凡力所能及，他就出手相助，他面临的最大挑战是有些党员投身其他党派。据维南德自己说，他不断与那些立场摇摆不定的候选人谈话，运用各种心理战术留住他们。他自称1970年代常常听到有的议员说自己的收入来源遇到了问题：格尔德纳丑闻爆发后，后座议员[26]中就“正派行为的代价”展开了一场公开或半公开的讨论。如果不赞同执政党，那就失去了通过联邦州名单进入联邦议院的机会，也就无法成为县长或市长候选人，可能就会眼睁睁地失去40万马克的年薪。议会党团领导层对这些讨论心知肚明，由于这些讨论

[25] 古希腊神话中的冥府总长有三个头的看门狗，亡者通常拿食物给它才得通过，否则即被它吞食。

[26] 指议会中坐在后座的普通议员。议员中的执政党内阁阁员、反对党的领袖、发言人和影子内阁成员通常坐在前排，其他议员坐在后排。后座议员通常是新当选的议员，或已从内阁离任的议员。

具有惩戒作用，他们可能对此也并不反感。

这些事件发生后不久，自民党议员、农场主“威廉·赫尔姆斯案”就曝光了。1972 年 4 月 23 日，赫尔姆斯退出了自民党议会党团，促使联盟党提出了不信任案。执政党和反对党事先可能都与赫尔姆斯进行过谈话，在谈话中赫尔姆斯提到自己的经济拮据，据说维利·勃兰特暗示能够帮他解决问题。媒体后来报道说，赫尔姆斯向勃兰特解释他自己“改旗易帜”的理由：“我还能怎么做——为了我的农场，我的农场。”赫尔姆斯对此矢口否认。后来，维利·勃兰特在他的回忆录中引用了这句话，为此赫尔姆斯和他对簿公堂。[146]

根据维南德的说法，他和政治敌对方的议员也进行过谈话。因为尤利乌斯·施泰纳提出有条件地支持《东部条约》，维南德和他见面，但没有提出给钱的事，举行不信任案投票的那段日子里双方频繁往来。维南德声称自己要阻止两名社民党议员把票投给巴泽尔。

维南德在与他的传记作者格尔特·洛茨（Gerd Lotze）对话时承认，在不信任案投票这件事上并非一切都符合规范。但他对嫌疑指向施泰纳感到高兴，因为他确实并未贿赂此人：相反，倒是另外一件未曾提及的事件险些让他陷入窘境。不论是实事求是还是夸大其词，维南德的这番话都是一个男性自我认识的表现：为了《东方条约》（与东欧国家和解）这个更加崇高的事业，自己做些“脏活累活”也在所不惜。[147]

一方面，一个被判刑的罪犯作了自我表述；另一方面，这样的自我表述能否得到认可还未可知。令人吃惊的是，有证据表明在 1970 年代维南德认为许多人会理解他。最值得关注的是《明镜周刊》总编鲁道夫·奥格施泰因因施泰纳被指控时的一段评论。一方面，奥格施泰因称贿选是绝对不能接受，也是不道德的。另一方面，他又指责维南德欺世盗名，尤其是没有对"泛国际"调查委员会说实话。奥格施泰因批评社民党领导层没有早早让维南德下台，在文末直言不讳地要求维南德主动辞职。不过在道德层面奥格施泰因为维南德的行为辩护。他认为腐败普遍存在，如果维南德为这届政府做了一些游走于合法性边缘的事，而其他人对这些事又过于吹毛求疵，那他这么做在道德上其实无可厚非。"吊诡之处在于，人们不得不承认维南德是个值得尊敬的人。"维南德辞职将是他做出的最后牺牲："如果他确实以腐败行为挽救了勃兰特/谢尔政府，这样的牺牲难道不值得吗？"[148]

这段评论使人了解了一场媒体也是主导者之一的政治辩论，在这场辩论中，道德的方方面面受到了仔细权衡。也就是说，在某些情况下为了实现特定目的可以使用腐败的手段。可如果事情传出去，暗地里行使腐败手段的"英雄"恐怕不能指望媒体包容自己，自己的仕途估计也就走到头了。言下之意就是：谁要是被发现了只能自认倒霉。读了这篇文章，人们可能会觉得，反腐斗争是政治光鲜的一面，实际上行贿司空见惯，也没有进行系统性反腐的必要。

这段评论并非没有引发争议。在德国国家电视二台的"二台杂志"（ZDF-Magazin）节目中，以保守态度著称的主持人格哈德·洛文塔尔（Gerhard Löwenthal）指责奥格施泰因为确保勃兰特政府继续掌权而为腐败辩护。[149] 但也有其他媒体的记者对这位议会党团办公室主任的行为表示理解。尽管《时代周报》记者罗尔夫·宗德尔（Rolf Zundel）对这一事件的评价更严肃，但他也描绘了维南德的正面形象：始终忠于自己的政党，乐于帮助同僚，在幕后做着每个政府都需要的"脏活儿"。[150] 他在文中满怀敬意地指出，维南德足够专业，可以认为他肯定没有在办公室给施泰纳那样的人物 5 万马克现金。[151] 1973 年 7 月，对维南德进行的一次人物专访用观众可以理解的方式准确还原了这位政治家的自我认知（Selbstwahrnehmung）。维南德在节目中谈道：给他带来困扰的是自己涉嫌犯了一个“技术性错误”（handwerklicher Fehler）。给他扣帽子、说他贿赂施泰纳那样的人——是可忍孰不可忍？“对勃兰特总理和他领导的社民党和自民党联合政府的道德要求也这么高吗？不管怎么说，卡尔·维南德坦言他觉得这种要求对他来说过于苛刻。”[152]

抛开贿选不谈，各个党派的代表也明确承认，不论在院内还是院外，议员为个人利益做事都应该小心谨慎。1972 年 3 月初，社民党议员、内政委员会主席弗里德里希·舍费尔（Friedrich Schäfer）就维南德与泛国际丑闻在媒体上发表了一份公告，反对只因为维南德曾在航空局为这家航空公司说过话就对他口诛笔伐。“议员的工作就是给寻求帮助的公民雪中送炭。”“我们每天都会收到来自民众中各个群体的求助申请。”“我们急民众之所急，不可能在任何情况下都立刻判断出民众的担心是否有道理。”[153]

至少赫伯特·韦纳认为，在这种情况下，过分透明有百害而无一利。1973 年 12 月，检察机关搜查维南德的议员办公室时，他说了这样一番话：“现在我可能要对所有带着忧虑和问题向我求助的人说‘算了吧，因为检察机关也盯着呢！’”[154]因此，在政治活动的这些阴暗地带，信任是小心谨慎的产物——至少政界人士相信这一点，也有一部分新闻记者能理解这种情况。

对维南德表示理解自然只是新闻报道的一个方面，也有一些媒体对他忧心如焚且极尽口诛笔伐之能事。尤其是在 1973 年夏天，施泰纳作出自我批判、辩论进行得如火如荼时，警告之声不绝于耳。政界和议院的可信度受到质疑，社民党的道德威望在亲社民党的《时代周报》记者那里丧失殆尽。

人们除了认为联盟党的存在是“对权力的讽刺”之外早就不抱任何希望，新一届政府则支持道德革新。然而，“德国社民党鲜亮的道德外表已经荡然无存，油漆都掉光了”。[155]《明镜周刊》以几乎同样的言辞指出，“社民党和自民党联合政府的道德诉求”受到了动摇；勃兰特曾指责联盟党腐败，但现在得问问他自己是否知情。[156]

关于设立和结束“施泰纳-维南德调查委员会”的两次全体辩论清晰地表明社民党的防守能力何其强大。当时，年轻的联盟党议员沃尔夫冈·朔伊布勒（Wolfgang Schäuble）借此表达了他对议会声誉和民主制度结构性危机的担忧。各议会党团的发言人与朔伊布勒一致认为，这种情况下没有赢家，只有输家；也有人提到1950年代就已经出现的对公民厌烦议会和国家的担忧。最后一次谈话的主题也涉及总理府部长（Kanzleramtsminister）霍斯特·埃姆克（Horst Ehmke）在使用自行支配的基金（Dispositionsfonds）时做法是否正确，社民党人怀疑联盟党利用调查委员会的工作攻击政府——一切照旧。[157]

但没过多久，评论就变得更加温和了。同一时期在美国引起轰动的“水门事件”对此起了一定作用。主流观点认为，比起发生在华盛顿的阴谋，波恩政坛看起来倒是比较可信，[158]美国政坛的腐败形象和波恩政坛的“无害性”成了反驳杞人忧天式担忧的论据。时间越久远，政治观察者就越会认真地观察过于激烈的有关腐败的辩论。早在1973年8月，《时代周报》记者罗尔夫·宗德尔就故作镇静地评价调查委员会的工作。他认为人们早就知道，1972年为了争夺权力，所有能用不能用的手段全都用上了。但必须反复澄清的是，几乎没有哪种手段成功过，如果委员会深入研究施泰纳事件和维南德事件，就会形成一种完全扭曲的印象：现在“公民只能看到腐败和阴谋的巨幅画卷”。[159]1974 年，鉴于对议员的公开收入和隐性收入的讨论，爱德华·诺伊迈尔（Eduard Neumaier）谴责了“怨恨以及反政治、反议院的冲动”。“认为议员腐败的想法当然主要是偏见使然，与实际情况关系不大。总而言之，德国人有一个清正廉洁的议会。”[160]

人们有时抱怨议会道德堕落、没有可信度，有时认为维南德式的“脏活”是“必要之恶”，有时又矢口否认存在腐败问题，这就叫众说纷纭。

腐败辩论不再是禁忌——“友方”还是“敌方”对 1972 年秋天勃兰特辩词的反应几乎一致，都不把腐败辩论视为禁忌。不过尽管在对待议会工作的阴暗面时公开采取实用主义态度，但没有人把腐败视为联邦德国政坛的结构性问题；或者说恰恰因为采取了实用主义态度，所以没有人把腐败视为联邦德国政坛的结构性问题。这些丑闻产生了一定的推动作用：联邦议院通过了一部规范议员收入的行为准则；刚刚进入联邦议院的社民党人诺伯特·甘塞尔（Norbert Gansel）甚至决定成为第一位“玻璃议员”。但大多数观察者最终把贿选视为次要问题。

1970 年代早期，发生在联邦层面的种种腐败事件表明，人们并不认为腐败本身是对民主的巨大威胁。对一些人来说真正危险的是操之过急的改革热情和“左倾”思想，对另一些人来说可怕的是保守派的冥顽不化。也就是说，当时人们关心的是针锋相对的政治纲领、是否接近左翼思想和代际冲突（Generationenkonflikt）等，腐败依然是次要问题。

四、题外话：体坛不再独善其身——1971 年的德甲丑闻

1970 年代早期，还有一桩腐败丑闻使德国群情激愤。这桩丑闻并非发生在政界，而是发生在体坛。与波恩复杂的人事变动不同，这次事件的经过非常清楚：至少有 18 场德甲比赛被收买、操纵和推迟，实际数字可能比这大得多。观众看到的是教练员、球员和俱乐部官员系统性作弊的比赛。奇怪的是，这一切从来不是为了争夺冠军，而是因为位居排行榜末尾的球队害怕在不进则退的激烈竞争中被降级。

公布这一事件的人看起来是个“糟糕的失败者”，他是曾任奥芬巴赫足球俱乐部主席的霍斯特·格雷戈列奥·卡内拉斯（Horst Gregorio Canellas）。在 1970 年代早期，奥芬巴赫队是一支“电梯式球队”[27]，在甲级联赛和南部地区联赛（当时还没有乙级联赛）之间“上上下下”。1971 年 6 月初，该球队又将无可挽回地再次被降级：奥芬巴赫队败给了科隆一队，而同样争取保级的对手阿米尼亚·比勒费尔德队战胜了柏林赫塔队。这样一来，奥芬巴赫队就被打回了南部地区联赛，但卡内拉斯心有不甘。1971 年 6 月 6 日，也就是最后一个比赛日结束后的第二天，卡内拉斯在自己的 50 岁生日聚会上向来宾播放了一盒录音带。录音的内容是一次电话密谋：卡内拉斯和柏林赫塔队和科隆一队的球员协商，如果他们故意输球使奥芬巴赫队保级成功的话，需要给他们付多少钱。

---

[27] 在德国的足球联赛中，一些球队发挥不稳定，时而进入甲级，时而被降级，像坐电梯一样“上上下下”。这样的足球俱乐部被戏称为“电梯式球队”。

卡内拉斯表示，这种协商是假装进行的，而且他想方设法公开自己的指控：卡内拉斯向《图片报》透露了他的“协商过程”，让《图片报》记者维尔纳·布雷瑟（Werner Bremser）旁听了电话；作为回报，卡内拉斯得以在《图片报》上独家报道这些事件。他以此赢得了大约400万读者和相当比例的联邦德国球迷。德国足协面临巨大的问题。

尽管德国足协体育法院（die DFB-Sportgerichte）在事发后几周之内就免除了卡内拉斯在足协的所有职务，然而这位曾经的足协官员揪住此事不放，《图片报》对他也“忠心耿耿”。这家小报把自己打造成德国足坛正本清源、拨乱反正的平台。1971年11月，比勒费尔德队的球员于尔根·诺依曼（Jürgen Neumann）在《图片报》上分几次讲述了自己如何受德国足协董事会的委托和其他俱乐部的球员谈话并支付金钱，以确保奥芬巴赫队保级。[161]

卡内拉斯揭露内幕引发许多人提供了大量证词。比如公众得知，3名斯图加特球员在倒数第二个比赛日故意输给比勒费尔德队，由此获得了4.5万马克。有些胜利也是以交叉融资的方式[28]实现的：奥芬巴赫向国家足球队队员洛塔尔·乌尔萨斯（Lothar Ulsaß）提出，如果他能与不伦瑞克队一起战胜比勒费尔德，就将获得2万马克奖金。[162]

几个月后的结果是：“降级区”内至少18场比赛受到操纵，10家俱乐部卷入其中。德国足协体育法院对50多人做出了处罚决定，其中也包括国家队队员、2名教练和6名足协官员。他们中的许多人一审被判终生禁赛，但在二审中大都获得比一审明显轻得多的改判。比勒费尔德足球俱乐部和奥芬巴赫足球俱乐部暂时被取消了参加德甲联赛的资格，因此，

[28] 一种融资形式，指以某种产品的销售盈利平衡另一种产品的销售亏损。

参加 1971/1972 赛季的德甲球队比原计划少了一支。除体育法院外，普通法院也负责审理德甲联赛案件。起因是“沙尔克 04”足球俱乐部的 8 名球员提供了虚假证词。他们信誓旦旦地说自己没有从比勒费尔德俱乐部董事会拿过一分钱，但事实很快证明他们撒谎了。这 8 个人是唯一一拨由于作伪证而被埃森地方法院判处罚金的球员。[163] 据《明镜周刊》报道，1974 年，针对挪用协会资金操纵比赛提起的诉讼还悬而未决，为了不影响当年在德国举办的世界杯足球赛，北威州内政部显然中止了此案的诉讼程序。[164]

与许多其他类似案件不同，这桩丑闻给德国足协和各俱乐部带来的具体后果令人心痛。球迷们不去球场了。1970/1971 年赛季场均观众人数近 2.1 万。此后的一个赛季中观众人数下降到不足 1.8 万，1973/1974 年赛季只有 1.6 万余名观众，观众几乎减少了四分之一。《球员》(*Kicker*) 杂志 1973 年的一项调查显示，三分之一的受访者因为“德甲丑闻”再也不去球场。[165] 早在 1971 年夏季就有 80% 的德国公民相信并非只有个别场次的比赛受到操纵。[166] 德甲联赛名声之差可想而知。但足球在德国并没有完全名誉扫地。这要感谢德国足球在国际上获得的成功：1972 年，德国国家队成为欧洲冠军，1974 年在本土获得了世界杯冠军。最著名的球员和拜仁慕尼黑、门兴格拉德巴赫等联赛成绩最好的俱乐部没有受到此次假球事件的影响，这也维护了德国足球的形象。此外，德国足协为正本清源所做的努力也有目共睹。

“德甲联赛丑闻”不仅在《图片报》《时代周报》《明镜周刊》等纸媒和地区性报刊中是个著名话题，德国国家电视一台和二台也在体育节目中对事件做了报道。尽管大家普遍感到愤怒，尽管民众对德甲的信任度降低到了岌岌可危的地步，但评论足坛腐败丑闻的语调还是谨慎得出奇。当然，人们也会读到诸如“德甲衰败之征兆”或“双重道德”等表述。[167] 除了这些说法外，媒体对事件显然进行了条分缕析的认真解读。大家一致认为操纵比赛的主要问题不在于足坛“不够干净”或者贪得无厌，而在于对观众的影响：如果延期举行，比赛就没有了悬念，足球就会变得无聊。

至少《时代周报》和《明镜周刊》这两家政治报刊在分析原因时观点大同小异。责令涉事的足球俱乐部退出德甲联赛，这样的处罚过于严厉。俱乐部面临财政危机，因此必须采取一切手段、想尽一切办法避免灾难发生。

与德国足协的体育法院不同，体育记者们并不认为通过提高廉洁度、进一步严格规范增强敬畏之心或加强监管能够解决问题。他们认为关键是要承认足球是一项专业活动。德国足协本身在处理联赛事务时也坚持假定参加联赛的是业余爱好者而非职业球员。这导致赛事结构完全不合时宜，球队一旦降级，球员和俱乐部就陷入财政困境。这又会引发双重道德，滋生行贿受贿。“国家的偶像”沦为“竞技场上的小丑”：“人们为他们的成绩鼓掌，社会却私下里鄙视他们的职业。”[168] 球员和部分足协官员似乎成了改革停滞不前的牺牲品，同时也成了对凭本事赚钱的球员义愤填膺的社会舆论的牺牲品。球员转会、转会费和经理人等实际上已经存在的现象显然尚未在公众意识中生根发芽。[169]

《明镜周刊》认为应该对此负责任的是德国足协的领导层。总部位于法兰克福的德国足协固守“联赛球员是业余足球爱好者”的观念。《明镜周刊》认为这是一种意识形态上的自欺欺人。《时代周报》的多位编辑和其他许多观察者也持类似观点。此时，涉及劳动法的具体问题被提上了议事日程。德国雇员工会（Die Deutsche Angestelltengewerkschaft）和联盟党议员沃尔夫冈·沃格特（Wolfgang Vogt）都对非正式的足协体育法庭作出禁赛决定是不是违反宪法的职业禁令提出了质疑。[170] 体育社会学家格尔德·霍特勒德（Gerd Hortleder）认为，具体的社会框架条件导致这次事件中受贿的球员容易腐败：拿高额出场费的国际球星不会被收买，而年纪比较大的球员本不该收取黑钱，但他们的收入水平只是中等，而且没有养老保险。[171]

因此，解决足坛腐败问题的办法不是回到业余足球的“幸福时代”，而是在各个层面上实现足球运动商业化和职业化，也就是说要承认框架条件已经发生了变化。球员的腐败似乎是足球通向成功商业模式道路上的过渡现象。即便在足球丑闻中，对腐败的指责也不是用来批判资本主义或者只用于批评个人的逐利行为。问题并非道德缺失或贪得无厌，而是组织结构不尽完善。

第四节 转型的先兆：“弗利克事件”（1981—1986）

“民主政党一定腐败吗？如果是，是腐败透顶还是只是腐败到一定程度……他们不能至少在一定程度上遵纪守法吗？”左翼自由派时政评论员汉斯·马格努斯·恩岑斯伯格（Hans Magnus Enzensberger）以这些反问结束了他对“弗利克党捐事件”的分析。[172] 对腐败的批评到了1980年代又成了对政党的批评，并且是普遍批判——这与过去几十年的讨论形成了何其鲜明的对比。不过，两次世界大战期间的反民主情绪并未死灰复燃。对腐败的批评并没有成为对民主制度的批评，而是相反：事件的背景中出现了超越政党国家（Parteienstaat）的新的政治形式的乌托邦。当然，它始终是个乌托邦。

弗利克党捐事件被认为是对德意志联邦共和国政治文化和政治精英的声誉影响最大的丑闻之一。这一事件之所以具有爆炸性不是因为一项政治决策被收买。与不信任投票失败的情况不同，此事与政府更迭无关，而与为一家大公司减税有关。更具爆炸性的是另外一件事："弗利克丑闻"主要不是个人受贿问题，它表现出的是各大党派和部分商界人士经济上相互依赖的密切联系。也就是说它体现了结构性问题，主要是所有老牌政党在融资问题上系统性地违反法律：基民盟/基社盟、社民党和自民党概莫能外。

弗利克事件涉及方方面面，牵扯出无数次级事件——从对弗利克集团出售股份免于征税的"部长许可证"，到趋于完美的政党"黑金系统"、联邦政府实施大赦的企图、对前部长提起的刑事诉讼，再到与赫尔穆特·科尔总理有关的"大脑空白事件"（die Blackout-Affäre）。1981 年至 1986 年间，赫然出现了一幅阴暗的政治文化"风俗画"。弗利克丑闻成了无人不知的政党丑闻。

弗利克丑闻的曝光是一系列因素使然：检察机关坚持不懈地进行调查、当时的媒体对政界也几乎不依不饶，以及绿党横空出世——在这个问题上绿党是真正的、唯一的反对党。绿党代表了一种新的政治模式，表达了对政治家和国家的某种根本上的不信任。从弗利克事件的发展过程可以清楚地看到，人们几乎不能指望通过对普鲁士德国的国家传统或德国公务员群体荣誉感的反思来解决腐败问题。与其说国家传统现在是解决方案的一部分，不如说是问题的一部分。一种新的对待纳粹历史的方法是导致这种情况的原因：纳粹的历史不再被视为一段"已经完成的插曲"，而是一份棘手的遗产，是接连不断的厄运的一部分。弗利克集团证实了这种评价，因为该公司与政界的同流合污可以追溯到"第三帝国"时代。

一、思想道德的转变？1980 年代的波恩政坛

与各类因为政党更迭而发生的事件类似，弗利克丑闻也发生在政治转型之际，这件事在总理赫尔穆特·施密特领导下的社民党和自民党执政联盟的最后几个月首次引起了轩然大波。赫尔穆特·科尔 1982 年 12 月开始领导由联盟党和自民党组成的联合政府，“弗利克丑闻”在此期间全面发酵。种种迹象表明，旧的执政联盟中的环境恶化也与弗利克事件有关：1981 年底，由于部分社民党人抵制，一项由各政党提出、旨在改变政党融资规定的法律草案未能获得通过。当时，检察机关已经对高级别的政治家展开调查，主要针对的是自民党经济部部长奥托·格拉夫·兰姆斯多夫（Otto Graf Lambsdorff）。公众对此尚不知情。这部法律草案如果通过，就可以免除对他的处罚。汉斯-迪特里希·根舍尔（Hans-Dietrich Genscher）显然早在 1981 年 12 月就已经让卡尔·维南德知道，只有这部法律草案通过，执政联盟才能继续存在。[173] 总之，这种努力由于一批社民党议员和司法部部长于尔根·施慕得（Jürgen Schmude）的反对而失败。批评者后来把这种做法笼统地称作“无法容忍的、各党派相互之间结伙的行为”。

波恩权力变更还有更深层的原因。社民党和自民党组成的联盟在联合执政的最后几年每况愈下。从 1970 年代中期起，德国一直深陷严重的经济危机。这场危机最明显的影响是导致出现了 1950 年代之后前所未有的大规模失业。尽管联邦总理以“世界经济学家”的形象出现（比如 1975 年首次召集最重要的 6 个西方工业国家开会，即“G6 会议”），但国内劳动力市场政策的成效不够显著。造成这种情况的原因很多——其中包括联邦德国经济结构加速转型（传统的采矿业

和重工业在此过程中失去了其重要性)。尤其是在莱茵河、鲁尔区和萨尔州等此前的中心地区不得不削减就业岗位。不过如果回顾历史，相关数字似乎远没有当时人们看到的那样令人紧张：在社民党和自民党联合执政的最后几年，失业率在4%~7%波动，直到科尔政府时期失业率才上升至9%。

至少与这些数字同等重要的是经济政策的上层问题。从1970年代起，新一代经济学家在全球范围内要求国家退出经济领域，给经济力量自由发展的空间，把重点放在为公司创造理想条件上，而不应过分关注消费者和雇员的购买力。这也意味着要削减1950年代以来全球增加的社会福利支出。值得一提的是，这种新自由主义经济学在1990年代全球有关腐败的辩论中还将发挥核心作用。我在下文中还将谈到这一点。

自民党呼吁采取具有新自由主义色彩的经济政策，但社民党不愿意这么做；至少从这时起，德国的执政联盟开始破裂。罗纳德·里根（Ronald Reagan）和玛格丽特·撒切尔（Margaret Thatcher）大约同一时期分别在美国和英国推行新自由主义方案。与美英两国不同的是，科尔政府实际上奉行的是非常温和的政策。尽管如此，科尔政府仍然以放松管制等口号和国有企业（邮局、铁路）的私有化项目践行新自由主义的一些原则，并在经济增长方面取得了一些成绩。

对政治转型的诠释和自我解读（Selbstdeutung）对于理解丑闻的历史背景当然更重要。从1970年代中期开始，趋势逆转（Tendenzwende）一词在保守的记者和时政评论员中流传开来。它指的是一种“时代诊断”[29]，根据这种时代诊断，政

---

[29] 社会学概念，也称“时代的社会学诊断”或“当前的社会学诊断”，指一种社会学出版物的类型，试图以夸张和简化的方式找出当代社会的基本特征。在大多数情况下，“时代诊断”强调社会秩序或其动态的单一原则并分析其后果。

治和文化发展的天平将再次向右倾斜。“1968年学生起义”[30]之后，在逐步觉醒、更加追求自由的时代之后，在摒弃传统价值之后，人们开始回归资产阶级世界观。如果说此前社会看似不断“左倾”，现在人们则又开始怀念固定的规范。赫尔穆特·科尔也开始考虑这种毁誉参半的观点。在1980年失败的联邦议院选战中，科尔就已经要求进行“思想道德的转变”。他在1982年的政府声明中也提到了这种想法。具体指的是哪些政策目标，这一点始终不甚明了。与整整10年前的维利·勃兰特不同，科尔未能成功地把自己塑造成(现在是保守的)觉醒者的代表。除了选择性地对经济政策进行调整外，他的政府也不主张实施全面的改革方案。思想道德的转变通常仅限于在言语上对抗左翼自由主义的要求或生态要求，并掩盖科尔政府“保护政治连续性”的基本要求。有意思的是，反对政府的新闻界人士与政府的支持者一样不知疲倦地报道这种变化。因此这种转折实质上是一种投射——对一些人来说是个破灭的希望，对另一些人来说则是一场没有来临的噩梦。[174]

然而，对道德革新的要求未能实现是弗利克事件极其重要的背景之一。因为揭露和刑事诉讼（被起诉的主要是自民党和联盟党的代表）以残酷的方式证明了他们自以为道德上高人一等的想法很荒诞。但在特定情况下，全体政治精英在道德和品行问题上都已经丧失了信誉。

其他事件和具有政治象征意义的失误给科尔政府执政的最初几年蒙上了阴影——从今天人们所说的“历史政治”

---

[30] 也称“六八事件”“六八革命”“1968年学运”，指1960年代中后期发生、1968年达到高潮、全世界由左翼学生和民权运动分子共同发起的反战、反官僚精英的一系列抗议活动，其主要特征是民众奋起反抗军事和官僚精英所实施的政治压迫。

（Geschichtspolitik）角度出发尤其如此。其中包括1984年1月科尔访问以色列时发表的一次失败的演讲（当时他提到了“晚生之恩惠”[31]），1985年5月在比特堡（Bitburg）士兵公墓（那里也埋葬着党卫军成员）与美国总统罗纳德·里根的一次会晤，以及1986年10月把米哈伊尔·戈尔巴乔夫（Michail Gorbatschow）和约瑟夫·戈培尔（Joseph Goebbels）相提并论。[175] 所有这些事件都表明这位总理希望尽可能公正地对待德国的历史，并希望为所取得的成就感到更加自豪。科尔在柏林建造大型德国历史博物馆的项目也是这个整体情况的一部分。在政治上，科尔对待纳粹历史的做法并不十分成功，因为他收到的大多是批评性的评论。最终，联邦总统里夏德·冯·魏茨泽克（Richard von Weizsäcker）替代科尔描述了对待纳粹历史的新共识。1985年5月8日，魏茨泽克在德国联邦议院纪念第三帝国投降50周年时发表讲话，把投降称作“解放”。现在，只有和纳粹一刀两断才能“在错误中过上美好的生活”（ein gutes Leben im falschen），这与前党卫军法官康拉德·摩根（Konrad Morgen）的情况完全不同。魏茨泽克虽然受到了一些批评，尤其是来自联盟党中的保守派和被驱逐者协会（Vertriebenenverbänden）的批评，但他获得了绝大多数人的认可。魏茨泽克的演讲极受欢迎。演讲稿被多次印刷，甚至以唱片的形式投放市场。[176]

次年，德国报刊的文艺小品专栏里出现了一场被称为“历史学家之争”（Historikerstreit）的辩论。参与辩论的主要不是政客，而是记者和学者。辩论的重点是纳粹及其罪行的

[31] 赫尔穆特·科尔创造的一个概念，认为1930年（晚于纳粹主义出现）以后出生的德国人与纳粹罪行无关是一种“恩惠”。这个词很快成为政治流行语。

独特性。辩论的一方是趋于保守、具有民族意识的作者，他们试图把纳粹主义（Nationalsozialismus）历史化，将其置于苏联国内罪行的背景之下，从而使人感觉纳粹的罪行并非德国所特有。辩论的另一方是左翼自由主义思想家，首当其冲的是哲学家于尔根·哈贝马斯（Jürgen Habermas），他们强调的恰恰是德国罪行的特殊性。这场辩论很快就见了分晓：大多数记者和发表的意见都选择了第二种立场，这种立场迅即成为联邦德国公众的共识。[177] 之所以有必要提及 1980 年代这场关于历史的辩论还有一个原因是，在弗利克事件中，1945 年前后的连续性也成了讨论的话题。

资产阶级趋势逆转之所以希望渺茫还有一个原因，那就是资产阶级这种另类时代精神早已逐渐成为社会的主流。这对政党政治也产生了影响。在 1983 年提前举行的联邦议院选举中，3 年前刚刚成立的绿党终于踏上了联邦政治舞台。它比社民党更强有力地代表了趋势逆转者反对的那些社会政治立场。绿党在弗利克事件中扮演了反对派的角色，并对老牌政党提出了彻底批评，穷追不舍。

在许多方面，绿党是“1968 年学运”及其后果的政治遗产，绿党的成立也是因为社民党在这方面辜负了民众最初的期望。在整个 1970 年代，和许多其他西方国家一样，联邦共和国也出现了一个全新的政治活动领域，即所谓“新社会运动”（neue soziale Bewegungen）。[178] 当时公民动议在全国各地层出不穷，大都是由通常不到 30 岁、对政治感兴趣、受过教育的中产阶级一致提出的。这些动议是一种超越政党和意识形态的实用主义政治的表现形式，旨在解决日常具体问题。今天，人们用“公民社会”一词概括这类现象。“新社会运动”的主题常常反映“趋势逆转”所针对的社会政治内容：权利平等和对少数群体的保护、非暴力和反威权主义的政治方案等。特别重要且影响深远的是和平运动、环保运动、反核运动、妇女运动和第三世界运动；但也包括替代运动（Alternativbewegung）、儿童商店运动（Kinderladenbewegung）和男女同性恋运动等。通常，对自由主义社会和另类生活计划的同情把这些运动联合起来。此外，还存在一种对商界、学界，尤其是政界精英的明显不信任。主张新社会运动的人士认为代议制民主完全受制于商界和政党的利益，公民的利益被忽视了。持这种观点的主要是环保运动人士：与工业界相比，环保主义者在政党体系中没有院外集团——其结果是严重的环境污染把全球推向了深渊的边缘。人们希望能够通过“草根政治”（Graswurzelpolitik）和公民的努力重塑民主。[179]

一方面绿党靠这种乌托邦生活，另一方面，这是“初次清醒”（erste Ernüchterung）的结果。绿党1980年在卡尔斯鲁厄成立，该党成立之初是来自新社会运动的不同潮流和动议的“蓄水池”。绿党明确地把自己视为议会的喉舌，是运动文化延伸的臂膀。要想有所作为，必须进入议会。早期的绿党无异于一个悖论，因为他们以“反党之党”自居。在1980年代早期和中期，绿党不仅认为自己是政府的反对派，而且也是整个政治运动的反对派。故事的结局众所周知：绿党逐步融合，到了1990年代中期成为众多政党中的一个。[180]

不过，弗利克事件发生时，绿党扮演的还是另外一个角色。该党试图打破既有的权术（Machttechnik），并在事件曝光之前嘲笑波恩的密室政治。绿党对卡尔·维南德的角色没有丝毫同情。在反对权力集中的斗争中，绿党给自己制定了一系列其他党派都不知道的规则。其中包括职务和议席分离，即禁止同时在党内和议会任职；轮换，即议员在任期过半时必须退出议会；妇女比例——按照这种比例，所有联邦议院候选人名单和政治职位的一半要留给妇女。绿党也常常遵循共识原则（Konsensprinzip）：根据该原则，不是少数服从多数，而只有一致决定才能通过提案。但绿党也象征性地庆祝他们与波恩的政治活动保持距离。联邦议院中的绿党议员违反了议会活动的规则，比如不穿西装、不打领带，而是身着工装裤或针织衫出现在议会，要求提供公务自行车而非公务汽车。再比如，1983 年 3 月赫尔穆特·科尔再次当选联邦总理后，绿党政治家玛丽路易斯·贝克（Marieluise Beck）并没有献上必不可少的花束——错愕不已的科尔收到了贝克送上的一截象征森林死亡的枯萎的冷杉树枝。

就内容而言，绿党提出了裁军与和平主义、环境保护、性别平等议题，起初有时也对重组经济提出了相当广泛的要求。但绿党与老牌政党的对抗在象征层面和唇枪舌剑上比在内容上更为强烈。虽然赫尔穆特·科尔继续推行由其前任启动的以中程导弹改进军备的政策（Nachrüstungspolitik），但在环保领域，他领导的政府做了大量工作。政府对酸雨导致森林死亡的现象反应迅速而全面。1986 年切尔诺贝利核事故后的危机管理实际上也证明了当时的政府有强大的学习能力。[181]

尽管如此，人们还是认为弗利克事件发生时外来的势力随着绿党闯入了波恩的政治活动。各种事件曝光后，这些外来的力量可以认为自己对政党的怀疑得到了证实。他们要求采取一种新的政治形式，由此明显比“思想—道德变革”的主角更可信。

二、揭露

腐败、游说政治（Lobbykratie）、“反对宪法的政变企图”[182]——这就是对弗利克丑闻的“诊断”。与发生大型事件时常见的情况一样，弗利克丑闻事关多个问题。关键是要认识到，各政党几十年来用工业界的捐款以非法方式自我资助，他们为此维持着一个伪装组织（Tarnorganisation）系统。此外，人们对院外游说者如何在熟悉和"恩宠"（Gefälligkeiten）的气氛中与高层政治家打交道也进行了详细观察。最终，各党派都试图掩盖各种事件，或通过法律的赦免条款使这些事件免受处罚，但公众的抗议使他们未能得逞。

很难简单地说弗利克事件具体始于何时，因为其"潜伏期"极长。在施密特政府执政的最后几个月，此事成为德国联邦政治层面的重要事件。最迟到 1981 年深秋，各政党的"管家"们就都知道北威州的检察官发现了政党融资的非法手段。为了亡羊补牢，避免遭受巨大损失，联邦议院中各党派的议会团体准备提出一项把这些做法事后合法化的修宪法案。这么做的目的是：避免包括多位联邦部长在内的起领导作用的同事面临刑事诉讼的威胁。这样的计划不怎么受欢迎。各议会党团的领导层不声不响地筹备这项计划，希望在联邦议院圣诞节假期休会前悄悄地使议会通过该法案。但并非所有议员都同意。尤其是据说自民党总干事君特·费尔豪伊根（Günter Verheugen）和社民党的彼得·格罗茨（Peter Glotz）与于尔根·施慕得在内部提出了反对意见。[183] 这件事传到了《明镜周刊》的编辑部。该杂志 12 月初公开了此事——这个计划由此胎死腹中。更具爆炸性的是：《明镜周刊》打听到了确切的指控。平安夜前三天，读者得知多名联邦部长涉嫌为弗利克集团争取税收优惠以换取党捐。行贿的恶言传得满世界都是。[184]

丑闻由此加速传开：1982 年 2 月末，几位高级政客收到官方的调查通知。1983 年底，波恩检察机关以行贿、受贿和逃税等罪名对前经济部部长、时任德意志银行行长汉斯·弗里德里克斯（Hans Friderichs）、时任经济部部长奥托·格拉夫·兰姆斯多夫（两人都是自民党成员），以及弗利克集团“首席说客”埃伯哈德·冯·布劳希奇（Eberhard von Brauchi-tsch）等正式提出指控。

但弗利克案并不是调查记者的劳动成果，而是检察官坚持不懈地调查加上政界疏忽大意使然。1970年代中期以来，这一事件一直在秘密发酵。最早引发此事的是1975年的一项刑事诉讼——那时，后来导致严重后果的为弗利克集团开具的免税许可还没摊上官司。当时有个叫克劳斯·穆伦巴赫（Klaus Müllenbach）的人举报一名投资顾问有欺诈行为。穆伦巴赫是基民盟的秘密筹款人。波恩附近圣奥古斯丁（Sankt Augustin）的税务调查部门通过穆伦巴赫的举报注意到了他。在一次入室搜查中，税务调查部门扣留了一个引人注意的文件夹。文件夹里有关于德国公司向基民盟非法捐款的文件，这些捐款是通过一家在列支敦士登的皮包公司“欧洲企业咨询机构”结算的。此案最初并未公开——原因之一是北威州政府破坏了调查，但案件在所有政党的财务主管中掀起了轩然大波。[185]

尽管面临种种压力，有关部门仍然穷追不舍。1980年秋，联邦议院选举前不久，基民盟领导层犯了一个严重错误。由于此前的调查都是针对联盟党的，因此人们想方设法把其他政党也牵扯进来。当然，联盟党的政治家们非常清楚各党派的做法大同小异。他们认为如果只把联盟党当作害群之马是不公平的。因此，向调查人员和公众提供相应的信息看起来是政治智慧的应有之义。

选举之前几天，一位消息灵通人士表示愿意提供相关信息。住在波恩附近的奥伊斯基兴（Euskirchen）、不久前被解除了自民党北威州联合会秘书职务的约翰娜·格尔特鲁德·雷胥（Johanna Gertrud Rech）对此事所知甚多，并且她正为金钱发愁。雷胥不仅丢了饭碗、负债累累，而且本人也由于逃税被检察官盯上。受到金钱的诱惑，雷胥 1980 年秋把自己所知道的情况向检察机关和媒体和盘托出。

有关部门从雷胥那里获得了很多关于各政党“伪装组织”制度的信息，这些组织通过外国账户把工业界的资金偷偷转入政党的金库中。雷胥交代了如何密谋会面以交接现金，她本人偶尔也会“雁过拔毛”。特别是雷胥与奥托·格拉夫·兰姆斯多夫的亲密关系使人们对她很感兴趣，因为兰姆斯多夫是位成功的筹款人。特别令公众感兴趣的是另一个故事。根据雷胥的说法，军火企业已经向自民党的政治家付款，以促成与沙特阿拉伯的武器交易。这位曾经的秘书称，主要是农业部部长约瑟夫·埃尔特（Josef Ertl）拿了经济上的好处。首先曝光这一事件的是保守的《世界报》，但《明镜周刊》迅速跟进，刊登了一系列文章，这些文章已经谈到了党捐活动中的结构性违法行为。[186] 然而一直到 1981 年春天，媒体主要讨论的是好些自民党政治家并不怎么在乎这笔钱。因此联盟党的想法短期内奏效了。这段历史也解释了自民党何以在 1981—1982 年冬天如临大敌。

检察机关悄无声息地进行调查，与此同时，真正的弗利克事件正在酝酿之中；对于基民盟来说，这件事的爆炸性与此前已知的任何事件都不可同日而语。检察机关努力拨开伪装组织的重重迷雾，发现层压式推销体系[32]。这起初也影响到了社民党。社民党旗下的前进出版社（Vorwärts-Verlag）通过为子虚乌有的服务开具发票为政治献金洗钱。1981 年夏天

[32] 也称金字塔式骗局或老鼠会，是一种类似直销、无法持久永续经营的商业销售运作模式，在大多数国家及社会的法律及案件中被视为非法商业行为。

有关部门为此进行了搜查。

同样在圣奥古斯丁税务稽查部门的主持下，对施泰勒地区传教组织圣言会[33]的调查成果更加丰硕。圣言会类似于总部位于杜塞尔多夫的弗利克集团的内部洗钱机构，但也公然向小公司或自雇人员（Selbstständige）提供类似服务。弗利克集团每年向圣言会捐款约100万德国马克。因为“圣言会”是非营利组织，所以弗利克集团能从税款中扣除这些捐款。但在扣除约20%的佣金后，该集团以现金形式从圣言会回收资金。然后这笔资金流入一个“黑色账户”，这个账户的用途包括向政治家捐款。令调查人员欣喜的是：会计鲁道夫·迪尔（Rudolf Diehl）一五一十地记录了这个账户的收支情况。迪尔的现金出纳账本1981年11月被没收，弗利克案的进展由此加快。

三、弗利克的关系网

公众讨论和后来成立的调查委员会关注的焦点主要不是政党非法融资活动的细节，而是弗利克集团是否通过行贿使政府作出了对自己有利的决定。事件的起因是1975年的一桩金融交易。当时，公司所有人弗里德里希·卡尔·弗利克（Friedrich Karl Flick）向德意志银行出售了价值近20亿马克的奔驰公司大宗股票。这笔款项通常情况下要缴纳所得税，税款总额近10亿马克。弗利克不想交这笔税款。《所得税法》（Einkommenssteuergesetz）第6b条提供了一种解决办法：通过申请，如果把收入以某种从国民经济角度出发值得支持的方式进行再投资，则联邦经济部部长可以宣布免除纳税义务。

---

[33] 1875年由神父爱诺德·杨生（Arnold Janssen）在施泰勒地区创立的国际性天主教传教修会。

出售股票是个小小的政治事件，因为弗利克最初本想把股票卖给阿拉伯投资者。德意志银行提出立约是波恩所希望的结果。这是旧的联邦共和国中政界与商界互动的一个典型例子——通常被称为莱茵资本主义（der rheinische Kapitalismus）。弗利克可能也认为自己迎合了联邦政府的意思，所以免税申请估计不会遇到麻烦。

但弗利克在作出这种估计之前没有进一步了解波恩的政治局势。尽管经济部部长汉斯·弗里德里克斯和弗利克集团的总经理私交甚好，但获得部长的许可没有那么简单。毕竟执政的是社民党和自民党，内阁成员尤其部分社民党成员对大公司持批判态度。所有参与者都清楚，这种情况下实施税收优惠纯粹是为了弗利克集团的利益。法律意义上对德国国民经济的益处与此无关。

1976 年至 1981 年间，弗利克集团最重要的经理埃伯哈德·冯·布劳希奇在波恩的无数动议中致力于这一主题，并试图抵抗政治和行政上的阻力，获得部长的许可。来自社民党的财政部国务秘书罗尔夫·伯姆（Rolf Böhme）和社民党议员迪特尔·斯波里（Dieter Spöri）都反对这项计划。几乎财政部和经济部的所有专业官员也认为批准弗利克集团的申请是违法的。[187]

这种反对意见与经济部高层表达出的对弗利克集团的善意针锋相对。弗里德里克斯 1977 年接管德累斯顿银行时，奥托·格拉夫·兰姆斯多夫继任经济部部长并在弗利克事件中完全延续了前任的政策。从一开始，弗里德里克斯就建议他的朋友冯·布劳希奇处理这件事时多留个心眼。为了掩饰免税申请与股票交易的关系，要向经济部部长提出多项申请。对这些申请又要分门别类，以便部长可以大张旗鼓地拒绝个别申请。事情就这样发生了。布劳希奇 1976 年、1978 年和

1981 年共提交了三批用于掩人耳目的所谓“护航舰队”申请，每支护航舰队由 2～4 项单独的申请组成。按照约定，个别申请被拒绝，弗利克集团假装大方地放弃了上诉。但该公司总体上已经实现了从一开始就宣布的免税目标。作为“策应”，冯·布劳希奇在波恩参与了无数次会谈，并慷慨解囊，向政党政治家捐款。这些关联导致检察机关最终以贿赂罪向波恩地方法院提起诉讼。

“记录在案”显然是弗利克集团的一条金科玉律。不仅会计迪尔记录下了自己的黑金交易，冯·布劳希奇也在“每日副本”中详细记录了在波恩的活动。之所以如此，可能是因为弗里德里希·卡尔·弗利克不信任布劳希奇，所以不断追问，布劳希奇必须向弗利克汇报情况。作为公司所有人的弗利克无法理解此事竟然如此棘手，就黑钱而言代价如此惨重。拜弗利克公司经理们热衷记录之赐，检察官、记者和政治家们得以深入了解冯·布劳希奇这位顶级院外集团人士孜孜不倦进行的游说活动。[188]

从冯·布劳希奇的记录一方面可以看出，经济部部长的批文只是通过程序技巧获得通过的。比如 1978 年，兰姆斯多夫和同样持赞成意见的财政部部长汉斯·马特霍夫（Hans Matthöfer）（社民党）利用国务秘书罗尔夫·伯姆暑期休假的机会，神不知鬼不觉地拿到了必要的签字。

布劳希奇的每日副本不是客观的记录，而是努力使游说者的角色尽可能显得重要，从而尽可能表现出政治家的唯命是从。如果去掉财务报告的这种色彩，剩下的就是数量充足的记录商界和政界之间密切关系的信息。冯·布劳希奇定期就组建其护航舰队举行会谈——不仅与负责的各部长谈，而且也和专业部门的官员以及联邦议院的议员谈。由于财政部的一些官员特别“冥顽不化”、铁面无私，因此他向财政部部长马特霍夫提出反对其专业人员的论据，并请汉斯－迪特里希·根舍尔对一个下级部门负责人施加影响，这个人是自民党成员。布劳希奇喜欢把他的谈话伙伴请到顶级餐厅。据说他常常在这些场合把装有捐款的信封交给政治家。这些钱里有来自迪尔金库的黑钱。

冯·布劳希奇与自民党和基民盟的关系最好，尤其是和1971年至1992年在任的基民盟联邦财政部部长瓦尔特·莱斯勒·基普（Walther Leisler Kiep）过从甚密。在获得部长批文上，联盟党没有发挥作用，因为它是反对党，自民党看似更为重要。比如自民党政治家中的后起之秀于尔根·莫勒曼（Jürgen W. Möllemann）1978年与弗利克集团签订了金额达6万马克的顾问合同。在社民党中，弗利克集团聘请君特·马克舍费尔（Günter Markscheffel）担任顾问，此人曾任联邦总统古斯塔夫·海涅曼（Gustav Heinemann）的顾问，他与财政上捉襟见肘的政党高层关系极好。冯·布劳希奇与赫尔穆特·施密特的亲信汉斯－于尔根·维什涅夫斯基（Hans-Jürgen Wischnewski）也相知有素。1980年，他请维什涅夫斯基再次对汉斯·马特霍夫施加影响。不久之后，亲社民党的弗里德里希·艾伯特基金会从弗利克集团收到了一笔50万马克的捐款。[189]

虽说埃伯哈德·冯·布劳希奇已经形成了一种个性化的风格，但弗利克集团的院外主义和非法为政党融资的传统源远流长。弗里德里希·卡尔的父亲、公司创始人弗里德里希·弗利克的成功就是建立在与国家决策者千丝万缕的联系之上。在第三帝国，他属于所谓“海因里希·希姆莱（Heinrich Himmler）的朋友圈”。这个圈子由试图影响纳粹政权经济政策的企业家组成。圈子里的成员定期会面，并慷慨捐助希姆莱、党卫军和整个纳粹党。作为大型钢铁和军工企业的股东，弗利克受益于扩军备战和战争。他在政界的良好关系使他在很大程度上从大规模驱逐犹太商人、剥夺犹太商人财产中获利。“二战”期间，弗利克集团的各个公司是剥削“强制劳动”（Zwangsarbeit）的大企业——战俘和集中营的囚犯被迫为这些公司工作。[190]

战后，弗里德里希·弗利克采用了早期的做法。早在1950年代，他就以“系统和常规的做法”[191] 支持所有波恩的政党。尽管弗利克在纽伦堡审判中被判了刑，但1950年代初他就东山再起。作为联邦共和国首富，他在联邦德国经济发展中发挥了核心作用。起初，他与自民党保持密切联系，该党成员托马斯·德勒（Thomas Dehler）任司法部部长时曾设法使弗利克提前获释。后来，弗利克与联盟党的关系格外密切，但并非只与联盟党往来。在任何情况下，为各政党提供资金都是重中之重。弗利克集团总经理沃尔夫冈·波勒（Wolfgang Pohle）1960年代发挥了关键作用，甚至可能比冯·布劳希奇后来发挥的作用还大。原因在于波勒不仅是说客，而且还积极参与政党政治。他曾担任基社盟财务主管多年，参与了为各政党非法融资的伎俩。他的主要目标是安排企业向政党捐赠，一方面使捐款纳入免税额度，另一方面使捐款不为人知——虽然法律规定必须公布捐款情况。比如波勒使用“德国科尔平家族注册协会”（Deutsche Kolpingfamilie e. V.）作为这些资金的中转站。历史学家诺伯特·弗莱（Norbert Frei）和与自己合作写书的作者一起，把波勒称作政党融资领域的“德国工业票据的交换所”。[192] 这段历史的有些细节在1980年代还不为人知——不过该组织在纳粹时代的历史已经被提上了议事日程。

四、回顾：联邦共和国的政党融资史

政党的资金来源在民主国家一直是个棘手的问题。除了会员费外只有两种途径可以融资：捐款和国家的资金——两者都经常引起批评。如果各党派用税款养活自己，它们就面临"自助服务"的指控，而且被怀疑想要奴役国家。不论议会增加议员的薪酬还是把国家的资源分配给各政党，肯定都免不了遭到批评。如果各党派依赖捐款，就会有人怀疑政党被收买，财大气粗者将统治一切——因为大笔资金通常来自商界。政治家们应对融资这个所有民主国家的结构性问题的方法各不相同。在英国，1900 年前后出现了授予贵族头衔和上院席位以换取对执政党财政捐助的做法，不过这只是个看似优雅的解决方案，经常因为二者之间的关联被丑闻化而引发各种事件。[193]

财政困境也影响了联邦德国的政党史。在最初几年中，各党派完全放弃了国家的资助。这对社民党来说问题比较小，因为它有许多定期缴费的成员。资产阶级政党之所以放弃国家资助是因为他们想以这种方式保持自己的独立性。特别是在联盟党中最初还存在"达官贵人党"（Honoratiorenpartei）的理想——这种党派由从事其他职业、业余时间投身政治的人领导。放弃国家资助还有一个好处：不必提交年度财务报告；党的领导层可以在很大程度上秘密管理他们的财务。[194]

但这种浪漫的政治画面 1949 年就开始脱离现实了。所有政党都需要一个拥有精兵强将的机构来处理日常事务，而竞选活动从一开始就几乎是毁灭性的。在这种背景下，联邦共和国初期的政党发展出了一种"金融影子经济"，以基民盟和阿登纳个人为领导的资产阶级政党尤其如此。

阿登纳和他的亲信、科隆银行家罗伯特·普费尔德门格斯一起设计了一个秘密的政党融资系统，该系统一直到1960年代末都运作良好，完全符合阿登纳总理的政治利益。在这一过程中，阿登纳和他的战友们利用了许多企业家对联邦议院中社民党占多数席位的恐惧心理。社民党1959年在《哥德斯堡纲领》（Godesberger Programm）中宣布奉行市场经济之前，如果政权发生更迭，这些企业家就可能面临国有化和社会主义的“威胁”。这种融资体系是为联邦德国工业界的利益量身定制的：它不显山不露水，用于对抗社民党并获得税收优惠。这之所以成为话题是因为对政党的直接捐款的免税额度非常有限。

在各联邦州和联邦层面出现了看似非营利性的“伪装组织”，它们接受商界的捐款，通常也由商界的代表领导。企业或企业协会是这些组织的会员并缴纳会费。然后这些组织按照固定的方案把资金分配给资产阶级政党。联盟党从中获得的份额最大，自民党和德意志党（DP）等一些小党派或“流离失所者和被剥夺权利者联盟”（BHE）也获得了资金。这些组织主要帮助筹集竞选资金，因为阻止社民党执政是他们的主要动机。

这些协会中最著名的是经过注册的“国民联合会”（Staatsbürgerliche Vereinigung e. V.）——这个组织在弗利克事件中也发挥了作用。直到1990年，该联合会才由于1980年代各种事件被揭露而解散。国民联合会1954年在科隆—马林堡（Köln-Marienburg）普德蒙斯家中成立。应邀出席的有工商界的代表；总理亲自要求到场人士为应对社会主义的“威胁”慷慨解囊。除了各州类似的组织外，种种所谓职业协会也应运而生，这些协会同样享受税收优惠并把收入支付给各党派。随后几年中，国民联合会受到高级别的院外集团游说者控制，其中包括德国工业联合会（Bundesverband der Deutschen Industrie）和德国雇主协会联合会（Bundesvereinigung der Deutschen Arbeitgeberverbände）的负责人。

阿登纳不仅利用资产阶级捐赠制度资助现代竞选活动，这种制度更使他得以向其他各党派施加压力。比如每当自民党威胁要脱离执政联盟时，该党收到的“国民联合会”或类似组织的资助就会减少。有时，捐款人的威胁几乎藏也藏不住，导致自民党在特定行政区域的选举中不派自己的候选人与联盟党竞争。最主要的是，资金流的枯竭有助于除了联盟党外没有其他资产阶级政党能够崛起——德意志党和“流离失所者和被剥夺权利者联盟”很快就销声匿迹了。即便在基民盟内部，阿登纳也能对不守规矩的本党在各州的组织采取相应措施，使其“改邪归正”。[195] 直到社民党在波恩上台时，国民联合会才偶尔也向社民党捐款。1970 年代，资金通常通过设在列支敦士登、表面上看属于社会或经济研究机构的账户运作。虽说社民党从捐款中获益较少，但该党和非法的政党融资制度也脱不了干系。其中包括诸如“民主统一促进会”（Verein zur Förderung der Demokratie und der Wiedervereinigung）之类组织。亲社民党的弗里德里希·艾伯特基金会似乎在 1970 年代已经把 2200 万马克转入一个瑞士账户，这些资金可能从那里流向社民党。所有较大的政党也都从对隶属于各政党的公司的虚假评估中受益。此外，虚假订阅诸如社民党机关报《前进报》或《经济图景报》（*Wirtschaftsbild*）等党报也是政党融资的手段——主要目的是为联盟党创收。[196]

与政党融资有关的法律总体环境（Rechtslage）变化缓慢。第一个里程碑是联邦宪法法院 1958 年的一项裁定。位于卡尔斯鲁厄的宪法法院法官宣布，对政党的捐款不能无限制地抵扣税款。因此，通过筹款协会进行的资金交易是非法的，涉事各方都犯了偷税罪。不过这项裁定最初几乎没有产生实际后果。这也因为国家监管不够细致，筹款协会显然不受税务局管控——通常由各州政府或税务局负责人作出指示。具体来说，1968 年，作为美因茨地区基民盟议会党团主席的赫尔穆特·科尔成功地推迟了对莱茵河畔小城林茨（Linz）一家协会的审计。结果，该协会很快被清算，其资产转移到了国外。各政党的非法财务活动也由此被政府机关掩盖了。[197]

这一切都说明了为什么某些政治家在弗利克事件期间无法理解公众的愤怒或认为大赦是正确的：几十年来所有知情人士都知道的是，有些事可以说属于“游戏的一部分”，不能将其冷不丁一棍子打死。那些对此一无所知者对于这种沉默垄断[34]更感到震惊。

联邦宪法法院就捐款抵税问题作出裁定后不久，联邦议院 1959 年引入了国家对政党的资助制度。其结果是所有党派至少要提供国家资助款项的公开证据。与此同时，联盟党对企业捐赠的依赖下降了。但实际上基民盟领导层直到 1967 年才不得不向党的委员会提交一份接近完整的预算草案。[198]

1967 年，法律总体环境再次发生了决定性变化。联邦议院首次通过了一部《政党法》（Parteiengesetz）。根据该法第 25 段的规定，各政党 1968 年起必须在年度工作总结中披露每一笔 2 万马克以上的捐款。各党的中央组织执行这一规定时犹犹豫豫，能拖就拖。继续秘密筹款的做法此时成了另一种违反《政党法》的行为。

受到弗利克事件的影响，1980 年代对政党融资活动的监

[34] 指有意压制信息、达成协议或类似行为，其中参与各方不披露对其他受影响方的某些重要信息，或始终不回应对自己不利的话题，即保持沉默。

管进一步收紧。因此 1983 年引入了关于非法捐赠的新的第 23a 条——例如政治基金会从此以后不得再向政党捐款。此外，对政党的财务报告也作了更详细的规定，并明确了捐款额度的上限：从此以后，每年而不是每一笔捐款总额不得超过 2 万马克。[199]

五、事件迭出

从 1981 年底开始，波恩检察机关开始着手处理捐款事件。以违反《政党法》为由提起的诉讼不下 1800 起，其中 1000 多起因情节轻微又被中止。波恩检察机关把大约 500 个案件移交给其他检察机关，其结果通常也是中止起诉。在几乎 60 起案件中，检察机关下令搜查政党、协会、公司、政治家和管理人员的房屋。最重要的诉讼是 1983 年—1987 年间对汉斯·弗里德里克、奥托·格拉夫·兰姆斯多夫、埃伯哈德·冯·布劳希奇和一些二流政客的刑事审判。所有被告均被宣告没有犯贿赂罪或腐败罪。判决理由是无法证明存在具体的非法协议。不管怎么说，法官还是批判了通过向各党派捐款来营造“祥和”气氛的做法。法院还认为，有证据表明弗利克集团 1970 年代中期曾向维利·勃兰特、赫尔穆特·科尔、弗朗兹·约瑟夫·施特劳斯和瓦尔特·谢尔非法付款。冯·布劳希奇被判两年缓刑，奥托·格拉夫·兰姆斯多夫和汉斯·弗里德里克因逃税被处高额罚金。[200]

正如上文所述，1981 年冬天，病入膏肓的自民党和社民党执政联盟试图通过特赦法压住丑闻。他们的努力失败了，这加深了执政联盟内部的不信任。但继任的政府在这方面也没有起色。1984 年 5 月初，历史以某种方式重演：联盟党和自民党执政联盟的议会党团就一项至今保密的法律草案展开辩论，该法律草案又导致了一场大赦。联盟党和自民党议会团体的议员虽然最初同意，但新闻界的反应是灾难性的。更具决定性的是：联邦议院的议员们在他们的选区和信息站遭到了强烈反对。许多人随后在议会党团会议上报告说，面对党的领导层作出的此类决定，他们感觉孤立无援。各党在某些县城的协会甚至通过了反对计划中的法律的决议。在调查中，公民以更加漠不关心的态度作为对各党派的惩罚。自民党随后撤回了草案。[201] 所有扼杀或掩盖这一事件的企图都失败了。这主要是新闻报道导致的。但社民党和自民党的部分成员也要求澄清这些事件。

1983 年进入联邦议院的绿党对这一事件的发展更为重要。鉴于"老牌政党"看似已经陷入多次提及的"恩宠沼泽"(Sumpfs der Gefälligkeiten)，新兴的绿党无疑始终扮演着批评者和启蒙者的角色。在 1983 年和 1987 年的联邦议院选举动员中，绿党提到了弗利克事件。1983 年，绿党带着一种近乎乌托邦式的纲领参加竞选，"我们必须从根本上改变我们的生活，我们必须重新设计文明"，尤其是要考虑环境遭到破坏、世界范围内的剥削和东西方之间面临的战争。选举动员导言部分以一段对政治制度状态的描述结束，"它完全替代了一直以来的'政党垄断'(Parteienkartell)，后者把自己封闭在毫无想象力、不断升级的危机状态、纠缠和腐败之中。'投票过程将成为'罚单"。[202]

四年后的选举前，就在波恩地区法院作出判决之后几个月，绿党再次借弗利克事件做文章。绿党的选举纲领共七点，在第一点中该党证实："老牌政党对一些工业集团巨额资金的依赖显而易见。联邦议院议长和一名部长不得不被更换。"[203] 在《致选民的信》中，绿党打出了"不信任老牌精英"的牌——"政治绝不能任由政客摆弄""我们一直以来的预感是真实的：那些高高在上的人不值得信任”。虽然这条评论指的是处理切尔诺贝利反应堆事故的事，但也必须在弗利克事件的背景下加以理解。[204] 但是靠这个话题无法赢得联邦议院的选举——绿党在 1983 年和 1987 年分别获得了 5.6%和 8.3%的选票。

一旦进入联邦议院，绿党就利用他们在议会的权利澄清弗利克事件。进入议会几周之后，绿党就提交了成立一个调查委员会的申请。社民党稍后提出了自己的议案，联盟党迫于公众压力也对该议案投了赞成票。直到 1986 年初，调查委员会才试图澄清弗利克公司的游说者在波恩施加了哪些影响。最重要的是，在联邦议院中代表绿党、同时也是绿党议会党团发言人之一的律师奥托·希利（Otto Schily）利用了这个论坛。社民党议员迪特尔·斯波里也致力于此。由于调查委员会召开了公开的会议，并拥有询问证人和要求检察机构提供证据的权利，所以公布的有关冯·布劳希奇的细节令公众感到惊讶。甚至自以为身经百战的《明镜周刊》出版人鲁道夫·奥格施泰因在此之前也没有料到会发展到这种地步。[205]

新闻报道中充斥着有关证人面对调查委员会的叙述。几乎整个新旧政府的政治领导层和许多管理者都不得不回答一些令人尴尬的问题，而且往往丢人现眼。在此过程中出现了一幅“联邦德国的政治道德图景”。考虑到证人承受的压力，这幅“道德图景”可以说偶尔受到嘲讽。新闻界通常批评调查委员会的逻辑，委员会中除希利外谁也没有兴趣澄清此事。经常可以看到这样一种批评，它认为除绿党外，委员会中政治家的行为要么表现为缺乏不当行为意识（Unrechtsbewusstsein），要么表现为试图掩盖错误。[206]

因此，在弗利克事件中，几乎只有绿党扮演了反对党的角色。这也表现在对政府的猛烈攻击中，其中有一次特别有名。在 1984 年 10 月 18 日的一场就外交政策展开的辩论中，绿党议员于尔根·伦茨（Jürgen Reents）挑衅式地提到赫尔穆特·科尔用弗利克集团的资金为自己当选基民盟联邦主席铺平了道路。接着，联邦议院副议长理查德·施图克伦没让伦茨参加会议。没过多久，施图克伦和多名绿党议会党团成员唇枪舌剑，结果约施卡·菲舍尔（Joschka Fischer）也被逐出了大厅。在离开召开全体会议的大厅之前，菲舍尔喊道："议长先生请恕我直言：您是个混蛋。"一方面这种场景表明老牌政党对这些指责的反应何其敏感——赫尔穆特·科尔立即大喊大叫，打断了伦茨的评论，施图克伦将其称作"严厉的指控"。另一方面，这种场景也体现出绿党明摆着没怎么把波恩政治活动的规矩放在眼里。[207]

从 1984 年 10 月底和 11 月初《时代周报》的报道和评论中可以非常好地理解这些爆料对左翼自由派新闻界的影响。绿党在这方面受到的影响不大。大多数评论家仍然认为这个新成立的政党是一群乌合之众，最终无法进行建设性的政治活动。因此他们抱怨说，在所有政党中偏偏绿党从"反波恩效应"（Anti-Bonn-Effekt）和"老牌政党的失误"中获益。不过，在《时代周报》的记者看来，老牌政党坐上被告席是理所当然的。希利作为启蒙者的角色受到赞扬；他试图把调查委员会变成审判老牌政党的公共法庭，这种做法同样也受到褒奖。他的建议是：为了也能使"波恩体系"免受绿党破坏，必须彻查事情的前因后果。[208]

虽然"'混蛋'事件"相对而言影响不大，但对弗利克集团的揭露至少在两起次要丑闻中产生了严重的政治后果。首先，这影响了在 1972 年的不信任投票中失败的英雄莱纳·巴泽尔。上文已经提到，他的"星光"随后立即暗淡下来，赫尔穆特·科尔成功地当选基民盟主席。此时，通过弗利克事件的文件可知，巴泽尔在辞去党主席职务之后不久就和一家律师事务所签订了一份收入丰厚的顾问合同。弗利克集团在超过10年的时间里向这家律师事务所付款超过170万马克。[209] 科尔的一位金主冯·布劳希奇相信，自己以这种行动为时任莱法州州长的科尔铺平了通往基民盟主席宝座的道路；有望得到新的待遇优厚的职位使巴泽尔的辞职变得更加容易。这一信息就是于尔根·伦茨在联邦议院攻击赫尔穆特·科尔的背景。这样的攻击最初保护了巴泽尔，但联盟党的议会党团的团结并没有持续多久。恰恰是联盟党的议员认为巴泽尔不像他的一些同僚那样腐败，但这也无济于事。1984年10月末，巴泽尔不得不辞去德国联邦议院议长一职。在1987年举行的新的联邦议院选举中，他不再参选。

相反，另一件事则险些成了总理赫尔穆特·科尔的灭顶之灾。正如上文所述，科尔在联盟党深耕多年，他的名字在被没收的材料中多次出现。除联邦议院外，莱法州的议会也成立了一个调查委员会。1985年7月，该委员会向科尔询问了他在美因茨担任莱法州州长期间为争取党捐所作的努力。议员们主要问他是否知道“国民联合会”这个最重要的为政党捐款洗钱的组织。科尔总理表示否认——尽管他此前作过一份与此相反的书面声明。1986年1月，奥托·希利决定就这位州长未经宣誓的虚假证词提起刑事诉讼，引发了这场政治危机，检察机关首次针对一位在任的联邦总理展开了调查。

虽然负责此案的科布伦茨检察机关很快就中止了诉讼程序，但各界对此事进行了数周的深入讨论。基民盟总干事海纳·盖斯勒（Heiner Geißler）笨拙的表述也促成了这一状况。在一次电视讨论中，盖斯勒把科尔（显然错误的）说法称作“失误”，说那是总理脑子里忽然“一片空白”导致的。这下这位政府首脑的可信度成了讨论的话题。科尔的政治前途此时命悬一线，他本人后来的评价也与此类似。在联盟党中，人们担心这位朝不保夕的总理是否还能在下一届联邦议院的选举中一马当先。此外还有一些人指责盖斯勒这么说是故意拆党主席的台。[210]

1990年代，审计师霍斯特·韦劳赫（Horst Weyrauch）和当时的基民盟财政部门总代表乌沃·吕特耶（Uwe Lüthje）声称自己曾在这种情况下通过提供虚假陈述为科尔开脱。但由于第二次“基民盟捐款事件”发生，双方此时都关注自己的利益。因此，科尔在政治上经受住了“大脑一片空白事件”的考验，但从此落下了“丑闻总理”和“尴尬总理”的名声。[211]

六、道德、政党批评和“透明”

对弗利克事件的评估大同小异——最迟在该事件接近尾声、整个过程被记录在案时即是如此。没有人再否认各政党全都系统性地违反了法律以获得企业捐款。毫无疑问，德国商界和政界高层部分人士之间有着千丝万缕的联系。内部人士在1981年之前就知道这一点，但广大公众和大部分媒体显然经历了新的东西。与“施泰纳案”和“维南德案”不同的是，1980年代对这些事件的评价没有叠加其他政治考量——这也可能是因为书面证据白纸黑字明摆着。

如果按照时间顺序阅读政治报刊——尤其是《时代周报》和《明镜周刊》的专栏，就会清楚地发现绿党通过其在弗利克事件中扮演的角色提升了自己的形象。1983年绿党进入波恩的联邦议院后不久，大多数人对该党持怀疑态度。这个新生的政党看起来更像是对民主制度的威胁，至少在政治上没有那么可怕。绿党的声望日盛，主要由奥托·希利出面参与查清弗利克事件。这一事件结束时，绿党被视为系统中起决定性作用、帮助揭露老牌政党危害民主阴谋的“定海神针”。此时，绿党以“清理过程”（Reinigungsprozessen）幕后推手的形象出现。正是这个“反党之党”为波恩的民主注入了新的生命，重建其合法性。属于“另类左翼”（linksalternative）的《日报》（*Tageszeitung*）甚至宣称希利是议会制仍然行之有效的鲜活证据。[212] 保守的《法兰克福汇报》的看法虽然与此不完全一致，但对最重要的指控也没有异议。该报证实各大政党，尤其联盟党的声誉受到了巨大破坏。《法兰克福汇报》1984 年还因为绿党对自己的指控而骂绿党是“法利赛人”[35]，两年后这种上纲上线的说法不复存在了。[213]

让我们听听波恩政界可能是对弗利克事件最具影响力的检察官奥托·希利对此怎么说。1986 年，他在一本书中总结了自己的工作成果，其中许多评价得到了广泛认可。希利强调了三点：首先，系统性违法、精英的双重标准和民主程序的杠杆作用。他一再强调这样一个事实，即各政党多年来一直违反有关政党资助的法律。与有组织犯罪类似，“阴谋资金”（konspiratives Geld）和与企业界的“犯罪合作”（kriminelle Kooperation）为各政党提供了资助。[214] 其次，希利批评了政界和商界领导层的双重标准，称他们在道德上把自己抬高到普通民众之上，但实际上作奸犯科，道德败坏：“受人尊敬的社会不怕‘政治卖淫’（politische Prostitution）。”[215] 最后，希利批评各政党无视民主的基本规则。通过贿赂和同流合污，公司和银行对政治产生的影响不受控制。有些政客只是“资

---

[35] 耶稣时代流行的一个犹太人的宗派分支。《新约·路加福音》中，耶稣专门针对人群中那些骄傲、自以为道德伦理水平高的人讲了一个“法利赛人与税吏”的寓言故事，文中《法兰克福汇报》借用这一典故暗指绿党自视清高而蔑视他人。

本利益的走卒”。[216] 正因为约定和资金交付是秘密进行的，所以存在“对民主意志形成过程的强力干预”“议会民主制机构面临被破坏的危险”。[217]

与1940年代和1950年代一样，纳粹的历史成为腐败辩论中的出发点，但这次的功能完全不同。几乎没有持批评态度的评论家不提及弗利克集团在第三帝国的历史。这段历史以两种方式增加了丑闻化的可能性。对“强制劳工”（Zwangsarbeiter）的剥削和与纳粹政权的亲近似乎证明弗利克从一开始就遵循不道德政治的传统——这一传统既解释了当代人的行为，又使当代人的行为失去了合法性。奥托·希利认为，各政党都直接从“数百万血迹斑斑的弗利克集团强制劳工”中受益。除了以弗利克集团的历史对其污名化（Kontamination）之外，还有一个更具体的论点，那就是延续性问题。弗利克案再次证明了1970年代起许多大都比较年轻的德意志联邦共和国批判者所批判的问题：1945年之后纳粹的精英没有被剥夺权力，并且没有对这种延续性进行处理或反思。[218] 但是正如德国共产党所作出的描述那样，在这个过程中，只有个别人声称弗利克集团证明了自魏玛共和国以来一直到今天“垄断资本对获取利润和权力的根本兴趣”持续主导着国家。[219]

左翼自由派的批评提供了一个更复杂的论点。弗利克集团向人们展示了缺乏对纳粹时代历史的重新评估如何导致具体的“政治失灵”。1985年两位电台记者撰写的一本关于弗利克事件的书中有一段话把这一事件与“世代辩论”（Generationendebatte）进行类比，颇具启发意义。作者对老牌政党进行观察后认为：“它们的借口……与父母那一代的论点作用相似……父母那一代认为德国法西斯主义及其一切后果虽然不幸，但既不可避免也无法靠他们自己的力量克服，并且指责年轻人战后才出生是一种‘无辜的幸运’（unverschuldetes

Glück）。”作者把这种情况与在他们看来失败的赫尔穆特·科尔的历史政策联系起来。此外，作者还揭示了从某个角度看联邦共和国政党内部机制的运作方式与第三帝国类似——在联邦共和国和第三帝国，“执行者和参与执行者之间的界限”都已经模糊。[220] 这表明，重新评价纳粹的历史通常会使民众更愿意见义勇为和奋起反抗，具体到各个政党内部则会降低参与非法融资的意愿。由此，弗利克集团从两个角度看是纳粹政权的产物。在 1980 年代有关历史政策辩论的背景下，这意味着一种明确的、反对一切要求不带成见地对待第三帝国的立场。

另一个特点是弗利克事件期间对腐败的批评中重新出现了对资本主义稍加批判的评论。不过这种批判与两次世界大战之间的时期比起来相当克制。几乎没有人认为资本主义必然破坏民主。当然，人们认为资本主义会败坏道德。

就连毫无反资本主义嫌疑的《法兰克福汇报》也指责弗利克集团管理层的表现极其笨拙，就像“卡巴莱表演者为资本家画漫画”“似乎想把左翼社民党青年团的国家垄断资本主义论点画出来”。[221] 因此，《法兰克福汇报》并没有谴责捐款事件本身，但谴责了支付的环境。

汉斯·维尔纳·基尔茨（Hans Werner Kilz）和约阿希姆·普鲁斯（Joachim Preuss）是《明镜周刊》负责调查弗利克事件的两位主要记者，他们在出版的书籍中作出了更大胆的评论。在他们看来，政治家和实业家故意共同做了违背公共利益的事。基尔茨和普鲁斯表示，大多数政客没有良心，而正派的议员无能为力。与希利一样，他们怀疑冯·布劳希奇不仅获得了免税，而且以其捐款促成了 1982 年的政府更替。[222]《日报》的立场与此类似：该报认为弗利克事件证明联盟党的政策始终服务于商界利益。有人嘲讽地说，这根本不可能是腐败，因为只有那些代表其他利益的人才必须被腐蚀。但基民盟和弗利克集团之间从来不是这种情况。[223] 奥托·希利则相反，他强调自己的评估：不公正的协议大多是由政治家而非实业家制定的。[224]

有关“波恩院外统治”（Bonner Lobbykratie）[225] 或信封党（Kuvertokraten）[226] 的段子广为流传。电台记者莱纳·布哈特（Rainer Burchardt）和汉斯-于尔根·施朗珀（Hans-Jürgen Schlamp）在波恩的“沼泽烂泥”（sumpfiger Morast）问题上坚持对科尔的“精神和道德革新”极尽嘲讽之能事，并指控科尔实施独裁统治：在波恩，人们发现“一种具有东欧特色的‘职官名录制度’[36] 的民主资本主义变体”。[227] 后者几乎不是一种严肃的分析，而是针对许多记者感受到的科尔政府的自以为是进行论战式的谴责。这些观点从方方面面证实了新社会运动已经在1970年代对根深蒂固的政坛形成的印象。根据这种印象，各个党派形成了一个唯企业界马首是瞻的垄断联盟；这个垄断联盟与人们的实际需求，尤其是环境的需求背道而驰。对“统治者”实施双重道德标准的指责也屡见不鲜。因为从1960年代末期开始，类似的故事成为年轻的、持左翼替代观点者对其父母一代所谓虚伪价值观和生活方式进行批判的基础——从性道德到对待自己在第三帝国的角色，再到所谓纯物质的价值取向。换而言之，这些指控之所以引起如此强烈的反响是因为它们为已经存在的怀疑和批评进一步提供了佐证。

---

[36] 也译“干部职务名称表制度”“干部职务名单制”“职官名录制度”“罗名制”，是一种曾在苏联、部分东欧社会主义国家和目前的社会主义国家实行的干部及职官制度。这种制度最初用于在个别机关中分配领导职位，后来涵括了对领导干部的登记造册、考察、任免及职级待遇等规范。

事实上，弗利克事件并没有引发对市场经济的系统性批判。相反，资本主义经济体系很快就在全世界范围内被誉为一种反腐手段。对腐败的道德批评和所谓“风格批评”（stilistische Kritik）取代了对腐败的经济分析，保持主导地位。

作家和当代评论家汉斯·马格努斯·恩岑斯伯格为弗利克事件写了一篇题为《金库的崩溃》（Kassensturz）的长文。他从1980年代文化冲突特点的角度解读这一件事。作者首先从民族学家的立场出发，强调政治家的做法与“割取首级作为战利品的巴布亚新几内亚土人”（Kopfjäger von Papua-Neuguinea）或其他原始民族的做法类似。在这种解读中，腐败是未开化民族的一种特征——这种观点可以追溯到19世纪。[228]更重要的是恩岑斯伯格的“风格批评”。他把自己从新闻界了解到的关于冯·布劳希奇及其谈判伙伴的行为描述为保守和过时习惯的表现：所有这一切都让人想起“老式的德国书房、冰冷的雪茄烟雾和软包的房门。在这缭绕的烟雾中没有女人。唯一的幻想……是一种军事幻想”。恩岑斯伯格试图解决受“1968年学运”影响的自由派人士与他们老旧、保守，同时缺乏想象力和敌视女性的形象之间的环境冲突（lebensweltlichen Konflikt），目的是把弗利克现象解读为错误文化、错误习惯和错误观念的问题。这篇文章的核心也是基于道德的社会批判。作者自问，为什么政党的阴谋没有引发政治革命？答案是：因为大多数民众缺乏道德感。大多数德国公民对各党派的期望无非是不正当的交易，这也因为他们自己在日常生活中努力巧取豪夺和坑蒙拐骗。恩岑斯伯格失望地评价自己的同胞：“一种冷漠的、为看透一切而自豪的现实感取得了胜利。”文章认为，把政治视为一种肮脏的交易也是德国长期反民主传统，即政治不够成熟的结果——这与大约十年前对“施泰纳-维南德事件”的解读形成了鲜明的对比。恩岑斯伯格的判断集中体现在这样一种抱怨中：民众“从一开始就放弃哪怕只是想象存在一种和一团烂泥不同的‘道德物质状态’”。[229]

恩岑斯伯格强调道德或者更确切地说强调政治和民众缺乏道德标准是政治辩论变化的标志。此后几年间，这个主题对于解读政治事件越来越重要。这种对政治进行道德判断的转变无疑是有利于腐败问题辩论的一个因素。恩岑斯伯格的文章表明，新闻界人士和知识分子越来越要求在道德事务中充当意见领袖。有这样一个无意识的讽刺说法：那些最初畏畏缩缩，后来愈发明显的对政界人士的蔑视受到“政治是肮脏的交易”的所谓流行观念的影响也不小。还不止于此：支持“政治即不正当交易”想法的主要是那些主张要在道德基础上进行解释的人。比如《明镜周刊》中的文章也说明了这一点。1970 年代，关于丑闻的报道通常还都刻意保持客观，编辑们要么让事实说话，要么见缝插针地冷嘲热讽，表达他们的不满或批评。有关弗利克丑闻的文章则不同，这些文章更直接，并明确要求作出道德评判。现在，关于弗利克事件的报道有些地方看起来像从前的评论一样。从报告中随机摘录的两句话可以说明这一点：“当经济部部长以最有力的话语要求大家知足常乐，自己却为他的政党敛财数十万时，普通收入者会怎么想？”“赫尔穆特·科尔想要怎样的共和国——是要被收买的、不是由他而是由各政党的金主制定政策方针的共和国吗？”《明镜周刊》的记者们这样描述自己的任务：“发生如此严重的丑闻，这时重要的不是新闻界的权利，而是新闻界拉响警报的义务。如果不这么做，新闻界就会越过显而易见的公共道德底线，无法完成其在民主国家的任务。”[230]

在弗利克事件的背景下，出现了像本章开头恩岑斯伯格的引述中所说的那样，有时几乎不分青红皂白，而且充满怨恨的对政党的批评。要理解这一点，又要指出联邦共和国政治文化中的结构变化。从一份体现了左翼和“另类左翼”圈子观点的文件中可以看出这种结构的变化。1983 年，吉森大学（die Universität Gießen）出现了一本印刷的小册子，要求把“基层团体”（Basisgruppe）/绿党选入学生议会。这本厚约 35 页的小册子的标题是《选举弗利克，以便我们的政治家保持更加可测》（*Wählt Flick, damit unsere Politiker berechenbarer bleiben*）。弗里德里希·卡尔·弗利克、弗朗茨·约瑟夫·施特劳斯、奥托·格拉夫·兰姆斯多夫和保守的黑森州基民盟政治家阿尔弗雷德·德雷格（Alfred Dregger）等人引人注目的照片出现在小册子的封面上。除了封面上出现带着嘲讽意味的把票投给弗利克集团老总的要求之外，弗利克问题在小册子中根本没有再出现——取而代之的是关于学生政策、裁军政策和生态的话题。作者支持建立一个“实施基层民主”“人们更有尊严的社会”，希望“打破等级制权力结构”并唤醒“对一切大大小小的不公正现象的批判意识”。[231] 这份文件显示，弗利克事件至少在另一种场景中可以被视作一个证明政治精英堕落的更具讽刺意味的证据。或者说，正是因为这种漫不经心才体现出年轻一代中的一部分人与各政党之间隔着十万八千里。这种距离不是因为弗利克而产生的，但弗利克坐实了从 1970 年代开始流传的基本假设。[232] 越来越远离政党，至少就这部分人而言是对国家及其议员、对政治价值和老一辈行为方式以及对权威人士总体上持批评和不满态度的表达。

随着弗利克事件的发生，政治媒体中出现了一种值得注意的对政治家和政党进行普遍批判的现象。系统性的违法行为自然为此提供了具体的理由。《明镜周刊》记者汉斯·维尔纳·基尔茨和约阿希姆·普鲁斯在他们的书中一针见血地指出了这一点。鉴于这一事件，“人们必须越来越怀疑肮脏的易北河、酸雨和‘西 18 号跑道’[37] 与德国政界被收买有关”。[233] 这就定下了一个基调，即把所有政治弊端都和政党道德败坏联系在一起。

表达稍显克制的只有保守的媒体。1986 年调查委员会的工作结束时，《法兰克福汇报》认为联邦议院已经明确说明没有出现腐败，共和国恰恰“没有被收买”。但几乎没有人注意到这种报道，这主要是因为各党派继续相互推诿塞责。[234]

总体情况包括各政党及其代表声望下降的种种蛛丝马迹。这里只举一个很小但颇有代表性的细节：1989 年至 1991 年间，德国国家电视一台播放了一部名为《德国万岁》（*Hurra Deutschland*）、标题下有橡胶娃娃形象的政治讽刺系列剧。虽然在许多评论家看来该剧和它所效仿的英剧《吐出图像》（*Spitting Image*）相比更没有恶意（剧中德国政治家的形象更像是讨人喜欢的白痴而非罪犯），但即使在这种已经“嘴下留情”的口头嘲讽中，把波恩那些披着吸血鬼外衣的高级政治家称作“贪得无厌之人”（die Regierigen）也是理所当然的事。[235]

里夏德·冯·魏茨泽克再次以细腻的感知能力感受到了这种情绪。就像在有关历史政治的辩论中一样，他把自己推到了这场关于政党辩论的风口浪尖上。1992 年，在接受《时代周报》的一次长时间采访时，这位联邦总统抱怨各政党权欲熏心。他明确提到了政党融资问题，因此最终提到了弗利克。这位国家元首虽然强调政党是民主制度不可或缺的部分，

---

[37] 西 18 号跑道，法兰克福机场的一条 4000 米长的跑道，位于法兰克福机场的西部，从北向南延伸。该跑道 1984 年投入使用之前遭到了强烈抗议，理由是修建跑道破坏环境。“西 18 号跑道”由此成为 1970 年代和 1980 年代德国环保运动的重要标志之一。

可他并非只是唉声叹气，而是进行了差异化分析。但他明确表示对攫取权力的行为深恶痛绝。他还揭示，政党在权力斗争中忽视了政策的制定和问题的解决："在我看来，我们的政党国家……对赢得大选、掌握权力念念不忘，而在完成政治领导任务时却忘记了自己的权力。"[236]

这次采访引起了轰动，因为现在这位重新统一的共和国的最高元首授权进行了基于道德的政治分析。魏茨泽克并不是在1992年而是在弗利克事件早期阶段就已经提出了他对政党权力的担忧。早在1982年，他就在一次演讲中批评政党"把国家当作猎物"。[237]魏茨泽克由此跻身1980年代和1990年代政治辩论中深受欢迎的政治"横向思考者"（Querdenker）和"警告者"（Warner）之列，这些人还包括基民盟的海纳·盖斯勒和库尔特·比登科普夫（Kurt Biedenkopf）以及社民党的奥斯卡·拉方丹（Oskar Lafontaine）等。

在弗利克事件的背景下，一场关于"对政党的反感"的辩论也开始了。记者和政治学家认为政党从此陷入了一场严重的危机。很难确定民众与政党制度的疏远程度。不管怎么说，1980年代出现了一种后来还继续存在的趋势，即环境导致对特定组织的忠诚日益瓦解。除了各个政党之外，教会和工会受苦尤深。从1970年代起，天主教的信徒、联盟党的后备力量以及与社民党走得很近的工人群体的号召力都大大减弱。这体现在主要大党的得票率中：1976年还有91%的选民投票支持联盟党和社民党，1990年这一比例仅为77%。此外，德国民意调查机构EMNID的调查还显示，各党派明显失去了选民的信任。1983年还有50%的受访者仍然相信各个政党的执政能力——7年后这一比例仅为37%。[238]

对各党派信心的丧失首先是由于此前看不见的权力密室中出现了大量违法行为——尤其在融资方面。与此相反，《政党法》的基本原则要求公开数额较大的党捐，以限制捐款者的政治影响力。

弗利克集团的发现，尤其是冯·布劳希奇的“每日副本”和“迪尔清单”无情地制造了一种被称作“不透明之透明”[239]的东西，即公众意识到重要人物总是有所隐瞒。1980年代，人们显然付出过努力，试图准确了解他们到底做了什么。在联邦共和国的丑闻史上，图书市场首次出现了包含大量法庭诉讼文件、证人证言和对秘密文件的详细评估的出版物。[240]这些出版物非常详细，因此具有双重价值（Quellenwert）。从这些图书可以了解当时人们对弗利克丑闻的解读，也能深入观察冯·布劳希奇本人的活动。图书的读者可以而且应当尽可能使自己对事实和事件有清楚的认识，也就是说不应该仅仅根据主流媒体上的评论作出判断。这当然并不排除这些文件带有挖苦、嘲讽、批评性和道德化的评论，上文对此已经已有明确说明。

要了解人们何以对这些大部头的纪实作品兴致盎然，就又得回顾1970年代和新社会运动。新社会运动是每个公民都应该参与政治事件的想法的结果。该运动的自我认识建立的基础是：在政治上从政党、协会、专家和新闻界提供的解释中解放出来。简而言之：关键是要形成一种独立的判断。这尤其在环境问题上迫在眉睫，因为一开始上述机构中没有哪个对生态问题感兴趣并致力于生态问题——至少早期的公民动议是这样的。但信息不仅是形成自己意见的前提条件。它还有另外一个颇为实用的价值：谁要想成功地阻止破坏环境的重大项目，就需要提供专业论证，比如关于核辐射对人体的影响，反应堆类型的技术弱点，修建高速公路的生态后果等。简单地说：人们需要有科学依据的信息，以便能够在听证会和法庭上，在公开辩论中组织反抗。事实证明，从科学界、政府机构和商界获取信息是战略上必须的，但同时也非常困难。[241]

意识到了这一点，新社会运动开始组织各种各样由热衷于信息和教育的公民参加的活动。活动的目标是积累与“老牌”专家看法相左的反专家鉴定（Gegenexpertise）。为了互相支持，社会抗议活动的主要参与者出版了指导文献，其中包括会遇到的危险情境，以及关于自己的行动和政治对手立场的文件。[242] 最终，事态的发展有利于后来的诸如《信息自由法》（Informationsfreiheitsgesetz）之类的透明政策；该法案保证了 2006 年起所有公民均可阅读政府的文件——至少理论上如此。红绿联合政府在其任期的最后几周把这项法律提交给了联邦议院，这并非巧合。从作为公民动议运动的喉舌起家的绿党多年致力于这项规定。

就这样，为读者提供大量文档的文献类型有了赖以生长的土壤。然而有关弗利克的出版物宣称自己的目标并不是提供专业的反专家鉴定。这些出版物只服务于一种观点，即公民对老牌政党应该有自己的看法。对冯·布劳希奇的评价是：“联邦德国最有影响力的实业家之一就联邦共和国的实际运作方式提出了真知灼见。”他属于一个“不出现在《每日新闻》（*Tagesschau*）节目中，却对联邦共和国的生活产生深远影响的职业群体——院外游说者”。[243] 这背后的要求无非是使人能够看清真正的权力对比。

透明度一词并没有出现在这些出版物中，但却出现在有关政党融资问题的辩论中。弗利克事件开始时，《时代周报》就抱怨各政党的收入和支出缺乏透明度。[244] 记者和政治家都认为《政党法》包含一种“透明度戒律”（Transparenzgebot）。赫尔穆特·科尔（和汉斯·迪特里希·根舍尔）同样使用了这个概念。1984 年末，科尔有一次在电视节目中称各政党都

“违背了‘透明度戒律’”，但这并不能因此认为所有政界人士都在犯罪。[245] 与此同时，基民盟总干事海纳·盖斯勒发起了一项增加联邦议院议员收入透明度的动议，不过收效甚微。[246] 透明度这个概念慢慢地进入了政治语汇——报纸上一篇关于1986年法国选战和政党融资的报道写道：“透明度在法国不是美德。”[247]

即便这里已经指出了反腐与透明度之间的联系，但更常见的暂时还是这一概念的其他用法。在1986年3月13日联邦议院对调查委员会总结报告展开的辩论中，这个概念只出现了两次。奥托·希利宣称政党秘密筹资是个问题，因为“民主依靠透明度、依靠为每个公民进行政治决策过程的透明度和可控性（Überschaubarkeit）生存”。[248]

因此，透明度成了与政治的错综复杂和不透明性相反的模式：这不仅是决定政府可信度的一个重要因素，也是公民参与的实实在在的前提条件。在1985年11月作为联邦参议院议长的就职演说中，下萨克森州州长恩斯特·阿尔布莱希特（Ernst Albrecht）呼吁增加国家行动的透明度，以应对复杂性和混乱性问题。他呼吁“使政府的行动透明，以使所有公民能够真正参与政治进程”。[249]

此外，透明度主要用于医疗卫生领域。在弗利克调查委员会就总结报告进行辩论的当天，联邦议院也就医疗卫生系统的透明度，具体地说就《药品法》（Arzneimittelgesetz）草案展开了辩论。根据卫生部部长丽塔·苏斯穆特的说法，联邦政府有意成立一个制定“透明度清单”的“透明度委员会”（Transparenzkommission），以便能够作出考虑到成本的治疗决策。[250]

七、对道德化的辩护与批评

几十年来在腐败事件中适用的论据此时几乎没有受到任何关注。当伦茨在联邦议院介入对莱纳·巴泽尔顾问活动的调查后，基民盟议员鲁道夫·塞特斯（Rudolf Seiters）向绿党呼吁："贵党使用的方法前些年已经毁了一个民主国家即魏玛共和国"——几乎没有人还把这个针对过度批评腐败的危险提出的警告当回事。[251] 除了担心联邦德国的民主国家形象外，还有第二道防线，这道防线主要存在于联盟党和自民党，但在社民党中也有一部分。这道防线的捍卫者提到了与"维南德—施泰纳事件"类似的论点，并采取了冷静的态度。比如1981年底霍斯特·恩姆克（Horst Ehmke）在社民党议会党团针对试图首次实施大赦展开的辩论中宣称，每个政治家都知道政党是如何获得资金的。因此不应该过度兴奋。[252]

当新政府1984年5月上旬第二次试图实施特赦时，联盟党议会党团中也针对类似问题进行了辩论。赫尔穆特·科尔解释说，每个人都在真心实意地做事。党内处理财务问题的成员——即那些"干这种脏活"的人不应该为此受到惩罚。在调查委员会的公开会议上，科尔也作了类似的发言，声称自己与冯·布劳希奇会面只是履行了党主席的职责。弗朗茨·约瑟夫·施特劳斯在议会党团的会议上也持同样的论调，并警告不要"吹毛求疵"地追求"超道德的严格主义"（ultra-moralischen Supra Rigorismus）。几十年来包括税务局和检察机关在内的所有参与者对这种情况一直心知肚明，但他们视而不见。正在进行的诉讼是意识形态变化的结果。数年来，司法和行政管理部门的许多岗位上都有拒绝市场经济的人。[253] 所以这是一场出于意识形态目的的运动？联盟党的政治家经常出于政治目的提起刑事诉讼。[254] 这样的论点当然站不住脚；即便联盟党的拥趸和基层组织也不愿接受这种看法，这也是第二次特赦失败的原因。

然而，巴伐利亚州州长反对把腐败问题道德化的警告得到了一个来自不寻常方面的支持：1984 年 11 月《明镜周刊》的一篇文章中，社民党联邦总干事彼得·格罗茨也反对过度的"道德愤怒"（moralische Entrüstung）。格罗茨抱怨说："伦理个人主义"和"诉诸私人道德"取代了深入的经济分析。他同意必须削弱经济界的权力，只是这不能以追究个人刑事责任的方式来实现。相反，必须相应地改变经济政策的参数，例如通过更好地参与决策、防止形成垄断、采取阻止过度兼并过程（Konzentrationsprozesse）的措施等。有趣的是，格罗茨认为道德化的兴起与生态学的政治崛起密切相关。[255] 从这个意义上说，这些解释也可以理解为试图找到明显缩小了社民党选民圈子的绿党之所以成功的答案。

新闻界同样也有人偶尔对辩论过程提出批评——虽然这种声音不多。与政府关系密切的各种日报，比如施普林格出版社旗下的报刊在最初几个月批评公众在政治家只是受到指控但未被定罪的情况下就进行谴责。[256]《法兰克福汇报》虽然比较早就主张巴泽尔辞职，并且批评了特赦计划，[257] 但该报也刊登了怀疑弗利克捐款有政治后果或服务于政治目标的评论，并一再指出社民党以和联邦党类似的方式受益于弗利克集团的捐款。左翼工会对联盟党的批评浮于表面，是"政治文化的严重衰落"。[258]

与"公务车事件"一样，司法部门的鲁莽举动也引起了一些不安。无论如何，1983 年底，在"德国之声"（Deutschlandfunk）电台组织的一轮由法学家进行的讨论中各方一致认为，检察官引起轰动的新闻发布会无异于"事先审判"，而这是不允许的。同样的批评也针对各种日报提出。[259]

埃伯哈德·冯·布劳希奇提出的防御策略可能最出人意料——只不过是在诉讼结束多年以后才提出的。在其 1999 年的回忆录中，冯·布劳希奇以敲诈勒索和政治自卫的动机为自己辩解。他认为政界和工业界之间根本不存在相互信任的合作。事实上，各政党的政治家一再威胁经济界的代表，要以对经济界不利的法律使他们度日如年。同时，他们像收取保护费一样不断要求企业捐款。为了防止德国经济和国家财富受到破坏，经济界不得不付这笔钱。[260] 这位曾经的经理显然希望以这种明显荒谬的说法平息愈演愈烈的痛斥政治家的浪潮，并以牺牲各政党为代价美化院外集团游说者的形象——但他没有成功。

反腐斗争看似是使国家和经济更加高效、公平的灵丹妙药。

第二章
大转折：1990 年以来的全球反腐热

1990 年之后，德国有关腐败的辩论和此前完全不同了。对波恩共和国腐败案件冷静而谨慎的评论被满腔怒火和道德化所取代。几年后，柏林共和国的人们就达成共识，认为德国存在腐败问题。丑闻频发，反腐专家踏上了政治舞台。之所以如此，是因为德国内部的一些因素；但只有放眼全球才能真正理解这种转折。

彼时，历史上首次出现了全球范围内关于腐败的大讨论。这些讨论是由经济学界的理论思考引发的，由世界银行等有影响力的国际组织推动，但也得到了非政府组织的支持。在此过程中，腐败成就了惊人的“伟业”：腐败变身为一种政治上的“主流叙事”（Meistererzählung），颇为迅速地成为导致民主缺陷、社会不公和经济停滞的原因。反腐斗争看似是使国家和经济更加高效、公平的灵丹妙药。腐败为何以及在哪一种政治场域中如此“飞黄腾达”——这个问题令人着迷，也亟待解释清楚。美国在这一点上功莫大焉——在科学、新闻和政治层面上都是如此。因此本章也将较少述及德国。但在这个领域有一个重要机构的总部位于柏林：这就是反腐组织透明国际。

从这个反腐斗争中最重要的非政府组织的名称可以看出：反腐斗争处于许多不同概念的“交汇点”。充满光线的透明是对付阴暗的腐败王国的手段。为什么腐败一下子显得如此具有威胁性，人们出于什么原因、想以何种手段反腐，只有在考察这一时代的其他概念——所谓新公共管理（New Public Management）、良治（gute Regierungsführung）——的范例以及经济理论的一些基本原则之后才会真相大白。从此以后，这些新的概念共同使行政管理、政治和经济发生了巨大改变。1990年以来全球范围内关于腐败的讨论就是其中的一部分。

然而讨论腐败的兴起并不仅仅是新概念的产物，有一些特定的参与者和利益团体投入了反腐斗争，并把斗争带上了世界各地的政治舞台。下面将就此展开论述。在这一过程中出现了全新的组织。这些组织形成的联盟的迷人之处在于"兼容并包"：从全球化的新自由主义先驱到全球化的批评者，所有这些力量同时相互作用。几乎无法准确记录各个组织出现的先后顺序，因为短短几年之内发生了太多事情。因此，在时间上我们将反复"瞻前顾后"，以把握不同的线索。这是本章与此前各章的不同之处。

第一节　道德与效率：有关腐败与反腐的新观念

自1990年代以来，腐败和"反腐"愈发成为一种政治"强迫症"。有关腐败的辩论始于经济理论。但把反腐斗争仅仅视为新自由主义的后果那就过于简单了。尽管如此，经济学的解读模式还是发挥了非常重要的作用。这是因为经济思想被整合到了其他概念和程序形成的网络之中。这些概念和程序又在不同的政治领域产生影响。如果一丝不苟地阐明其中的相互关系，那么人们一方面会接触自由、开放和参与等概念，另一方面也会接触到控制和"监视幻想"（Überwachungsfantasien）等概念。

因此，在接下来的几页中我将尝试从概念和意义层面进行“考古”，这些概念和含义层面如同洋葱皮一般包裹着反腐的理念。与苹果、坚果和梨子不同，洋葱没有可以暴露的核心。人们只会不断地剥出新的洋葱皮。所以不存在“问题的核心”，而只有相互支撑的概念和假设。这些概念和假设支撑着各种不同的权力机制。

一方面我们要应对宏大的政治概念。其中包括自由贸易和市场导向，但也包括良治、新公共管理、合规和透明度。这些都是1990年代和21世纪最初几年政治和经济领域改革的核心概念。这一切都可以解释为道德戒律，也可以解释为用于提高效率的戒律，还可以从自由开放或监督控制的角度来理解。起决定性作用的或许是透明度。这也可以解释透明度何以在1990年代被宣布为“最佳反腐利器”。另一方面，有个核心动机是“责任”，在英语中习惯使用“问责制”（accountability）一词，这种动机与良治、透明度密切相关。

不存在泾渭分明的等级制度。透明度可以是良治的一个特征，但也可以以增加透明度和建立问责制为目的引入良治政府。问责制可能和决策过程的透明度一样是反腐利器。透明度、良治政府、责任、反腐斗争：这都可能是实现诸如增长等目的的手段。但它们本身也可以是目标——不需要其他理由。

最终，我们发现了一幅包罗万象的“情境图”（Wimmelbild），图中表现的概念始终不变，但地点和其他概念的关系不断变化。

一、反腐斗争与新自由主义

1990年代以来的反腐斗争建立在不同的传统之上。这里我从政治经济学讲起，原因有二：一是因为腐败这一概念最早出现在政治经济学中，并且持续受到关注；二是由于受经济学启发的关于国家的思想在 1990 年代和 21 世纪最初 10 年在政治实践中处于主导地位。人们相信，借助经济学思维国家会变得更好，或许甚至会变得更公平。这种看法也促成了反腐的推广。

经济学致力于研究腐败问题只会让人感到意外。这是由于旧的对阵布局一方是传统的腐败批评者，另一方是资本主义。正如上文所述，19 世纪和 20 世纪初期的大多数腐败批评者都谴责资本主义是腐败的真正原因，认为在资本主义制度中，一切（包括任何时候都不可以交易的东西，即公共职位和政治决策）都将成为商品。日常生活的经济化（Ökonomisierung）破坏了一切体面的规则，使官员、法官和政治家背离了他们初心和使命，而且经济活动的原则会破坏公共生活。在波恩共和国有关腐败的辩论中还能发现对上述这些传统指责的回应：社民党批评“企业家的百万巨资”（Unternehmermillionen）对政党的影响。

新自由主义时代的经济学家也视腐败为民主和繁荣的障碍。但他们反戈一击，认为不应减少，而是要更多地运用经济手段解决这个问题，经济激励措施应该使腐败消失。

战后几十年间政治的特点也适用于经济学：腐败几乎不会带来任何好处。倘若果真如此，则从经济学视角出发腐败未必是一种消极的杂音。战后的经济学努力对腐败进行非道德化的功能性观察。当时贿赂和受贿现象的影响至少是模棱两可的——在发展中国家尤其如此。[261] 因为位于南半球的发展中国家通常是腐败的高发地区。

经济学家通常在现代化理论的背景下阐释人们所期待的东亚和非洲的经济转型。美国经济学家瓦尔特·罗斯托

（Walt Rostow）希望能够通过人为刺激经济高速增长引发一种连锁反应。这种连锁反应使人们从前现代的不发达状态自动进入工业化和富裕状态，最终走向民主。[262] 这些考虑的结果常常是兴建巨大的但又是选择性的工业化项目，比如水坝和其他大型技术设施等。

这种开发机制的方案很少涉及腐败；如果确实涉及腐败，那就是一种过渡现象。腐败是前现代行为惯例（Handlungsroutine）——多亏人们期盼进步，这些惯例很快会被废除——的残余，这是瑞典经济学家、诺贝尔奖得主贡纳尔·默达尔（Gunter Myrdal）的观点。[263] 诸如小约瑟夫·内尔（Joseph S. Nye）等社会学家则提出：如果真有腐败的话，要非常理性地按照“成本效益原则”（Kosten-Nutzen-Prinzip）对其进行评价，并让外界的道德占上风。[264] 一些作者更咄咄逼人地辩解道：腐败也可能产生积极影响，比如有助于规避烦琐的官僚决策过程，从而消除释放市场力量和经济的发展障碍。[265] 1960 年代末，美国政治学家塞缪尔·亨廷顿（Samuel Huntington）还认为腐败是现代化来临的信号。亨廷顿描述了腐败的积极特征：腐败削弱了剧烈动荡社会中的暴力倾向。因此在他看来腐败能起到稳定的作用。[266] 持这种观点的并非只有亨廷顿一个人。许多社会学家赞同他的看法。1960 年代末，后来声名鹊起的美国社会学家詹姆斯·斯科特（James Scott）同样发表了一篇关于腐败的论文。他把腐败描述为一种新的社会阶层借以获得影响力的手段——尽管政治制度上还把这些新阶层排除在外。[267]

美国历史学家围绕 19 世纪末和 20 世纪初大城市所谓“政治机器”（politische Maschinen）展开的研究也朝着类似的方向发展。这些机器是“庇护系统”，地方政治家以此绑定稳定的选民群体——大都是欧洲移民，也就是那些很快就获得了选举权，但最初却被困在社会阶梯底端的人。在政治机器中，他们获得的报酬是金钱、微不足道的小职位和其他小恩小惠。20 世纪中叶，许多历史学家把这种“机器政治”（Maschinenpolitik）解读为促使移民融入社会和劳动力市场的引擎。[268] 总体上可以看出，“二战”后的最初几十年，包括社会学在内的许多科学领域都盛行这种试图积极评价腐败的解释。他们有意不让腐败这个词在道德上声名狼藉的意涵误导人们从一开始就把腐败定义为一个问题。但最迟从 1980 年代起，这些做法就已经过时了。[269]

从 1970 年代起，这种关于腐败的观点在经济学中越来越不被认可。原因之一是罗斯托提出的“现代化理论”失败了。此外，没有把腐败视为进步引擎的传统，前无古人可鉴，后无来者效仿。自 18 世纪以来，腐败一直被视为传统和前现代社会的特征，战胜腐败则被视为进步的标志。

尽管如此，战后几十年间，腐败是学界的一个边缘问题。这种情况直到 1990 年代才迎来持续改变。一系列有关腐败的理论和实证研究成果潮水般地通过经济学、政治学和发展政策的会议和期刊涌现出来。

把腐败视为现代化进程中有意义的调整措施的想法消失了。经济学家这时更愿意把腐败视为国家肆意干预经济的负面影响的一个证明，或者至少是个强有力的例子。此时，腐败代表着经济交往的阻碍。

在介绍两位重要的研究腐败问题的经济学家之前，首先简单谈谈新自由主义。1970 年代以来，有关新自由主义经济理论对政治和社会影响的争论令人难以捉摸。新自由主义思想究竟自何时起、以何种方式以及如何持续影响经济政策，对此众说纷纭。例如，科尔时代的联邦共和国尽管承诺实施新自由主义经济政策并且说得天花乱坠，但只有少数新自由主义计划得以实施。[270]

此外，这个概念之所以难以理解也是因为它在公共场合常常出于论战目的而带有弦外之音，作为战斗术语出现也不罕见。尽管如此，用它来概括 20 世纪末和 21 世纪初的一系列经济思想趋势是明智的——并非有意对他们的反对者或支持者使用这一概念。

新自由主义思想关注的是国家与市场之间的关系。英裔澳大利亚社会科学家巴瑞·辛德斯（Barry Hindess）认为新自由主义具有如下特点：新自由主义概念导致公共部门的资源私有化，或者至少使竞争和类似市场的机制在国家中发挥作用。要强化个体对自身的责任，而不是由国家进行救济。本着这种精神，德意志联邦共和国在 2000 年至 2002 年的养老金改革中以《里斯特养老金法案》（Riester-Rente）[1] 引入了一种私力救济（private Vorsorge）因素：不仅国家本身要负责与老年贫困作斗争，个人也都应该出资参与。[271]

辛德斯认为，新自由主义在国际层面代表着开放市场、消除贸易壁垒，尽可能实施全球一致的贸易规则。但它关注的始终是使政府行为符合市场机制的方式。与古典自由主义不同的是，新自由主义也对国家行为的核心领域感兴趣。新自由主义致力于为了市场重组国家和公共生活。这背后的观点是：竞争和各种力量的自由施展能最大限度地发挥效能。[272]

最迟自 1980 年代以来，以"进一步市场化、减少国家干预将使世界更高效、更公平"为信条的出版物不胜枚举。[273] 中心论点是：如果国家过度干预经济，例如进行补贴和调控，

[1] 2001 年 5 月德国通过的以时任德国劳动和社会事务部部长里斯特（Walter Riester）的名字命名的养老金改革法案。该法案 2002 开始实施，目的在于减轻德国因老龄化问题而导致的沉重的社会养老负担，鼓励个人为自己存一笔属于自己的养老金。

那么就会形成一种国家垄断。官员和国家机关工作人员会充分利用这种垄断牟利。在这种情况下也可以认为垄断者在“寻租”。美国经济学家安妮·克鲁格（Anne Krueger）早在1974年就提出了这一概念，并声称对利润的追求最终将支配一切生活领域。[274]

这些想法离走向腐败不远了。1990年代层出不穷的反腐文献（Antikorruptionsliteratur）靠的是少数几位过去几十年就发现这个主题的先驱。这里要提两个名字：美国学者罗伯特·克里特加德（Robert Klitgaard）和美国法学家苏珊·罗斯-阿克曼（Susan Rose-Ackerman）。早在1975年罗斯-阿克曼就发表了她的第一篇关于腐败的重要论文。3年后，她出版了第一部专著——在某种程度上，这是新的腐败研究的奠基之作。1988年罗伯特·克里特加德发表了一篇关于控制腐败的全面的调研报告，其中包括许多后期进行的辩论的内容。

阅读美国政治学家罗斯-阿克曼早期的研究报告，首先会注意到这些研究并不符合上述对新自由主义的定义。恰恰相反：她在文章中建议国家最好在特定情况下自己生产需要的商品，而不是在市场上购买商品。[275] 此外，罗斯-阿克曼还首要关注西方民主国家，尤其是美国，但她后来的注意力几乎完全集中在第三世界。

但罗斯-阿克曼的理论与新自由主义思想有一点不谋而合：她最具影响力的创新可能是从经济视角解读政治制度和政治腐败。罗斯-阿克曼认为，腐败是一种非法市场，政治决策在这个市场上会受到破坏。所有个人，尤其是受贿者或行贿者都受经过精打细算的自身利益的驱动。为了打击腐败，必须对这些机制条分缕析。她认为，解决问题的唯一方法是改变激励措施，使官员无法通过受贿获得好处。

但罗斯-阿克曼在其1978年的著作中绝没有把经济竞争

说得神乎其神。相反地，她在书中关注的还是保护民主免受腐败的市场力量的危害，而不是通过进一步市场化来拯救民主。在罗斯-阿克曼看来，当时为严格区分国家和经济而努力还是值得的。她强调，民主国家的经济刺激可能达到极限；如果没有理想主义，没有对诚信和民主基本原则的“自我义务”（Selbstverpflichtung），就无法战胜腐败。防止政府层面腐败的最佳手段是消息灵通、在对政府有怀疑时可以将其选下台的选民。这一建议清楚地表明，作者对民主国家的机构和公开辩论深信不疑，可能是受到几年前刚刚发生的“水门事件”[2] 结局的启发。然而，在一个方面经济仍然起决定性作用：作者把民主选举和取消选举的游戏视为一种准经济激励系统——一个力求成功的政治家不会被贿赂，因为他想在“选民市场”（Wählermarkt）上长盛不衰。[276]

尽管苏珊·罗斯-阿克曼偶尔被认为是新的“腐败经济学”的奠基人，但罗伯特·克里特加德晚发表 10 年的研究成果在许多方面更具特色。此时美国政治学家克里特加德已经在发展援助领域担任顾问，把他的经验融入了研究。1988 年，克里特加德提出了一系列至今仍对腐败讨论产生影响的基本原则。

其中主要包括“腐败是第三世界最紧迫的三四个问题之一”。克里特加德认为腐败是亚洲、非洲和南美洲不公正、经济实力薄弱和政局不稳的一个重要原因。克里特加德遵循罗斯-阿克曼的观点，建议不把腐败视为道德问题，而看作错误

---

[2] 1970 年代发生在美国的一场政治丑闻。1972 年民主党全国委员会位于华盛顿特区的水门综合大厦被政治对手安装了窃听设备，时任总统理查德·尼克松及其内阁试图掩盖事件真相。窃听阴谋被发现后，尼克松仍然阻挠国会调查，最终导致宪政危机。1974 年，尼克松宣布辞去总统职务。

激励的结果。他明确呼吁使用“经济隐喻”（ökonomische Metapher）描述腐败，最终应该出现一种使腐败最小化的激励系统。

克里特加德依托的是在今天的腐败研究中普遍应用的所谓“委托代理模式”（Prinzipal-Agent-Modell）。这种模式在1970年代中期首次被提出。[277] 应用于腐败问题时，可以用该模式这样解释：腐败是代理人对其委托人的罪行。这种解释意思是雇员（代理人）受其权力或国家（委托人）的约束，在与公民（客户）打交道时必须符合特定规则。如果此时代理人索取贿赂并因此不合规，则其为了自己的利益违反了对委托人的义务。[278]

这种模型不受腐败的法律定义的约束。它隐藏了文化和社会背景，因此放之四海而皆准——具有普遍适用性。

克里特加德用于证明其经济隐喻的政治论点也与此相关。他认为，在与发展中国家合作时必须避免给人留下任何“西方文化或国家秩序在道德上高人一等”的印象。从经济角度出发看待腐败可以促成对话，因为经济原则和激励措施在全世界都适用。[279] 当华沙条约组织的社会主义国家仍然在很大程度上坚持其反资本主义模式时，这种说法令人惊讶；但没过几年，社会主义崩溃之后，这些观点基本上就没有受到质疑了。

克里特加德的反腐方案完全符合新自由主义的路数。作者首先建议从整体上限制国家的活动，这会减少腐败的机会。他的论证简单得出奇：不用缴纳关税就可以取消海关机构，没有税务官员也就不存在腐败的税务官员。此外，应当削弱公务员个人的决策职能（比如通过明确的法律规定）。私营经济支付的酬劳更高，而且雇员不再需要（非法）的额外收入，仅凭这一点，把国家职能私有化就可以减少腐败。[280] 最后一个论点之所以出人意料，不仅是因为它幼稚，而且因为它与实际上作为整本著作基础的“寻租理论”（Rent-seeking-Ansatz）[3] 自相矛盾。自 19 世纪初期以来正是这个论点为扩大行政机关规模、为公务员支付高薪提供了借口，而非相反。

最后，克里特加德抱怨第三世界国家知识匮乏。由此他继续遵循“委托代理模式”的逻辑。这种模型的出发点是参与各方获取的信息不同，代理人和委托人相比具有信息优势。克里特加德认为，为了打击腐败，国家必须了解其雇员在做什么。作者写道：“不良信息是腐败的一个主要原因。”“信息则是良好的激励体系的基础。”[281] 克里特加德由此提出了加强监督和控制的建议，这些想法后来也成为呼吁增加透明度的基础。

罗斯-阿克曼和克里特加德关于腐败的论文在国家学（Staatslehre）和经济学之间建立了联系。罗斯-阿克曼在早期的论文中，只考虑经济领域的腐败问题，而不考虑对国家进行限制。对克里特加德而言，这就是议事日程的一个明确的组成部分。腐败不再是限制资本主义的理由。相反，市场现在应该克服腐败。两位学者由此告别了长达一个半世纪的批评腐败的古老传统。

克里特加德和罗斯-阿克曼在他们的著作中要求就腐败对经济和社会的影响展开更多实证研究，尤其要在发展中国家进行研究。起初，他们的论文充其量只是可以理解的推测。直到 1990 年代经验主义时代才到来：大量研究总是得出相同

---

[3] “寻租”指在没有从事生产的情况下，为垄断社会资源或维持垄断地位，从而得到垄断利润所从事的一种非生产性寻利活动。企业或个人在寻租过程中所争取的市场称为“寻租市场”。寻租理论认为，市场愈大，表示一个经济环境中能被不公正垄断的事物越多，而整体的经济效益也就因此越低。

的结果。在这些研究中，腐败几乎全是公共部门的行贿受贿行为。

虽然几乎没有作者排除私营部门也存在腐败现象，但在进入 21 世纪之前，人们对此不怎么感兴趣。当时，几乎没有重大政治腐败案件备受关注，受关注的都是工商企业面临的公务人员的日常腐败现象。阻碍经济发展的腐败国家的形象是许多论文的基础——尽管很少这样明说，因此这种结果并不出人意料。

早在 1990 年代，人们就认为腐败的经济学研究成果发生了“通货膨胀”，并非言过其实。这指的不是后来还在继续增加的研究成果的绝对数量。“通货膨胀”是指现在用腐败加以解释的恶行的数量。第三世界的腐败导致企业支出增加，助长了逃税行为；导致政府履职效率低下，增加了企业的不安全感，延缓了投资，助长了大量以向决策者行贿为唯一目的的荒唐的政府合同。最终，腐败阻碍了经济增长。腐败严重的国家生产力也较低，外国资本望而却步。比较研究为国家干预经济导致“腐败率”上升的论点提供了论据。总体而言，政府支出的增加与腐败的加剧如影随形。腐败最终加剧了贫困和不平等。[282]

1997 年，《经济学杂志》(*Economic Journal*) 上的一篇文章揭示了这些论证的结构：腐败严重的国家政府补贴高，私人投资少。虽然积极的国家产业政策也会促进投资活动，但其效率不高，因为除了积极效果外它也总是为腐败提供便利。这篇文章的最终目的是批评助长腐败的国家产业政策。[283]

1999 年，受国际货币基金组织委托开展的一项研究更加明确地聚焦经济政策。这项研究进行了国别比较。作者把特定的经济参数、经济政策参数和表明一个国家腐败频率的所谓腐败指数进行比较。研究结果显示，原材料工业占比高的国家的腐败可能性增加。换而言之：国民经济越不发达，腐败现象就越常见。此外，作者还对不同国家的具体经济政策措施和腐败的发展作了比较。结果几乎不出所料：国际货币基金组织建议采取的措施不仅促进了增长，而且也减少了腐败。作者认为，如果委内瑞拉的贸易政策在 1970 年代和 1980 年代和智利一样自由，那么其腐败指数就会大大降低。如果委内瑞拉的经济以和智利类似的方式对外开放，该国的排名也将大幅上升。[284] 学者靠这些研究成果绝对可以平步青云：两位作者之一就是现任德国央行行长延斯·魏德曼（Jens Weidmann）。

为了理解这些著作以及类似作品，就必须搞清所谓“腐败指数”现象。在有关经济腐败的研究中，它们是福也是祸。克里特加德抱怨的缺乏实证研究的问题不仅仅是因为人们对其缺乏兴趣，还在于一个一直以来无法解决的方法论问题。实证经济学研究通常是量化的，也就是建立在表现为数字形式的数据基础之上。1990 年代，所有关键的经济因素都有可靠的统计数据——从经济增长到投资活动再到收入分配。但腐败无法衡量，因为除了弗利克集团外，几乎没有人会把贿赂行为一一记账。经济学家先是试图以犯罪统计数据应付一时之需，但这些数据恰恰使南半球国家得到了极其正面的结果：即几乎没有因为腐败作出的判决。时至今日，人们依然无法直接衡量腐败。

腐败研究者不愿善罢甘休。从 1990 年代中期起，他们开始以“腐败感知指数”（Korruptionsperzeptionsindizes）间接测定腐败。1995 年以来，最重要的此类指数每年由透明国际发布。该指数的发明者是德国经济学家约翰·格拉夫·兰布斯多夫（Johann Graf Lambsdorff）。透明国际的腐败感知指数以对评估一国腐败倾向的管理人员和政治专家进行的问卷调查为基础。“感知”（Perzeption）这一概念由此而来：该指数只能说明对腐败的感受而非腐败本身。透明国际没有对此自行调查，而是使用了其他机构所做的、数量逐年增加的民意调查和研究。这些数据按照一种统一的计分模式汇总——在最初几年中，数值介于1和10之间，2012年以来在1和100之间，最后得出一个反映多个国家腐败程度的数值。数值高表示腐败程度低——比如丹麦1995年的得分是9.33。数值低表示腐败蔓延——比如同样在1995年，意大利的得分是3.42。[285]

透明国际并非孤军奋战。从1996年起，世界银行公布了“全球治理指标”（Worldwide Governance Indicators）。这些指标原则上基于透明国际的方法，但调查的基础有所扩展。世界银行不仅考虑管理人员和专家的意见，也吸收了在民众中进行的问卷调查的结果，除腐败外还调查了良治的其他因素。但全球治理指标也是民意的体现并“制造”了种种数值。[286]

尽管人们竭尽全力，但这类测评机制仍然存在问题。与其他高质量的经济数据相比，这些数值充其量只能起到辅助作用。一方面，意见并非可靠的数据——调查中感知的安全状况和犯罪统计数据往往大相径庭。另一方面，对因果关系的说明基本依靠推测。正如上文已经指出的那样，大多数研究腐败者以所谓的“相关性”（Korrelationen）进行分析，即确定比如哪些国家的腐败指数值不佳，同时经济增长率又低。大多数研究者假定了一种因果关系：他们认为腐败程度高是经济增长乏力的原因。从方法论上看，这种做法存在一定问题，也可以认为这种因果关系是相反的，即正是由于经济增长乏力才导致行贿受贿。还有一种与因果关系无关的解释：在接受调查的专家和经理人员看来，经济增长乏力的国家是腐败的，因为这些腐败的国家以经济增长乏力著称。[287]

因此，从经济学角度出发进行的有关腐败的辩论可能会像“自证预言”[4]一样起作用，而人们从来无法知晓一个国家受贿的频率和行贿的金额。仍以智利和委内瑞拉为例：不能排除这样一种可能性，即专家仅仅因为委内瑞拉不把国际货币基金组织的建议放在心上，就认为该国比智利更腐败。谁要是不屈从于华盛顿的发展理念，那就面临被抹黑为腐败之地的风险。

苏珊·罗斯-阿克曼也受1990年代研究的影响而改变了自己的研究重点。她1995/1996年在世界银行的研究经历对这一改变也有影响。从那以后，她也开始关注发展中国家和前东欧集团国家。因此，罗斯-阿克曼也在1999年的一本专著中呼吁削减政府补贴，建立一个以竞争为基础的政府来遏制腐败。尽管如此，她仍然坚持认为腐败破坏的主要是国家的合法性以及危害公共利益。她还希望保持国家与经济界之间的界限。对“透明度”的要求暂时退居其次。[288]

新自由主义者有关腐败的研究并非始终没有遭受非议。但在很长一段时间内批评的声音都比较微弱，对全球范围内辩论的影响微乎其微。大约从2010年起，反腐斗争的热潮似乎才稍有消退，但批评主要限于学术辩论。1990年代初期法国经济学家让·卡蒂尔-布列松（Jean Cartier-Bresson）强烈质疑罗斯-阿克曼和克里特加德的假设。他认为“自由主义理论”的主要错误在于观察腐败时不顾前因后果。只有当人们忽略社会背景时才会把腐败误解为一种纯粹的市场关系现象，甚至误解为一种“效用最大化”（Nutzenmaximierung）现象。

---

［4］ 也称“自我应验预言”，心理学和社会学概念，是某人“预测”或期待某事的社会心理现象，而这种“预测”或期望之所以成真，是因为此人相信或预期它会发生，并且此人由此产生的行为与实现该信念一致。这表明人的信念会影响其行为。

实际上，腐败发生在以权力的行使和根深蒂固的礼仪为特征的社交网络中。卡蒂尔将其与有组织犯罪相提并论。正因为如此，也不可能单单通过改变激励措施根除腐败。[289]

然而，反对从经济学角度对反腐问题夸大其词的另一种经济学标准论点是：一方面，无法确定腐败在南半球的发展障碍中究竟起了多大作用；另一方面，除了奇闻轶事和带有道德色彩的声明之外，缺乏确凿的证据。最重要的是，根本没有证据表明腐败阻碍经济增长。20 世纪下半叶的韩国就是个例子：在所有研究中，这个国家都被认为高度腐败，但其经济增长率极高。[290]

二、以良治应对腐败

谁不希望良治呢？自从有了国家理论，从古希腊时代起人们就追求良好、正义、合法的国家。对统治者向来有义务说明统治和掌握政治权力的理由。但是，对统治的目的、应采取何种手段获得政治权力一向众说纷纭。在这方面，历史上的重大节点之一是认为国家的权力本质上来自所有人，也必须由民众控制。自启蒙运动以来人民主权和民主的观念广为传播，并自 20 世纪以来决定了政治的终极依据——至少在西方世界是这样的。

究竟何为良治，如何实施良治，过去人们对此意见不一，今后还将继续众说纷纭。1990 年代一个在全球范围内迅速受到追捧的新的答案出现了。这个答案不是反对暴君的革命或斗争；不是自由的激情，也不是光芒四射的神话，而是一个相当“技术官僚”（technokratisch）的概念。与伟大的政治乌托邦不同，这个概念不适合以媒体传播，它是行业专家、科学家、政治家和行政管理专业人员的事。不过在这个标签下，世界范围内的政治和行政发生了深刻的变化，背后是彻底告别威权体制国家和西方（通常是盎格鲁-撒克逊式的管理理念的传播）。

人们过去和现在谈到良治时极其频繁地使用英文词“良好的治理”（good governance）来表达。这之所以被认为是个新的概念不是因为其基本想法新，而是因为它为改进治理提供了具体的工具，其关键是评估治理方式，尤其是改进治理方式的实际可能性。

在我们进一步研究良治之前，我想先分析两个历史背景，即私营经济界公司治理的兴起和1990年之后的全球政治局势。良好的管理当时在工商企业也是个重大问题——常常被称为“公司治理”（corporate governance），这也并不新鲜——每个企业家都希望自己的企业是个良好、高效、出色的组织。1928年全球股市大崩盘之后，经济理论的代表人物就已经开始思考怎样才能改善投资者和资产所有者相对于管理层的地位。[291]

1990年代，人们的心态发生了一次重大变化。经济学家和投资者越来越怀疑大公司的管理者究竟是在为股东的利益着想，还是更追求自己的目标。有人提出“股东价值”（Shareholder-Value）这个概念，即要求持续增加公司对其股东的价值，并使公司所有其他目标从属于这一目标。1986年“股东价值”理论由美国经济学家阿尔弗雷德·拉帕波特（Alfred Rappaport）首先提出。[292]他因为在新自由主义对市场导向的需求方面取得突出的研究成果而在学术界声名鹊起。拉帕波特认为企业应该摆脱一切阻碍其实现真正目标的其他目标：而这个真正的目标就是使资产所有者盈利。

为了维护股东的利益，需要在公司内部建立统一管理的结构。持有公司股份者要求控制他们在领导层的代理人。手段之一是“透明度”，即获取有关公司内部投资、盈利、产能和所有权结构的信息。人们希望通过这些数据达到两种效果：管理者必须以这些数据为衡量标准来管理公司，潜在的股东可以理性决定是否购买公司的股票。

这种想法在学术界和政商两界得到了响应。引入良好的公司治理原则，尽可能通过国际贸易协定或国内法律将其固定下来，成为国际贸易政策制定的焦点。1995 年，“国际公司治理网络”（International Corporate Governance Network，以下简称治理网络）成立，它代表了大投资者的利益。总部设在伦敦的治理网络是一个旨在实现良好企业管理的强大的院外组织。1999 年，治理网络发布了一份对立法机构提出要求的文件，即《全球公司治理原则声明》（Statement on Global Corporate Governance Principles）。该声明的一个核心是论述“披露与透明度”（Disclosure and Transparency）的必要性。治理网络的要求对经济合作与发展组织（OECD）推动国际经济法进一步发展产生了决定性影响。[293]

这些辩论很快也在德意志联邦共和国展开。1998 年 5 月，德国联邦议院通过了关于在企业界进行管控和增加透明度的法律，该法律吸收了国际上提出的许多要求。2001 年，格哈德·施罗德（Gerhard Schröder）领导下的政府成立了“德国公司治理准则政府委员会”（Regierungskommission Deutscher Corporate Governance Kodex）。一年后，该委员会提出了“良好公司治理”的指导方针，即“德国公司治理准则”（Deutscher Corporate Governance Kodex）。时至今日，这个由政府召集、由经济界代表组成的委员会仍在运行，并且每年都会推出新的关于“良好公司治理”基本原则的建议。

良治历史中的第二个观察角度不容忽视，这就是“实行市场经济的自由的西方民主制度显然无法被替代”。柏林墙倒塌和东欧集团国家崩溃之后，一度没有任何建立在意识形态之上、可以与市场经济和自由民主抗衡的方案。在西方国家看来，具有美国特色的自由主义政府形式不仅是唯一合法的（这些国家的代表自然一直这样认为），这种自由主义政府形式在与社会主义的历史竞争中也被证明是国家形式的唯一有效变体。这也是新自由主义思维方式背景下的一个有力论据。令人难忘的是对“历史由此终结”的普遍希望[5]。1992 年，美国政治学家弗朗西斯·福山（Francis Fukuyama）曾说过，现在要做的是如何完美实现市场经济和民主制度这个唯一的模式。[294]

了解哪些特征具体构成了合法、高效的国家饶有趣味——尤其对那些想要走上完美的自由民主道路的国家来说很有意思。这主要涉及发展中国家和曾经的东方集团国家。对他们来说，良治的概念发展了，但后来这也对高度工业化的西方国家产生了反作用。

良治最重要的应用领域过去是、现在仍然是国际发展合作。学者、专家、世界银行和国际货币基金组织的出资者、非政府组织以及积极参与民权运动者和许多其他人士列出了一系列良好的民主政府的特征，这些特征可以用来表示一个国家或政府的“质量”。

不出所料，这些方案互有分歧——全球范围内未能就制定一份最终的良治目录达成共识。但各种方案大同小异。2004 年政治学家拉里·戴蒙德（Larry Diamond）和莱昂纳多·莫利诺（Leonardo Morlino）在一篇文章中总结了良治最重要的内容：自由、法治国家属性（Rechtsstaatlichkeit）、平等、政

---

[5]　1992 年，弗朗西斯·福山在其代表作《历史的终结及最后之人》（*The End of History and the Last Man*）中提出，西方国家自由民主制的到来可能是人类社会演化的终点、是人类政府的最终形式。学界将此论点称为“历史终结论”。

治参与、政治竞争、随时准备作出反应和责任感（向下则面向人民，横向则在国家机构之间）。[295]

世界银行在智利经济学家丹尼尔·考夫曼（Daniel Kaufmann）领导下进行的关于良治的研究计划起了示范性作用。1999年，世界银行把良治定义为“为了公共利益合法地行使权力”。世界银行发现了良治的三个核心领域：良治取决于政府如何上台（比如通过选举）、是否有办法执行其政策（比如通过高效的行政管理体制），以及政府、行政部门和社会是否守法等。[296] 从1990年代末开始，世界银行使其财政援助与受援助国的良治承诺挂钩。2002年，世界银行在联合国的一次会议上决定，良治今后将是发展合作的目标，同时也是资金分配的一项标准。[297]

没有反腐斗争，良治将不可想象。“没有腐败”一直是良治的一个重要特征。过去和现在腐败猖獗都被认为是治理不善的证据。因此，在国际组织的实践中，反腐斗争往往只是追求良治的另一种表达，至少二者的关联极其密切。[298]

这背后不仅是新自由主义对打击腐败的兴趣。在与有关治理的辩论相关的领域还有其他动机。其中包括一种有关行政管理方面进步的普遍的历史叙述。政治学中一个颇有影响力的学派假设存在一种“古老的”、前现代和非民主的行政管理形式，即世袭行政管理。客户主义（Klientelismus）、自私自利、腐败和消极怠工（Schlendrian）在这种管理中盛行。没有人会因为这种自私自利的行为而被问责。另一方面是现代行政管理。它遵守法律和一般规则，平等对待所有公民，并且有义务实现“普世价值”。关键是要尽可能在世界各地实行现代行政管理。西方国家，尤其是斯堪的纳维亚国家在这方面堪称典范。瑞典哥德堡大学2004年成立的颇具影响力的“政府质量研究所”（Quality of Government Institute）的研究人员就持这种观点。“成为丹麦”或“向瑞典看齐”至今仍然是其他国家的目标。[299] 谁要是认为这么做不好，那就是在开玩笑。

相关的研究惯于引用社会学家马克斯·韦伯（Max Weber）19世纪末、20世纪初的论文。韦伯首次描述了世袭制和官僚制行政管理；他对二者的区分更明确，并且对现代官僚制疑虑重重。韦伯认为，正是现代官僚机构隐藏着权力高度集中的风险。[300] 但事实上，这种对行政管理体制演变的叙述早已有之。它可以追溯到1800年左右的行政管理改革者，彼时他们在为当时的目标寻找论据。[301] 当然，对行政管理体制演变的叙述在当时过于简单。

时至今日，出现了符合这种精神、论述简单得令人不知所措的论文；按照这些论文的说法，基本上只有前现代管理和现代管理。特定的历史进程被描绘为进步和良治的“看似自然的顺序”（quasi natürliche Abfolge）。该理论称现代行政管理和良治是全社会创新的先决条件；或者相反，传统的世袭结构将助长腐败和有组织犯罪。[302] 因此，腐败代表故步自封或者退步，良治代表未来、繁荣和创新。

其他参与者有呼吁良治的政治实践动机。良治的基本理念还包括一种新型国家与社会关系。在有关治理的辩论中，人们认为国家不应该那么独断专行，也不应该那么等级森严。国家和社会应该尽可能伙伴式地相处。在理想状态下政治决策应该是政府或行政管理部门与所有相关人员协商的结果，而要做到这一点又必须增加透明度。[303]

从这个意义上说，治理思维具有包容性和参与性。国家不再被视为社会的对立面，而是社会的谈话伙伴。因此也强调责任感：如果社会可以对官员或政治家问责，他们的话就有人听——这一方面是民主，另一方面正好符合“股东价值原则”（Shareholder-Value）。其基础是委托代理模式：在这种情况下社会是委托人。在关于腐败的政治学研究中，持批评态度的公众和强大的公民社会过去和现在都常常是决定性因素。[304]

这种对市民社会的兴趣为出现广泛的联盟创造了条件。例如1990年代来自南美洲的左翼民权活动人士支持良治计划。他们研究的问题是从独裁到民主的过渡如何才能长期取得成功。进入21世纪以后，美国紧随其后出现了抗议选举舞弊（尤其佛罗里达州的舞弊）现象的组织。[305]1990年代以来，非政府组织的伟大时代在全球来临，他们不断要求与国家建立伙伴关系；而政府则听取非政府组织的意见，因为良治原则要求这么做。[306]我们在下文中将探讨非政府组织在全球和德意志联邦共和国的反腐政策中怎样发挥核心作用。

根据个别特征确定民主制度和治理质量，也使人们得以首次对民主制度和治理质量进行测评。与腐败指数的出现类似，自1990年代末以来，世界各地也开始使用“比较民主指数”（vergleichende Demokratieindizien）。世界银行尤其重视以“相对数”（Messzahl）即“治理指数”（Governance-Indikator）评价各国的治理质量。这样一来，尽管各国的机构和传统不同，但仍然具有可比性。对政治体系的处理与对公司的处理类似。就像对腐败的研究一样：世界银行在20世纪和21世纪之交进行的研究看来证明了经济增长、开放的市场、民主化和法治国家属性之间存在联系。[307]

这就说明透明度不仅仅是良治的标志。相反，对治理质量的量化确立了一个国家民主化状态的透明度。当然，治理质量指数比腐败指数存在更严重的问题：首先，不同地区的民主化或法治国家属性的程度常常完全不同——比如宗教自由可能得到保障，但是没有新闻自由，法院可能有效地依法履行职能，但根本不存在自由选举。几乎无法只用一个数值来表示这些参差不齐的关系。其次，对民主标准的选择一直存在争议。最后，世界各地的政治进程和制度只能在特定条件下进行比较。这些指数掩盖了行政管理和政治世界的复杂程度。

三、更加市场化、更多管控：新公共管理运动与合规

大约与反腐斗争问世同时，在关于良治的辩论开始前不久，北美和欧洲开始出现了另一个概念；如果没有这种概念，人们就无法充分理解其他的发展。这里所说的概念就是新公共管理。[308] 对新公共管理产生影响的是 1980 年代盎格鲁—撒克逊国家（即英国和美国，但也包括澳大利亚和新西兰）的行政管理和经济改革。改革的原因是公共预算无法或不应再负担福利国家开支。为了省钱，国家要把许多服务转交给私人供应商。改革者希望能够通过私营企业相互竞争降低成本。此外，国家和行政管理部门本身也应该同样以私营企业为榜样进行改革。

这一切的背后是新自由主义带给我们的熟悉的理念，即市场能创造最高效的结构。因此，新公共管理包括要求国家不应再把自己视为市场的对立面。国家应该像对待产品一样对待其服务，应该向（作为客户的）公民提供服务。此外，各种各样的竞争也应该能够防止腐败——因为垄断被认为是腐败的原因。[309]

对于国家职能而言，如果原先的公共服务被私有化，那就意味着败退：例如在邮政和电信领域、交通部门或市政生活服务部门甚至垃圾清运服务。这样一来，公共部门就要以企业方式运作——各乡镇开始提交私营企业采用的资产负债

表。大学要继续发展成为“企业式高校”。最迟从 1990 年代开始，欧盟的资助计划系统性地依赖公私伙伴关系，这实际上导致了公共职能的商业化。[310] 但至少在公共行政管理方面也要求进行“成本收益计算”（Kosten-Nutzen-Rechnungen）。实际上，为新公共管理辩护的人声称要使国家更接近公民，要进一步下放国家权力，但“成本收益原则”往往适得其反，公共行政部门不再面面俱到——不值得在“客户”太少的地方开设微型学校、邮局或运营铁路。

此外，这种意义上的国家与马克斯·韦伯所描述的“官僚体制国家”（bürokratischer Anstaltsstaat）几乎没有什么关系。令人惊讶的是，上文提及的关于进步的后世袭制国家的论文几乎没有考虑到行政管理史上这个巨大的“时代性突破”。仅仅这种突破就表明，从前现代国家到当今“治理良好”国家之间的进步从来就不是一帆风顺的。

但现实中，国家行为通常不会在市场上发生，这仅仅是因为国家提供的服务常常不能或不得进行交易。在这些情况下，必须以“新公共管理”的逻辑模拟一种市场，比如人为制造对资源的竞争。进入 21 世纪以来，这种情况在德国的科研政策场域出现：大学及其“最佳大脑”（beste Köpfe）在人为制造的市场上为获得研究项目资金龙争虎斗。另一个领域也在模拟私营经济行为。如前所述，公司治理要求为了股东的利益深入了解公司。解决这一问题的一种方案是由外部组织（通常是评级机构）对公司进行监控和审计。现在人们把这一战略也转移到了公共行政管理部门。各机构将提供有关产出和效率的数据。[311] 譬如 1980 年代在欧洲共同体的行政部门中就确立了这一原则，而且越来越多地以透明度的名义体现出来。[312]

对于内部组织而言，新公共管理意味着促进行政管理内部的种种竞争、消除等级制度并削减公务员的特权。最重要的是，以绩效为基础向公务员支付薪酬与19世纪的供养原则（Alimentationsprinzip）背道而驰。在德国的行政传统中，最初适用雇主终身无条件供养的原则。这并非大公无私，而是打击腐败和管理不善的最重要措施之一。有了“供养”，公务员应该不受其他私人收入的制约，与国家应该建立排他性的忠诚关系。因此也有所谓资历原则（Anciennitätsprinzip）：忠于国家的时间越长，工资就应该越高。公务员的遗孀和遗孤也被纳入了这个体系。[313]

从新公共管理的角度看，这种体系有个致命的缺点：它虽然削弱了腐败的动机，但同样几乎无法激发人们高效工作的意愿。因为供养原则是建立在主管部门对其公务人员忠诚度的信任基础之上的。

这就与新公共管理和良治的多项原则相悖。委托代理模式已经假设委托人必须监督其代理人。对民主制度和市民社会的新的理解要求决策者承担责任。两种原则都要求能够获得有关行政管理、官员和政治家行为的信息，也就是透明度的地位被透明度原则取代，脱离了社会生活的国家——透明度原则是外部人士进一步参与的先决条件，但也是评价和控制的先决条件。

控制和外部操纵原则取代了对专业化组织及其员工工作的信任。这不仅适用于国家行政部门，也适用于私营企业，我们联想到让股东更好地了解上市公司的股东价值原则。在实践中，反腐斗争的战略也更多地依靠控制，而非激励模式发挥作用。因此，在这种情况下，基于不信任的委托代理模式最终战胜了罗斯-阿克曼依赖激励结构的原始观念。

最迟从2000年起，打着“合规革命”（Compliance-Revolution）旗号开始的改革说明了这一点。这些改革对全世界的政府和私营企业产生了同样的影响——在西方工业国家尤其如此。在这里，有关反腐的辩论不由分说地回到了它们的“发源地”。

最迟自20世纪和21世纪之交开始，大公司和公共管理部门不得不借助特殊的结构和部门来确保各种规则得到遵守。在后面的章节中，我将结合美国的贸易政策说明合规取得成效的政治原因。合规最重要的主题可能过去是、现在仍然是遏制腐败。组织社会学家弗兰·奥斯雷基（Fran Osrecki）描述了与反腐斗争有关的两种策略。[314]

第一种策略是建立内部的但尽可能独立的监督机构。这些机构可以由有义务保持沉默的反腐斗争的反贪调查员（Ombudsleute）构成；也可以是合规部门，其任务与传统的审计部门类似，负责主动追查违规行为并将过错方绳之以法。与此相关的第二种策略旨在通过为员工提供尽可能详细的规则清单来避免腐败。其目标是尽可能缩小工作人员的自由裁量空间，因为没有权力就不会被贿赂。

这两种方法都基于外行操控（Laiensteuerung）原则，即认为对工作人员的行为应该从外部进行检查、予以改进。这非常符合委托代理模式和股东价值原则，也符合良治精神下的民主理论：公众应该能够审查国家行为，官员和决策者应该能够被问责。规则越详细、监控越严密，似乎就越有可能。

举一个例子：早在1980年代，纽约市政当局就立志打击内部腐败，并完全依赖透明度、问责制和上文所述合规手段。调查部被赋予了新的角色。该部门1930年代就已经成立，在很长一段时间内只单纯发挥顾问作用，任务是帮助削减成本或改进行政流程。自1970年代中期开始，市政府逐渐将该部门扩大为一种有权进行秘密调查的警察部门。通过在所有专业部门设立所谓“监察长”（Generalinspektoren），该部门获得了进一步支持。这些监察人员可以查看所有文件和谈话记录，只对自己的部门负责。因此，他们以和外部检查人员类似的方式工作，并且经常与各层机构竞争：专业部门的负责人明显失去了对其工作人员的权威。与此同时，市政府针对腐败、裙带关系和越来越多的类似罪行引入了一套精心设计的反馈和惩罚制度。

这些异常严格的措施导致了许多负面后果：行政机构负责人，包括下级工作人员竭尽全力避免错误，因为一旦犯错会立即受到惩罚。因此他们制定决策时能拖就拖，拒绝对决策负责，或者通过与监察长达成一致来确保自己免受可能的批评——这与提高效率背道而驰。各机构内部形成了一种恐惧和不信任的氛围。许多工作人员感觉自己简直就是在“被犯罪”——导致这种感觉的是不断扩大的公开私有财产的义务和不断增加的反腐规则。颇具讽刺意味的是，嫌疑文化（Verdachtskultur）和潜在的刑事化（Kriminalisierung）最终事与愿违：当市政管理部门的工作人员普遍感觉自己的一举一动都逾规越矩时，“真正”的犯罪障碍也就不复存在了。因为管束过于严苛，此前品行端正的官员现在更愿意参与腐败。反腐斗争导致了腐败，并大大削弱了纽约市政府的治理能力——至少 1996 年的一项研究结果显示如此。[315]

许多其他研究表明，私营企业的雇员也大多对合规规则和部门持批判态度。除了“不信任文化”之外还有另一个原因导致这种结果：合规导致了公司行为标准的道德化。反腐的基本原则被视为领导层不切实际地空想的结果。此外，这些规则被认为虚情假意，因为公司的首要目的始终是盈利。因此合规作为“道德更新的仪式化”（Ritualisierung moralischer Erneuerung）表现常常缺乏可信度。[316]

从行政管理部门与企业的合规例子可以看出新公共管理、

委托代理模式、良治和透明度信条结成的同盟具有压制性的一面。在这里，自由决策者和没有被注意到的专家被认为是错误的源泉。合规同时也是对可以解读为资本主义道德化的事物的一种表达。在有关美国贸易利益的章节中我将再次论述政治背景问题。

第二节 关于透明度的承诺

高举哪一面旗帜能够最有效地反腐？用哪种概念能够赢得最多关注和最具说服力的可信度？这是以彼得·艾根为核心的非政府组织透明国际的创始人提出的问题。1993 年初，他们在伦敦附近举行了一次筹备会。会议就给组织冠以诚实还是正直之名展开了辩论。经过漫长的讨论，透明最终胜出——尽管一开始部分与会代表，尤其是美国的创始人有一种不祥的预感。其中一位担心在美国有人看到透明这个词可能会联想到避孕套。[317] 这种担心毫无根据。因为 1990 年代不仅是贪腐强迫症（Korruptionsobsession）的十年，也是对透明寄予希望的十年，是透明时代（Zeitalters der Transparenz）的开始。[318] 透明国际的卓越形象极可能也归功于其名称听起来充满正能量。“诚实”主要强调保守的价值，而“透明”则过去是、现在仍然是一种所有社会群体都可以将其与积极事物联系起来的东西。

透明在 1990 年代的政治思想中成为最重要的神话之一，世界各地的改革要求和对民主化的希望都以这些神话为导向。这当然并非巧合。上文中我们已经看到，对透明的要求在有关经济和国家的辩论中一次又一次出现。透明的信条过去是、现在仍然是新自由主义理念、良治理念与合规理念以及反腐斗争之间的一个重要纽带。

下面我想谈谈透明这一概念何以变得如此重要，何以享有如此美誉。但我也想指出与这个概念相关的矛盾之处以及错误的希望。这（再次）把我们引入经济学辩论，但主要把我们引入过去几十年间的政治和社会辩论。目前有许多有关这一主题的学术论文，这些论文也清楚地阐述了矛盾所在和不足之处——但这几乎还不为广大公众所了解。

什么是透明？作为理想和神话，透明的优势在于这一概念极其闪亮。透明首先是一种物理属性，比如玻璃的属性：人们可以一眼看穿。对我们的目标而言，更重要的当然是其引申义。透明代表了关于政治和社会的知识。“所见即知识”（Sehen heißt Wissen）是其背后几乎未曾受到质疑的理念。[319]这种比喻可以在政治象征中重新找到。所有自联邦议院成立以来一直为其建造大厦的建筑师都以透明美学（Ästhetik der Durchsichtigkeit）为导向。因此他们计划采用大窗户、光线充足的房间和明亮的色彩。[320]文学家曼弗雷德·施奈德（Manfred Schneider）认为这个比喻简直具有“弥赛亚式的潜力”（messianisches Potenzial）。其背后是“对完美的政治可见性和可知性的渴望”，但同时也是“对没有欺骗、没有蒙蔽的交流的渴望”。[321]

这种双重特征使透明如此强大：一方面，它与可以说与技术性的东西即知识和信息有关。另一方面，它事关政治道德：不存在蒙蔽。因此，彼得·艾根对新组织名称的想法也绝对是正确的：透明是一种理性精神的工具，但同样也是一种道德要求，因此充满情感。

透明的这两种特性都不是20世纪末期的发明，而是可以溯至启蒙时代。当时法国哲学家让-雅克·卢梭（Jean-Jacques Rousseau）思考了真诚交流的先决条件。[322]“描述世界”这一目的是整个启蒙思想的基础。知识和科学造就的世界的可读性（Lesbarkeit）曾被视为脱离黑暗的使命。[323] 这可能是迷信的黑暗，也可能是宗教和教会灌输导致的黑暗。从这个意义上说，透明是为世界祛魅（Entzauberung）、理性控制、效率的先决条件，最终也是正义的先决条件。因为更明白、更理性曾被认为是更好的人类的先决条件。[324] 因此，透明的概念建立在对人类理性——当可以接触到事实和信息时，这种理性就会展现出来——有益影响的信任之上。[325]

黑暗也可能意味着政界的故弄玄虚和无能为力。启蒙运动甚至以国家权力反对君主们的传统主张——即认为政治是一种“奥秘”（Arcanum），政治是保密的，而且必须继续保密才能发挥作用。这关系到政治解放，因为有了政治知识，人们也可以从君主手中剥夺其非法统治，或者至少发现其错误。例如法国启蒙运动人士 1770 年代想出了“舆论法庭”（Tribunal der öffentlichen Meinung）这个主意：应该让公民了解政治并公开讨论政治。这将使人们知道国家的真实意愿。也就是说当时已经关注政治解放。[326]

光线与阳光从此成为与透明相关的隐喻——一直到今天。这些比喻的政治功能表明其力量何等强大。《阳光下的政府法案》（Regierung im Sonnenlicht-Gesetz）是 1976 年起确保获取美国政府信息的核心法规中的一部的名称。2010 年，国会还通过了一部名为《阳光下的医生收入》（Sonnenlicht auf Arzteinkünfte）的法律，该法律要求制药公司公开其向执业医生或医院的付款情况。[327] 因此，透明从一开始就是一个承诺为公民提供知识和权力、承诺剥夺暴君权力、承诺理性和道德的乌托邦式概念。

20 世纪末期，可能只有极少数人意识到这种有关透明的思维的悠久传统，但他们无意识地追溯到这一传统。此外还有一些全新的视角。在这一过程中我们又遇到了新自由主义和良治政府，后期则遇到了“互联网热”。在所有这些领域，透明过去曾是、现在仍然是一种秩序模式，它影响着人们对世界的感受，对政治行为方式和组织原则也产生影响。[328]

许多观察家看到了新自由主义经济理论与透明承诺之间的密切联系。新自由主义时代是一个对透明寄予希望的时代。[329] 更好地了解国家和公司情况——这种意义上的透明曾经是并且仍将是制定经济政策者的核心要求。要做到这一点有两种途径。在自由市场经济的预兆下作出进行优化的承诺，甚至假设市场能够对社会共同生活，尤其是对财富和增长进行最有效的调节。为实现这一承诺，市场不仅必须是自由的（即摆脱国家的调控和束缚），还必须能够客观地行动。这意味着市场参与者必须掌握一切重要信息。掌握的信息越多，他们就越能准确作出理性决策——相应的市场也就运作得越好。自由准入一切市场原则、尽可能减少国家调控等也常常与透明之喻联系在一起，因为只有这样才能形成现实的价格。因此，腐败指数不仅因其提醒“排名不佳”的国家有义务“转向”而具有某种政治功能，它还使投资者更容易对某个特定国家的腐败风险进行评估。

但对反腐斗争而言，还有一种过去和现在都很重要的应对方法。根据股东价值原则和委托代理模式，对于企业主来说，掌握尽可能多的员工信息非常重要。只有获得了这些信息才能实现良好的掌控、防止不当行为——合规革命表明这些想法对企业文化的影响有多大。从本质上说，这两种观点都可以追溯到早期有关腐败的经济学文献，例如罗伯特·克里特加德 1988 年的著作。[330]

一、题外话——限制国家：20世纪和21世纪透明运动的先驱和受益者

曼弗雷德·施耐德（Manfred Schneider）的透明梦想（Transparenztraum）不仅是经济自由主义者的梦想，更重要的是政治上有关以“透明”实现更加亲民、更多参与和更加民主的承诺。对透明政府的最低要求是向公众提供所有与政府行为有关的重要信息。[331] 这使透明度成为我们所了解的良治的一个重要组成部分。因此，1990年代以来，透明治理（transparentes Regieren）同样成为越来越常见的要求。透明通常被视为那些被排除在权力之外者的要求。但仔细观察后会发现其实没有这么简单。自20世纪晚期以来，为透明信条而奋斗并且从中受益的主要有四类人群：记者、公民动议组织和非政府组织、院外集团人士，以及数字意见领袖。下面就将对他们展开论述。

尽管直到20世纪末透明一词才一跃成为重要的政治概念，但透明这一概念在政治上源远流长，其中一部分可以追溯至19世纪。这里我只想谈一个传统，即信息自由（Informationsfreiheit）传统。这指的是公众获取政府文件的权利。目前大多数西方国家对此都作了法律规定——但长期以来它与不公开处理文件的官僚行政机构的自我认识相矛盾，也与政府长期以来对新闻界任务的看法相矛盾。

比如新闻界就长期把注意力放在获取文件上。然而，自1990年代良治兴起以来，透明的应用更加广泛。现在涉及的不再只是对公众公开信息的义务问题，而且也包括可行的决策、明确的责任和把市民社会纳入政治进程之中。[332] 批判性的媒体除了应该继续通过报道进行事后监督外，还得有一定程

度的事前预防功能，即政府行为在执行中必须从一开始就透明。由此透明也为证明对政府行为进行外行操控的理念提供了重要论据。透明现在是“最终使国家统治转变为与社会建立伙伴关系”的承诺的另一个要素。[333] 如果国家作出全面的说明，即在政治决策形成时就作出说明，则所有相关人员都将及时参与其中，所有利益都将被顾及。

因此，除媒体外，市民社会中的这些新角色也开始发挥作用。这些要求与1960年代末，尤其是1970年代以来要求进一步参政、产生更大政治影响的新社会运动殊途同归。其中包括形形色色的政治团体，这些团体要求为妇女、儿童、性取向上的少数群体和少数族裔等争取更多权利——在美国主要是为黑人民众争取权利。在德意志联邦共和国，这一运动主要体现为和平与环保运动。1970年代，这种运动主要来自通常在城市发起的小型公民动议；但1990年代已经有了强大的、专业运作的全国性组织，比如自然保护协会（NABU）或德国环境与自然保护协会（BUND）等。

然而市民社会的多种参与形式并非从任何角度看都有利于新的政治参与者或弱势群体。透明原则总是给有权有势者也带来好处。对大型商业企业来说尤其如此。出现“社会必须能够参与国家的行动，国家的行动必须对其委托人负责”的想法时，没有区分民众、协会、院外集团和私营经济。在极度简化的情况下，人们把国家想象成所有其他群体和利益的对立面。对国家的两种截然不同的批评形式殊途同归：一种认为国家专制有余而民主不足；另一种从企业角度出发，认为国家开支过大或效率低下。

这里举一个例子：自1990年代以来，许多国家为了做到透明，决定使有关人员提早参与立法程序，同时向外界公开内部文件。欧洲在这方面的先行者是欧盟，它最早在金融政策领域公开了《绿皮书》(*Green books*)。这些《绿皮书》包括早期的战略文件和法规草案。在这里,透明的政府意味着让银行代表和其他院外集团人士提早了解决策的过程。因此他们很快就知道了政策的走向。还不止于此:欧盟委员会还呼吁收到《绿皮书》的人士提出建议,参与立法进程。这使金融业得以对欧盟的法律实施排他性影响——而且这丝毫没有引起公众注意。这里出现的是一种部分透明(partielle Transparenz)导致的不透明的影响。

在制定实施1999年欧洲金融市场框架的行动计划时,欧盟委员会提前很长时间在各方面专家和相关人士参与的情况下进行了磋商。[334] 这么做的理由也包括认为只有透明才能制定有效的规则。但除了这些可以说颇具工具性的论点外,也有符合良治精神、以价值为导向的动机:参与能够改善民主制度。透明有时甚至看似是其他民主程序的替代品。[335] 这些以及类似的发展与科林·克劳奇(Colin Crouch)的批评相符:他认为西方国家正在走向"后民主制"(Postdemokratie)。"后民主制"华丽的外表下只有国家和商界精英组成的小圈子掌握着权力。[336]

这就是透明和良治自相矛盾的结果:政府看似获得的是公民社会的授权,但凌驾于公民社会授权之上的是经济界及其院外集团人士的授权。告别威权国家也使企业面对公共行政力量时赢得了权威。

进入21世纪后,数字化和互联网的建设激发了推进"透明政府管理"的新思路。也有人称之为"数字透明"(digitaler Transparenz)和"流动民主"(liquid democracy)。[337] 这些观念最早出现在美国,在欧洲的影响还比较小。在德国,海盗党(Piratenpartei)以类似的方案取得了几年的成功——我将在有关"柏林共和国"部分更详细地论述这个问题。美国的运动过去和现在都得到了互联网行业的代表——即科学家和程序员、感兴趣的公司本身，以及非政府组织的支持。我们再次借阳光打个比喻：一个关键的参与者是美国阳光基金会（Sunlight Foundation）。该组织成立于 2006 年，每年都会组织所谓透明营（Transparency Camps）——软件开发者和政治家济济一堂、思考互联网时代新的民主形式的大会。该组织也声称要与故弄玄虚和院外集团人士的影响作斗争。因此，2009 年奥巴马政府成立之初就明确表示要实施数字透明，并启动所谓“开放政府动议”（Open Government-Initiative）——这看起来顺理成章。美国的许多乡镇都踏上了这趟列车。2011 年，纽约市任命了一位首席数字官（Chief Digital Officer），并出资举办开发者创意大赛，奖励设计出向个人用户开放市政数据库的最佳应用的开发者。获奖项目包括一个道路施工工地的交流平台和一款寻找停车位的工具。

也就是说，国家开放其数据资源是希望这些数据的私人用户能够改善公共服务。本着新公共管理的精神，这里关注的也是如何提高效率，并且寄希望于进一步市场化使国家的行动得以改善。一些数字透明的幕后策划者甚至希望最终将行政管理缩减为一个纯粹的平台，市民社会的参与者可以在该平台上互相交流并作出决策。

德国也就类似方法展开了讨论，但更主要的是进行政治辩论。“流动民主”这一概念过去和现在表达的都是这个意思。2009 年以来，柏林有一个名为流动民主的非政府组织。[338]该组织致力于充分利用互联网技术使公民更容易参与政治。之所以把民主比作流动的液体是为了暗示在政治运作中与顽瘴痼疾作斗争。

这背后的设想一度是利用新的技术使国家和公民参与政治对话——这些政治对话不再需要传统媒体、政党和利益集团等组织作为中间人。今天，这背后是一种承诺——让所有利益相关方毫无障碍地平等参与政治进程。这些想法当然忽略了一个事实，即数字世界本身设立了准入障碍；来自中产阶级、受过良好教育的年轻人肯定占优势。此外还应考虑到，当前的民粹主义基于与这种想法非常相似的传播原则。虽然民粹主义者对民众参与决策过程毫无兴趣，但与此相反，在组织利益和传达内容方面，排除记者、政党和协会等传统的中介机构是采用数字手段交流的民粹主义者成功的途径之一。

近代几乎所有积极参与增加透明度的组织（包括透明国际）有一个共同特征：认为自己是中立的，拒绝任何形式的意识形态，承诺平等地接纳所有社会团体，致力于客观的操作方法，最重要的是拒绝讨论权力问题。

二、压制的透明和不信任：透明为什么无法战胜腐败

英国政治学家马修·弗拉克（Matthew Fluck）就透明时的权力问题发表了看法。他认为，希望借助透明打破国家或大公司的权力是一种幻想，充其量在个别情况下才有可能发现滥用职权或不当行为，即当责任人被追究责任或因丑闻而被剥夺权力时，但这只能掩盖批评者的结构性无能。因为在所有这一切中，批评者原则上仍然依赖提供给他们的信息。因为批评者也依赖获取信息的技术——这些技术是强者出于自身利益开发的。[339] 就政治效应而言人们大可不必如此悲观——历史上有许多丑闻最终导致了政坛局势的扭转。但弗拉克也指出了一个明显的弊端：他提醒人们，透明度思维单枪匹马几乎不具备任何民主潜力。

国家或企业可以在不透露任何有关自己实质内容的情况下塑造自己的透明形象。他们可以选择采取这种做法的时机、

针对性的主题，来控制那些他们自认为正在监视自己的人。尤其是较大型的组织可以向公众提供潮水般的信息。提供给公众的信息、文件和细节越多，处理和解释它们就越困难。比如一项适当的出版政策表面上可以满足透明的需求，但实际上也会造成信息泛滥，这就会导致一种新的不透明。[340]

此外这也适用于那些要求透明者——比如互联网行业。比如，谷歌、脸书和苹果等公司原则上要求能够访问数据、放宽数据保护，他们以透明斗士的姿态出现，据说这将使消费者和客户获得更大的影响力、更强的独立性。同时，他们被迫提供自己采集数据的信息，而商业秘密对这些公司来说也是神圣的。市民社会透明参与者的行为与此不同，但又有些类似。透明国际努力的背后是新自由主义对市场力量的信任，但透明国际从未对此作出说明，而是说自己之所以要求透明是为了消除贫困或公平正义，等等。

尽管如此，我们也不应该忘记压制性的透明传统，这在很大程度上是监视国家的传统，但当代也有其他人采取了压制行为。研究透明问题的历史学家经常提及这种传统，它可以追溯至法国大革命中雅各宾派的恐怖统治，指的是政府为收集有关本国人口信息所做的大量努力。19 世纪，政府在这方面孜孜不倦，相关的数据采集和统计技术到了 20 世纪才日臻完善。近年来又增加了新的可能性，比如可以用于记录路人日常行为、促进实现透明社会的监控摄像头。[341] 用于打击犯罪时，这样的摄像头主要起威慑和惩戒作用。这样他们就遵循了一种 19 世纪初就已经形成的逻辑——至少理论上如此。

当时英国哲学家杰里米·边沁（Jeremy Bentham）发明了“全景监狱”（Panoptikum）。他设想了一座透明的监狱，可以不费吹灰之力监控和管束囚犯。监狱建造得可以使看守人员从中央瞭望塔一览无余地俯视所有牢房，从瞭望塔里看，囚犯的行为完全透明。由于无处藏身，犯人不得不考虑到自己随时随地都受到监视。在这种压力下，他们会不折不扣地遵守监狱的规则。这之所以有效是因为瞭望塔本身不透明：囚犯无法看到监狱看守正在朝哪个地方看，所以他们总感觉自己随时被人盯着。[342]

这也是今天在火车站台和公共场所安装监控摄像头的基础原理。在这种情况下，透明度与我们在前几章中了解到的赋予公民、媒体或利益集团权力的承诺完全相反。但为了理解这种“透明空间”的基本双重特征，这也不可或缺。仅仅作为一种原则来说，透明度当然既不能确保民主也无法确保自由。

作为腐败的对立模式，透明度之所以过去和现在都如此具有吸引力是因为它通常与启蒙、光明、进步、知识和见解等积极的价值联系在一起。常见的比喻已经暗示了这一点：透明度代表清晰和阳光，而腐败则发生在浑浊的沼泽中。人们把腐败和见不得光的人物、压低的帽檐、密室和非法政治权力等联系在一起。透明则相反，代表开放、准入和真诚。

现在，透明具有作出永远无法兑现的承诺的特性，这令人不快。从认识论角度看，透明是不可能的。它承诺使人们广泛而直接地了解世界，但这种直接的途径并不存在——自古希腊思想家柏拉图提出著名的“洞穴寓言”[6]以来，哲学家们就知道这一点。了解世界始终需要某种媒介，比如通过语言、（经济学中的）数值或隐喻和图像。[343]

作为政治诉求，透明永远无法得到充分满足，因为每一

[6] 也称地穴寓言，是希腊哲学家柏拉图提出的古典哲学中最著名的比喻之一。柏拉图在其《理想国》第七卷的开篇请他的老师苏格拉底作了这个比喻，旨在阐明哲学教育作为思想解放过程的必由之路的意义。

条披露出来的信息背后总有无数其他未被披露的事实令人猜测。我们已经看到，自20世纪后期以来，透明思维往往基于不信任——经济学家、记者、公民团体和其他个人或组织对国家都不信任。委托代理模式科学地将这种不信任简化为一个基于"永远不要相信你的雇员"原则的公式。合规也要求透明：其详细的行为规则和受到愈发严密监控的雇员行为一样透明。

任何提出透明、要求反腐的人都假定官员和政治家有作出不当行为的倾向。从这个意义上说，有关透明的辩论总是对国家的代表或企业员工有压制倾向，它把对政治的透明要求与批判政治腐败的古老传统结合在一起。从19世纪到20世纪中叶，腐败丑闻和有关腐败的辩论常常表现出对政治家的可靠性和各自政治制度状况的怀疑。有关腐败的辩论始终也是对精英及其行为不信任的表现形式。然而，反腐斗争从未取得显著成效。[344]

透明是否提供了一条出路？透明参与者的承诺是：如果完全透明、所有流程和事实均已公布，就没有理由不相信可以通过透明重新赢得政治信任。但这种承诺有一个难处：原则上不可能实现完全透明，其原因多种多样。

第一个困难在于对透明的追求永无止境。政治实践中无数的例子表明：有关政治进程的信息和细节披露得越多，披露的界限也就越明确。任何信息的披露都是有限度的，这使人想到这样一个问题：为什么不披露全部信息？是不是有人出于不可告人的目的隐瞒了什么？对透明的追求永无止境可能导致荒谬的结果：欧盟和美国就自由贸易协定（TTIP）展开谈判期间，最初双方一致同意尽可能不对外公布消息，但后来该项目恰恰因此陷入险境。[7] 为了赢得信任，欧洲的机构披露了浩如烟海的文件。公众由此得知各种信息，尤其是知道了德国代表团在一轮谈判中要求提高室内温度。[345]

第二个困难在于人的接受能力有限。如果公开数百页或数千页有关协议谈判的会议记录，而只有专家才能读懂和破解这些专业术语，那么他们需要为此花费大量工作时间。仍以欧美自贸协定为例，必须有人把有关室温的信息与其他信息进行比较，评估其重要性、进行归类，然后再声明这些信息不重要。因此普通的观察者反过来又依赖传递信息的中间机构。这些中间机构通常是记者或非政府组织，但他们又必须全面提供有关自己工作方法的信息，以求透明。

第三个困难在于如果没有秘密，披露和对披露的监控永远不会奏效。例如，如果要核实政治家的私人收入，监管机构就必须有权暗中核查他们提供的信息，因此就得隐身即不透明地工作。这同样适用于对“吹哨人”（Whistleblower）的“来源保护”（Quellenschutz）或“维基解密”（Wikileaks）的互联网工作。通常，秘密的爆炸性信息只有在允许最初掌握该信息者保持处于“匿名的黑暗中”（im Dunkeln der Anonymität）的情况下才能公开——这也是调查性新闻的一项古老的基本原则。[346]

也就是说，一处透明总会导致另一处不透明，永远无法把秘密从政治和社会中“赶走”，甚至连从交流中“赶走”也不可能。[347] 因此，看似充分的不信任国家的理由不会就这么消失，透明常常还会助长不信任螺旋式地增加。

还有另外一种并发症。一方面，透明思维与阴谋论原则

---

[7] 2016年10月，成千上万名欧洲民众在欧盟总部布鲁塞尔游行，抗议欧盟和美国在民众不知情的情况下达成了《跨大西洋贸易与投资协议》。

有相似之处。透明思维和阴谋论是对同一个问题——即对一个政治现实的解答；虽然人们收到越来越多有关这种政治现实的信息，但也正因此政治现实显得越来越难以理解和复杂，其作用机制几乎再也无法理解。二者都被这样一种愿望驱使：挖掘"隐秘的、有关真正重要的政治信息的宝藏"，同时得到言之有理的解释。[348]

另一方面，传统上阴谋论与对腐败的批评密切相关。这种思维模式的经典武器主要包括对犹太资本主义世界阴谋的恐惧、欧洲政治被共济会[8]操纵的担忧，以及对财阀统治即富人统治的批评。在 19 世纪末和 20 世纪初，这三种论调在欧洲政治讨论中流传甚广，并且都是关于腐败辩论的一部分：人们认为犹太银行家会收买政界，秘密运作的共济会将通过编织"腐败网"来征服国家和政府，财阀们会用他们的钱把议会变成"木偶剧院"。[349]这种相互联系甚至更早就已经存在：早在 1800 年左右，秘密社团就被认为是政治腐败的热点。[350]

众所周知，无法用理性的论点驳倒阴谋论，能否驳倒阴谋论是个信任问题。这就像几乎无法以透明度消除人们对国家的不信任一样。[351]

透明思维和批评腐败之所以匹配得这么好，是因为它们有共同的结构原则。因此，如果人们关注就腐败问题进行沟通的运作原理，就会发现二者不会相互排斥，而是相辅相成。对腐败的批评和对"透明"的要求似乎天衣无缝地完美匹配，因为它们建立在相似的解读结构之上。二者相依为命：只要

---

[8] 亦称美生会、规矩会、尺规会、自由石匠、福利美森等，是一个会员遍布全球的兄弟会组织，拥有独特的仪式和标志，由中世纪末英格兰地区的石匠行业协会演变而来。这个早期的行业工会为争取石匠、建筑工人的权益付出了很多代价，包括被教会打压和迫害，大部分早期会员只能秘密活动。

还不完全透明，就有腐败风险，始终如此。

第三节 利益、参与者、政治："反腐行业"的统治

反腐斗争起源于德国吗？1993年2月，11名男性根据德国法律当着一位德国公证员的面成立了一个总部设在柏林的非营利性协会，名称是透明国际。这场反腐斗争的精神导师、创意者、联络员和"魅力鼓手"是德国公民彼得·艾根。同年，它在柏林开设了一个名副其实、有多名长期雇员的办事处。[352] 透明国际虽然是个德国组织，但它实际上是在位于海牙的荷兰发展援助部的办公室里成立的，公证员专程前往办理手续，最初的11名成员中只有两名德国人，其余分别来自英国、美国、菲律宾、孟加拉和肯尼亚，他们不是在德国某个协会的办公室里，而是在国际发展合作中认识的。选择柏林作为总部的原因显而易见——彼得·艾根住在那里。还有一个原因或许更重要：当时柏林墙刚刚倒塌不久，施普雷河[9]畔的组织相对较少。联邦政府虽然还在波恩，但迁都柏林已成定局。艾根希望，随着德国国际地位的增强，未来的联邦政府所在地拥有受到媒体关注的地利，他的想法是对的。

这就是时至今日这个全球反腐斗争中可能最重要的民间组织还在柏林运作的原因。透明国际是一个彻底全球化的组织，其影响力不是基于与德国政府的良好关系，而是基于从联合国到经合组织的国际组织、跨国公司、发展援助项目的捐助者（尤其是世界银行）的支持。

---

[9] 也译斯普雷河，流经柏林，这里指代柏林。

随着透明国际的成立，一个之前几乎无人关注的视角引起了人们的注目：透明、良治、新公共管理等概念和秩序模式——这一切都不仅仅属于思想领域。事实上，人员和组织使它们走入了千家万户。在具体利益的引导下，世界各地的参与者在特定时刻都致力于实践这些概念，其中最重要的部分可能是反腐斗争。现在让我们进一步仔细看看这个过程和这些参与者。

透明国际之所以有意思，是因为它能作为一个非政府组织主导全球的政治议程，甚至可以认为它代表着一种新的行使政治权力的方式。以透明国际为例可以看出，在过去 30 年中非政府组织和网络以何种策略得以在政治格局中取得如此重要的地位。它也向我们展示了政治文化的变迁。和经济学家不同，透明国际始终从道德角度解释反腐斗争，也就是说反腐是为了建立一个更美好的世界，关乎道德完美，而不仅仅是为了提高效率、增强责任感。因此，有人也把透明国际和类似的非政府组织称作“道德企业家”。[353]

这些组织并非为个别经济利益或特定的社会群体服务——它们不是雇主协会或工会，不像政党那样遵循政治纲领，也不寻求在任何国家建立政府，但试图在明确界定的政策场域内引起关注并采取政治措施。这些政治场域指的是诸如环境保护、人权、消除贫困或苦难的斗争等领域，人们通常从道德角度出发说明这些领域的重要性。

通常非政府组织首先尝试使某个主题引起公众关注，然后推动法律和国家计划，最后自行实施项目。在这方面，透明国际与国际特赦组织（Amnesty International）、绿色和平组织（Greenpeace）、世界医生组织（Médecins du Monde）以及无数其他组织非常相似。对于他们的工作来说，重要的是公众关注和高度信任，也就是积极的形象，这些是可以通过媒体报道、网络和良好声誉等进行操作的软实力。

这些组织与已经多次提及的新社会运动颇为相似，但也有不同之处。与1970年代和1980年代的新社会运动不同，这些组织的行为高度专业化，几乎不再是“草根动议”（Graswurzelinitiative），但许多这类组织自称为“运动”。

不过，在我们进一步研究透明国际的兴起和运作方式之前，还是有必要回顾一下1970年代，因为透明国际在国际上取得的成功也是长期政治发展的结果。这段早期的历史也表明非政府组织的成功在多大程度上取决于和其他组织结成的利益联盟；国际贸易利益、全球化和发展援助在反腐斗争的节节胜利中发挥了怎样的决定性作用。

一、道德、美国的商业利益和全球反腐的诞生

1996年10月1日，时任世界银行行长的詹姆斯·沃尔芬森（James Wolfensohn）对扩大了的世行执行董事会发表了纲领性演讲。他回顾了过去几个月的成绩，更重要的是，宣布了未来几年的计划。沃尔芬森1995年才上任，公众期待他的计划。出乎意料的是，他宣称全球反腐斗争是其核心关切。演讲的正式名称虽然是《人与发展》（People and development），但在反腐领域，这次讲话被称为《“腐败之癌”演讲》（Cancer of Corruption-Speech）。沃尔芬森并非孤军作战，有一个在文献中被称作“华盛顿共识”（Washington-Konsens）的非正式联盟把他的讲话作为自己的宣言。世界银行、国际货币基金组织、美国政府和许多美国公司共同致力于普及反腐斗争，并将其转化为具体政策。要理解这一共识，我们就必须回顾1970年代。

一切都始于“水门事件”这个导致1970年代美国政治格

局持续动荡的重大政治丑闻。众所周知，1974 年理查德·尼克松总统辞职被认为是此次事件最严重的政治后果，但这种想法过于简单。“水门事件”永久改变了华盛顿的政局。一方面，“水门事件”后，立法机构和法院增强了新闻机构参与调查的可能性；但另一方面，这一事件也改变了美国的反腐政策。[354]

对尼克松行为的调查表明，许多大公司秘密资助共和党和个别政治家。不仅如此，一些美国的跨国公司还资助国外的政党和政治家。首当其冲的是军火公司和其他以政府合同为生的公司。正如在“弗朗兹·约瑟夫·施特劳斯案”中已经提到的那样，洛克希德（Lockheed）是这些公司的一员，但诸如埃克森美孚（Exxon）、海湾（Gulf）和诺斯罗普（Northrop）等许多石油工业的代表也卷入其中。

真相大白导致美国群情激奋。理想主义者认为这违背了民主原则，因为专制政权常常从中受益。实用主义者看到了美国经理人活动中的其他危险，他们认为苏联的相关丑闻为反美宣传鼓动提供了样板；美国自诩为“自由世界捍卫者”的声誉受损，比如在国会负责主持相关调查的民主党参议员弗兰克·丘奇（Frank Church）就有这种担心。此外，人们还认识到一种危险，即腐败的公司员工可能会更快地做好向敌对政府出售美国秘密武器技术的准备。这一切也令这些公司的许多股东不满。从股东价值出发，他们要求管理者不得自行承担风险参与政治。毕竟早在 1970 年代中期就已经能够听到“贿赂会扭曲竞争”的论点。

在此背景下，1977 年美国国会通过了国际反腐制度的奠基之作《海外反腐败法》，把在国外进行的受贿和行贿行为也认定为犯罪——这种行为在国内早已是犯罪行为，个人将被起诉，公司也难辞其咎。由此，美国将其内部规则“普遍化”，在国内适用的法律也将在全球实施，其中还包括一项道德主张：应以国内标准衡量美国公司及其代理人在国外的行为。

美国以这部法律独树一帜，许多美国公司一开始对这种做法持强烈的批评态度。相反地，其他工业化国家至少在20年时间内根本没有执行这一政策。作为1980年代弗朗索瓦·密特朗（François Mitterrand）总统领导下的政府的延伸，法国的跨国公司、国有石油巨头埃尔夫阿奎坦（ELF Aquitaine）[10] 显著扩大了其业务。在埃尔夫公司帮助下，巴黎在非洲大陆“造就”或推翻政府。除军火交易外，支付黑金和贿赂款项也是常规手段。在德国，这种做法虽然并非半官方政策的一部分，但以后“必须尽力为出口强劲的企业在海外提供支持”成了举国共识。因此，德国人在国外的行贿活动长期逍遥法外。更重要的是，德国的《税法》一直到1999年都允许从税收中扣除国外的“有益开支”（nützliche Aufwendungen）。这样一来，德国税务机关实际上助长了向外国公职人员行贿的行为。直到1990年代执行新的反腐政策，德国才承诺改变这一政策。实际上，在2005年的“西门子丑闻”中，德国的管理人员才首次因为腐败问题被起诉。

长期以来许多美国经理人一直对欧洲和美国的法律环境整体上的差异心存芥蒂，他们认为欧洲企业因此具有竞争优势。1990年代初期，科学研究表明美国的出口经济因《海外反腐败法》而处于劣势。[355]

1996年詹姆斯·沃尔芬森把反腐斗争纳入世界银行的计

[10] 法国公司，成立于1941年，生产汽车和卡车机油、制动液等发动机产品。“Elf”是一家前石油公司，与“TotalFina”公司合并成立“TotalFinaElf”。新公司2003年更名为道达尔公司，2021年更名为道达尔能源公司。

划时当然也知道这些前因后果。彼时，数年来要求加大力度，使合作伙伴执行美国原则的呼声日益高涨。从一开始就支持透明国际的公司——例如咨询机构永道会计师事务所（Coopers & Lybrand）、后来的普华永道（PwC）或通用电气公司（General Electric）内部也有这种考虑。1994年，也是在透明国际成员的积极协助下，比尔·克林顿（Bill Clinton）领导的美国政府把反腐问题提上了美洲国家组织（Organisation of American States）的议事日程。

克林顿政府介入此事的一个核心原因是其对新兴工业国家感兴趣。特别是那些对美国经济政策起主导作用的政治家认为，经济增长的关键在于新兴工业国家，即新兴市场，这不无道理。应强化与巴西、俄罗斯、印度和中国等“金砖国家”（BRIC-Staaten）的经济关系。华盛顿认为，在这些市场有投资意愿的美国公司除了面临许多问题外也面临腐败问题。[356]

从经理人的角度看，腐败不仅增加了他们投资的财务成本，也是一种文化障碍。与经济学家不同的是，在南半球奔走的公司代表们知道，绝大多数情况下，偷偷摸摸地塞张支票并不解决问题。对于跨国公司而言，贿赂的不透明性体现在另一方面：贿赂者需要具体的社交和文化能力，他必须非常清楚自己可以用什么言辞、在什么场合拓展业务，错误的言辞、过重或过轻的礼物会破坏非正式的贿赂“规则”，伤害对方的尊严，最终导致交易失败，而游戏规则通常因国家和地区而异。简而言之，需要丰富的文化经验和直觉，需要在当地有良好的人脉才能在“贿赂业务”中取得成功。

一家公司的国际化程度越高，业务范围越广，在每个地区招募经验丰富的“贿赂专家”的可能性就越小。因此，跨国公司认为贿赂文化的碎片化性质（Kleinteiligkeit）至少和与之关联的成本一样具有反竞争性（wettbewerbsfeindlich）。人们担心，只要这些贿赂文化还存在，区域性公司就比全球性公司更有优势。

也就是说，当时人们关心的主要是在分配订单时如何排除非正式因此也不透明的规则的影响。这就是在相关辩论中通常不区分贿赂、客户主义、关系网或其他非正式决策形式的原因所在。一些经理人甚至把容忍腐败解释为一种隐性的保护主义。因此，人们也必须把反腐斗争视为旨在消除国内市场准入障碍、协调全球经济规则的贸易政策的一部分，即作为坚定的全球化政策的一部分。[357]

然而，经济界能够对反腐斗争达成共识也因为其几乎同时被赋予了道德使命。东欧社会主义阵营解体之后，市场经济的参与者也自认为肩负着道德使命，这种趋势可以追溯到1970年代公民动议和媒体开始强烈质疑个别大公司的商业行为之时。这里做个简要回顾。

最重要的案例之一是“雀巢公司（Nestlé）案”。1970年代中期这家食品公司一度陷入困境。该公司大力推广自己生产的奶粉，并诱使饮用水受污染地区的哺乳期母亲以人造食品替代洁净的母乳，导致无数婴儿死亡。人权组织指责其对发展中国家数千名婴儿的死亡负有责任。随后全球消费者发起了抵制活动，雀巢公司损失惨重。

其他经济丑闻也引发了类似的争论，包括涉及南半球国家的生产条件。在公众要求公司承担责任、公平经营的压力下，许多公司做好了处理自己商业模式道德问题的准备，用商业术语说是“企业的社会责任”（Corporate Social Responsibility）。[358] 例如，在1995年极具争议的围绕北海布伦特·斯帕（Brent Spar）石油平台排污事件之后，壳牌石油公司（Shell-Konzern）努力塑造“环境友好型公司”形象，启动相应的

“形象宣传”活动，改变其产品种类并支持各种环保项目。[359]这么做的首要目的自然是给客户一种良好的感觉，并使客户相信自己的公司在经营业务之外也致力于公共利益。

最迟在柏林墙倒塌之后，人们越来越倾向于把市场经济整体提升为道德市场经济。在东欧剧变后，许多人感觉资本主义可以传播世界上的美好事物。这种主张虽然并非前所未有——现代经济学创始人亚当·斯密（Adam Smith）讨论的实际上就是道德问题；但东欧剧变后，相关人士公开提出这一主张以追求形象政治（Imagepolitik）的趋势有所增强。企业和制定经济政策的政治家有时共同努力，以实现这种受新自由主义启发的愿景，一些作者甚至将其称作现代资本主义的伦理转变（ethische Wende）。[360]

但究竟是什么构成了这种道德，始终不甚明了。可口可乐公司能在相应的活动中将其柠檬汽水贸易展示为道德项目（ethisches Projekt），像班尼顿（Benetton）这样的时装制造商通过其宣传活动给人一种它致力于实现种族多样性理想的印象，硅谷的互联网企业也常常认为自己的商业模式是对改善世界的贡献——包括过度的使命感。正因如此，反腐斗士的主张也符合“以这种方式带来更多民主”的理念，这种心态让许多经理人更容易投身反腐斗争。

从1990年代中期开始，由公司和主张全球化的政治家组成的利益联盟推动国际组织颁布适当的反腐规则。先采取行动的是美洲国家组织，然后轮到经济合作与发展组织。经合组织是总部位于巴黎的西方工业国家的联合组织，致力于制定经济政策的共同标准。根据彼得·艾根的说法，在经合组织的办公地，除了美国政府之外主要是大公司在进行游说，目的是使美国法律中的禁令对经合组织的所有成员具有约束力——尽管大多数欧洲国家政府最初非常不愿意这么做。比如1997年透明国际在柏林组织了一次经济会议，时任德国联邦总统里夏德·冯·魏茨泽克出席了此次会议，以此为“理性和信任”背书。[361]会议的结果是欧洲主要经理人向德国和其他国家政府发表了一封公开信，要求各国政府支持经合组织的一项反贿赂公约。[362]

水到渠成。1995年，经合组织就已经向成员国发布了一项建议，1997年该组织通过了这项具有约束力的公约。该公约要求成员国根据《海外反腐败法》修订各自的刑法，即禁止在国外贿赂公职人员的行为。[363]次年，德国率先批准该公约。此外，经合组织还本着“新公共管理”的精神同意建立一个监督系统：该组织的成员国应定期报告该公约在成员国是否得以实施，以及实施的效果如何。

西方工业化国家加入国际反腐行列之后，有关人员把注意力转向了联合国，要求联合国也执行这项全球反腐制度。这个过程稍显漫长，但最终也取得了决定性成功。1996年联合国通过了第一份《反对腐败和贿赂宣言》（Deklaration gegen Korruption und Bestechung），明确提出要增加国际贸易市场的透明度，其理由在此后几年中发生了变化——此时民主和良治与世界贸易一起成为一定要打击腐败的动机。1998年至2002年，联合国每年都通过有关国际社会反腐斗争的决议和宣言。它们全都反映了主流观点，即认为反腐是一种道德要求，能够促进自由市场经济，自由市场经济反过来又限制行政机关和政界恣意妄为。2003年这些卷帙浩繁的文件最终汇总成为一部具有约束力并于2005年生效的联合国公约。该公约规定可以在国外追究贿赂的刑事责任。此外，还包括大量其他规则，比如成员国有义务对贿赂议员的行为进行刑事处罚，[364]这一点对德国而言意义尤其重大。直到2014年联邦议院才批准了这部公约。

很难不怀疑这一切变化的幕后没有美国的影响。华盛顿政府使用外交以外的其他手段遵循其在全球范围内执行美国《海外反腐败法》的战略。前面已经提到的合规革命是美国这个全球化经济中的最重要市场施加的具体压力和“长臂管辖”的司法政策的结果。也可以说这是一种司法帝国主义（Justiz-imperialismus）。1998 年的《海外反腐败法（修正案）》是其中的一个决定性因素。在经合组织签订公约之际，克林顿政府“厉兵秣马”。美国政府赋予美国法院起诉任何在海外行贿的公司或个人的权利，只要他们在美国从事经济活动。实际上这影响了所有国际公司，包括在美国领土上使用的电子邮件服务器，或在美国金融机构开设的银行账户。美国的司法权已经上升为世界司法权，这也体现在后来的案例（例如西门子案）中。

2002 年，美国国会通过了另一部法律，即《萨班斯-奥克斯利法案》（Sarbanes-Oxley Act）。它对较大规模的公司提出了严格的规范，要求其主动清理门户、打击贿赂。如果公司没有尽力预防，则需对员工的不当行为负责。这部法律不是纸老虎——多场以天文数字般的巨额罚款告终的“样板诉讼”就是明证。也因为这个缘故，进入 21 世纪以来，大公司再也离不开经过精心谋划的合规规则和合规部门。[365]

这些来龙去脉再次显示了反腐政策的几个深刻悖论。首先体现在美国的贸易政策战略中。针对其他国家、以客户主义实施的非正式保护主义的反腐政策实际上被证明是有利于美国经济的保护主义，至少是其本国法律的保护主义。

其次，这些规则的灵感都来自“增强公司对抗（腐败）官员、行政部门、政治家和政府的力量”的想法，而反腐政策的初衷是制定商业友好型全球化政策。最后，反腐最重要的利器之一——《海外反腐败法》把公司或其员工的不当行为纳入监管。这完全顺理成章，因为美国不可能直接惩罚其他国家的政治家或公务员的腐败行为。这么做的考量是：只有惩戒国际公司才能从财政上对腐败行为釜底抽薪。因此，美国主导的反腐政策偶尔也针对在全球化过程中获益最多的国际公司。也就是说，如果个别公司未能及时搭上这班列车，必将付出高昂的代价。

合规的作用与《海外反腐败法》类似，也使人感到进退两难。有迹象表明，复杂的合规规则往往会使公司效率低下，并且绝对会导致公司自身出现官僚主义。因此，它们产生的影响正是新自由主义经济理论反对的。

很多公众几乎没有注意到这种因果关系。反腐政策看似大公无私，针对的是贪得无厌的经理人，至少不会对经济界的过错视而不见。因此，反腐政策对全球化的反对者也很有吸引力。在其他地方，它更有可能被理解为主张民主和参与的政策。通过打击腐败，国际贸易政策就能以“道德政策”(moralische Politik）的面目出现。由于西方公司一样被追责，所以对西方想要“单方面对贫穷国家施加影响”的指责不攻自破。

二、反腐与世界银行的“华盛顿共识”

由此，我们又回到了1996年10月1日世界银行行长詹姆斯·沃尔芬森演讲中提到的“腐败之癌”。把腐败比作癌症可以追溯至16世纪末期（参与者大概几乎没有意识到这一点）。[366] 透明国际和彼得·艾根声称自己已经使世界银行转变了观念。在 1991 年之前艾根本人曾在世界银行[11]担任总监，了解世行的政策，认识许多世行的决策人士。腐败历来是世行办公室里出于政治目的有意制造出的禁忌，主要原因不再是“腐败可能与现代化如影随形”的旧想法，而更多是出于其他考虑——首先，人们不想欺骗第三世界国家的政府，试图避免造成西方狂妄自大的印象，因此出于外交原因避免进行关于腐败的辩论。其次，还有一些原则性考虑。世界银行法律部负责人易卜拉欣·希哈塔（Ibrahim Shihata）也担心腐败这个话题会超越经济政策的界限。如果有人攻击这样一种包罗万象的问题，世界银行将承担其无权获得的职能；如果要求接受援助者采取措施打击腐败，则将面临受援者官僚化和有恃无恐的威胁。367

以沃尔芬森为首的新的世界银行领导层对这种担忧置之不理。沃尔芬森不是世界银行的元老，他在世行任职之前曾是银行家和经理人，因此非常熟悉美国金融业即股东和大公司的想法。他能在世行任职也归功于美国政府。比尔·克林顿总统于 1995 年提名沃尔芬森担任世界银行行长，1999 年再次提名此人。上面提到的这些人都同意他的政策，从上一章我们知道了这背后的政策目标是什么。

几乎没有哪个国际组织像世界银行和国际货币基金组织那样在反腐斗争中体现了新的“华盛顿共识”。因此，我们必须了解这两个组织的作用。二者都是冷战和去殖民化的产物，均成立于 1945 年 12 月，旨在促进百废待兴的战后欧洲的重建。二者都与联合国的成立有关，因此它们不是私营企业，而是由各个国家作为成员的国际组织。二者的总部都设在华盛顿，而美国是这两个组织传统上最重要的成员国。两个组

[11] 1988—1991 年，彼得·艾根曾任世界银行东非区总监。

织中的投票权重分布不均：成员国在理事会中拥有不同数量的选票，一个国家缴纳的资本越多，其影响力就越大，这确保了财力雄厚的工业化国家占据主导地位。时至今日，还有一条不成文的规定：世界银行行长由美国人担任，国际货币基金组织总裁的宝座属于欧洲人。

世界银行和国际货币基金组织制定和推动长期经济发展目标。在最严重的战争损害被消除、欧洲经济自 1950 年代起蓬勃发展之后，这两个组织越来越多地关注南半球国家。1990 年后，双方都将业务扩展到了前东欧集团国家，任务是使这些曾经的社会主义国家融入世界经济。两者之间有分工：国际货币基金组织向陷入财务困境的国家提供贷款或外汇；世界银行专注于私营企业，它支持经济发展，但也通过贷款、技术、专家、技术援助和项目融资等消除贫困。

这两个组织都没有正式的政治授权，但已作出的资助决定对贫困国家产生了巨大影响，也为自 1980 年代起许多南半球国家至少倾向于削减支出、减少国家干预和消除贸易壁垒做出了贡献。简而言之：世界银行和国际货币基金组织是新经济政策的重要传送带，促进了全球贸易共同增长。[368]

1996 年詹姆斯 · 沃尔芬森所作的以腐败为主题的演讲宣告了一场文化变革的开始，他兜售自己作为诚信信条的动议，认为所有人都早已认识到腐败这个问题：腐败把钱从穷人那里分配给富人，增加了经济活动的成本，赶跑了投资者，也破坏了发展援助的努力。[369]

但对于沃尔芬森来说，反腐斗争只是全面战略——以消除世界贫困为主要目标——的一部分。但世行行长认为不能孤立地看待全球贫困问题。总体而言，发展中国家的“基础”应该得到改善：良治、自由的贸易体制、可靠的法律体系——私人资本只流入具有这些特征的国家。世界银行致力于社会变革，比如使妇女获得平等的权利；也为可持续性和环境保护提供资金支持。简而言之，世界银行声称对受援国的社会和执政方式拥有全面控制权。

沃尔芬森宣布将启动使受援国可以打击腐败的机制。一年后，即1997年，世界银行发表了题为《协助各国打击腐败》（Helping countries combat corruption）的纲领性文件。沃尔芬森领导的世行只在受援国及其政府承诺打击腐败和实施良治的情况下才给予其项目、援助和贷款，也就是说只有那些为共同价值观努力的国家才能获得资金。[370] 国际货币基金组织也几乎与沃尔芬森同时致力于建立基于良治、法治国家和反腐斗争的增长伙伴关系。

世界银行采用了透明国际过去几年中发展出的理念。在沃尔芬森的领导下，透明国际获得了对管理层进行调查的特权。彼得·艾根与其透明国际同僚杰里米·波普（Jeremy Pope）获得了旨在制定世界银行新战略的顾问合同。[371] 这种合作不仅是透明国际工作人员良好人脉的结果，而且与世界银行的新战略完美契合——这种新战略包括与非政府组织合作。人们也希望以此为民主化作出贡献。

在世界银行的帮助下，透明国际成功地将其核心关注昭告天下。透明国际视腐败为全球发展、繁荣和增长的最重大、最紧迫的障碍。世界银行认同这种解读后，其他组织纷纷效仿。在短短几年内，发展政策中大型资助组织的发展计划成为“反腐行业”最重要的资金来源。

为什么世界银行的领导层同意这种看法，为什么他们忽然把注意力集中在一个长期以来看似次要或第三重要的问题上？仅仅把这归结为美国的利益无法解释这种理念的改变。尽管美国政府的影响巨大，但世界银行也有自己的利益和动机。

起决定作用的是各种考量的混合体。第一，透明国际提出的战略避免了受援国发生重大冲突——在后面的章节中我还会谈到这一点。这个新话题至少乍看上去并没有让任何人吓得不敢接受。第二，反腐败最大的优势在于腐败在全世界被视为是不道德的，因此公然反对反腐斗争在政治上极其困难。反腐斗争是一个类似于世界银行消除贫困目标的共识引擎（Konsensmotor）。因此，人们选择为世上的美好事物而工作。由此反腐斗争成为一种与已经提到的道德化类似的核心部分，现在扩展到了发展合作领域。

第三，从经济自由化到行政现代化的包罗万象的计划都可以在反腐斗争的大旗下进行，这一点我们已经看到了。用美国政治学家姆拉达·布科万斯基（Mlada Bukovansky）的话说，把发展问题的辩论聚焦于反腐，使华盛顿的决策者得以在良治、民主化和为平等而斗争的标签下，或多或少不怎么引人注目地实施以增长为导向的新自由主义发展政策。[372] 反腐斗争具有弹性，这样也能照顾到对全球化持批判态度的团体的愿望。

第四，反腐主题为冷战结束后世界银行的政策提供了一种宏大叙事。东欧巨变后的关键不再是把发展中国家从真实存在的社会主义阵营中夺过来，不过华盛顿仍然坚持把市场经济与自由民主的结合作为“成功的公式”在欠发达国家“推销”。此外，柏林墙倒塌之后，世界银行有了新的客户。除南半球国家外，前东欧集团国家的政治，尤其是经济“转型”也有待获得支持。因为这两组国家问题迥异，反腐斗争才适合作为“连接要素”，因为发展政策的制定者一致认为：这两组国家的腐败现象都很严重。

在此背景下，保加利亚政治学家伊万·克拉斯捷夫（Ivan Krastev）提到了世界银行眼中反腐斗争的最后一个也就是第五个优势。[373]1990 年代中期就已经能够明显看出，尽管前社会主义国家接受了财政援助，迅速引入了市场经济，但转眼之间就风光不再，满目凄凉：失业、去工业化、社会福利体系崩溃和掠夺性资本主义（Raubtierkapitalismus）的野蛮发展成了大多数前社会主义国家的常态。华盛顿的方案显然未能迅速奏效。在这种情况下，不从错误的经济理论，而从人们的错误行为中寻找原因颇有益处。“腐败之癌”是一个颇受欢迎、政治上迫切需要的对市场经济在转型国家失灵的解释。

第四节　反腐有一个名字：透明国际

如果世界上有一个代表反腐斗争的品牌，那无疑就是透明国际。在短短几年内，该组织成功地引起了人们对反腐问题的关注，并对解决方案产生了巨大影响。此后几年间，透明国际成了即将蓬勃发展的“反腐行业”的一个主要的资源分配机构。

从前面几章可以看出，透明国际及其创始人可谓在正确的时间、正确的地点成立了院外集团。反腐话题的兴起不能仅仅归因于这些院外集团巧舌如簧地四处游说，但毫无疑问透明国际创始人的伟大之处在于使腐败问题在政治上占有一席之地，塑造了反腐斗争的形象，他们认识到并且捆绑了那些使反腐成为重要话题的潮流和利益，并启动了完美的公关工作。

一、创立史

2003年彼得·艾根出版的带有自传色彩的透明国际创立史[12]是一份有关透明组织创始人自我形象的文件。该书引人入胜，艾根在书中把自己和战友们描述为“仁爱主义者”，他们中的大多数几十年如一日地与贫困和不公作斗争，“对独裁者和剥削者满怀厌恶”，在第三世界尤其如此。[374]这是第一条叙事线索：腐败是贫困的根源和黑暗势力的统治手段。多年来从事援助组织工作或外交工作，艾根及其同僚经历了这种情况，1993年成立的透明国际旨在打破围绕着腐败的“沉默之墙”（Mauer des Schweigens）[375]。因此，这是一个忧心忡忡的援助者的故事：他们给世上的困苦取了个名字，并对制造腐败这个古老禁忌的统治者提出了质疑，这就是作为“公民社会”即忧心如焚的世界公民代言人的透明国际的故事。此后不久，世界银行和其他发展援助组织也采用了这种解释：反腐斗争首先是和贫困的斗争。导致南半球国家贫困的最重要原因之一是腐败。

书中的第二条叙事线索略显乏味，但同样令人着迷。这是一个八面玲珑的前世界银行雇员彼得·艾根的故事，他巧言令色、利用朋友、编织网络、筹集资金，简而言之，在国际外交和商业世界中游刃有余。故事的主角是一位手眼通天并巧妙地对其组织进行定位的英雄，能够利用狂热的大提琴爱好者沃尔芬森对音乐的热爱，说服其确信反腐政策的正确性。[376]但在这里，叙述也常常从逸闻趣事转变为技术官僚的故

---

[12] 指彼得·艾根2003年出版的《腐败网络》（*Das Netz der Korruption*）一书。

事：人们会谈到腐败导致效率低下、谈到监控系统，当然也会谈到良治和市场准入，这些语言显然可以说服外交官和发展援助者。

可能正是透明国际的这种两面性使该组织取得了成功，并将继续取得成功。它提出，原则上要“自下而上”地抵制不正之风。同时，透明国际的成员大都是来自国际外交界、发展援助组织和经济界的顶级代表：11名创始成员中包括一名通用电气公司的首席法律顾问、一名技术合作协会（GTZ）的总经理、一名人权组织的律师兼联合创始人、一名重点负责非洲事务的国际公司顾问和一名孟加拉国前部长等。

正式成立几个月后，透明国际在柏林设立了自己的办事处，很快就有了两名员工，1994年初起一名业务负责人常驻此地。创始人的筹备会和办事处的资金来自福特基金会、非洲全球联盟与技术合作协会等发展援助组织、基金会和企业。后来，更多资金来自世界银行、经合组织和国家发展援助基金，也有一部分来自捐款。也就是说，透明国际的资金来源是这类第三方，而不是会费。

成立伊始，发起人就试图建立下级组织，目的是把透明国际推广到世界各地。最初透明国际有5个称作“会”的国家分部，1997年这个数字增至38个，10年后，分布在不同国家的透明国际组织超过90个。[377]

透明国际从来都不是“草根运动”，其组织构建就已经决定了这一点。透明国际的个人成员很少，主要是创始人与其网络的其他成员，人数最多时也不超过40人。它的实际成员不是个人，而是全国性下级组织。典型的“运动”形式是“自下而上”组织起来的，但它们不是这样。最初几年中，动议主要来自创始人及其网络。这也导致了一些问题。在柏林，他们同意由厄瓜多尔副总统阿尔贝托·达希克（Alberto Dahik）在其本国设立透明国际分部。达希克在国际发展援助界人脉良好，但其本人很快就涉嫌腐败。[378] 随后几年中，透明国际总部也致力于兴建各国分部。1994 年从人权组织“公民权利”（Poder Ciudadano）分离出来成立的透明国际阿根廷分部是个例外，该组织是在其创始人、在国际上交结甚广的路易斯·莫雷诺·奥坎波（Luis Moreno Ocampo）的推荐下成立的。近 10 年后，奥坎波成为海牙国际刑事法院的首席检察官，但最近他受到了通过可疑授权和离岸公司违反合规规则的指控。

这种会员政策使透明国际总部更容易控制整个组织的政策。透明国际类似一家特许经营公司，[379] 它提供了一个世界知名品牌，使这种商品变得奇货可居，只允许每个国家有一个透明国际下属机构，其他团体充其量只能作为透明国际的“联络小组”或“盟友”。这种结构完全符合各国的想法，这种情况在世界银行和联合国中普遍存在，名为“秘书处”的柏林总部也很容易让人联想到联合国的表述。透明国际的结构确保了组织内部秘书处和创始人团体的权力。尽管如此，透明国际还是存在冲突和危机，特别是在进入 21 世纪之后不久。先是联合创始人杰里米·波普和弗里德里克·伽尔通（Fredrik Galtung）被排挤出了该组织，随后两人自行成立了一个非政府组织。在这一人事变动过程中，一家位于伦敦的透明国际研究机构开始独立开展业务。2005 年彼得·艾根退出了透明国际的一线管理层。这一切都可以说是一个职业化的过程。最终，透明国际总部丧失了对各国分部的部分正式权力，但它依然是踏上国际舞台的重要敲门砖。[380]

透明国际活跃在三个领域。第一，该组织把腐败问题交给公众并搬上不同的政治舞台，这一领域的关键是新闻工作和网络。第二，该组织制定政治理念和可能的解决方案，最终以具体发展项目的承办者和资源分配者的面目出现。

透明国际以不同的方式引起对腐败和打击腐败的关注——我们上文列举了多个例子。

第三，透明国际每两年组织一次的国际反腐大会（International Anti-Corruption Conference）过去和现在都是一个重要的互联互通的论坛，各国政府、执法机构、联合国组织和非政府组织出席会议并就反腐斗争的现状展开讨论。2001年，来自133个国家的1300人在布拉格齐聚一堂，捷克总统瓦茨拉夫·哈维尔（Václav Havel）主持了开幕式，这次会议包括一场名为"艺术反腐"（Kunst gegen Korruption）的展览。演讲者们在台上为彼得·艾根及其同僚们唱了无数赞歌，他们互相保证为了一项美好的事业共同努力——无论他们是政府首脑、金融家还是积极分子。[381] 这个例子说明，围绕腐败问题如何迅速形成了一个具有专业认同和文化认同的圈子。

二、腐败指数和诚信公约：透明国际的品牌

腐败感知指数（Corruption Perception Index）对于激发公众对透明国际的兴趣可能更为重要。我们已经看到这种工具对于经济学研究的重要性；有了这个先决条件才能描述腐败的经济学意义。对于透明国际而言，每年公布腐败指数不仅仅是机缘巧合——即不仅仅是踏上国际媒体舞台的门票。如果没有腐败指数，透明国际可能还只是一个令人钦佩、但只有专家才知道的发展援助领域的组织。有了腐败指数，透明国际人士得以在全球观众面前普及他们对腐败的看法，推广对腐败这一人类亟待解决的问题的解读，并且在某些情况下对政策起具体的推动作用。除了建立网络，非政府组织使用的主要手段就是形成公众压力。透明国际从其指数的表面证

据中获得了这种“压力潜力”（Druckpotenzial）。其之所以弥足珍贵也由于透明国际没有足够的成员，无法走街串巷发动群众。

腐败感知指数是德国经济学家约翰·格拉夫·兰布斯多夫的发明。他是因为弗利克事件辞职的德国联邦经济部部长奥托·格拉夫·兰布斯多夫的远房亲戚。彼得·艾根是这样描述这个故事的：[382]1995 年兰布斯多夫刚刚获得经济学博士学位，在柏林的透明国际秘书处实习。在这里，他得知不可能精确地衡量腐败。彼得·艾根后来表示，员工们也认为这是不可能的。但兰布斯多夫并不偃旗息鼓。他选择了“绕道而行”，征求专家意见，以便描述一个国家的腐败频度（Korruptionshäufigkeit）。零散的数据是现成的，只需整理归纳即可。兰布斯多夫以为投资者提供的、建立在对商人的调查和风险评级机构的评估基础上的各国的报告为依据（这些风险评级机构也顺带谈到了腐败在不同国家的重要性），潜心研究出一种把各式各样的信息转换为全球统一的积分体系的方法。

透明国际的董事会成员没有作出太多承诺，他们让这位实习生继续实施其项目。1995 年夏，兰布斯多夫在柏林的秘书处预先发布了腐败感知指数——它落入了记者手中。就在透明组织领导层还措手不及、考虑是否承认这份报告时，来自世界各地的记者问询已经潮水般涌向了透明国际秘书处。秘书处大费周章向媒体发布了自己的声明。一个月后，《纽约时报》（*New York Times*）在经济板块中把腐败指数作为大字标题。这显然触动了柏林的记者和政治家的神经。多亏了这次信息泄露事件，透明国际才成为反腐领域的全球舆论领袖。第一期腐败感知指数列举了 40 个国家。每个国家得到一个介于 0~10 之间、代表对腐败“绝对”感受的分值，同时对这些国家进行排名。新西兰领先于丹麦独占鳌头；印度尼西亚位于巴基斯坦之后，叨陪末座。随后几年中，该指数把越来越多的国家考虑在内。1998 年有 85 个国家被纳入评价体系——丹麦夺冠，喀麦隆垫底。2003 年包括 133 个国家：芬兰和冰岛并列第一，其次是丹麦，孟加拉国在排行榜垫底；2014 年该榜单包括 175 个国家。德国在同一时期的排名始终在第 15 位左右。[383]

无论过去还是现在腐败指数都对新闻报道颇具吸引力，因为它把复杂的腐败现象简化为一个数值，尤其是简化为排名。虽然腐败指数的发明者一直拒绝这种做法：在媒体中，人们像看足球排行榜那样看透明国际的腐败指数。[384] 各个国家和地区想知道自己处于什么位置，谁的成绩较好，谁的成绩稍差，以及自己的排名每年如何变化。

1990 年代以来，排行榜变得愈发重要。1990 年至 2014 年间，出现了至少 83 个显示各国在不同政治领域表现的国际评级和排名，[385] 其中主要包括信用度等经济数据，也包括一个国家的言论自由度、生活质量、饥饿、环境和军事化程度等完全不同的项目。排行榜的成功是新公共管理中建议的外行控制（Laienkontrolle）的一部分，给人完全透明的错觉。毕竟每个人都可以阅读排行榜。此外，排名还是国家和社会经济化的结果，也是以往在技术上无法实现的高效数据处理的结果。国际排名体系的赢家是那些制造排名的组织——类似穆迪（Moody's）这种对政府、经合组织等国际组织或世界银行尤其是非政府组织的信用度作出评价的私人机构。这些私人机构也借助排名成功地对各国政府施加压力和影响，使自己参与解决问题。全球评级中的力量对比偶尔也发生逆转：这时政府就找到排名发起者进行游说，试图影响下一次的排行结果。[386]

在德国，最有政治影响力的排行榜可能要数关乎教育体系质量的“国际学生能力评估计划”（简称“比萨研究”[PISA-Studie]）。自2000年开始比萨研究由经合组织进行，在德国引发了所谓“比萨震撼”（PISA-Schock），即关于教育标准的广泛争论。

作为每年腐败辩论中都出现的最重要的媒体事件，透明国际的腐败指数对全世界对腐败问题的认识和定义方式产生了巨大影响。由于该指数反映了国家公务人员对贿赂的看法，在最初几年的讨论中传统的公务人员腐败问题也成为主导性话题。结合1990年代的新自由主义思潮，该指数有助于增进大型跨国公司的利益，而国家和行政机关则是腐败问题的根源。[387]

透明国际的腐败指数在媒体上取得成功，关键在于它最终证实了对世界的普遍看法，“刺激潜力”最小，“丑闻化潜力”最大。该指数原则上巩固了西方人本来就已固有的认知：一个国家的位置越靠南、靠东，国家和社会就越腐败，在排行榜上的名次也就越差。新西兰或澳大利亚等文化和精英均从英国“进口”的南方国家是例外。

通过对腐败指数的批判性分析可以发现，显然存在一些导致某个国家在排行榜中处于不利地位的历史和文化特征。按照以色列政治学家伊娜·库贝（Ina Kubbe）（但她的研究只涉及欧洲）的说法，这些因素受到东正教、天主教、伊斯兰信仰和1990年之前的共产主义历史的影响。一个国家的民主传统越古老，人们就越容易认为这个国家的腐败程度低。[388]从这一结果可以得出两个相反的结论：要么民主、新教和自由的生活方式导致腐败减少——要么具有自由主义特征的精英（腐败指数就建立在对他们进行调查的基础之上）把这个画面投射到世界各国的国情之中。很多事实证明了第二种解读，原因也在于，这样的调查不可能在对腐败进行严格定义的情况下开展。常见的情况是：受调查者把所有弊端都算作"腐败"——即便这些弊端是其他形式的管理不善或违法行为。[389] 因此，透明国际除了备受关注外，还因其腐败指数饱受非议。[390]

一个重要的批评涉及的内容没有体现在腐败指数中。由于腐败指数聚焦各国及其法律体系，因此它掩盖了企业的不当行为。此外，腐败指数还使在腐败的形成与发展障碍中起重大作用的结构"无影无踪"。这主要包括包含避税天堂在内的国际金融架构，以及税收和资本外逃进入这些避税天堂的全球性现象。这些结构使腐败网络更容易掩盖其业务，而且往往使南半球国家处于劣势。[391]

但批评者也承认，有了腐败指数之后国际反腐政策才开始取得胜利，关于腐败指数的辩论才产生了积极影响。也正因为这些批评意见，透明国际逐渐在腐败指数中增加了一系列附加报告。当由于《经合组织公约》（OECD-Konvention）的缘故，人们更多地把注意力集中在行贿的公司上时，1999年起透明国际推出了贿赂支付者指数（Bribe Payers Index），该指数显示的是某个工业化国家的公司在国外花多少钱用于行贿。2003年启动的全球腐败晴雨表（Global Corruption Barometer）把视野拓宽到了民众：它以有代表性的对人们日常生活中腐败经历的调查为基础。

与此同时，透明国际还提供了越来越多、卷帙浩繁的论文和调研报告。2001年，透明国际启动了全球腐败报告（Global Corruption Reports）系列活动，对全球范围内和各国的反腐斗争状况进行定性研究。这些报告通常有一个重点，比如2004年的重点是政治腐败，2006年的重点是健康与腐败。此外，2010年起透明国际还为许多国家提供针对各国的国家廉政系统报告（National Integrity System Reports）。[392]

必须再次指出，透明国际拓展了对腐败的理解。如前所述，该组织成立之初的主要目的是批判漏洞百出的法律体系并制止腐败的官员和政治家的行为。一份纲领性文件，即1996年的所谓《透明国际来源书》（Quellenbuch）以新自由主义精神为指导，把腐败描述为一种非法税收。[393] 因此透明国际最初也使用腐败的经典定义：腐败是滥用公职谋取私利的行为。这种定义也被称作“公职导向型定义”。上文已经说过，为了在竞争中获得均等的机会，美国和后来的经合组织决定也对行贿的公司采取行动。透明国际不希望背上“单方面指控国家公务人员腐败”的名声。因此，透明国际也改变了自己对腐败的定义。自2000年以来，对腐败的定义是为了私利滥用受托行使的权力。[394] 这种变化是新自由主义经济政策的一种后果：不能仅仅因为诸如供水公司等许多曾经的国有企业转为私营就将其从反腐斗争中剔除。[395] 如“贿赂支付者指数”所示，在那些虽然国家不被视为腐败但大公司被视为腐败的国家，实施反腐举措也有充分的理由。此外，这种方法的政治优势在于也可以批判地看待西方国家和企业，有助于淡化“腐败指数”给人带来的印象。透明国际与文化偏见共同发挥作用，但透明国际以“更加模糊”为代价换取对腐败定义的扩展。按照新的定义，严格说来每一次滥用权力都是腐败，从委托代理模式和良治的角度看这是可以接受的，因为这总归是影响深远的改革。从非政府组织透明国际的角度来看，扩展腐败的定义只有好处，因为可以把自己的活动扩展到诸如私营企业内部的合规和诚信等新的领域。

但腐败定义的扩展对于分析腐败的原因和影响帮助不大。按照新的定义，公共和私人领域之间的界限明显变得模糊了；现代腐败观念刚刚形成时，公私界限的意义一度非常重要。

这些报告体现了透明国际的第二个工作重点，即打击腐败的具体战略。透明国际的目标始终是通过打击腐败实施全面改革，这需要一种广泛的战略，包括全面的新的立法程序、负责任的机构、经过改进的对国家公务人员的培训、私营企业和政治家的行为准则、主张透明和诚信文化的公共运动等。[396] 这些最初适用于南半球和东欧国家，对西方工业化民主国家的影响也越来越大。在这方面，愈发受到关注的是政治腐败、院外集团领域的“透明度”、政党融资等相关的问题。

透明国际首先提出了一项名为国家诚信体系（Nationales Integritäts-System）的政策，其背后是一个对于非政府组织来说不同寻常的计划。绿色和平组织或国际特赦组织等许多其他非政府组织靠抗议、批评或丑闻化来制造公众压力，透明国际则通过拥抱策略（Umarmungsstrategien）形成压力。柏林总部的态度非常明确：反对以任何形式直接批判个人或政府[397]——腐败指数过去是、现在仍然是最严厉的公开谴责形式。相反地，彼得·艾根和最早提出这种想法的杰米里·波普靠的是“一体化联盟”，即就反腐达成共识。透明国际的目标曾经是诚信公约，要让一国之内尽可能多的机构参与其中：政府、企业、法院、执法机关，但也包括非政府组织和世界银行、国际货币基金组织等资助组织。这一战略是对世界银行历来忌谈腐败的回答，应该尽可能不使任何人受到公开指责，人们更愿意在激励下工作，希望出于自愿而非受到强迫，至少这种强迫不应该太明显。

1996 年杰里米·波普在《来源书》中对此作了详细描述，这也显示了该计划的新自由主义“主攻方向”。这本书几乎是专门为发展中国家写的，论点仍然以经济为中心，把腐败描述为增加成本的因素。与后来的经合组织不同，它主要把国家和行政部门与腐败联系起来，呼吁为实现良治而努力，认为腐败损害了国家的权威。为了自身利益，该书呼吁让非政府组织在发展政策中发挥更重要的作用。[398]

诚信公约也包括私营经济的制裁策略。2003 年彼得·艾根在一篇文章中这样描述该程序：当世界银行就一个大型开发项目进行招标时，我让透明国际和所有潜在的投标公司坐在一起，把合同介绍给所有参与者。该合同要求公司避免腐败。如果合作伙伴违反这一规定，可能会产生私法上的后果，比如受到严重的合同处罚，或者在极端情况下世界银行将其排除在今后的投标过程之外。这个例子很好地说明了非政府组织透明国际如何在世界银行和盎格鲁—撒克逊法律模式的帮助下，通过诸如法律保护等手段把自己置于像国家一样行事的地位。这并非夸张，而是完全符合透明国际的自我形象。因为在同一篇文章中艾根抱怨说：遗憾的是，在全球贸易层面上没有国家。因此，像透明国际这样的非政府组织必须承担起国家作为法律和道德守护者的角色——最好不仅在打击腐败方面，也在环境保护和类似问题方面。[399]

批评者指责透明国际利用联盟战略使反腐斗争“去政治化”，淡化了利益冲突。该策略与国家和公司的道德错误行为和不完善的管理结构作斗争。因为它是作为道德任务出现的，所以几乎也没有人问反腐政策是否成功。[400] 还有一些人认为“诚信联盟”是一种完全不合时宜的反腐手段，因为避免冲突会使人们巩固既有的后殖民权力结构，甚至使这种权力结构合法化。[401]

彼得·艾根在其著作中不厌其烦地反驳了对新殖民主义的指责。但批评人士早已指出，透明国际与世界银行和经合组织不约而同地带来的经济、社会、诚信和法律规范的理想形象符合西方民主国家的模式。这些行为者也不“仅仅”关注腐败，还关注符合良治精神的深刻改革，以及使规范和标准符合西方的榜样。[402] 为了避免这种表达，腐败感知指数是个不错的选择：现在的目标不是效仿美国，而是“成为丹麦”。[403] 因此种种迹象表明，腐败指数与良治的目标相结合传达了一个没有表现出来的信息，即自由的西方在经济、文化和道德上高人一等的传说，这种优越性表现在看似客观的数据——即以技术官僚手段制定的排行榜中。

以新马克思主义者自居的彼得·布拉特西斯（Peter Bratsis）认为这是在全球主张权力的一个新版本。[404] 在与腐败的斗争中，他发现了 1900 年前后被帝国主义鼎盛时期的理论家描述为“白人的负担”（Last des weißen Mannes）的结构：披着“自我义务”（Selbstverpflichtung）外衣的统治霸权势力，这种霸权势力表现为向欠发达地区提供服务是为了保持优势地位。在布拉特西斯看来，整场反腐辩论主要目的是解释世界上的不公正，使全球资本主义结构免受威胁，使大公司的利益得到维护。在残酷的政治竞争中，跨国公司战胜了那些偏爱区域性或国内经济政策的企业和国家。他认为国内的产业政策被系统地推向了腐败的边缘。人们成功地“把巨大国际利益的个别政治议程作为‘普世价值’，作为为被压迫者和弱者利益而进行的斗争，而不是作为帝国统治的一部分”表现出来。[405] 这种绝对极端的批判近似阴谋论，它如果假设反腐政策背后有一个系统的计划，那肯定错了。全球化世界中的权力分配也不像这里的表象给人的感觉那样一目了然，但在反腐政策的一些实际效果方面，布拉特西斯的判断没有什么错。

三、“反腐行业”网络中的蜘蛛

作为国际发展工作领域项目执行者，透明国际的活动表明：如何分配权力这个问题确实越来越复杂。这也是总部位于柏林的透明国际的第三大工作重点。透明国际成为全球“反腐行业”中最重要的参与者——反腐行业是瑞典社会人类学家史蒂文·桑普森（Steven Sampson）创造的概念。[406] 桑普森借此描述了一个由项目执行者、咨询机构、继续教育组织和更多参与全球反腐斗争者组成的不断扩大的网络，并以此为自己融资。在诸如争取人权和妇女权利、自然或气候保护等其他政治领域也有类似的结构。这些领域中类似的卓有成效的组织还有“人权观察”（Human Rights Watch）、“国际特赦组织”（Amnesty International）和“无国界医生”（Ärzte ohne Grenzen）等。这些政治领域有一系列共同点：它们都基于道德号召，旨在改变人们的行为或看法，受到国际条约和协议的推动，“道德企业家”和非政府组织常常是他们最重要的代表。与1980年代之前不同，相应的组织不再愿意只在灾难发生时提供援助，而是尝试参与所有国家或其政治体系的转型，也就是说希望参与塑造社会现实。[407]

桑普森描述了这样的“行业”是如何产生的。个别参与者提出一个话题，并试图将其提上国际议程。完成这些后，各国缔结承诺实现目标的条约和公约——这些分别于1998年通过经合组织、2003年通过联合国得以实现。同时，在致力于监控进度或委托企业监控进度的国家和国际组织中形成了专业部门——比如从1990年代后期起世界银行就这么做。此外，各国政府也动用预算资金用于实现新的政策目标，但有时也由私人基金会出资或通过捐款活动获得资金。

由于必须有外部顾问，因此除了实际操作者外，大学学者或私人咨询和研究机构也都专门研究这一主题。比如咨询公司普华永道就是反腐斗争领域的大型供应商。自2000年起，普华永道长年以透明国际为榜样公布一份不透明指数报告。普华永道的所有部门目前都为其他企业提供合规解决方案和进行相关的监控盈利。他们不仅提供分析，还帮助非政府组织筹款，或向国有机构提交资助申请。专门从事这种业务的公司如雨后春笋般出现，也有许多公司参与这种新的业务领域。2000年代后期以来，一家名为“道德公司”（The Ethical Corporation）的咨询公司一直在举办“反腐峰会”——为公司举办、开支不菲、以反腐斗争为主题的信息活动。[408] 由于所有参与方都需要相应的专业人士，因此通过这种方式形成了一个就业市场，还出现了自己的网络、学科和学院。2011年以来，一个拥有70多个签署国的国际组织——位于维也纳近郊拉克森堡（Laxenburg）的国际反腐学院（International Anti-Corruption Academy）致力于培训相关的新生力量。这个新的职业群体的成员很快有了自己的行话，分享重要的看法并接管了对问题的话语权。自2000年以来，领导“透明国际”的官员在乐施会[13]和世界自然基金会（World Wildlife Fund）等类似的非政府组织领域来回更换雇主——这表明这些“道德企业家”你中有我、我中有你，商业模式大同小异。[409]

这个“行业”的营业额巨大。据布莱恩·米歇尔（Bryane Michael）和唐纳德·鲍尔瑟（Donald Bowser）估计，2003年仅包括俄罗斯在内的东欧地区的反腐活动的销售总额就达1亿美元，2009年不低于50亿美元；这些营业额主要表现为支付给各类反腐专家的薪酬。东欧三个最重要的出资者是美国国际开发署（USAID）、世界银行和欧盟委员会。[410]

鉴于营业额如此巨大，“反腐行业”的代表备受关注也就不足为奇了。不仅媒体如此，所有领域的决策者也都如此。比如从1990年代中期透明国际开始向各个工商会宣传其合规

[13] 乐施会，Oxfam，成立于1942年的国际发展及救援的非政府组织，目前在全球90个国家和地区与超过1.5万个伙伴合作开展扶贫工作。

方案，定期应邀参加全球大型企业和国家领导人每年聚会交流的“达沃斯世界经济论坛”(Weltwirtschaftsforum in Davos)。[411]

对透明国际的一项重大指责是“反腐行业”无意根除腐败，因为一旦没有了腐败，透明国际就失去了存在的理由。[412]不过不用担心腐败会终结，因为反腐专家总能找到足够多的腐败迹象，尤其是无论总体情况如何变化，国际排行榜中总有排名靠后的国家和地区。此外，尚未发现可以证明或反驳反腐措施成效的研究方法。只要有反腐的政治意愿，反腐行业就也能找到采取反腐行动的基础。

目前，有一些引人注目的关于透明国际在反腐行业中作用的研究。一方面，这个行业正为一个共同目标即打击腐败而努力；另一方面，这个行业中的非国家成员正在争夺资源。这些资源不仅包括金钱，也包括关注和声誉。尽管 2000 年以来，许多组织也加入了反腐斗争的行列，但透明国际在这项业务中过去是、现在仍然是遥遥领先的最成功的私人组织。在这一过程中，透明国际受益于一种双重趋势；自 2000 年以来，这种趋势也使其他非政府组织迅速崛起。

这里所说的双重趋势指的是以项目形式展开的工作，以及与“市民社会”的合作，[413]二者都直接遵循新公共管理和良治的基本原则。一方面，为了降低成本、赢得最佳供应商，并且能够对成果进行评估，反腐措施以项目的形式运作，即作为有明确预算和固定期限的措施。另一方面，如果这些措施由像透明国际这样形式上不盈利的组织实施，则其可信度会更高。尽管如此，道德企业家这个概念还是恰如其分的，因为此类非政府组织肯定也有可以衡量的目标：它们靠的是在该领域获取尽可能多的资源，哪怕只是为了证明它们能够长期专业地管理资金。谁要是不（再）执行此类项目，就面临作为创意者也无人问津的风险。因此，非政府组织主要通过营业额和项目的数量来衡量自己的成效——尽管透明国际有意识地不接受有偿的顾问委托。

在反腐政治场域，过去和现在项目都主要是转移资金和话语权的市场，也是转移人员的市场。[414] 过去这种转移一直有一个明确的方向：从西方的大型国际组织转向南半球国家（对于欧盟来说尤其如此）和原东方集团国家，出资方包括世界银行、经合组织、欧盟及各个国家，但也包括投资家乔治·索罗斯（George Soros）的开放社会基金会（Open Society Institute）、布鲁金斯学会（Brookings Institution）等基金会，以及弗里德里希·艾伯特基金会（Friedrich-Ebert-Stiftung）、康拉德·阿登纳基金会（Konrad-Adenauer-Stiftung）等德国政治基金会。[415]

此外，项目还有一个潜在的悖论：因为措施有限，所以项目执行者和接受方仅仅为了继续雇佣员工也希望获得后续项目。在今天以项目为导向的科研工作中，这种现象也值得关注。

正如我们所见，透明国际对反腐政策产生了重大影响。反腐项目的出资者也以《来源书》之类透明国际的主要文件为依据。同时，透明国际充当了项目执行者或当地项目执行者与出资者的中间人。当然，它要求其合作伙伴遵循透明国际制定的方案。从出资者的角度看，它的好名声保证了项目在各地按照国际质量标准实施，资金不会流失。

无论如何，透明国际在中欧和东南欧国家的分支机构在财政上只能通过开展项目勉强维持生计，因此它们依赖欧盟、欧洲委员会或美国国际开发署的资助计划。相反地，特别是在20世纪和21世纪之交，前东欧集团国家的许多参与者乐此不疲，设立并资助了打击腐败的计划、平台和战略。在这种背景下，成立于2000年的透明国际罗马尼亚分部开展了许多项目：从把国际反腐文件翻译成罗马尼亚文，到研究媒体中有关反腐的报道，再到监督国家行政部门分配公共订单的行为等。[416]

透明国际试图在波罗的海国家加入欧盟后毛遂自荐，成为欧盟委员会在打击腐败方面的国家盟友，也就是说，希望帮助这些国家执行布鲁塞尔欧盟总部制定的标准。它甚至声称要制定一项针对波罗的海国家实施这些标准的战略，并监督那里反腐斗争的发展。[417]

四、更民主还是更独裁？反腐计划的政治后果

毋庸置疑的是，这些计划大多得以实施，而不仅仅是重新规范跨国公司的市场准入。也就是说，反腐行业的影响远远超出了经济学家最初的想法和1990年代美国的贸易利益。这些计划增强还是削弱了受援国的市民社会，还有待观察。悲观主义者认为上述反腐产业在项目中发挥了作用——这个产业以西方的观念和西方的资金在不正式具备合法性的情况下介入了受援国的社会。[418] 他们认为国家主权以这种方式至少会被分割、被“跨国化”（transnationalisiert）。[419]

乐观主义者则认为，由于资金的流动和外部的激励，受援国的参与者可以借此机会建立针对统治权力结构的制衡机制。乔治·布伦多（Giorgio Blundo）报道了一个来自塞内加尔的案例。1992年，在达喀尔（Dakar），律师和其他教育精英组成的圈子中成立了“民间论坛”（Forum civil）。这个松散的协会组织了以“法治国家”为主题的会议和工作坊，最初，律师协会资助了这些活动，后来透明国际和弗里德里希·瑙曼基金会（Friedrich-Naumann-Stiftung）等外国组织也慷慨解

囊。由于透明国际的影响，反腐成为活动的中心，论坛采用了透明国际的术语，并于2002年组建了“国家诚信联盟”。在这一过程中，该论坛比透明国际实际设想得更加政治化、更具批判性，也就是说论坛并不是对柏林言听计从。此外，来自国际的支持使该论坛能被本国政府认真对待，被视为政治参与者。该论坛打破了此前塞内加尔各政党垄断政治争端的局面，政治体系越来越多地向新的参与者开放。也就是说，确实对市民社会的某些人群进行了某种赋权。[420]

其他案例中，最终成效似乎不像这样一目了然。尤其在非洲，有很多中央政府借助反腐措施击退反对派或剥夺地区和地方政府权力的例子。1999年起，尼日利亚总统奥巴桑乔（Olusegun Obasanjo）严重依赖国内反腐政策，比如成立反腐特别委员会，在该委员会的帮助下他赢得了国际支持，但最终主要是剥夺了地方政府的权力。1995年和1996年，在摩洛哥进行的对腐败的清理运动（Säuberungskampagne）效果与此类似。[421]

反腐及类似行业的资金、观念和人员流动使世界上许多国家的权力分配更加分散，政治影响力分属越来越多的参与者，这完全符合非政府组织和市民社会的良治理想，透明国际和其他非政府组织得以从非正式行使权力的蛋糕中分得一大块。它们受益于道德企业家的形象——这些道德企业家看起来大公无私，为美好事物在世界上的传播助力。它们的民主合法性源于何处尚无定论。在极少数情况下，它们是相关社会群体的传声筒。

尽管存在反腐斗争，但民主制度并非在世界上任何地方都通行无阻。相反地，有些专制政权虽然进行反腐斗争，但西方非政府组织并未参与其中。越南就是个例子。[422] 从1980

年代后期，它和中国一样开始脱离计划经济。自1990年代开始，经济自由化带来了高速增长。根据透明国际的腐败指数报告，越南曾经是、现在仍然是世界上最腐败的国家之一——在这种情况下，增长率反驳了经济学家关于腐败是“经济增长制动器”的说法。不管怎么说，共产主义国家的领导层早在国际上开展反腐运动数年之前就已经正视腐败问题——越南自1992年起就把反腐斗争写入了宪法。越南民众经常抱怨行政机关和企业的腐败，反腐斗争也是发泄对社会不满的一种排遣方式，使共产党能够以反腐运动增强其统治的合法性。从2003年到2007年，政府致力于把反腐作为“重中之重”的三件大事之一。

这一过程中，政府最初依靠压制，并引入了对腐败分子判处死刑等手段。此外还进行了一些作秀式的审判，比如“张文甘案”（Nam-Cam-Fall）——该案件涉及一张赌博、卖淫、毒品交易和贿赂警察的网络，154人被起诉，其中包括许多公务员和一名前公安部副部长，处罚非常严厉；2004年执行了不下5次死刑。

越南的反腐运动也建立了西方价值观意义上的透明形式。在所谓“太平起义”（Thai-Binh-Aufstand）之后，1998年进行了地方宪法改革，地方获得了更多参与权。与此同时，公民获得了向法院举报行政部门腐败和滥用职权而不必担心受到打击报复的权利。1999年起，一项新闻改革允许公民向记者爆料此类弊病，并授权媒体报道这些指控。2006年起，记者可以主动追踪腐败案件并公布调查结果。同年，政府成立了一个由总理担任主席的反腐委员会。从此以后，中央政府和来自下级管理层的人民委员会定期报告其在反腐工作中所做的努力。此外，高级公务员有义务申报其私人资产。

这些例子说明反腐政策确实发挥了作用。尽管如此，在“华盛顿共识”达成整整 20 年后，反腐斗争依然是服务于公共利益的道德律令。在某些情况下，反腐能够实现，在其他情况下则不然。

和纳粹独裁统治时期类似，民主德国也有人暗地里批判领导层的特权。

第三章
柏林共和国的腐败
（1990—2012）

在漫长的世界历史长河中徜徉过后，是时候把目光再移回德国了。两德重新统一后，热火朝天的有关腐败的辩论结果如何？并非一切都归功于全球发展。和在其他任何国家一样，德国自己的发展也起了作用。

第一节 重新统一之后与托管

1989 年 11 月 13 日，也就是柏林墙倒塌仅 4 天之后，是时候对原民主德国的腐败问题进行清算了。这一天，解散了的原民主德国统一社会党（SED）领导下的民主德国人民议会（Volkskammer）成立了一个调查委员会。该委员会的任务是“调查滥用职权、腐败、不正当的个人敛财以及其他涉嫌违法的活动”。[423] 这是在道德和政治上重新评估统一社会党统治的一种尝试。1989 年 11 月，人民议会仍然按照旧政权的模式组成，但议会中有些人试图重新进行道德评估。我们可以通过人民议会副主席、柏林洪堡大学农业科学家沃尔克·克莱姆（Volker Klemm）了解该委员会的工作。作为附庸党（Blockparteien）之一的德国国家民主党（NPD）（民主德国）党员的克莱姆是民主德国议会议员，此时他对统一社会党的忠诚大大动摇了。

和纳粹独裁统治时期类似，民主德国也有人暗地里批判领导层的特权。

议会委员会也对领导层的特权问题展开了辩论，并将辩论情况公之于众。1991 年克莱姆在其出版的书中描述了委员会在公众中引起的巨大反应，给人留下了深刻印象。议员们收到了数以千计的民众来信，他们抱怨没落的民主德国社会中的社会或经济进步和特权，但一些写信者可能也借机摆脱他人的告发或清算旧账。许多民主德国公民或许希望委员会揭露统一社会党干部“腐败剥削者”的真面目，特别是希望委员会像法庭一样审判统一社会党的干部，使他们受到应有的惩罚。大多数信件显然事关个人的公平正义，许多写信者希望委员会推翻民主德国司法机关的政治审判并要求平反。

1989 年之后，德国的国家特点首先是“重新统一”。如果不考虑这一点，柏林共和国的历史就不可能有意义。然而令人惊讶的是，两德重新统一和所谓“统一犯罪”（Vereinigungskriminalität）只对有关腐败的辩论产生了有限的影响。

1989 年，民主德国公民抗议统一社会党的政权，并在几个月内将其推翻。争取政治自由最初是这一事件的动机，但重点很快就转移了：民主德国居民以比许多反对派成员所期盼的快得多的速度推动两德重新统一。民主德国人中的绝大多数主张加入联邦德国，赋予了德意志联邦共和国一种巨大的额外的合法性。许多对联邦德国持怀疑态度者，尤其是那些持社会主义或左翼基本观念者逐渐缄默不语。

人们本来可以预期对政治的满意度会普遍提高，对政治腐败的指控会消失，至少会暂时消失；也可以想象重新统一后的德国社会将以类似于我们在联邦德国观察第三帝国的方式与民主德国保持距离，起初也有一些资料支持这种说法，但最终是另外一种结果。这与两种情况有关：一方面，自弗利克丑闻以来西方出现了一场从未完全停息的有关政党内部腐败的辩论。另一方面，前民主德国向市场资本主义（Marktkapitalismus）的转型绝非一帆风顺，偏偏是那个经过精挑细选、负责把国有经济转变为繁荣的市场经济的机构——托管局（Treuhandanstalt）写下了贪得无厌和集体中饱私囊的故事。

先回过头来说说人民议会的调查委员会。在民主德国，长达几十年的时间里没有关于腐败的争论，因为腐败在统治者的世界观里根本不存在——腐败被认为是资本主义的特征，不允许有的东西自然也就不会有。只在少数例外情况下才对受贿提起诉讼——而这些几乎都只与民主德国的小型私营经济部门有关。[424]

这个委员会肩负着宏图大愿，尤其是为民主德国公民个人伸张正义的希望。委员会注定让他们大失所望，它既没有检察机关的职能，也没有审判职能，所有参与者都同意只严格按照法治国家的规则行事。虽然该委员会仅仅可以展开调查并把了解到的情况移交检察机关，但也不容小觑。它表达了一种蔓延的情绪，并且正式确认了许多民主德国人已经觉察却无法确切知晓的事情，至少使党和国家领导层的获利情况具有一定的透明度。

一系列轰动一时的对前政府官员的调查由此展开——调查对象包括民主德国前总理玛格特·昂纳克（Margot Honecker）、前人民议会主席霍斯特·辛德曼（Horst Sindermann）、统一社会党主管意识形态的一号人物库尔特·哈格（Kurt Hager）和统一社会党中央委员会中央党派控制委员会主席埃里希·穆肯伯格（Erich Mückenberger）等知名人物。最重要的调查结果主要涉及两个主题。调查发现，柏林万德利茨（Berlin-Wandlitz）政府住宅区的居民可以在一家商店以白菜价购买西方商品。此外，几乎所有的高级官员都获得了无须支付租金或租金聊胜于无的楼房和度假房。该委员会还公开了多个党内精英公费狩猎的狩猎区。但事实也证明：人民议会的议员几乎无法发现任何真正的犯罪行为。因此没有引起轰动的腐败案曝光。这也适用于缺少行贿或受贿的证据的狭义的腐败。取而代之的是私人利用国家资源的现象——这是一种利用政治职务之便占小便宜、中饱私囊的行为，与民主德国这个工农国家的愿景格格不入。饶有趣味的是，德意志联邦共和国的民主领导层很快就因为与此类似的问题而受到指控。

这个委员会的存在时间相对较短。1990 年 3 月底，第一次也是唯一一次民主选举民主德国议会之后，委员会的任期也届满了。当时的批评人士怀疑该委员会起了提供“不在场证明”的作用。看似经过重组的统一社会党的残余势力试图通过寻找替罪羊来确保自己在政坛幸存。前人民议会副主席沃尔克·克莱姆反驳了这种说法。他认为，事实上（旧）人民议会主席团系统性地阻碍了他的工作。不过大多数委员会成员对民众的诸多指控进行了仔细调查，他们清晰地揭露了旧精英们的道德何其败坏。但 1991 年，克莱姆抱怨委员会被提前终止，他认为由于统一后出现了经济危机，民众的日常烦恼取代了“对历史的反思”。克莱姆之所以持这种观点可能是没有认识到国家安全部门及其特务系统（Spitzelsystem）、道德余毒的影响要深远得多。从道德上反思历史的主旋律很快就要响起。

最后，曾经的党和国家领导层以中饱私囊的形象留在了人们的记忆中。然而这并没有给受西方影响的新的政治社会秩序带来多少合法性。虽然大家都知道民主德国领导人如何独断专行地处置国家的钱财，但统一导致的对社会的破坏似乎给人们带来了新的印象并覆盖了这段记忆。

托管局在这段历史中扮演了“反英雄”（Antiheldin）的角色。它是由民主德国的最后一届政府于 1990 年夏天设立的，一直存续到 1994 年。[425]

回顾历史，托管局当时面临的巨大形象问题无法解决。作为一种国有控股公司，托管局接管了大约 12 500 家民主德国的国有企业，它的任务是尽可能使这些公司完全过渡为私营企业，从而把前民主德国的计划经济融入联邦德国的资本主义，主导思想是希望通过较小的调整把大部分企业交给私人投资者。如果此前这些公司被视为“人民的财产”（Volkseigentum），那么出售这些公司将为国家，从而也为人民带来收入。这种观点背后的想法是认为民主德国的经济基本稳固，因为民主德国是当时东欧集团国家中最强大的国民经济体之一。这种极度乐观的看法不仅存在于新的联邦州——1990 年夏天德国总理科尔在向民众宣传统一的好处时作出了大胆的预测：几年后东部将是“一派欣欣向荣的景象”。[426]

事实上，托管局管理的是一大批江河日下、没有什么竞争力的企业。政治上，托管局为统一社会党的政权支付了很大一部分费用。1990 年至 1994 年间，大约三分之一受托管的企业不得不关门大吉，当时人们称之为“清算”，其他公司只有在事先极大幅度裁员的情况下才能由托管局出售。在这两种情况下都出现了大规模裁员。许多被裁的员工认为，由联邦德国经理人主导的托管局是失业的罪魁祸首。托管局成立之初就已经决定：市场经济优先，即企业私有化或关停，而不是保留企业。从我们在上文中了解的有关新自由主义的情况看，这个决定不足为奇。

托管局管理的企业最初有 400 万“劳动者”，最后只剩下 150 万，新联邦州的失业率一度超过 40%（如果把参与就业措施计划的人也算进去的话肯定有这么多)。1991 年和 1992 年私有化与大规模裁员最严重时，德国的统一面临以社会崩溃告终的危险。工会、教会、前民主德国反对派成员和继承统一社会党衣钵的民主社会主义党（PDS）呼吁示威游行反对托管局及其政策。部分社民党人，甚至新联邦州的基民盟成员原则上质疑私有化政策。1991 年春，垂死的“红军派”(Rote-Armee-Fraktion) 在住所枪杀了托管局局长德特勒夫·卡斯滕·罗韦德尔（Detlev Karsten Rohwedder)。1993 年夏天，也就是距离托管局结束其历史使命前不久，局势对许多民主德国人来说岌岌可危：此时他们手中只有难以安置的大型企业，但这些大企业往往又对各自所在的地区具有重要的象征性价值。当托管局试图关闭位于图林根州比舍弗罗德(Bischofferode) 的大型钾盐工厂时，受到影响的人们竭尽全力抗议。除了试图冲击托管局总部外，人们还进行绝食，工会、教会以及君特·格拉斯（Günter Grass）等知识分子在全国范围内采取行动。最终，钾盐工厂的矿工从赫尔穆特·科尔那里争取到了两年的就业保障，但这只是凤毛麟角般的成功案例。与此同时，公众见识了一系列托管局丑闻——腐败在这里再次大行其道。

托管局的业务涉及金额之巨简直令人难以置信。该机构在其存在的 4 年中接收了大约 700 亿德国马克，支出大约 3400 亿德国马克，用于比如偿还债务、解决环境污染遗留问题和自行投资以挽救不良资产。出售企业的业务掌握在托管局区域分支机构的个别管理人员手中。他们大多来自联邦德国，对民主德国雇员的命运拥有生杀予夺的大权。与此同时，一切都快得猝不及防——到 1992 年年底已经有 90%的企业被出售或清算，国家秩序也在重组之中。一个独立的中央集权制国家成了 5 个形式上前所未有的联邦州。新的联邦州采用了联邦德国的行政法和经济法，而在这方面人们毫无经验。大量的资金、迅速的变化、不怎么受管控的新人：违规行为和贪污事件频发。

在愈发挑剔的公众的注视下，托管局经历了一系列欺诈或贪污丑闻。其中最著名的可能是托管局董事会成员贡特·汗姆（Gunter Halm）的案例，他曾与一家联邦德国企业秘密签订了一份顾问合同，该企业试图通过这种方式获取内部消息，这份合同 1991 年夏天意外曝光。1993 年春天另一起事件被公之于众：托管局哈雷（Halle）分局拥有类似黑手党的组织结构。当地负责私有化项目的主管人员显然系统地为一家施瓦本（Schwaben）企业提供便利并因此获得好处，涉及大约 70 个私有化项目。

在持批判态度的观察者看来，新联邦州的发展已经失控：1991 年《明镜周刊》这样写道："民主德国每天上演的疯狂事件早已成为为职业插科打诨者（Berufszyniker）提供的笑料。"该杂志在一篇颇具当时特点的文章中描绘了一幅混乱的私有化图景。文章认为，一边是联邦德国的商人，另一边是统一社会党的老干部，二者都在和托管局要心眼，或者贿赂其工作人员。受害的是联邦德国的纳税人和民主德国的雇员。"老实人会成为骗子。"[427] 在许多观察者看来这并非一时失误。相反地，他们把托管局的私有化任务视为一桩绝无仅有的"英雄和恶棍出卖民主德国"的舞弊丑闻。[428]

但也有另外一种解释：市场经济的拥趸认为托管局的工作是个痛苦的但同时也是使民主德国经济局面稳定的必要过程。联邦政府总体上遵循了这条路线。

关于托管局的辩论几乎与政治腐败无关，取而代之的是对经济政策的两种解读的较量：是民主德国经营不善，还是市场经济的要求对失业者的苦难负有责任。尽管如此，有关托管局的辩论对于理解重新统一后的德国的腐败意义重大。因为这些辩论中出现了某些我们下文中还将遇到的特定的叙事或叙事主题，其中包括这样一种想法，即在不确定的情况下经济利益会比公众利益更好地发挥组织作用。最后，这里潜藏了一个在随后几年出版的反腐小册子中反复出现的叙事。它是一种道德化的叙述，认为社会上尽是无耻之尤的利己主义者，他们的阴谋将受益于国家和经济中的主导结构。即便托管局的存在只是暂时现象，但这一段管理人员贪污、企业员工被解雇的痛苦经历也为日后的辩论提供了一块“共鸣板”。

在这一时期公共辩论的语言也相应地得到了丰富。民众怀疑前民主德国官员的“关系网”（Seilschaften）依然存在，这种怀疑迅速蔓延开来。在一本关于德国腐败的书中，电台记者于尔根·洛特（Jürgen Roth）发表了对新联邦州的部分调查结果。[429] 他的结论是：1990 年之后许多旧的“关系”依然阴魂不散。在洛特看来，有两个群体对此负有责任。一方面，这位记者注意到了来自联邦德国、想在民主德国大捞一把的政治家。另一方面，他写到了原先的民主德国安全部门史塔西[1]和“统一社会党网络的腐败行为”——他们由于掌握“特殊的历史材料”而得以“敲诈经济界”。于尔根·洛特发现这种关系网在特定的、被神话式拔高的地方继续存在：比如在位于罗斯托克（Rostock）附近瓦尔内明德

[1] 史塔西，Stasi，“Staatssicherheit”的缩写，是德意志民主共和国的国家安全机构，成立于 1950 年，是当时世界上最有效率的情报和秘密警察机构之一，主要负责压制国内的政治异议者，同时是执政的统一社会党对国民的监视工具，对反对派、活跃分子及不同见者也会采用恐吓的方式加以威胁。“史塔西”也负责收集国际情报。

（Warnemünde）的名为“海王星”的海滩酒店。调查结果显示，两德重新统一前后这里都发生了可疑的交易：（前）“史塔西”工作人员和联邦德国企业家参与其中，他们在香槟流溢中与妓女同欢，但这也表明对“腐败”这一概念的定义在这种情况下何其模糊。1990 年代初期，最具腐败嫌疑的是 1989 年底就定居联邦德国、曾任外汇采购员的亚历山大·沙尔克-戈洛德科夫斯基（Alexander Schalck-Golodkowski）。在于尔根·洛特看来，此人是“腐败两面派”（korrupter Wendehals）的化身。

君特·克劳斯（Günther Krause）这个名字也经常与对两德重新统一之后贪污行为的指控联系在一起。克劳斯是资深的民主德国基民盟成员。他曾任民主德国最后一届政府成员，在就两德重新统一条约进行的谈判中厥功至伟。在首次全德选举之后，科尔任命他为交通部部长。洛特在报道中指控克劳斯作为联邦交通部部长在发放东部联邦州高速公路服务站特许权时收受贿赂。包括这条在内的各种指控迫使克劳斯在 1993 年辞去了部长职务。

与有关托管局的辩论类似，洛特笔下的新联邦州的特点是“由两德重新统一导致的犯罪”（Vereinigungskriminalität）、执法机构软弱以及“淘金热”（Goldgräberstimmung）情绪高涨。值得一提的是他对东部联邦州腐败率居高不下的解释。他不认为腐败的原因在于民主德国的历史，而是恰恰相反，应该假设前民主德国公民更不容易腐败。因为毕竟他们几十年时间不属于“道德败坏的资本主义西方”，但西方常见的腐败类型冲垮了民主德国所有的道德和社会堤坝。洛特认为“超越国家制度的金钱的影响”对此难辞其咎。[430]

此书结尾部分，这种出人意料、虚晃一枪的笔法再次清楚地表明1990年和1949年前后辩论的不同之处：西方的制度早已不再被视为腐败的解药；民主国家没有获得“宽限期”，但在有关腐败的辩论中也没有对资本主义进行系统批评——下文中我还会回过头来谈这一点。

一、柏林共和国的政治信任危机与道德化

在回顾1990年代德国真正有关腐败的辩论之前，有必要先考察一下当时的政治框架条件。所谓柏林共和国的特征是什么？

联邦总理科尔的政府结束之后不久，格哈德·施罗德领导的红绿联合政府执政的最初几个月，德意志联邦共和国仍然继续由位于波恩的政府统治。尽管如此，柏林共和国的这种说法还是有道理的。1991年德国联邦议院在两德重新统一之后不久就决定迁都，所以人们很快就习惯了把重新统一后的德国称作柏林共和国。[431] 本书无意于全面回顾德国统一后的历史，但对德国统一后的政治体系及其变化作出说明对实现本书的目的意义重大。

乍一看，两德重新统一几乎没有使有关腐败辩论的参与者发生重大变化。1990年前后，最重要的媒体都是同样的联邦德国报纸。除了民主社会主义党外，联邦德国的政党及其领导人仍然有影响力，科尔时代此时刚刚进入第二阶段。尽管作出了一些恰恰来自民主德国方面的努力，但也没有对宪法进行全面改革，而是继续适用原联邦德国的《基本法》（Grundgesetz），只不过稍加补充。

鉴于这种判断，一些历史学家认为自1998年红绿联合政府执政时统一后的共和国的真正新建或重建才开始。不可否认，格哈德·施罗德领导的政府上台时踌躇满志，并且和

1969 年的社民党-自民党联盟一样想把国家带入一个改革阶段。但在此过程中，社会政治领域涉及的主要是联邦德国辩论中出现的、在科尔领导下一定程度上悬而未决的问题，譬如同性伴侣地位平等问题或放弃使用核能问题等。2003 年起，随着《2010 年议程》（Agenda 2010）的提出，解决社会政治问题的新自由主义方案引起了关注。[432] 然而正如我们在下文中还将读到的那样，在 1998 年大选之前，有关反腐政策的辩论就已经获得了新的意义、被重新定调。

在外交政策场域，德国在科尔领导下就已经从容不迫地做好了准备，接受自己作为中等强国和欧洲最重要国民经济体的地位。作为统一的回报，也为了消除对“德国变得过于强大”的担忧，德意志联邦共和国使自己与国际体系尤其是与欧盟紧密地融为一体，这也包括德国越来越愿意接受类似上一章中提到的那些国际公约。可以尖锐地指出，德国获得国家主权的代价就是放弃国际层面的主权——这首先对反腐领域产生了影响。许多国际规则转换为德国法律的过程可以说拖拖拉拉，这说明它们最初在柏林共和国的法律体系内是异类，或者至少被认为是异类。

在经济政策方面，国际规范的目标总体上是放松管制、开放市场和实现市场经济全球化。在前东欧集团国家、东亚国家也开放之后，1990 年代成为全球经济加速一体化的时代。新兴工业国家（Schwellenländer）的经济从中受益，但后来德国的出口经济也获益匪浅。1990 年代的全球化（其先驱人物在 1970 年代就已经出现）对德国国内的政治辩论产生了重要影响。

作为高工资国家，德国一方面要忍受“铁幕”落下后许多工厂先是迁往工资成本较低的东欧国家，而后迁往亚洲国家的影响（这加剧了因统一导致的危机）；另一方面，全球化为德国工业中依赖出口的部门开辟了新的销售市场，增加了新的盈利机会。

在国际制度和经济全球化日益重要的背景下，由于相信“市场可以最好地调节共处问题”，国家和政治自1990年代以来就陷入了一场信任危机。[433] 一方面，许多国家的代表抱怨自己的影响力戏剧性地消失了，比如他们几乎无法用任何权力手段对抗在全球运营的公司，或对经济发展施加影响。另一方面，媒体和部分民众抱怨政府不愿或无法解决他们的问题。在德国，经济危机最终是通过国家削减社会福利、工会多年来放弃加薪，也就是通过屈服于全球化的压力来解决的。与此同时，私有化导致的（全球范围内）国家的败退和对市场经济解决方案的偏爱与“政府不再相信公共部门有解决问题的能力”的印象相符。[434]

在德国，和在其他许多欧洲国家一样，自1990年代以来政党民主陷入了守势，虽然速度缓慢，但是显而易见——当时人们就已经这么认为。只有在这场危机的背景下才能理解有关政治腐败的辩论。这场危机的原因多种多样，板子不能只打在面对全球化看似无能为力的政府身上。最重要的原因之一可能是1970年代就已经开始的文化和社会变革。大型政党赖以生存的旧的社会环境逐渐消失——随之而来的是曾经令“大众政党”[2] 高枕无忧的票仓受到侵蚀，社民党失去了其工人基础，基民盟失去了其天主教农村基础。与此同时，旧的意识形态坐标也消失了。在社会主义崩溃后左翼、社会主义乌托邦甚至共产主义乌托邦都变得毫无吸引力，保守政

[2] 德国政治学家道夫·史腾贝尔格（Dolf Sternberger）首先提出的政治学概念，指原则上面向所有社会阶层、世代和不同世界观的选民和成员开放的政党；以此区别于阶级政党、利益政党、名流政党等其他政党类型。

党或资产阶级政党的反共产主义（Antikommunismus）也是这样。与此同时，人们的政治偏好越来越新，有时偏爱出人意料的混合形态，比如传统上通常代表保守社会福利政策立场的亲经济界的势力越来越致力于妇女就业，并推行相应的家庭政策配套措施。在德国——在整个欧洲也一样——1990年代社会民主党迅速走向政治中心，尤其在经济和社会福利政策场域，它们致力于与市场力量合作。相反地，基民盟成员在诸如堕胎、妇女和少数族裔权利、个人自由权利等社会政治问题上向左翼自由派中坚力量的要求靠拢。[435]

摆脱（东西方）“阵营思维”也体现在日益多元化的政党制度中。两德重新统一后，原联邦德国的政党虽然能够接收前民主德国的几乎所有与改革有关的政治力量，但民社党仍然是统一社会党的继任党（Nachfolgepartei）。民社党代表了许多民主德国人的利益，同时也是自社民党哥德斯堡党代会以来德国联邦议院中第一个坚定的左翼政党。在格哈德·施罗德《2010年议程》政策的影响下，民社党与“劳动和社会公正—选举替代”（WASG）这个短命的政党合并，组成了在全德运作的左翼党（Linkspartei）。由于政党制度不断变化，下文还将提到的海盗党等其他政党也获得了机会。总体而言，各党派的党员人数、选民忠诚度、选民投票率以及选民对在政党中组织起来的政治家和政府解决问题能力的信心均有所下降。[436]

这种印象可能因为政府越来越多地允许新的参与者加入并允许他们参与执政而得到加强。在缺少具备意识形态特点的政治决策护栏的地方，专家们为自己在政府内重新崛起而欢呼雀跃——他们上一次如此得势是大约1960年代末技术官僚主义成为大势所趋之时。尽管这种专家治国的趋势在统一后不久就出现了，但红绿联合政府执政时期的专家委员会形式加强了这种趋势，政府寻求并接受了专家委员会的建议。本书最后一章还将提到哈茨委员会（Hartz-Kommission）。虽然常常公开表现出来的以专家意见为准的态度是为了赋予各种政治决策更多合法性，但也不能排除公众的这种印象得到强化，即认为政界在决策自由事实上受到限制时几乎无计可施的可能性。

除专家外，非政府组织和公民运动（Bürgerbewe-gungen）也明显受到了更多关注。1970 年代和 1980 年代初期的教训现在传到了各个党派的中央机构：针对强烈抗议的团体和热心的公民，特定的政策执行起来困难重重。这在核能领域体现得尤为明显：最迟在 1980 年代中期各大政党被迫修改其最初完全以扩建核能为目标的政策。相反地，政治体系一度非常成功地整合了这些新生力量。[437]

独立于政党的专家和专业人士的声誉扶摇直上，而普通的政界人士却失去了信任。在德国，作为宪法守护人的联邦宪法法院等机构，或者作为公共秩序守护人的警察代表也从中受益，透明国际等团体同样如此。[438] 很多时候，非政府组织享有代表民意的声誉——尽管他们自己从来不必在选举中接受公众投票表决。专家和非政府组织的新影响在有关腐败的辩论中显而易见，我们将在下文述及这一情况。专家和非政府组织通常代表某些社会群体，即他们本身所来自的群体的价值观和利益，这主要是因为他们不直接对他人负责，大多代表受过良好教育的中产阶级。在某些情况下，这可能导致其他群体无法再提出自己的利益，认为从中长期看自己被排除在政治辩论之外。[439] 从这个意义上说，此类策略并不能保证在全社会形成共识。

最迟自 21 世纪以来，人们就这些变化展开了激烈的讨论。从左派立场出发提出的一种解释是“后民主”（Postdemokratie）说。[440] 根据这种说法，形式上的民主制度“门脸”虽然还在，但国家和政治被享有特权的精英控制，主要是企业、行业协会和新自由主义利益在一定程度上“接管”了国家。因此，最重要的决定将在看得见的政治进程之外作出。这些论点更像是当代辩论的一部分，而不像是作出影响深远的历史分析，也没有引发导致民主制度及其合法性革新的持久的运动。

除了对民主制度的信任危机外，道德化问题也是人们对腐败重新产生兴趣的背景之一。我们对腐败的看法原则上已经包含了一种道德判断（Moralurteil）。但凡谈及腐败，都会认为谈论的客体是不道德的。自启蒙运动以来欧洲的思想传统就是如此，但可能自古典时代以来就是如此。[441] 相反地，上文提到的 1950 年代和 1960 年代试图把腐败解释为“促进第三世界发展引擎”的说法则极不典型。这种有关腐败辩论的回归也可以归因于道德问题变得更加重要。我们还记得，同样在那个年代，全世界努力颂扬资本主义是“大胆的道德行为”。

以道德为导向的政治场域已经存在一段时间了。1970 年代起，政治家越来越频繁地把自己的目标与道德争论联系在一起。作为其中最早的运动之一环保运动颇具特色，它自出现以来也一直在与道德争论作斗争。诸如第三世界运动（die Dritte-Welt-Bewegung）或妇女运动（Frauenbewegung）等许多其他政治流派提出了道德考量，这些运动关注的焦点是正义问题。靠运动文化起家的绿党把此类论证方式稳固地与波恩的政策联系在一起。随着时间的推移，其他政党也采用了这种策略。

因此，一方面，政策制定的理由因为增加了道德考量而变得丰富；另一方面，全社会有进行道德上的自我拷问的需求，这体现在种种辩论之中。德国讨论的核心是卷入纳粹主义的问题，两德重新统一后，讨论的焦点在于德国是否善待纳粹受害者。有时候人们得出的结论是德国并未善待纳粹受害者，此类讨论也体现在具体的政策中。

2005年，欧洲被害犹太人纪念碑在柏林市中心落成。在此之前，从1990年代初开始展开了一场旷日持久的辩论。1998年在竞选中获胜的红绿联合政府不仅同意建造这座纪念碑，而且制定了新的补偿规则，并于2000年成立了“纪念、责任、未来基金会”(Stiftung Erinnerung Verantwortung Zukunft)。该基金会的成立资金超过50亿德国马克，用于对“二战”期间的“强制劳工”给予赔偿。这些辩论主要带有左翼自由主义色彩，保守派则要求对西方处理前社会主义问题的方式进行道德评估。1992年时政评论员考拉·史蒂芬（Cora Stephan）出版了一本名为《我们这些合作者》（*Wir Kollaborateure*）的书，讨论联邦德国的“缓和政策”导致民主德国独裁统治长期苟延残喘的责任问题。[442]

与腐败辩论有关的话题还不止于此。但腐败辩论绝非政治领域唯一与道德和道德过错有关的公开辩论。在这些变化的背景下，德国出现了一个新的政治场域。

二、一个政治场域的出现

我们以弗利克事件结束联邦德国有关腐败的辩论，回归叙事主线。虽然在1990年左右反腐运动的框架条件由于德国统一和国际反腐热而发生巨变，但弗利克事件之后原联邦德国地区的辩论在统一的德国也从未中断。在此过程中辩论的论调发生了明显变化。“我们的政治腐败”或“德国也腐败”——这样的假设开始登上大雅之堂，并且很快成为寻常论调。充斥着腐败史的德国战后时期由此结束。1990年代初，名为“反腐之战”的辩论和政治场域建立。这场辩论和这个政治场域的内容、参与者和改革方案等的特点都很鲜明。我现在谈谈这个政治场域的发展，尤其是与之相关的讨论。

如果查看按时间顺序记录的辩论历史，那么人们找不到明确的引发辩论的原因——显然许多因素共同引发了这些辩论。多年来，弗利克丑闻一直是个重要的参考事件。我们已经看到，这个丑闻使人看出了一系列新的趋势：对政党普遍不信任，倾向于对政治及其主角进行道德评价，几乎不谅解那些声称自己只做必要的“脏活儿”（Drecksarbeit）的人。这种脏活儿的必要性和合法性在任何情况下都不再被接受。政党统治的危险受到许多观察人士的严重关切。1980年代后期，绿党试图继续把腐败这个无往而不胜的话题为己所用。因此，弗利克事件结束后出现了有关核工业领域贿赂事件的报道和线索。

1987年11月，绿党议员莉瑟洛特·沃尔尼（Lieselotte Wollny）对联邦政府进行了一次小型质询。[443] 事情起因于有报道称哈瑙核能有限责任公司（Hanauer Transnuklear GmbH）向比利时莫尔（Mol）加工厂的员工行贿，并卷入了其他非法活动。这次质询的有趣之处在于道德在其中发挥的作用。沃尔尼想要确认哈瑙核能公司的行为是不道德的。他认为，由于核技术设施的运行需要“道德证明”（Nachweis der Moral），因此政府要认识到“必须从这些人那里收回此类许可”。从这一事件可以清楚地看出，有人试图以涉嫌腐败彻底质疑核工业的合法性。在绿党看来，这么做之所以有其道理是因为反核运动指责发电厂的经营者以人类的健康和环境为代价牟利。但环保部国务秘书沃尔夫冈·格罗布尔（Wolfgang Gröbl）反驳了这一指控：他认为法律要求的不是道德，而是可靠性。

尽管如此，联邦议院还是在1988年1月底成立了一个针对哈瑙核能公司的调查委员会，1990年秋该委员会提交了最终的调查报告，但调查的重点主要是哈瑙核能公司是否违反了《核不扩散条约》（Atomwaffensperrvertrag）。

1980年代末报纸上的评论在更大程度上决定此后几年反腐斗争风格。在此过程中腐败的界限已经模糊，换而言之：腐败已经成为一种对所有可能的过错的解读模式。

1988年，文化记者乌尔里希·格雷纳（Ulrich Greiner）在《当前精神腐败的关键词》（Stichworte zur geistigen Korruption der Zeit）的文章中描述了文化活动中一些普遍存在、实际上毫不起眼的做法，其中包括机构重叠、相互提供业务、互相吹捧和玩弄权术等。格雷纳悲观地断定这一切都不是什么新鲜事，但行为人的“不公正意识”正在消失。[444] 这类对“质量下降”的抱怨丝毫不新奇——但与腐败概念联系在一起却是前所未有的。更具特色且更接近政治辩论的是1989年2月出自玛丽昂·格雷芬·登霍夫之手的一篇关于腐败之癌的长文。[445] 该文从头到尾充斥着西方民主行将就木的危言耸听，以“愿上帝保佑我们民主的生活方式”的慷慨陈词结尾。此前，在一次穿越德国及欧洲其他地区、日本和北美的“地平线之旅”（tour d'horizon）中，作者描绘了“丑闻的巨幅图像”，认为众多贿赂事件使人不寒而栗，原因在于道德水准江河日下，再也没有任何形式的公约或理想能够阻止人们对提高生活水平和增加收入的追求。因此，登霍夫的文章与上文已经引用的汉斯·马格努斯·恩岑斯伯格关于弗利克事件的文章给人的印象类似。

把腐败视为西方文化中遗忘了价值观的无节制的利己主义的结果——这种解读后来反复出现。它让人想起1900年前后关于腐败的辩论。“施泰纳-维南德事件”期间，几乎没有人对德国民主的普遍没落发表评论，当时出现水门丑闻的美国政治文化还被作为具有威慑作用的例子引用。

这真是莫大的讽刺。在科尔时代后期，重新统一的德国正打算成为中欧的主导力量，没有其他任何国家像它那样代表着经济和道德上对真实存在的社会主义的胜利；数十年来，德国一直对其廉洁的公务员队伍引以为豪——偏偏在这个社会里出现了对公共生活状态的巨大不满，而且这种不满愈发严重，德国成了堕落的共和国[446]的判断成了共识。

我们可以看出一种双重趋势：一方面，对腐败的批评变得更具攻击性、更加道德化、无所不在。另一方面，这种批判变得更专业，从1990年代起出现了反腐斗争的政治场域。该场域的范围包括从经济和行政领域的一系列立法措施打击犯罪到议员、政治家和院外集团人士的行为准则。随着这种政治场域的形成，长期致力于反腐斗争的专家团队和特别行政部门应运而生。最终，我们会发现国内层面有一种进程与我们在国际政治中见过的类似：在这一过程中，国际层面偶尔起推动作用；在其他领域，动议则大多是“自下而上”提出的。

三、行政与法律

自1990年代初以来（在某些情况下，自1980年代后期以来即是如此），德国各市镇和联邦州的行政机关对腐败问题更加敏感，公共采购领域尤其如此，上级主管部门开始监督下级行政机关。许多政府任命反腐专员，发布《规范行为指南》，开始培训公务员和雇员并树立典型。1996年，各联邦州的内政部部长通过了一项打击腐败的方案；2004年，联邦政府发布了联邦行政部门预防腐败的指导方针，许多市镇随即出台了类似方案。在敏感的行政部门引入“二人管理制度”[3] 或加快人员轮换以预防腐败。2009 年以来，《联邦公务员法》（Bundesbeamtengesetz）为“吹哨人”和内部批评者揭露腐败等弊端提供了特殊保护。1990 年代以来，《服务法》（Dienstrecht）也进行了调整，进一步严格禁止收礼。《公务员纪律处分法》（Disziplinarrecht der Beamten）则扩大了对腐败的国家公务员的制裁范围。这一切都清楚地说明：几乎已经无法想象德国的公务员队伍是廉洁的了。[447]

反腐活动不仅局限于行政部门——政治领域普遍认为必须采取更多反腐措施。但谁也没有一气呵成地推出一套全面的改革方案，倒是启动了许多个别措施，有些措施逐步出台，但最后总是变得更严格或更具体。在德国的辩论中，对于许多参与者来说反腐斗争的力度永远不够，总是尚未完成。

经合组织、欧洲委员会和联合国的国际辩论对德国政治产生了重大影响。1990 年代中期，社民党和绿党推出了更加严格的《反腐败法》立法草案，对反对派而言，显然值得在反腐问题上做文章以从中受益。由于德国加入了《经合组织公约》，并且透明国际等其他参与者也支持此类计划，因此在赫尔穆特·科尔时代末期就出台了新的反腐败法律。1997 年，联邦议院通过了对腐败罪行实施更严厉处罚的《反腐败法》，犯罪事实也被扩大到包括给予第三方的好处，首次实现了对更复杂的“优惠网络”（Begünstigungsnetzwerke）的追查。次年，迫于来自美国和欧盟的强大国际压力，联邦议院实施了《经合组织公约》。1998 年联邦议院选举前大约两周，议会把

[3] 二人管理制度，Vieraugenprinzip，一种旨在确保关键材料或操作实现高级别安全性的控制机制。根据这种原则，进行所有访问和操作时都必须始终有两个或更多被授权者在场。

贿赂国外公职人员定性为刑事犯罪，这样就再也不可能用在国外行贿的金额折抵税款了。2002 年，红绿联合政府扩大了这一刑事犯罪的范围，把贿赂海外私人和公司雇员的行为也定性为刑事犯罪——德国由此也有了与美国 1977 年出台的《海外反腐败法》类似的规则。[448]

2008 年，反对党提出了一项包含透明国际德国分部多项要求的法律草案，包括把腐败的公司登记在册、更好地保护吹哨人以及增设打击腐败的专业检察机构等。执政联盟以该草案可能“扭曲竞争”为由拒绝了这一法律草案。但自 2009 年以来，迫于欧洲委员会的国际压力，《联邦公务员法》也增加了对举报人提供特别保护的条款。[449]

1990 年代初，议程中又增加了一个主题：贿赂议员。议员受贿和腐败一直不受监管的问题已经存在了几十年。1954 年，因为《刑法典》中删除了一个相应的段落，刑法在这方面出现了空白。当时，致力于刑法问题的政治家计划在对刑法进行重大改革的过程中很快将其填补。但 20 多年来，改革计划一拖再拖。人们还特别考虑到了议员受贿的问题。比如，1960 年弗朗茨·约瑟夫·施特劳斯在一次内阁会议上拒绝了一项有关议员受贿的提案，他认为提案通过后可能被滥用于诋毁政治家。最终，1970 年代初期的改革法律（Reformgesetze）对议员受贿问题只字不提。[450]

1990 年代初，辩论才有了进展。在反对党社民党的提议下，1994 年联邦议院通过了一项对议员收受贿赂后投票的行为进行处罚的规定。许多专家批评这种解决方案，认为该规定对犯罪事实的界定过于苛刻，基本上人人都不可能幸免。最重要的是，院外集团在政界的非正式影响基本不会因为这种新规而受到打击。然而，也有一些认为自己的“议席自由”（die Freiheit ihres Mandats）受到威胁的议员对此进行了抵制。[451]

在2003年之后同样的讨论再次出现。《联合国反腐公约》(Die UNO-Konvention gegen Korruption)要求其签署国在刑法中必须把本国议员与公务员同等对待，但这么做就意味着也要禁止看似受贿和接受微不足道礼物的情况。最初联邦议院议员强烈反对这种对自己工作的限制，因此，德国用了大约10年时间才签署了这项公约，是最后几个签署国之一。2014年，联邦议院把对议员受贿的禁令扩大到议员的所有行动。此前数年间，多项法律草案均告失败，批评者认为这项规定也过于软弱、语焉不详。[452]

比如在立法方面，两德重新统一后进行了一场持续的有关反腐斗争的讨论。这并非凭空出现。上文中我们已经了解了国际上出现的与此有关的现象和公约。这一时期德国在这方面也有所动作。

四、专家和反腐专业人士

1990年代辩论中的新鲜之处是专家的出场——反腐专业人士首次公开亮相。就像国际层面上有彼得·艾根和透明国际一样，德国此时也有了系统性处理腐败问题并要求提出解决方案的人员，后来又有了相应的组织，批评腐败者不费吹灰之力就以“善事之仆人”(Diener der guten Sache)的面目示人。专家们通常被视为专业上的权威人士——他们对事实的描述作为证据出现，提出的改革要求成为当务之急，享有影响讨论的巨大特权，但自己几乎不会成为批判性问询的对象。除少数例外情况，这也适用于实干家、科学家和院外集团人士。沃尔夫冈·绍彭施泰纳(Wolfgang Schaupensteiner)、彼得·艾根等人有时会像英雄一般现身。有关腐败的辩论要求明确角色分工——而恶棍的形象由其他人扮演。

来自公众的压力是自下而上建立起来的，部分来自法律从业人员。在1980年代末和1990年代初，有几次针对重大行贿和受贿案件的审判活动，庭审的焦点不是联邦政治，而是市镇行政部门公务员的行为。通常案件涉及分配公共采购任务或许可证过程中的违规行为。在结构上，这些案例类似于1950年代科布伦茨采购办公室的非法获利行为：作为对接受恩惠、邀请或金钱的回报，市镇公务员通常在建筑行业优先考虑个别企业或公司，双方由此规避了《公共采购法》（Vergaberecht），但结果是提出的报价过高或提供的服务太差。许多城市都出现了类似垄断企业的结构，新公司很少有机会获得订单。一个这种“系统性排斥”的案件成了当时最著名的案件之一。一位不属于“贿金联盟”（Schmiergeldkartell）的法兰克福建筑承包商担心其企业的生存，于1980年代中期进行了举报。他知道这意味着巨大的风险，如果调查一无所获，他就自然得不到任何订单。但此案引发了检察机关雪崩式的调查。市政当局的许多部门和当地经济界笼罩在腐败的关系网中，即将退休的公务人员或企业主常常把自己的腐败关系网“无缝衔接”地交给自己的接班人，由此导致的审判轰动一时，[453] 类似的审判和丑闻层出不穷。1987年至1989年，汉堡检察机关对涉嫌贿赂的约400名负责建筑的政府部门的犯罪嫌疑人，以及从工程师工作室到提供钻井服务的特殊供应商在内的许多企业展开了调查。在1990年代中期，20多名外国人管理局的官员因为涉嫌向难民身份申请人收受现金发放居留许可而受到调查。[454] 从1980年代末1990年代初开始，在柏林、科隆、慕尼黑和其他大城市也出现了类似情况。

调查往往经年累月。检察官有时会面对数十名甚至数百名嫌疑人，由于案情常常错综复杂，调查人员需要具备坚韧不拔的精神和极佳的专业知识，一些联邦州为此设立了专门机构，第一批以反腐为目的的检察院由此诞生。

黑森州一马当先。1987 年，黑森州在法兰克福检察院指定了一名主管反腐的特别负责人。1993 年，这一岗位演变成为全国第一个调查腐败犯罪的专业部门。负责调查的是沃尔夫冈·邵彭施泰纳，稍后将简要谈及此人。1989 年起，黑森州的所有政府部门都接到指示：任何情况下都要对有关腐败的匿名举报进行调查——此前人们避免这么做。此外，这时还有“巡回检查组”管控该州的建筑公司和建筑合同，因贿赂而被定罪的公司不得再获得公共合同。位于达姆施塔特（Darmstadt）的黑森州审计署也相对较早地展开了反腐斗争，审计署署长乌多·穆勒（Udo Müller）公开呼吁果断采取措施。最重要的是，他强调“腐败在公共行政中普遍存在”的观点在 1990 年代初期被视为勇敢地打破禁忌的行为。[455]

沃尔夫冈·邵彭施泰纳是反腐领域颇受欢迎的专家之一。许多记者把这位法兰克福的检察官塑造成反对结党营私和腐败行为的勇敢的“开路先锋”。《明镜周刊》定期请他发表意见，比如该杂志 1994 年 12 月的封面话题是他撰写的题为《日常腐败》（Die alltägliche Korruption）的长篇报告。2002 年社民党总干事弗朗茨·明特弗林（Franz Müntefering）邀请这位检察官到社民党总部参与专家谈话。邵彭施泰纳也是德国电视中各档有关政治的脱口秀节目的嘉宾。2007 年，因为绍彭施泰纳从国家公职人员跳槽到了德国铁路公司合规部门的高层，调查记者汉斯·莱恩德克（Hans Leyendecker）发表了一篇题为《廉洁者》（Der Unbestechliche）的人物简介。鲜为人知的是，两年后，绍彭施泰纳在合规管理部门的一次监控和数据保护丑闻之后又不得不离开了德国铁路公司。[456]

除了刑事侦查人员外，还出现了另外一组来自大学的尤其是社会科学方面的反腐专家。这些人中有一部分旗帜鲜明地批判“政党国家”（Parteienstaat），典型代表包括施派尔（Speyrer）的法学及行政学家汉斯·赫尔伯特·冯·阿尔宁（Hans Herbert von Arnim）、犯罪学家布丽塔·班南伯格（Britta Bannenberg）、政治学家克里斯汀·兰弗里德（Christine Landfried）和科隆社会学家欧文·舒赫（Erwin Scheuch）等，部分至今依然活跃。这些科学专家研究了政党融资、网络建设和政党内部权力的行使，以及政党对国家和社会的影响问题。过去和现在他们都经常把自己的研究成果置于腐败的背景下。1990 年代初期开始，科学家们也受到了公众的广泛关注，他们定期以警告者的形象在媒体上发声，所著的书籍偶尔面向广大读者。比如，《明镜周刊》1993 年对作为皇冠证人（Kronzeugen）的舒赫和兰德弗里德就其（尤其在贿赂议员方面的）不法行为进行质询，阿尔宁则提供了公职人员疯狂中饱私囊的信息。[457] 作为文化上因循守旧且巧舌如簧的论战家，舒赫虽然颇具争议，但也备受关注。

1990 年代起，媒体内部也出现了对腐败问题报道的专业化趋势，换句话说，一些从事调查工作的记者把腐败作为自己的“专业领域”。这种情况前所未有。波恩共和国常年只有一位新闻界的反腐专家，即伯恩特·恩格尔曼，他从 1950 年代后期开始致力于调查联邦国防军的各种采购事件和弗朗茨·约瑟夫·施特劳斯的一举一动，曾作为皇冠证人出现在德国联邦议院的多个调查委员会。在一开始还颇具敌意的环境中，恩格尔曼可能是联邦德国最高产的调查记者之一，几乎每年都会出版一两本政治书籍，其中也包括有关政治网络、政党融资和商界影响的书籍。早在 1950 年代后期，恩格尔曼就对可能发生的腐败丑闻兴致盎然。[458] 1970 年代，他加入了一个铁杆的左翼记者组织——民主动议新闻委员会（Presseausschuß

Demokratische Initiative），该委员会是 1960 年代末德国国家民主党（NPD）赢得大选后成立的。他警告民众首先要防止右翼激进倾向，早在 1970 年代就出版了关于基民盟和基社盟秘密接受党捐和财务违规行为的作品。[459] 但在这些领域之外，恩格尔曼是为数不多的系统性调查腐败和政党资助问题的记者之一。

1990 年代，越来越多的媒体代表关注腐败问题，下文提及的大部分反腐小册子都出自他们之手，汉斯·莱恩德克在这方面的表现尤为突出。莱恩德克在 1980 年代和 1990 年代初期曾为《明镜周刊》工作，此后效力于《南德意志报》，他的研究在揭露弗利克事件方面发挥了重要作用。莱恩德克报道了涉及洛塔尔·施佩特的“梦幻号帆船事件”（die Traumschiff-Affäre）、赫尔穆特·科尔的“基民盟捐款事件”、西门子和大众汽车的腐败丑闻等众多较小的事件，由于调查工作而成为公众人物，2019 年出任德国福音派教会（Deutscher Evangelischer Kirchentag）多特蒙德分会主席。

最初反腐斗争在工会、雇主协会和政党等既有组织中应者寥寥，至少没有出现真正有代表性的代言人，这就为新的、专业应对腐败问题的组织敞开了方便之门。透明国际就是典型的例子。在最初几年中，透明国际总部和德国分部之间几乎看不出有什么区别。在德国非政府组织之间的辩论中透明国际也常年占据反腐斗争的某种垄断地位，它的代表们在媒体和听证会上备受关注——对彼得·艾根来说尤其如此，腐败指数发明人约翰·格拉夫·兰布斯多夫和联合创始人、后来担任业务经理和德国分部负责人的汉斯于尔格·埃尔斯霍斯特（Hansjörg Elshorst）等其他德国成员也是如此。

透明国际问世之前几年，德国成立了一个原则上处理类似违规行为的小型协会，可能发挥了与透明国际相似的作用，这就是1991年法兰克福高等专科学校教授汉斯·赛尔（Hans See）在哈瑙（Hanau）成立的德国商业犯罪控制协会（der deutsche Verein Business Crime Control）。不过该组织的影响非常有限。进入21世纪之后德国又有了院外控制（LobbyControl）（2005）和议员观察（Abgeordnetenwatch）（2006）等其他非政府组织，这些组织致力于处理有关的政治家行为及其与商界和院外集团人士关系等特殊问题，因对政治和经济上的弊端提出的批判受到重视站稳了脚跟，它们的代表提出的意见在媒体和柏林政界的专家讨论中得到了倾听。我将在下文中更详细地介绍透明国际和其他三个组织。

进入21世纪后，另一些群体也参加了上文提到的“合规革命”——这就是提供企业咨询和审计服务的公司。普华永道、安永（Ernst&Young）和毕马威（KPMG）等三家会计师事务所通过研究腐败的经济后果，尤其是以合规结构的企业经济学解决方案和建议等脱颖而出。[460]这些公司的员工肯定产生了公共影响。比如，毕马威德国董事会发言人罗尔夫·诺南马赫（Rolf Nonnenmacher）是公司治理政府委员会（Regierungskommission Corporate Governance）成员，2000年和2001年该委员会受施罗德政府委托提出了使德国企业合规原则现代化的建议。[461]

我们所知道的反腐专家共有执法人员、学者、记者、非政府组织和私营企业五组，他们自1990年代起主导公共辩论，在专业会议和公开场合，表达自己的关切并提出具体要求。1990年代中后期开始，有关反腐斗争的大会和座谈会举办得越来越频繁。透明国际的活动在其中至关重要，其他组织和智囊团也对反腐话题很感兴趣，成为反腐问题渗透到不同的“部分公众”（Teilöffentlichkeit）中的一个明显标志。在1991年，位于博尔（Bad Boll）的福音派学院（Evangelische

Akademie）组织了一次以“作为‘对社会和教会挑战’的腐败”为主题的会议。[462]

1995年，亲社民党的弗里德里希·艾伯特基金会也致力于反腐问题，组织了“德国的腐败问题：原因、表现形式、斗争策略”主题大会。[463] 这是有关内部安全的一系列大型会议的一部分，在柏林举行。这次活动较好地说明了专业讨论是如何以及在哪些人参与下开始的。作为东道主的艾伯特基金会柏林办事处主任阿克塞尔·施密特-哥德利茨（Axel Schmidt-Gödelitz）提出的会议目标之一是把一直以来相互独立、各自为战的腐败的“反作用力”拧成一股绳。

法律工作者和各协会代表在柏林济济一堂，包括法兰克福的绍彭施泰纳及柏林和米兰的同僚在内的多名检察官出席了会议。彼得·艾根和来自黑森州审计署的乌多·穆勒也参加了会议。与会的还有联邦刑事警察局局长汉斯·扎赫特（Hans Zachert）和社民党联邦议院议会党团一名负责专业问题的工作人员等刑事专家，但有趣的是几乎没有政治家出席。值得一提的是，很多外国人在会上发表了演讲——作报告的人大约三分之一来自意大利、英国或美国等国家。由于经合组织反腐工作组的主席发表了演讲，国际组织的表态也受到关注。

此外，德国工业联合会（其代表就贿赂款项折抵税款问题发表演讲）和德国公务员协会（Deutscher Beamtenbund）副主席等相关利益团体及其代表也出席了会议。他们提醒大家不要操之过急：德国工业联合会反对过快取消对在海外支付贿赂款项的优惠待遇，公务员协会反对一概而论、谴责公务员是腐败主体的做法，这种有意识的防守态度表明反腐依旧任重而道远。除了柏林市司法部部长和绿党议员雷佐·施劳赫（Rezzo Schlauch）外，也没有任何知名政治家与会。公众则高度关注此次会议，摄影团队亲临现场；记者莱纳·朔尔茨（Reiner Scholz）在其当年出版的书中多次提及此次会议。[464]

会议结束时出台了一份包含“对政治的建议”的“需求清单”（Forderungskatalog），[465] 列举了一系列具体措施，在很大程度上体现了办案检察官的经验，主要包括有关公共采购任务分配指导方针的零星建议、对政府部门工作人员定期进行培训的要求、绝对禁止收礼、加强处罚、秘密举报的可能性等，对政治腐败问题几乎只字未提，只有一项措施要求把贿赂议员的行为定性为刑事犯罪。透明度这个万能的词语则在《公共采购法》中出现了两次。

五、反腐院外团体：透明国际和其他非政府组织

在有关全球反腐热的一章中，我们已经谈到了非政府组织的重要性。自 1990 年代起，非政府组织在德国也成为政治的固定组成部分。透明国际就是一个很好的例子，其代表具有明显的双重优势：既被视为中立的专业人士，同时又能在很大程度上决定政治议程。除透明国际外，很快出现了其他具有类似目标的私人组织，他们虽然从来不能与透明国际等量齐观，但丰富了有关腐败的讨论并引发了辩论，反腐的非政府组织开始变得五花八门。

透明国际总部和透明国际德国分部从两个方面影响了并且还在继续影响着德国政治。一方面，透明国际要求和推动的国际条约迫使国内政治采取相应的行动。另一方面，透明国际呼吁在全国公众中推行反腐政策措施。在此过程中，透明国际出现在许多立法程序中，并就与反腐斗争、企业合规和政治中的道德行为相关的诸多问题作出评估、发布调研报

告和表态。有趣的是，2004 年发生的一个小事件可能对透明国际的作用产生了影响。当时，德国联邦经济部公布了《公共采购法》草案。经济部部长沃尔夫冈·克莱门特（Wolfgang Clement）对草案作了补充说明，称透明国际也对新规表示欢迎。但透明国际否认了这一说法，经济部从网站上删除了该草案。[466] 这说明透明国际的肯定意见能够增强可信度；透明国际一旦否定，可能会使计划的实施变得困难。透明国际的地位得益于这样一种假设：有不愿改革的政治家，或试图阻止出现更强大反腐机制的经济利益代表，目的是避免破坏他们见不得人的勾当；透明国际则相反，代表了专业知识和独立性。

与其他非政府组织一样，透明组织完全独立工作，而非接受其他参与者委托行事。这使它和维护成员企业利益的德国工业联合会或谋求雇员和会员工会（Mitgliedsgewerkschaft）利益的德国工会联合会（Deutscher Gewerkschaftsbund）有所不同。

持批评态度的记者有时会说非政府组织缺乏民主合法性，因为他们不是由选举产生的。但大多数非政府组织被视为“1990 年代的神医”（Wunderheiler）或被赋予类似角色。[467] 许多政治观察家认为，如果没有非政府组织不同寻常的努力，很多问题永远不会进入政治议程——在全球人权、环境和反腐等问题上尤其如此。1999 年《时代周报》上的一篇有关透明国际和其他非政府组织的文章认为，只有在公共运动的压力下政府才会寻求解决方案。[468] 1990 年代中期，这份杂志刊登了一篇近乎浪漫的关于以非政府组织矫正僵化政治制度的文章。除了具体成效外，作者还描述了许多年轻、无私、忠诚而且高度专业的使用电子邮件的员工形象。“透明是我们的工作”，这是这篇文章里写的这些员工的自我认知。[469] 这种评估符合该组织的自我感受：彼得·艾根认为透明国际的工作是作为“公民社会的工具，公民社会除了公众利益之外别无其他利益”。[470]

透明国际的公关工作也格外成功，该组织成立伊始的新闻工作就颇为出色。1993年各家报刊以赞许的态度报道了这个新组织，称其像“‘国际特赦组织’一样揭露世界各地侵犯人权的行为并打击腐败”。[471] 透明国际创始人彼得·艾根的积极影响尤为引人注目。2004年，《时代周报》刊登了突出艾根雄厚道德资本的大幅肖像，文中诸如“艾根是理想主义者”“开放和诚实是他的特点，当时和现在都是如此”等表述都说明了这一点。[472] 艾根的光芒甚至耀及他人：同年，《时代周报》记者伊丽莎白·冯·塔登（Elisabeth von Thadden）推荐（毫无胜算的）社民党候选人格西娜·施万（Gesine Schwan）竞选联邦总统，推荐理由包括，格西娜·施万的同居男友彼得·艾根会是个“非常聪明”的潜在的“总统丈夫”。[473]

透明国际在国际和国内最受公众关注的是上文已经提到的腐败指数。1995年起，媒体每年都要报道腐败指数，尤其热衷于报道国家在反腐方面的不足之处。“赤字报道”（Defizitgeschichten）是媒体的典型反应。反腐小册子努力地敦促各国该为反腐做些什么。这种论调也主导了对腐败指数的评论。尽管德国是腐败程度最低的国家之一，但记者们就德国在排行榜中的地位大做文章。在接受评估的国家数量稳步增长的同时，德国的排名始终处于第10位和第20位之间，评论认为德国的排名乏善可陈。几乎总有人指出丹麦等国家排名更靠前，而德国的表现并不比法国、西班牙或意大利好多少。[474] 而当德国的排名偶尔跃升——2003年从第20位上升至第16位时，记者们就冷嘲热讽，说在他们看来这只是“虚假的”成功。[475]

不论实际结果如何，记者们获得“腐败指数”排名时都对德国政商两界的廉洁程度忧虑重重。这产生了一个有趣的副作用：一种流行的修辞手法是把德国推向更坏的“腐败罪人”（Korruptionssünder）一边，主要复制了落后的南半球国家的典型言论，言外之意就是：德国的道德标准必须明显高于第三世界国家。2003 年，《明镜周刊》谈到有关《联合国反腐公约》的辩论时提出了这样一个问题：“为什么德国在与‘癌症式的腐败’的斗争中落后于乌干达或危地马拉？”这篇文章接着写道：“如果德国坚持走本国的特殊道路，那么从塔卡图卡到鲁玛岛[4]的人都会羞愧难当。德国人不想以香蕉共和国为参照系。”[476] 腐败指数的作用是引发丑闻，引起了对南半球国家根深蒂固的怨恨。东欧的形象同样比较阴暗。《明镜周刊》一篇题为《巴克斯基斯坦的繁荣》（Boom in Bakschikistan）的文章断言：“大多数东欧和中东欧国家都陷入了裙带关系、贿赂和幕后交易的泥沼之中。”[477]

德国公众始终选择性地看待透明国际，这一点在《日报》的报道中体现得尤为明显。《日报》既没有注意到透明国际许多解决方案的新自由主义背景，也没有对腐败指数质疑，而是赞扬建立在自愿和私营经济合同逻辑之上的完美孤岛（Inseln der Integrität）战略——一种主要致力于国际贸易中的自我调节的制度。在这一点上《日报》甚至与彼得·艾根观点一致：认为世界贸易组织（Welthandelsorganisation）的首要职责是实施全球反腐规则——而不是由各成员来实施。[478] 这是《日报》这份总部位于柏林、由特定人群阅读的报纸对遍及全球

[4] 塔卡图卡、鲁玛岛，Taka-Tuka、Lummer-Land，分别是瑞典童话故事《长袜子皮皮》（*Pippi Langstrumpf*）和德国童话故事《吉姆与卢克司机》（*Jim Knopf und Lukas der Lokomotivführer*）中虚构的小岛国，这里借指小国。

的商业利益给予积极报道的罕见例子。

上文已经提到，《日报》经常将其有关腐败的报道与谴责西方工业化国家对第三世界“道德傲慢”（die moralische Überheblichkeit）的愿望相结合。尽管如此，几乎没有一家报纸像《日报》那样定期报道最新的腐败指数，并且自始至终持肯定态度。一直没有引起注意的是，腐败指数在多大程度上加深了对南半球国家的不满。《日报》的记者大多坚持附和透明国际代表在各场新闻发布会上的评论。彼得·艾根或他的战友们经常在记者招待会上强调西方不应坐视不管，因为贿赂通常来自西方的公司，北半球国家对腐败问题难辞其咎。1996 年《日报》曾经刊登了一篇题为《富人贿赂穷人：新排行榜》（Die Reichen bestechen die Armen. Neue Hitliste）的文章。[479] 虽然彼得·艾根在介绍 1997 年的指数时不想排除该指数可能“失实，对发展中国家不利”的可能性，但《日报》对腐败指数还是赞不绝口。[480] 该报没有对这种比较性指数的方法和理论持批评态度，而是从这些评论中得出了一个值得注意的结论：“腐败如今不再被视为‘第三世界的问题’，这首先要归功于透明国际。”[481]

因此，即使对于那些在许多方面代表完全不同价值观和目标的记者而言，透明国际的信息也无法抗拒。透明国际提供了一种对事实的解读，从大型跨国公司到持批判态度的左翼记者在内的许多公司和个人的世界观都能与这种解读联系起来。

其他组织则几乎没有发挥太大作用。商业犯罪控制协会尤其如此，该协会创始人兼精神导师汉斯·赛尔是为数不多的对腐败持批判态度的左翼人士之一，稍后将更详细地讨论他的著作。虽然早在 1991 年商业犯罪控制协会就已经成立，但成员数量很少——1995 年约 140 人。创始人的目的是收集有关经济犯罪的可靠信息，协会的成员和“战友”是科研人员、犯罪学家和记者等，汉斯·莱恩德克、于尔根·洛特和维尔纳·吕格默（Werner Rügemer）等德国最有特点的腐败问题时政评论员都支持商业犯罪控制协会。

该协会希望第一步建立一个登记经济犯罪案件的国家信息中心，因为汉斯·赛尔认为从实践中获取的这方面的实例实在太少。第二步应提出建议，打击该协会所称的许多企业的“黑手党伦理”（mafiöse Ethik）。具体而言，赛尔及其同事反对经济对政治的不正当影响，也反对逃税、骗取补贴、环境污染、非法就业状况及更多其他类似情况。[482] 在1990年代有关改革的辩论中，商业犯罪控制协会明确把自己定位于左派政治光谱中。该协会抱怨说，人们错误地认为“社会寄生虫”是个问题，但福利国家的真正危险在于“上层”的经济犯罪。[483]

1995年《时代周报》曾报道：“赛尔最希望他的协会在经济界享有绿色和平组织在环保领域、国际特赦组织在人权领域的地位。”但他也知道区别所在：“我们只能通过知识分子的洞察力来工作。”赛尔作了限制性说明：“我们的主题完全不适合具有轰动效应的行动。”[484] 最终，该组织把工作重点放在研究专业问题这一不太具有轰动性的目标上。

商业犯罪控制协会的“业务范围”绝对符合两德重新统一后的趋势，它关注的是部分经济领域道德缺失的问题。此外，该协会定期为经济犯罪的受害者提供咨询，实际上也是一项能够树立正面形象的活动。新闻工作者和专家的参与使该协会得以打入编辑部，并且将来也有可能进入专业行政部门和政界。此外，该协会还有一位能言善辩、很好地代表自己的主席——至少1995年《时代周报》的记者有这种印象。

在最初的几年中，该协会也受到了一些来自全国其他地区媒体的关注，尤其是《日报》邀请商业犯罪控制协会的代表为自己供稿发声；除了汉斯·赛尔之外，最重要的供稿人是来自科隆的记者维尔纳·吕格默（他还写了一本关于自己家乡腐败问题的书）。[485] 但商业犯罪控制协会自身也有一些缺点，使它在公开辩论中不像透明国际那样有魅力。比如该协会的“业务范围”明显更广；而透明国际只聚焦于腐败问题，起决定作用的可能主要是两个协会不同的政治和意识形态背景。汉斯·赛尔的动力是坚信资本主义必然导致人们误入犯罪歧途。[486] 与透明国际和1990年代的经济学家不同，商业犯罪控制协会不认为资本主义是提高道德水准的工具，而是恰恰相反。

这或许也是商业犯罪控制协会没有和透明国际采取联合行动的原因之一。回顾历史，赛尔甚至把透明国际视为一种“安慰剂”——这多少有些阴谋论的味道。2018年，赛尔在其个人主页上表示，反腐斗争是为大公司服务、成功转移视线的策略。当民众把注意力放在反腐斗争上时，对经济不公的有理有据的愤怒就转移到了国家、政党和议会上，公司管理者和公司本身就被放过了。[487]

进入21世纪后，批评腐败的协会种类增加了。2005年，致力于打击隐蔽的施加政治影响行为的“院外控制”在科隆成立，初衷是揭露各种利益集团对欧盟官僚机构的影响。很快，院外控制的注意力就扩大到了柏林，报道了各部院外游说者的活动、额外收入以及政治家跳槽至私营经济部门高薪岗位的情况。院外控制组织以民主战士自居，反对公民的“无力感”，它的工作也建立在对资本主义持批判态度的观点之上，并控诉跨国公司的影响。

院外控制以研究报告和运动式的抗议活动进入了公众的视线。2006年，这个羽翼未丰的组织以研究政治脱口秀节目

《萨宾娜·克里斯提昂森》（*Sabine Christiansen*）中嘉宾的经济政策特点而闻名。该节目1998年至2007年播出，是最早也最具影响力的政治脱口秀节目之一，伴随着红绿联合政府的执政时期和默克尔时代初期，每周对施罗德的改革政策及其《2010年议程》进行评论。“院外控制”的研究坚信，该节目通过选择嘉宾，优先传播与商界友好的新自由主义观点，但这种偏好被系统地掩盖了，因此观众可能会产生一种错误的印象，认为专业人士在“只有有利于企业的改革要求才有意义”这一点上意见一致。[488] 院外控制的其他行动包括2005年以来每年颁发“最差欧盟院外集团奖”（Worst EU Lobby Award）、2007年发表了一项关于前红绿联合政府成员跳槽到企业和院外组织情况的研究报告，以及2008年发起了一场针对“政府中的院外集团人士”的运动。[489]

院外控制成立一年后，即2006年，名为“议员观察”的互联网平台（网址：Abgeordnetenwatch. de）在联邦层面启动。2004年，汉堡率先推出了“议员观察”网站。网页由一个名为议会观察（Parlamentwatch）的注册协会运营，运营资金来自捐款。时至今日，与汉堡关系密切的人士仍在协会的管理委员会中占主导地位，其中包括许多媒体从业人士。根据议员观察网站自己的说法，该网站2009年有一名正式员工和几名志愿者；8年后，已经有11名全职雇员。

出于批判目的，这个在线网站记录了政治家的言论及其在德国联邦议院的投票情况，由此可见议员们是否言行一致；还记录了政治家的兼职活动，以曝光可能存在的利益冲突。事实上，议员观察网站上的有些信息甚至在其成立之前就已公开，只是需要费些周折才能得到。此外，该网站还向个别政治家提出了具体问题，并把回答记录在案。

议员观察网站的方案建立在通过使用互联网使公民和政

治家之间的关系透明的基础之上。这基于两个典型的假设：一是互联网有助于使信息的获取民主化；二是议员应该对其利益和行为方式负责——后者是我们在讨论良治问题时已经接触的一项原则。一些议员通过公开自己的活动回应此类有关增加透明度的要求；我们将在下文中进一步讨论这个问题。

议员观察网站也不是一个中立的信息平台，而是随着政治运动而出现的。2012 年一场名为惩处贿赂议员行为的请愿活动启动——目标是相关的法律修正案。议员观察网站一次又一次对德国联邦议院中院外集团人士的角色提出批评。

该网站偶尔也成功揭露了一些小型丑闻，比如 2007 年 5 月发表的一篇在线报道揭露了当时来自石荷州的联邦议员卡尔-爱德华·格拉夫·冯·俾斯麦（Carl-Eduard Graf von Bismarck）的丑闻。议员观察网站仔细评估了出席联邦议院全体会议的议员名单，结果显示，俾斯麦当年参加联邦议院全体会议的次数连一半都不到。[490] 下文中我还将谈到这个案例。

院外控制和议员观察网站偶尔与透明国际联合开展运动。但在内容设置方面，院外控制和议员观察网站对资本主义和经济更多地持批判态度，这是他们区别于透明国际的地方。

在就腐败展开辩论的环境中还出现了其他团体和动议，其中一些目标差异很大且受到局限。一个例子是名为“我的午餐我付费”（MEZIS）的团体。该组织参与了卫生部门不正当竞争和腐败的辩论。“我的午餐我付费——廉洁医生动议”创立于 2007 年，灵感来自美国 2000 年以来的“没有免费的午餐”（No Free Lunch）运动。这是一个加入门槛极低、更加松散的网络：成员须从根本上承认协会的价值观。该协会的主页提供了有关制药行业对医生治疗行为影响的信息。患者还可以使用互联网查找身边“自付饭费”的医生。“我的午餐我付费”本质上是个平台，医生在这个平台上承诺不接受制药公司的任何回扣，结果是一方面解释了医生吃回扣的乱象，另一方面也为其成员的医术、诚信度和独立性做了广告。成立10年后，该网络拥有约9000名成员。“我的午餐我付费”还组织运动，呼吁在法律上禁止卫生部门受贿，特别是像《公务员法》那样禁止接受礼物，并偶尔与德国电视一台的《全景》（*Panorama*）栏目等媒体合作。[491]

1990年代以来，非政府组织已经成为政治生活的重要组成部分。尤其是在打击腐败的斗争中，他们可以为自己站台，不受经济利益的影响而为更好的道德、为公共利益挺身而出。作为政治运行中绝无仅有的参与者，他们在公开辩论中得到了信任。这也由于非政府组织从一开始就是与“职业政治”相对应的另一种概念。虽然成功的非政府组织很快也开始雇用全职员工，但抛头露面的领袖人物一般像彼得·艾根一样义务工作。

第二节　解读的框架

一、反腐小册子的回归

腐败不仅出现在公职律师纤尘不染的“诉求目录”中，也不仅仅被政治团体绑架，从1990年代初开始腐败就成为图书的主题。当时，图书市场上出现了一种1930年代初以来在德国几乎销声匿迹的出版物：反腐小册子。早在透明国际成立之前反腐小册子就描绘了一幅德意志联邦共和国礼崩乐坏的全景图。我们先简要回顾一下历史。

1871年德意志帝国建立后的最初几十年间，这类书籍在德国经历了第一个黄金时代。批评奥托·冯·俾斯麦（Otto von Bismarck）经济政策的人认为帝国首相、主要政治家和企业家都涉嫌腐败，出版了揭露假定的和真实的丑闻的小册子和书籍，尤其是把当时所有权力精英都描述为诡计多端的腐败分子（durchtriebene Korrumpeure）。有趣的是，遭到俾斯麦打压的社民党人在这场辩论中一言不发。相反地，反腐小册子的作者都来自保守阵营。他们指责首相俾斯麦的市场经济政策，称他与金融资产阶级沆瀣一气。这里对腐败的批评是对资本主义和现代性的保守批评，随着时间的推移，它越来越带有一丝令人难以忍受的反犹主义气息。尽管这些文本充斥着反对自由主义的怨气，但其作者还是证明自己指控的详细证据赢得了信任。[492]

反腐小册子的第二个高峰出现在魏玛共和国。在两次世界大战之间，德国经历了前所未有的最深入、最激烈的有关腐败的辩论。这些辩论大多针对魏玛联盟的政党以及与其亲近的企业家，也就是针对民主派。这些文本的共同点是认为议会和政府是腐败的，都听命于企业；资本家和民主派共同以牺牲民众为代价大发横财。反犹主义依然是个重要动机。在两次世界大战期间，反腐小册子的作者往往属于右翼威权团体，几乎全是共和国的敌人。关于斯科拉茨（Sklarz）、库蒂斯克（Kutisker）、巴玛特（Barmat）、斯克拉雷克（Sklarek）等人以及其他许多人丑闻的无休无止的辩论对于魏玛共和国的风雨飘摇和第一个德意志民主国家的失败也起到了决定性作用。除了报纸上连篇累牍的报道外，还出现了各种各样的小册子——有些只是报刊文章的汇编，有些则传播内容丰富的独家消息。政治檄文、伪科学论文和讽刺书籍或手册等纷纷面世。[493]

从1990年代开始进入市场的反腐书籍都秉承这种可疑的

传统。不过作者和他们的观众可能都不知道这种传统。像奥托·冯·德斯特–达贝尔（Otto von Dest-Daber）或奥托·格拉高（Otto Glagau）这样的小册子作者理所当然地被人遗忘。此外，现代的小册子在两个决定性的方面不同于早期的小册子：现代小册子中不再有任何反犹主义的对腐败的批评，并且作者为民主担心，不和民主作对。

“小册子”（Pamphlet）一词在德语中有贬义色彩。本书中我想把这个词理解为中立的政治檄文，就像法语中“pamphlet”的意义一样。檄文服务于政治或社会话题，它传达明确的信息。小册子在此过程中提出了论点和证据——但同样也有很多论战和谩骂，至少很少有经过深思熟虑、观点不同的“连环辩论”，这绝对也适用于本章提及的书籍。

诸如《德意志香蕉共和国》《腐败陷阱》《沼泽》之类标题就已经说明了这一点。有一本书的封面上出现了《骗子报告》（*Der Abzocker-Report*）[494] 这样的标题。1990 年代初面世以来，这些标题通过报纸上的评论、与作者的访谈等方式显然引起了公众的关注。这些文本似乎把德国有关腐败辩论中的主题、论点和调性融为一体，许多文章大同小异，常常只是个别表述略有不同。千篇一律的文章读起来有时令人感觉乏味，不过它们最终也清楚地表明关于腐败的辩论是如何奏效的。我将继续回顾这些书籍，但很多对 1990 年之后二十年间的判断至今依然适用。今天，这种文献的潮流略显式微，但从未彻底断流。它看似一幅定格的画面：大约在 1995 年之后，争论辩驳等现象几乎不曾改变。

大部分反腐小册子来自调查记者。他们先是在各种日报、周报或者在电台发表自己的研究成果，然后把这些研究成果转换为图书形式。因此，这些书籍大都包含对个案的详细研究。在书籍中，作者有机会把他们的个案置于更加广阔的背景之中，这在日常报道中通常是不可能的。上文简要提及的汉斯·莱恩德克是这一领域最高产的作者之一，我们将进一步分析他的三本著作。反腐题材并非新闻界的独家事务，上文已经提到的学者以及包括沃尔夫冈·邵彭施泰纳在内的有实践经验者也就反腐问题各抒己见，一部分反腐专家也以小册子作者的身份出现。

有些情况下反腐书籍受到极大关注，1990 年代初期这类书籍刚刚问世时尤其如此。这里举个例子：科隆社会学家欧文·舒赫和他的妻子乌特·舒赫（Ute Scheuch）1992 年通过罗沃尔特出版社（Rowohlt Verlag）共同推出了一本关于“派系、团伙和职业生涯”的袖珍本书籍。[495] 这不是第一本以庇护和任人唯亲为主题的图书，但它是这类图书中较早出版的。这本书诞生之前经历了一段有趣的历史。最初，基民盟北威州经济协会曾向这位科隆的教授及其夫人征求意见。该协会想知道为什么各级议会中来自商界的代表这么少。但这对社会学家夫妇并没有为经济协会的工作提供任何论证，而是对政党民主制度的基础“动刀”。舒赫的结论是：卖官鬻爵现象蔓延阻止了有能力的专业政治家占据重要职位。北威州的基民盟试图使这篇论文销声匿迹，舒赫夫妇对此显然颇为不满。不管怎么说，这项研究最终通过媒体为公众所知晓。舒赫夫妇在他们的书中饶有兴致地报道了全国媒体对他们出具的篇幅只有大约 24 页的鉴定报告的反响——《时代周报》《法兰克福汇报》《明镜周刊》《图片报》（*Bild*）、德国电视一台《每日话题》栏目、RTL 电视台、联邦德国广播公司（WDR）……几乎没有哪家媒体对这份报告无动于衷。这两位作者显然触动了媒体的神经，各家媒体的编辑部几乎毫不掩饰地同意鉴定结论。借着反腐辩论的东风，舒赫夫妇把一系列案例和分析集结成一本大约 170 页的小册子。这部作品的成功证明他们是对的：该书出版当年发行量就高达 56 000 本，1996 年增至 77 000 本。舒赫夫妇完美地利用了道德化政治报道导致的“眼球经济”——具有讽刺意味的是，他们恰恰以辛辣的文字指责政界人士的这种行为。[496]

这使人们注意到了此类作品的另一个特点：小册子中的文字不无矛盾。鉴定结论和解决方案或部分鉴定结论常常根本无法相互印证，得出令人信服的结论。但这也不是缺点，恰恰相反：正是在这些自相矛盾中，核心假设变得清晰。下文还将回过头来谈这个问题。

两位作者谈了哪些话题？讨论了哪些弊端？和几乎所有作者一样，舒赫夫妇描述了政治领域的政党制度、客户主义（Klientelismus）和职位分配（Postenvergabe）状况。其他书籍讨论的是公共行政中的腐败、公务员或政治家如何中饱私囊、对经济的危害以及政治生活中的“院外主义丑闻”。一些作者也强调了与有组织犯罪和经济犯罪的关联，其中最著名的是汉斯·莱恩德克。

1990 年代，人们最关注的是指出腐败的存在。我们通过书中几乎无穷无尽的案例可以了解到腐败在德国也无处不在。无数文章批评“腐败是第三世界国家问题”的这一错觉。纸媒和电台记者莱纳·朔尔茨批评了德国社会关于政府清正廉洁的谎言（Lebenslügen）。[497] 这些小册子的目的正在于此：它们想要激起不满并揭露种种弊端，由此在反腐斗争政治场域的建立中发挥了积极作用。

书中语言的调性显然也和这个目标密切相关。该书谈到了民主面临的巨大危险，谈到了社会存在巨大的黑暗区域。此外，几乎所有的作者都使用了与污秽和清洁主题相关的隐喻和概念：“法兰克福所有的沟渠都散发着恶臭”——这是莱恩德克对邵彭施泰纳关于这座银行林立的大都市调查结果的评论。[498]

作者以充沛的激情和道德化的方式表达了对他们自身及其作品的要求。电台记者和时政评论家于尔根·洛特认为自己写书的理由是“为了避免我的女儿莱拉以后不得不生活在一个只奉行中饱私囊、利己主义、毫无社会责任的世界”[499]——作者自我设定的标准不啻于建立一个更加美好的世界，他对当前世界的评价也因此更加阴暗。同一本书中几页之后这样写道：“政治道德是妓女，腐败是支付嫖资的国际硬通货。”[500]洛特以这种稍显离经背道的画面评论了科尔总理1995年在波恩会见印度尼西亚总统苏哈托（Suharto）时发表的声明，认为尽管印尼是世界上最腐败的国家之一，但科尔希望强化与印尼的经济关系。这种语气是当时大多数反腐小册子的特征——这些小册子之所以能够调动人们的“激情潜力”是因为腐败首先是“不道德”的。

充满激情的道德化行为不允许含沙射影。如果文章中的段落有揶揄的意味，那更像是辛辣的讽刺。沃尔夫哈特·贝格显然是用“我们在我们新的、‘润滑良好’的大德国”这种表述反对赫尔穆特·科尔的“统一激情”（Wiedervereinigungspathos）。当贝格警告“不要信任虚假的道德布道者”时，他指的不是腐败的批评者，[501]而希望阻止真正的“道德布道者”。

只有精神分析学家和社会活动家霍斯特-埃伯哈德·里希特（Horst-Eberhard Richter）较早出版的一本小册子与同时代的其他作品格格不入。柏林墙倒塌前不久，他出版了一本讽刺书籍，书中虚构了一位病人，他向治疗师讲述了自己的成长经历。[502]这位病人是个为腐败高唱赞歌的政治顾问。当然，里希特使用了双重标准。不可忽视的是，他把书中的政治顾问描绘成愤世嫉俗者和骗子。显然，许多读者甚至评论家对此都有误解。在博尔福音派学院的一次演讲中，里希特抱怨说人们误以为他是腐败的捍卫者[503]——尽管环境与和平活动家里希特实际上并不以愤世嫉俗闻名。对里希特的误解表明这场辩论是多么充满激情和道德色彩：人们根本无法理解含沙射影的做法。道德是决定性的纲领——我们探究小册子的作者写作的根本原因时还将回到这一点上。

二、为什么会腐败？反腐小册子中的不法之徒及原因

反腐小册子必然是批判性的——其批评针对三个群体："企业家、公务员和政治家。"[504] 他们在变幻的局势中扮演了恶棍的角色。这些小册子全都描绘了把国家视为"自助商店"的"政治家阶层""追求加官晋爵、大搞裙带关系"的阴暗画面。[505] 这些文献中的政治家形象之差可想而知，甚至到了"病理化"的地步。2013 年出版的《权力机器》（*Die Machtmaschine*）一书提出了这样一种论点：政治家通常有自恋障碍，他们的性格被争夺权力和影响力的游戏所破坏。[506] 这种把政治当作人品有瑕疵者的"肮脏交易"的想法为许多书籍定下了基调——1990 年代同样的声调越来越多地出现在媒体中，1980 年代中期还看似具有挑衅意味的事 10 年后已经司空见惯。

小册子的作者喜欢把政党政治称作"封建制度"。这个词是舒赫夫妇创造的，他们认为政治专注于单纯地维持权力，并且已经退化为一种"自我参照"的业务，这种业务提供的服务就是收入和影响力。他们把政党中与个人有关、以特权换忠诚的行为称为封建化。舒赫夫妇认为存在网络关系和团伙，经过深思熟虑，他们选择了"封建制度"这个前现代概

念，表达了对各国政府民主合法性的怀疑。舒赫夫妇把德国的机制与民主德国时期的“封建领主”（Feudalherren）相提并论，认为德国也盛行一个实际上无法将其选下台的“多党政府”。由于人们感觉到了这一点，所以他们会离开政党，参加选举的次数越来越少。[507] 这些想法可能建立在对弗利克事件的观察之上并被广泛接受。政党看似起源于前现代的黑暗时代。

另一组参与者是企业家——在不同的情况下可能是骗取市镇合同的小型手工业企业主，或是跨国公司的商业领袖。对企业家和经理人的评判也很严厉。这类书籍的作者经常批评“腐败是商业政策的一部分”，布丽塔·班南伯格和沃尔夫冈·邵彭施泰恩在他们 2004 年合著的作品中就持这种观点，认为德国商界行事不公，对政府机关和政治家的行为基本上是非法的，腐败是一种“有组织的经济犯罪”形式。[508] 汉斯·莱恩德克早在 1990 年代初就把二者这样联系在一起，他的出发点是黑手党及其日益增长的在德国几乎随处都能感受到的影响力，再加上洗钱、毒品市场和军火交易。他认为银行和公司有意无意地卷入其中，对于德国的国民经济而言，当时黑手党的业务已经不可或缺。在这种情况下，人们也必然认为政治家可能会被收买。[509]

在对行政腐败的个案研究中，作者自然而然地聚焦了作为腐败活动群体的公务员。公务员被赋予了与政治家类似的标志和性格特征。有一期《明镜周刊》的主题文章是反腐题材，封面上是一个在办公桌下把手伸向读者的公务员。[510]

这与 1950 年代认为德国公务员队伍清正廉洁的共识形成了何其鲜明的对比！对官员的斥责也是在某种更广泛的背景下进行的。1980 年代以来，一度是国家任务的去国有化、自由化、放松管制和私有化等是一种全球趋势，德国也卷入其中。这种经济政策议程伴随着一种对国家持批评态度的民间传说。有趣的是，经济自由主义趋势对此作出了贡献，但左翼自由主义趋势也功不可没。因为自“1968 年学运”以来，人们认为传统的包括国家的权威至少必须有理有据，主权行为不再不受任何怀疑，偏偏给公务员笼统地发放良好的“道德成绩单”看起来几乎不合时宜了。此外还有风格问题：传统上被视为公务员特征的“正确性”（Korrektheit）看起来越来越像实利主义（Spießertum）。此外，还有人提出经济自由主义的论点：公务员和国家机构过于笨拙、效率低下且成本高昂，个体的成绩在公务员的职业体系中得不到奖励，因此个体也就做不出成绩。上文已经提到的问责制原则（accountability）也应扩展到公务员队伍。

在 1990 年代这两个因素引发了一场颇受欢迎、对公务员持极度批判态度的辩论。1997 年 10 月 27 日《明镜周刊》的卖点是封面上的标题《公务员：权力太大、成本太高、过于慵懒》（*Die Beamten. Zu mächtig, zu teuer, zu träge*）。和上文提到的对政党“封建主义”的批评类似，使用前现代术语来形容公务员和《公务员法》司空见惯。1997 年，属于左翼自由派阵营的艾希伯恩出版社（Eichborn-Verlag）推出了一篇关于公务员的论战文章，文章的副标题“特殊职权、特殊薪酬和特殊养老金”押了头韵。[511]传奇层出不穷：懒惰或想贪就贪的公务员形象取代了普鲁士式“拒腐蚀、永不沾”的公务员形象。莱恩德克也认为应该减少政务官员的数量以遏制腐败。[512]

除政治家、企业家和公务员外，一些作者把注意力转向了自己的行业协会。记者在法律意义上虽然很少有机会腐败——因为他们并非公职人员；但反腐小册子关注的并不是“法律上正确的犯罪事实”——而是公共道德。因此他们批判诱使记者不独立进行报道的机制。一方面，公司为记者提供好处，然后新闻界人士对此进行报道。另一方面，记者为了获取个人利益而有的放矢地向公司施压。实践中这种情况无处不在，甚至《明镜周刊》等严肃杂志也是如此。[513] 但是和其他人群相比，涉及记者的段落很少且篇幅短小。

材料堆积如山，问题随之而来：作者认为腐败的原因是什么？谁之过？答案是：大家都有错。在作者看来，腐败的原因在于集体道德的败坏。沃尔夫哈特·贝格认为几乎所有人都可以被收买，德国是个“财迷社会”（Raffke-Gesellschaft），人人推诿塞责，大多数人早已“离不开”腐败。[514] 因此，作者通常要对个人原因、体面和道德的滑坡负责。从本质上讲，他们批评的是人们为了自己的利益而忽视公共利益和遵守法律的事实。班南伯格和邵彭施泰纳把腐败视为社会欺诈、逃税和打黑工等“大众体育”的一种表现形式。[515]

关于个体心理对腐败缺乏抵抗力的解释与此相适应。公务员的工作在公众面前越得不到肯定，这些人民公仆就越倾向于以额外收入关爱“自我”。其他解释认为这是对金钱的欲望和对权力的痴迷。[516] 几乎所有书籍都批评道德楷模不复存在，也有人说精英是大众的精准写照，或者反之亦然：大众之所以如此是因为精英“上梁不正”，背后的逻辑是认为道德已经沦丧，民众和社会越发麻木。沃尔夫冈·邵彭施泰纳在1994年的一次采访中这样解释道：在1950年代和1960年代，“人们绝对可以用诸如履职、忠诚和道德之类概念说事。今天，毫无顾忌地不修边幅（Hemdsärmeligkeit）和‘肘部心态'[5]被视为动力”。这适用于整个社会，因此也适用于国家公务员。[517]

大多数小册子作者可以归入政治光谱中的左翼自由派。沃尔夫哈特·贝格的一段话颇具代表性。他认为道德滑坡的一个原因在于科尔时代的社会政治氛围。1980年代，联邦总理和弗朗茨·约瑟夫·施特劳斯等许多政治家诋毁君特·格拉斯、于尔根·哈贝马斯或海因里希·伯尔等具有批判精神的人，公开辩论的整体质量由此下降，当局“越敌视批评”，“群众就越不加批判地接受”“愈发以自我为中心的社会”中的“不道德的新规范”。[518]对左翼批评人士的支持和对精英们“榜样力量”的深信不疑结合在了一起。这是反腐文献的巨大矛盾之一：反腐文献中渗透着对精英的尖刻批判，这种批判甚至把政界、行政管理部门和商界领导层的合法性统一起来，与此同时，又把一切希望都寄托在道德上洗心革面的精英身上。

这里还可以补充另一个矛盾：许多小册子作者对腐败的历史颇有了解，他们也可以列举出德意志帝国尤其是早期德意志联邦共和国的腐败现象——1950年9月27日的首都事件(Hauptstadtaffäre)、基尔布案（der Fall Kilb），小册子中偶尔也提及维利·勃兰特贿选事件。他们证明了这种看似永恒的腐败特征，也告诉我们腐败近年来变得特别严重。这些小册子几乎没有反映这两种说法之间的关系，读者只能由此得出这样的结论：为了引起注意，也因为道德是辩论的焦点，所以道德状况江河日下的推理模式不可或缺。

---

[5] 取肘部打击、排斥身体周围之意，指一种排斥的社会心态和秩序，以利己主义、竞争、冷酷和自利为基础，也影响到社会思维方式和行为规范。

认为道德败坏的说辞和对精英榜样作用的失望其实是保守的文化批判的素材，大多数作者显然没有意识到这一点。

但是有一个形象鲜明的榜样，这就是舒赫夫妇。他们不属于左翼自由派，而是把自己明确定位在文化保守主义领域。舒赫夫妇相信能力和专业知识在政治中不再起作用。他们认为，自从不相信任何专家的1968年学运以来，政治事务中的优先事项已经发生了变化。现在人们关心的只是通过媒体兜售具有道德色彩的伪话题。政界人士的职业入侵（Invasion der Kulturberufe）把专业人员彻底晾在了一边。[519] 舒赫夫妇抱怨道，擎天架海的精英已经被哗众取宠的狂徒取代，棘手的话题已经让位于伪政治（Scheinpolitik）。许多观察家不愿承认这种判断——尽管1990年代确实有人对象征政治（Symbolpolitik）提出了批评。《时代周报》波恩办事处负责人、并非真正的政党信徒的贡特·霍夫曼（Gunter Hofmann）随后也猛烈抨击舒赫夫妇的核心论点，斥责其“平庸得离谱”。[520]

尽管如此，舒赫夫妇还是影响了政治辩论的基调。他们可能是最早责骂保守派政治人物的人，今天我们可以观察到这种做法的后果。舒赫夫妇在1990年代后五年加入了一个右翼保守派和民族自由派的圈子，这个圈子被称作“个体经营者联合会中的自由时政评论员、作家和科学家工作小组”，批评左翼自由主义的时代精神，并宣传自己为“沉默的大多数”代言。[521]

就其公开的反自由主义立场而言，舒赫夫妇可谓独树一帜。极少有人遵循他们对政治和文化的宽泛的整体解释。不过反腐文献同意他们的许多个别判断，以《日报》形式出现的左翼替代媒体也是如此。[522] 舒赫夫妇提到了一个明确的原因，即这是1968年学运的后果，但左翼自由派批评人士恰恰做不到这一点，如果他们能够做到的话，就会把注意力放在共产主义的终结或者市场经济的结构上。

这些小册子作者中几乎没有哪位提及结构性原因，而他们本来是可以更仔细地研究全球化的世界经济结构的。汉斯·莱恩德克描述了对高层管理人员的道德苛求，认为问题在于心理因素，即对个体要求过高、较少考虑环境或结构因素。[523] 相比之下，1992 年莱恩德克出版的《国家中的黑手党》(*Mafia im Staat*) 一书还算接近结构性解释——该书描述了腐败和有组织犯罪如何牢牢地控制社会。在他后来的著作中，追根溯源越来越含混不清，但仍然与经济犯罪主题挂钩。因此，和他的大多数作者同行相比，莱恩德克的解释明显更有特点。

两德重新统一带来的变化也只是被顺带提及。于尔根·洛特以一种非常“印象派”的方式认为德国处在一个边界开放的世界中，人们以前只在南欧或巴尔干地区经历过这种环境。[524] 对统一的解释通常是这样的：贪婪的心态从原联邦德国的旧联邦州蔓延到了原民主德国的新联邦州。对于反腐作者而言，有道德化和危言耸听作为素材就足够了，人们没有兴趣刨根问底，也缺少赖以将腐败纳入更大格局之中的政治和意识形态世界观。此外，这些书没有表现出对某个特定政党的偏好。相反地，大多数作者都注意引用来自不同政党的例子——至少来自联盟党、自民党和社民党，腐败的绿党和民社党政治家较少出现，即使是众所周知的基民盟成员舒赫夫妇也没有写出致力于政党政治的文章，几乎所有的作者都想批评整个政治体系。

三、夹缝之中：左翼反资本主义者对腐败的批判？

从来没有出现过左翼发起的对资本主义持批判态度的有

关腐败的辩论。这是19世纪以来对腐败批判的特点之一——尽管在帝国后期社民党偶尔也试图利用腐败丑闻（例如1913年卡尔·李卜克内西［Karl Liebknecht］谴责普鲁士战争部腐败事件的所谓“康沃尔泽丑闻”［Kornwalzer-Skandal］）批评统治精英。1900年前后社民党的《前进报》也把腐败的蔓延归因于资本主义的结构。[525]

19世纪末和20世纪初，反资本主义经常成为对腐败丑闻进行评论的基础，然而这种对资本主义的批判大多带有右翼色彩，常常与反犹主义联系在一起。腐败、现代金融体系、所谓“犹太富人的统治”看起来是同一个故事的一部分。这种观察不仅适用于德意志帝国和魏玛共和国，也适用于英国、法国和西班牙等国家。[526]值得一提的是，反资本主义的左翼保持克制，因为腐败似乎证明了在资本主义中的一切关系——包括人与人之间的社会和政治关系都将被经济化。在对腐败的研究中还没有令人满意的对这一论断的解释，这种论断本质上无论如何也适用于柏林共和国的腐败历史。

左派对腐败的独立解释只是依稀可辨，没有出现旗帜鲜明的源于左翼或另类左翼的立场。这之所以值得大书特书也因为1990年代绿党这个在弗利克事件中脱颖而出的政党已经建立。人们本来可以期待“联盟90”/绿党在有关腐败的辩论进行得最激烈时起主导作用。尽管绿党的联邦议会党团提交了一些反腐败法案，但这些法案并未获得通过。随着民社党进入议会，一个如假包换的左翼政党在两德重新统一后首次在德国联邦议院长期拥有议席（这是左翼政党40年来首次重新入主联邦议院）——德国共产党1953年在联邦议院选举中由于未能跨过“百分之五门槛”[6] 而失败，1956 年在德国被禁。但社民党也没有对腐败问题作出独立的解释。最终我们也几乎找不到在社民党和工会对 1990 年代和 21 世纪第一个十年的腐败问题的任何解释。

腐败政策的空白在其他地方也令人惊讶：在上文提到的弗里德里希·艾伯特基金会会议上，只有一场演讲提及经济关系——我稍后还会谈到这一点。具有左翼色彩的《课本》(*Kursbuch*) 虽然在 1995 年顺时而动，推出了一期以腐败为主题的特刊，但也没有真正的左翼观点，而几乎充斥着反腐政策的主流看法。有些记者报道了其他国家的情况，至少三篇文章来自透明国际，即出自乔治·穆迪·斯图尔特 (George Moody Stuart)、彼得·艾根和弗雷德里克·伽尔通之笔，对邵彭施泰恩的采访以及一些学术论文使这个画面更加完善。民族学家伯恩哈德·斯特雷克 (Bernhard Streck) 的贡献最不同寻常。他主张腐败和交换礼物是人际关系中无端受到排挤的一部分，对此应予以接受。[527] 除此之外，这些文章一致认为腐败问题危及民主和公共利益，透明国际发挥了常见的充满光明的先驱作用。没有任何一篇文章论证了资本主义和腐败之间的内在联系。

汉斯·莱恩德克也把这个问题变成一个人类学问题，使其转化为个人道德事件：“经济的主战场”是一个被惊人的权力贪欲和风头主义统治的世界。“参与者对‘数量级’和区分对错的感觉早已丧失。”[528] 他的这种表述延续了透明国际等组织的类似解释。出人意料的是，在主流文献中很少能看到这种

[6] 德国《基本法》规定的选举制度中为避免权力过分分散而对进入联邦议院党派的一种限制：按地区名单分配的德国联邦议院席位仅分配给得票率达到 5%的政党。

实际上颇为明显的提示：国家机构和组织的私有化浪潮对腐败问题难辞其咎。莱纳·朔尔茨就强调这种观点。[529]

尽管如此，仍有个别不同于主流的声音。下面我将简要介绍这些意见，也就是少数派在“夹缝中的讨论”。

其中一种论调来自从事新闻调查工作的资深人物伯恩特·恩格尔曼（Bernt Engelmann）。对于恩格尔曼来说，工业界的腐败行为起了决定作用。1994 年（即“基民盟捐款事件”东窗事发前）他首次出版了一本名为《赫尔穆特·科尔黑皮书》（*Schwarzbuch Helmut Kohl*）的著作，探讨关系网和金钱在科尔总理职业生涯中的作用。该书从狭义上说是一本小册子：极具火药味，立场鲜明，目的明确，就是在 1994 年联邦议院选举即将开始时把科尔“搞臭”。恩格尔曼在确定的、带有部分阴谋论元素的世界观基础上展开辩论。在他的表述中，大工业家统治着德国政治。《大资本为什么资助赫尔穆特·科尔，又从科尔那里获得了什么回报》（Warum das Großkapital Helmut Kohl finanziert und was es dafür von ihm gleich bekommen hat）——这是书中一章的标题。科尔早年曾受过一位实业家的资助和扶植。书中写道，弗利克从政界“买出”了基民盟主席莱纳·巴泽尔，从而为科尔成为党主席铺平了道路。工业界把曾经担任经理的库尔特·比登科普夫安插在科尔身边监督他，此后科尔为了工业界的利益而从政。施普林格出版社在这场表演中也发挥了作用：该出版社通过发起反对难民申请者的运动使人们不再关注联邦政府的剥削政策（Ausbeutungspolitik）。[530]

恩格尔曼写作这本小册子时充满自信，这在很大程度上受到冷战时期世界的影响——这种自信是其他小册子作者所没有的。恩格尔曼的表述深受“左右政治光谱”（Rechts-links-Schema）的影响，这在 1990 年代的新闻界几乎绝无仅有。除了上述个人关系之外，恩格尔曼没有说明市场经济和腐败之间有结构性关联，也没有谈到全球化、放松管制和私有化等最新发展。

但明斯特大学社会学教授斯文·帕克（Sven Papcke）做到了。2002 年，他在《工会月刊》（*Gewerkschaftliche Monatshefte*）上撰文，从批判资本主义的角度出发解释了腐败的原因。帕克认为，腐败蔓延是新自由主义思想的直接后果。人们将越来越多地从经济学角度观察生活和行动领域，因此帕克的文章也为新公共管理和私有化的胜利作了注解，甚至在政治中也盛行管理伦理（Managementethik）。他认为竞争、盈利和执行力是社会的主流价值观，随处可见的争取额外机会的商业压力导致价值观的丧失和公共利益观（Gemeinwohlidee）的衰落，收益最大化使“其他因素在物质激励面前黯然失色”，表现为“当前新自由主义的腐败现象”。因此帕克偏离了个性化的解释，他并没有简单地描述规矩和道德的丧失，而是解释了这一过程。新自由主义市场发展的价值观传播到社会上，最终导致了更严重的腐败倾向。帕克批评国家从许多领域退出，认为现在国家变得过于软弱，无法有效地打击腐败。[531] 但这种解释在很大程度上还是孤掌难鸣，此后帕克本人也没有再发表有关腐败问题的作品。

另一位对经济界持批判态度的是自称社民党左翼成员的法兰克福高等应用科技大学政治学家汉斯·赛尔。赛尔曾经在弗里德里希-艾伯特基金会的反腐会议上发表过演讲。大约 7 年后，他和帕克一样，主张把私营经济及其实践视为腐败的根源加以关注：“驱动腐败的无疑是经济界。”企业管理者会试图通过腐败“移开”“投资壁垒”和过分民主或追求社会福利的法律，“赛尔指出了以公共利益为导向的政府和势力日益强大、唯利是图的经济界之间的一种基本冲突，也震惊地指出，企业的私人利益对国家防御体系的破坏日益严重。因此在他看来腐败无异于“金钱的力量对公共利益领域的入侵”。[532]

赛尔也对迷信经济界的基调持批评态度，警告人们要警惕借行政改革和新公共管理之机进入公共服务领域的“企业家思维”。“经济性思维”（Wirtschaftlichkeitsdenken）一旦成为指导原则，赚钱就将成为压倒一切的动机并为腐败大开方便之门。对汉斯·赛尔而言，国家因此成为越来越受到威胁的抵御利己主义的堡垒。对他来说，腐败并非新自由主义经济学家所说的那样是对市场机制的歪曲，而是对公共领域的干扰。赛尔以某种方式、以完全不同的话语坚持对“公务员国家”（Beamtenstaat）的信任，这种信任在1950年代和1960年代非常明显。

值得注意的是，这些大同小异的想法几乎没有得到任何回应。在汉斯·赛尔之后，社民党议会党团一位名叫沃尔夫冈·赫泽尔（Wolfgang Hetzer）的工作人员在埃伯特基金会的会议上发表了讲话。他驾轻就熟地把腐败的原因归结于人们的“讨价还价心态”（Schnäppchenmentalität），却对新自由主义的胜利推进或各种经济化的社会模式的影响只字不提。[533] 在1990年代，社民党党员还没有做好挺身而出反对这些经济化社会模式的准备。

然而汉斯·赛尔对腐败问题的兴趣不如他对经济犯罪的兴趣浓厚。他在1990年代出版的作品和他的政治努力都聚焦于经济犯罪主题。1991年，他创立了商业犯罪控制协会。这是一个旨在调查商业犯罪的非政府组织。我在关于反腐非政府组织的章节中还将继续讨论这个问题。汉斯·赛尔可能更愿意把腐败视为次要问题，而非经济犯罪的一种必然后果，他的核心观点是：资本主义在结构上倾向于犯罪。赛尔可以被视为早期的全球化批评者：在他看来，两个新的对立面主宰了这个世界，原有的资本和劳动力之间的对立被国际资本和国家资本之间、非法资本和合法资本之间的竞争所取代——他在很大程度上把国际资本等同于犯罪。[534]

赛尔认为试图破坏社会制定的社会正义、平等和环境保护等标准的首先是这种国际资本。为此国际资本往往诉诸犯罪手段。人们应该认识到国际经济的犯罪倾向并向大众公布。他认为这种倾向也危及国家，因为经济经常渗透进民主机构或绑架民主机构。[535]因此在汉斯·赛尔的思想中，当前的经济具有趋于犯罪的结构——其他人对这种斩钉截铁的判断“难以苟同”——1990年代尤其如此。

最后我们再来看看作为另类左翼出版物的《日报》。毫无疑问《日报》可以被视为对商业和全球化持批判态度的新闻论坛，它的专栏刊载了左翼或另类左翼有关腐败问题观点的各种基本原理，它的记者也或多或少随心所欲地斥责政治家，有时直言不讳。1997年该报对维拉·朗斯菲尔德（Vera Lengsfeld）一桩“报销丑闻”的评论就是这样——当时朗斯菲尔德刚刚从“联盟90”/绿党转到基民盟，可能也因此受到了《日报》的特别关注。朗斯菲尔德曾经动用公共资金聘请保姆。“如果一个政治家沉迷于特权、腐败且贪得无厌——那么这些就是今天人们可以在背后议论的他的最佳品质。然而，真正可怕的是有关‘外表忠诚’型政治家的想法，即认为政治家应该是时刻准备着为议会党团、专业委员会和祖国抛洒鲜血、汗水和眼泪的人民代表。”[536]1999年底的“基民盟党捐事件”证实了上述想法：“对政治不冷不热的公民在过去几周里产生了这样一种印象，即认为政界全都腐败贪婪。”[537]

总的来说，《日报》不失时机地把联盟党或社民党的政府描述为乌合之众或腐化堕落——这显然是大众政党治理的一种法宝。这种判断不仅涉及德国，而且也涉及全欧洲的西方民主国家——这是一个“腐败和混乱的奥格阿斯牛棚”[7]。[538] 在这方面，《日报》在很大程度上与舒赫夫妇及其他媒体人的判断不谋而合。

但日报这份柏林的报刊也在某些方面有独到的见解。《日报》中的一些文章强调了私营经济对腐败的特殊责任，比如在私营公共伙伴关系即私营公司承担公共任务的领域就是如此。[539] 节流政策和削减公共服务要求“看紧金钱，最终也紧盯腐败”。[540]《日报》对军事工业和军火贸易始终持批判态度，认为国际军火贸易和从事这项贸易的德国当局腐败透顶，这种“与死神的交易”不可避免地导致道德污染。[541]

但即便《日报》也没有完全摆脱市场自由主义的论调，它在 1998 年发表了“腐败与市场经济一样古老”的观点，但所指的并不是作为腐败分子的市场，而是犯罪分子以不公平的伎俩破坏竞争的企图。即使是世界银行的先驱们也无法更清晰地表达他们对腐败的担忧。[542]

《日报》最引人注目的特点可能体现在其对南半球国家腐败的评论中，它不厌其烦地谴责工业化国家在道德方面自恃高人一等的傲慢态度，对发展中国家有关腐败的报道通常加上这样的说明：在德国和西方国家也有类似情况。《日报》认

---

[7] 希腊神话典故。奥格阿斯是希腊神话中埃利斯的国王，太阳神赫利俄斯之子，拥有大批牲畜。赫拉克勒斯的堂舅欧律斯透斯要求赫拉克勒斯在一天之内清理奥格阿斯的牲口圈；奥格阿斯称，如果赫拉克勒斯能够做到，就把自己牲畜的十分之一作为报酬送给他。赫拉克勒斯引阿尔普斯河和佩纽斯河（一说二者之一）的河水冲洗牲口圈，完成了任务。事后，奥格阿斯拒绝履行承诺，赫拉克勒斯一怒之下杀死了奥格阿斯及其诸子。传说奥格阿斯的牛圈 30 年从未打扫，污秽不堪，所以西方常以“奥格阿斯的牛圈”形容藏污纳垢之地或积重难返、亟待解决的问题。

为，西方对全球腐败也负有重大的道德责任——无论是因为西方支持发展中国家腐败的精英，或是因为西方主导的经济体系助长了贪财和腐败，或是因为西方公司使南半球国家的居民腐化堕落。[543] 有趣的是，1994 年有一篇关于南半球国家的文章呼吁接受腐败显然是政治统治不可避免之恶；并且需要考虑如果完全没有腐败会对经济有何负面影响。[544] 鉴于 1990 年代人们普遍恐惧腐败行为，这篇文章极不寻常，而且大概仅仅因为《日报》对于第三世界的社会各界有着特殊的地位才得以发表。

总体上可以确定，的确有个别媒体关注市场导向与腐败可能性之间的内在联系，但这些看法几乎站不住脚，无人问津。《日报》上的政治责骂显然也比经济分析更加引人入胜。

第三节 联邦共和国的透明度

倘若没有透明度的反衬，就无法理解 1990 年代以来人们何以对反腐斗争兴致盎然。我们已经在国际层面看到透明度的要求与反腐斗争是如何相互结合的。因此，让我们稍微仔细观察一下德国关于透明度的辩论。有必要先看看波恩共和国的历史，1970 年代，透明度在波恩共和国逐渐成为一个政治问题。最初，左翼和致力于改革的力量采用透明度这一概念质疑已经根深蒂固的权威机构。自弗利克事件以来，要求增加透明度的呼声主要针对各个政党。1990 年代，透明本身跃升为一个目标。一方面，透明与对“实施另外一项政策”的种种希望联系在一起；另一方面，它成了反对柏林政界人物的战斗口号。在谈到政治家的收入时，人们总是呼吁增加透明度，其中有些人以玻璃议员的身份出现，试图出奇制胜以求自保。

一、对统治权的监督和对历史的反思：联邦政治的透明度

在战后的最初几十年间，透明度一词尚未出现在政治新闻中，还只是一种物理属性，作为表达透明程度的概念，只出现在文化领域。1960年代，透明度偶尔提升为经济政策中的一种隐喻：实现市场透明度的目标需要提供有关价格、企业利润或产品质量的信息；1966年起产品服务检测基金会（Stiftung Warentest）做的就是这件事。[545] 到了1990年代，这些要求成为国际辩论的核心问题。

历史上德意志联邦共和国透明度的第一个重要阶段始于1970年代初社会自由派的改革政策。当时社会环境的特点是民众觉醒、出现了现代化以及质疑现状和权威的意愿。这不仅影响了1968年前后年轻一代的抗议活动，还有技术官僚主义的一面：一来政治运动要求更多民众参与，二来由专家制定的规划愿景需要一个广泛的信息基础。

在此期间，作为民主美德的透明度观念占据了主导地位。透明度一词最早出现在1970年前后有关教育的辩论中。这场辩论的主题是对教师或教授隐性权力的控制，[546] 教育专家的传统权威将被客观的学习过程所取代，[547] 背后的终极目标是：更可靠，更自由。归根结底，是为了使技术上的外行人士获得更大的影响力。在教育领域之外，透明度提供了专家与非专业人士之间关系的新典范。《时代周报》顺理成章地说："健康不应该再是虔诚的患者获得的穿着白大褂的魔术师[8]的礼

---

[8] 指医生。

物，而应该是共同工作的结果。”因此这也事关知识分子的参与，事关如何获取重要知识。这种对透明度的要求被认为是1968年学运的遗产。[548]1970年代，透明度一词的使用频率持续增加。作为对新的行政结构的要求，透明度越来越多地涉及公共行政。当时属于自由党的内政部部长汉斯-迪特里希·根舍尔批评公务员还不接受透明度。这是一种值得注意的现象，在语言上预示了1990年代的新公共管理原则。[549]最迟到了1971年，透明度这一概念与政党的财务问题一同出现，两年后又和联邦议院的第一份院外集团人士名单有了干系。同时，玻璃议员踏上了波恩的政治舞台，成为有关政治透明度梦想的隐喻式集中体现——稍后我还将详细介绍有关情况。新闻界本身把增加透明度作为一项对外和对内任务，记者希望在政界和社会增加透明度；要求在编辑部和传媒公司奉行“机会均等、透明、控制、参与、流动、限时授权、少数群体的权利”；这些至少是1970年代和此后几十年间公开提出的要求。[550]

但自1970年代中期开始，另一个主题占据了主导地位。对透明度的需求首先成了就医疗卫生费用展开的辩论的一部分。一直到21世纪透明度都是就医疗卫生政策进行的讨论中的固定组成部分，人们在讨论中表达了对无法从政治和社会角度控制医疗卫生发展的担忧，成本结构、成本增加、责任、药物有效性、开处方和治疗原则等看似“针插不进、水泼不进”。从那时起，缺乏透明度一直被视为医疗卫生系统情况恶劣和费用高昂的重要原因。[551]

最迟到了1970年代和1980年代交替之际，透明度这一概念已经相当模糊了。此时透明度成了一项几乎无法被界定的要求，主要出现在那些非常复杂且公众难以接触的情况下。赫尔穆特·施密特总理1980年底发表的一项政府声明可以作为例子，他宣布对联邦政府与联邦州之间复杂的财政关系进行一次改革："与改革相关联的是对增加'透明度'、进一步明确责任、使决策更加亲民的希望。"[552]1980 年代，透明度的含义扩大了，这显然是受到了国际上辩论的影响。因为在这一时期，军备控制中的军事透明度被认为有利于增强互信。[553]欧洲共同体也引入了透明度原则，将其作为民主化工具（Demokratisierungsinstrument）。在当时正在启动的有关新的《欧共体条约》的辩论中，欧洲的政治家承诺增加决策的透明度，并赋予欧洲议会更多权利——这是布鲁塞尔今天也乐于遵循的行进方向。相比之下，总部位于布鲁塞尔的欧共体当局曾经被指责缺乏透明度，其本身也对缺乏透明度提出指责；今天的欧盟仍然如此。[554]

在 1980 年代专家和外行之间的对立也一直是个问题。尤其环保运动在当时变得越来越专业化，增加环境数据、统计排放入大自然的废物数量和许可程序透明度的呼声日益高涨。

透明度在 1990 年代初期有了质的变化。在此之前，人们已经对透明度的内容作了文字描述，但透明度尚未出现在每周的报告和评论栏目中，两德重新统一后这种情况发生了变化，透明度这个与腐败相反的概念随着腐败一起越来越受到关注。1995 年，艾伯特基金会会议得出的结论之一是：增加透明度可以防止腐败。[555]许多反腐小册子都建议增加透明度[556]，透明国际的提议也成为辩论的话题。此外还有一个更古老的传统：在政党融资问题上，透明度自弗利克事件以来就已经是一条戒律。1999/2000 年"基民盟献金事件"后，这种争论再次大张旗鼓地卷土重来。赫尔穆特·科尔和瓦尔特·莱斯勒·基普的"小金库事件"是原本可以通过增加透明度避免发生的负面新闻。[557]

1990 年代，透明度成了一项独立的要求。尽管透明度也常常与其他价值观相关，但越来越像是目的本身。《时代周报》的一篇有关瑞典管理文化的文章中，作者满怀钦佩地推崇“扁平等级制度”（flache Hierarchie）、透明度和平均主义社会（egalitäre Gesellschaft）三位一体，认为这是成功的秘诀：平等和效率是应当通过增加透明度来实现的自由主义基本价值观。[558]1990 年代中期的一篇关于经济犯罪的文章中对此有一种典型的论证：经济犯罪之所以有害是因为它破坏了竞争，从而使“透明度和公平荡然无存”。[559] 这种说法很有意思：经济学家认为透明度是市场机制的先决条件。但透明度在这里似乎是市场机制的结果，是市场经济与公平共同运作的结果。透明度本身已经成为一种由市场经济保障、有其道理的道德价值，这也说明了市场经济成了道德问题，这种道德化被视为实现道德价值的手段，现在透明度也成了手段之一。在 20 世纪和 21 世纪之交，人们再次浓墨重彩地渲染透明度。公民查看国家档案的权利，即信息自由是 1998 年红绿联合政府执政纲领的一部分。其支持者常常把这种权利称作公民权（Bürgerrecht）——也就是说透明度是民主国家核心价值规范的一部分。[560]

原有的对增加国家和行政部门透明度的要求仍然存在。正如我们已经知道的那样，1970 年前后，这种要求背后的考虑是使行政机关走出封闭的特殊区域。与此同时，人们也始终关注现代化，关注官僚国家的转型。因此，1980 年代起，除了民主化范式之外也出现了效率范式：当联邦政府 1980 年代末着手把德国联邦邮政局私有化时，邮政部长施瓦茨-席林（Schwarz-Schilling）承诺增加透明度。私营经济的透明度将使未来的管理人员能够更快地采取行动，从而提高效率。[561] 新公共管理的影响显而易见。1990 年代人们经常可以读到这样的句子——我们必须把市场带进市政厅，因为市场确保了成本方面有更高的透明度。[562] 这两条主线，一条是民主化和权力下放，另一条是提高效率和面向市场；二者在关于行政透明度的辩论中屡屡相互交叉。这些辩论的背后可能汇集了千差万别的群体和利益。

1998 年，红绿联合政府上台后要求通过一部《信息自由法》（Informationsfreiheitsgesetz）。1999 年擅长处理内政问题的绿党政治家塞姆·厄兹德米尔（Cem Özdemir）认为，计划出台的这部法律是早就受到关注、针对“政府部门之间和企业之间的无声垄断集团”的市民动议，该法律旨在结束“从专制国家角度出发对人的理解”和对民众的“监护”。查看文件的权利和数据保护是“自由的双胞胎”（Zwillinge der Freiheit），而在行政机关中，早期的秘密委员会仍然在议会大厅的走廊里神出鬼没。[563] 早在 1993 年绿党就提议把信息自由纳入《基本法》，但他们提出的这项法案和 1997 年提出的另一项法案均告失败。不过，提升国家透明度为公民服务的想法符合施罗德总理 2000 年左右为其改革政策提供的解读框架。施罗德谈到应该促进市民社会发展并赋予其更多权力；市民社会这个概念将使民众承担更多任务，[564] 这巩固了非政府组织的地位，但也巩固了那些呼吁削弱国家地位、在养老金问题上要求更多地依靠私人而非完全依靠国家者的地位。

尽管如此，事实还是证明，使《信息自由法》获得通过困难重重。联邦议院的讨论一拖再拖，透明国际或各类记者协会等非政府组织提出相关要求支持政府，但直到 2005 年夏天，施罗德领导的第二届政府任期届满前不久该法律才获得通过。从此，《基本法》中规定了查看任何官方文件的权利。在此之前，《基本法》奉行保密原则。

关于国家透明度的辩论从未脱离有关经济问题的辩论，比如 1990 年代中期《时代周报》就建议在社会福利领域尝试进一步市场化，从而增加透明度："所有参与者都将享有更多人的尊严。"[565] 当世纪之交人们担心政治控制权减弱，全球化的公司和市场看似无法通过政治手段加以控制时，透明度又提出了解决方案：国家越了解市场和企业，掌握的信息就越多，就越能高效地进行干预。甚至社民党负责经济政策的政治家奥斯卡·拉方丹和多米尼克·施特劳斯-卡恩（Dominique Strauss-Kahn）也持这种观点。[566]

因此，透明度原则可以任人解读，也可以使用各种语言策略来分析。塞姆·欧兹德米的文章已经暗示了这一点：在另类政治领域中，透明度也被认为是个颇有吸引力的概念。在《日报》的专栏中，政府和组织的缺陷以及政治行为的瑕疵常常被归因于缺乏透明度，或者和缺乏透明度联系在一起。[567] 在 1993 年令人惋惜的工会会员流失现象也被视为工会组织缺乏透明度的结果。[568] 然而最值得一提的是，《日报》记者在有关安全部门和国防问题的辩论中使用了透明度作为论点。对宪法保卫部门和情报机构的攻击通常基于这样一种论点，即认为保密和不透明与民主国家格格不入。1993 年《日报》证实，民众有权享有的、"历尽千辛万苦赢得的民主'透明度'正在被取消"。[569] 在讨论技术危险的文章中也有类似的策略，在核能领域尤其如此，核能领域缺乏透明度是一种"民主赤字，必然意味着具有如此巨大潜在风险的技术的终结"。[570] 不过很容易看出的是，不透明在这里如何作为一种纯粹的"辅助论点"发挥作用。

二、非政府组织和海盗党：透明度对其"先行者"的反作用

进入 21 世纪后，人们会看到另一种有趣的变化：对透明

度的要求蔓延到了透明度的倡导者自身。主张增加透明度的人本身也不得不忍受这样一种质疑：你们自己的行为有多透明？塞姆·欧兹德米在上文提到的那场演讲中还立场鲜明，信心满满：时而提及“替代市民社会的”透明度开路先锋，时而说到不透明的专制国家有神出鬼没的“秘密委员会”。但持批判态度的记者和政治家越来越频繁地提出问题：评级机构和经济记者在他们的评估中采用了哪些标准，是否存在必须披露的利益冲突。经济分析人士认为有必要制定相应的荣誉准则（Ehrenkodex）。[571]

非政府组织也愈发频繁地被问及他们为谁的利益以怎样的结构工作。许多致力于增加透明度的人以可以称为“自我透明”（Selbsttransparenzierung）的策略应对。2010 年，德国的非政府组织在透明国际德国分部的领导下发起了“透明市民社会动议”（Initiative Transparente Zivilgesellschaft），四年后，大约 500 人签名附和这一动议，承诺遵守特定的透明度规则，并随机接受对其遵守规则情况的检查。这主要包括披露财务状况、接受赞助情况、董事会和人员组成公告等。“为公共利益工作的团体也还是要告诉组织，该团体正在努力实现哪些具体目标，资金从何而来，如何使用以及决策者是谁”——这是该动议的自我定位。[572]

这些过程对有关透明度的承诺界限作了重要说明。透明度总是由具体的参与者提出。这些参与者首先享有民众预支的信任，因为他们正在为透明性而努力。[573] 如果他们成功地使对透明度的要求成为常态，则必须考虑到这种要求也针对他们自身。这有时似乎会令有关人员不快——上述引文中的“也还是”说明了这一点。从这一刻起，如果他们想继续得到信任，就必须遵守透明度的一般规则。但自身事务的透明度也可能成为障碍。就评级机构而言，披露评级方法可能会使具有竞争关系的公司受益。就透明国际而言，由于可以理解的原因，该组织没有主动公开其早期与世界银行的密切联系以及相应的顾问协议。2009年，明镜周刊在线（Spiegel Online）对透明国际面对德国技术合作公司（Gesellschaft für Technische Zusammenarbeit）等国有组织和安联（Allianz）、巴斯夫（BASF）、壳牌（Shell）或洛克希德（Lockheed）等大型公司（这些公司都是重要的捐款人）时的独立性提出了质疑。但此类报告总体上数量很少。[574]

有关透明度的辩论通过互联网进入了另一个维度。从1990年代末开始，互联网上几乎随时随处可见各类信息。硅谷的互联网企业也通过作出漫无边际的有关可以获得民主、进步和透明度的承诺自卖自夸。德国的互联网先知不像北美那样频繁亮相，但一度有一股政治势力认为信息技术是重塑民主的一种手段。

这股势力就是海盗党。[575] 这个政治团体成立于2006年。成立之初，该党成功地吸引了不少选民，轰动一时；尤其在2011年和2012年，海盗党进入了四个联邦州的议会，在个别州议会的选举中得票率超过了8%。鉴于民众对政党的强烈不满，许多评论家预计海盗党将迅速确立自己作为主要反对党的地位。媒体连篇累牍地报道海盗党。不过该党很快就风光不再——2014年之后，海盗党没有在任何选举中获得超过1.7%的选票。

海盗党之所以对记者颇具吸引力，也因为它尝试了一种显然符合新的生活现实的政治模式。海盗党党员主要是年轻的互联网和笔记本电脑用户。在基本主张方面，海盗党人的第一份党纲聚焦互联网和信息技术，要求允许所有人自由访问互联网、获得知识和文化，并与基于互联网的“监控社会”作斗争，想从政治上塑造深受互联网影响的日常生活。

海盗党人似乎在推行一种新型的政党政治。政党民主制的危机在海盗党人的帮助下似乎是可以克服的。海盗党人的政治模式在技术上基于计算机的使用，并以“流动民主”原则展开实验。[576] 海盗党人经常在互联网平台上借助信息技术讨论问题、进行表决。在该党自己的网络中，可以在一个连续的过程中提出、改变和评论政治观点，所有党员均可并且应该参与其中，联邦党代会也向所有党员和嘉宾开放。海盗党的所有会议均公开举行——该党在这方面遵循“绝对透明”原则，许多党员也在媒体特别是互联网上公开私人信息。《明镜周刊》解释说：“这正是海盗党人的大手笔。‘透明度’和参与，加上突如其来的新鲜感，这种‘别具一格’有时看起来像小狗一样幼稚而混乱，却想要孤军奋战、披荆斩棘地渡过难关。”[577]

这种大张旗鼓地宣扬党内工作透明度的做法至少吸引了一部分政治记者，但它本身也有明显的缺点。一是内容上存在矛盾。海盗党人虽然一方面要求国家、政党和公司彻底透明，但他们也强烈主张隐私保护和数据保护。联邦议院的海盗党代表帕维尔·迈耶（Pavel Mayer）在2011年为《法兰克福汇报》撰写的一篇文章中这样说：虽然秘密原则上是“反民主”的，但鉴于权力问题，也可以允许有秘密：“物质上的强者与统治者面对弱者时，弱者（可以）要求保守秘密。与此相对，强者有义务仅仅通过客观和透明的行动为自己辩护。”[578]

另一方面，党内透明度有严重的弊端，《明镜周刊》刊载的两篇持怀疑态度的文章对此做了报道。[579] 文章认为，经过个人渲染的信息使许多海盗党成员容易受到敏感受众的攻击和

“狗屎风暴”（Shitstorms）[9] 的影响。如果把所有信息全都公开，则有相当大的引发丑闻的潜在风险，但通常无法分门别类以正确解读信息。如果公众得知某个党派获得了捐款，这并不自然意味着该党派也致力于服务捐款者的利益。文章还认为，“‘透明度’所固有的授人以丑闻口实的特性”从根本上危及有关事实的辩论。[580] 海盗党偏爱的流动民主原则及其无休无止的辩论使决策更加困难，这可能导致“政治不适”（Politikuntauglichkeit）。海盗党的公开会议越来越服务于媒体的娱乐需求，要么记者只报道党内的小打小闹，要么政治家们试图避免在公共场合犯错，最终以作秀和表演告终。在这种压力下，真正的冲突又将被转移到不为人知的密室之中。

对海盗党衰落的解释部分基于这种透明度悖论。有一点再怎么强调也不为过：人们最初对这种政治模式的热情建立在公开场合表现出来的几乎毫不掩饰的对传统政党的厌恶之上。而且《明镜周刊》也知道，把票投给海盗党的选民和其他国家支持右翼民粹主义政党的选民类似。[581] 海盗党很快成为历史，但民粹主义在德国阴魂不散。

有关透明度辩论的有趣之处在于，所有政治阵营都认同可以就大量问题进行辩论。事实上，一些政治方案是打着透明度的旗号实施的——不仅在国际舞台上，在德国也是如此。与此同时，乌托邦和政治透明度的梦想暂时失败了，这主要由于内部的矛盾和悖论，但有关透明度的辩论在有一点上毫无疑义：它助长了德国国内对国家、政党和政治精英的不信

[9] 狗屎风暴，Shitstorms，英文词 shit 和 storm 组成的合成词，指一大堆事前未能预料到的坏事同时而且再三出现且无法摆脱。其结果是大众通过新媒体对一些特定人物（通常是政治人物）、组织或言论口诛笔伐，持续在网络上发表大量信息，通过不断批评、抗议来宣泄心中的不满和愤怒。

任，这也体现在1990年代以来始终不曾偃旗息鼓的关于政治家收入的讨论中。

三、“一任清知府，十万雪花银？”对政治家收入的观察

“他是德国最懒惰的议员吗？”2007年5月，《图片报》网络版针对基民盟的联邦议院议员卡尔-爱德华·格拉夫·冯·俾斯麦（Carl-Eduard Graf von Bismarck）提出了这个问题，作为对“议员观察”发表的一篇文章的回应。两周后，德国电视一台的《全景》（*Panorama*）栏目就“党派取代议会——懒惰的议员如何要奸耍滑不工作”展开调查。所有这些报告都没有强调议会工作能力受到的威胁，这种威胁被认为不是记者们担心的问题。相反地，他们为所谓怠惰和薪酬之间的对比而愤愤不平。《图片报》网络版注意到，俾斯麦“仅在当年的21次全体会议中就缺席了12次”，以粗体显示的文字还指出：“但议员津贴（每月7009欧元）分文不少，无故缺席会议一次最多从免税的总额度（每月3720欧元）中扣除100欧元。”也就是说记者们关心的首先是钱的问题。[582]

2007年夏天，这起小小的俾斯麦事件与一个持续性话题即有关政治家收入的辩论有关。乍一看，人们可能看不出它与腐败历史有任何关联，但这是一种假象。有关腐败的辩论是一场道德辩论，它经常涉及政治家的个人行为。早在1960年代和1970年代，收入、特权，特别是不正当的获利形式就受到了批判——人们还记得格斯滕迈尔、诺瓦克和克勒特等人的案件。但媒体报道的基调发生了变化，这包括媒体对此类腐败事件不依不饶的强硬态度（因此受到攻击的不止冯·俾斯麦一个人），但其中最主要的变化是柏林共和国出现了一

种常见的解释，即认为这种错误普遍存在。

如果关注1990年代以来的相关报道和评论，会发现德国的整个政界道德沦丧，全都是利欲熏心的国库劫匪。值得注意的是，人们无论对人与人之间、不同政党之间还是不同指控之间都很少进行区分。在这类文章中被写成丑闻的不仅是非法牟利的行为，而且还有依法领取议会津贴的事实。记者们常常不分青红皂白地批评院外集团人士的影响、议员的特权和好处、带薪的兼职工作或跳槽到商界有利可图的岗位，以及缺少禁止贿赂议员的法律和有关政党献金规定的事实。

这种混为一谈使人也有必要在展开有关腐败的辩论和要求增加透明度的背景下对待对议员的批评。因为这背后是对政府官员可能被收买和“有钱能使鬼推磨”的怀疑，对政党权力、院外主义、监守自盗、高收入和腐败的批判往往相互交织。因此，汉斯·赫伯特·冯·阿尔宁作出了这样的道德判断：为公司效力并因此收钱的议员在道德意义上是腐败的。[583]

这种基调在1990年代初已经定下，脱离弗利克事件的背景就无法理解，为此我们要看看《明镜周刊》的有关专栏。1993年，该杂志有一篇主题文章是《事件不断、混乱不堪、蛇鼠一窝：堕落的共和国》，文章的几位作者[584]抱怨道：“引起反感的标准丧失殆尽——没有分寸感、不能明确区分公共利益和商业利益、个人利益和政党利益。”这篇文章也提到了德国的道德堕落问题：“民主规范和政治道德败坏；风格问题不再适用”，共和国上空散发着一种行贿受贿的气息。政界盛行“人不为己，天诛地灭”原则，这是一种“司空见惯的‘日常小腐败’制度”。除了个人的自身利益之外，企业的利益也占了上风。在波恩和各联邦州，政商两界早就沆瀣一气，政党成为企业的猎物——这是民主国家议员独立性的潜在威胁，人民代表首先成了利益代表，然后成为（商贸）代表。文章引用了一系列较小的事件作为证据。比如基社盟政治家理查德·施图克伦是一家公司的共同所有人，他的公司负责在新建的联邦议院大楼中实施电气工程规划。其他例子还有：联邦总理科尔在一家私人公司成立100周年的庆祝活动上发表演讲、企业赞助联邦总理府的夏季派对、瓦尔特·谢尔的私人庆祝活动由一家公司买单、曾经的政治家跳槽到银行或电视台等机构任职等，不胜枚举。

大约十二年后，在一项关于议员退休金新规的提案中，人们读到了有关议员的表述："他们谈论'透明度'并欺骗公众：政治家们谈到兼职工作时只想重新规范其细节——这也只是为了转移公众对他们实际上'躺着发财'的兼职工作的关注。"而在兼职工作方面还不止于此："在'人民代表'为谁辛苦为谁甜'这个问题的背后是一种怀疑，即认为人民代表总体上没把公共利益当回事。"[585]这样的例子还有很多。

这种指责不仅仅出现在《明镜周刊》上——《日报》肯定也知道个别议员之所以放弃可能获得的部长职位是因为他们作为部长无法再从事有利可图的兼职工作，并且看到政党在筹措竞选资金方面"追求快速获得马克"。[586]汉堡的《时代周报》对部长和议员高额退休金的评论也采用了类似的模式。[587]

早在德意志联邦共和国初期，关于议员正常收入的辩论就颇为敏感——议员津贴的增加历来受到密切关注。1990年代和21世纪头十年期间，相关立法程序的观察者提出了一种怀疑，认为该程序在不知不觉中进行或者被掩饰，即便在议员津贴数额没有受到批评的极少数情况下也是如此。[588]

也就是说，这是一种在强调透明度的时代闻所未闻的状况。斯派尔（Speyer）的宪法学教授汉斯·赫伯特·冯·阿尔宁设计出了自己的“注意力经济商业模式”（aufmerksamkeits-ökonomisches Geschäftsmodell）。从1980年代末期开始，他显然关注了用于规范德国各州议会和联邦议院议员收入变化的所有立法计划。在他看来如果收入涨幅过于明显或太不明显，他就公开发出警报。通过这种方式，他多次成功地引发了公众讨论；许多情况下政治压力倍增，以至于立法计划又被撤回。比如1991年汉堡州议会加薪时就出现了这种情况。由于群情激愤，市长亨宁·沃舍劳（Henning Voscherau）不得不停止加薪。阿尔宁的批判性法律意见三年前在黑森州就已经导致了类似的结果。[589]

在取得这些成功之后，阿尔宁一跃成为1990年代深受媒体欢迎的政党批评家之一。阿尔宁比舒赫夫妇更系统地批评了政治家们中饱私囊的企图，以某种方式扮演了西奥多·埃申伯格在1960年代和1970年代所扮演的角色。他之所以持怀疑态度主要是因为议员可以不受控制地决定自己的收入。这个问题的解决方案也本来助于阻止冯·阿尔宁。1995年，联邦议院中的各党派一致同意一项把议员的收入和联邦法官的收入变化挂钩的提案。这本来可以对阿尔宁的批评釜底抽薪，并且省得议会定期就提高议员津贴问题展开辩论，但阿尔宁旋即出版了一本关于该主题的口袋书，并把它寄给联邦各州的州长，从而破坏了这个项目，联邦参议院因此拒绝通过联邦议院的这项提案。[590]

显然，冯·阿尔宁更喜欢尽可能少收酬劳或分文不取的政治家——也就是志愿从事议员工作的人，舒赫夫妇的建议也是如此。[591] 这位宪法学家出版了许多著作，在这些作品中，他除了确认政府道德败坏之外，还经常发现政治体制的合法性存在严重缺陷。他的判断非常激进，甚至声称真正的民主在德意志联邦共和国不复存在，因为人民的意志在各级议会中无足轻重——至少《时代周报》2008 年这样概括了他的一部作品。[592] 这种判断通常会导致这样的结论：政治阶层过于脱离普罗大众，无法再代表他们。这种观点虽然普遍，但并非所有观察者都同意。在上述书评中，作者警告说，"阿尔宁的指控表明，对政治的普遍失望多么容易发展为危险的对议会民主制的厌倦"，还指责阿尔宁蔑视共和国，这让人联想到魏玛共和国晚期。虽然早在 1995 年的议员津贴事件中，贡特·霍夫曼就在《时代周报》对津贴方案和缺乏透明度提出了批评，但同时也把矛头指向了批评者，认为在辩论中也能听到许多针对议会民主制本身的不可靠的论点。[593]

1993 年，联邦议院议长丽塔·苏斯穆特在接受采访时谈道了议员津贴问题。苏斯穆特也为政治家的声誉担心，承认让议员决定自己的工资不是件容易的事。尽管如此，她还是希望民众能够理解民主国家的政治进程旷日持久而且充满冲突。[594] 也就是说肯定有人对这种一看到提高议员津贴就条件反射式地进行批判的现象忧心忡忡。但这并没有怎么改变这种条件反射式现象长期存在的事实。

院外主义问题也是政界不道德和缺乏透明度这个复杂问题的一部分，这个问题的背后是有人担心具体利益的代表以不受控制、看不见摸不着的方式和不正当手段对人民代表施加影响。在这一点上，许多其他主题一样也适用这种观点：这个问题并非 1990 年代才被提上议事日程，早在 1960 年代就时不时地出现一些令人不快的事件，德国联邦国防军采购事件、公务用车事件以及类似情况说到底都是经济界悄无声息地对政治产生影响的例子。事实上，对议员受到企业家影响的批评远不止于此，可以回溯至 19 世纪——和工业化一样古老。[595]

1970 年代初，德意志联邦共和国首次就如何消除院外主义的影响进行了长时间的辩论。这个问题当时至少能从议员收入看出一半。引发辩论的是与卡尔·维南德有关的事件和联邦议院内议会党团派别的变化。早在1970年，属于基民盟的联邦议院议长凯-乌韦·冯·哈塞尔就要求联邦议院的议员公开其全部收入。有趣的是，社民党内一群年轻、坚定的左翼议员也支持这一要求。在此后的几个月中，在波恩就为议员制定荣誉守则（Ehrenkodex）问题展开了讨论，讨论的结果是：议员应该公开或向议会主席说明其兼职活动、顾问协议和其他经济利益。

1972年秋，联邦议院通过了相应的议员行为准则（Verhaltensregeln für Abgeordnete）。根据这项荣誉规则，这些信息只能秘密提供给联邦议院议长团，主席团可以决定采取何种内部行动；没有制裁目录。1973年，位于波恩的联邦议院通过了一项关于院外人士登记册的决议——此问题1968年以来就争论不休，是为了确保在联邦议院接受询问的专家和院外人士获得认可。[596]

在变更党派事件的影响下，辩论围绕政治家的兼职收入、财务顾虑以及他们是否会被勒索展开。一方面评论家强调政治道德被部分忽略，[597]另一方面也有不少人警告人们不要夸大其词——这完全是旧的联邦共和国的风格，比如政党评论家西奥多·埃申伯格也拒绝对腐败的国会议员进行严厉制裁——他认为只要公开丑闻就行，其他更严厉的措施都不合适。[598]

饶有趣味的是，许多话题（包括公开兼职收入和对院外人士进行登记）一直到21世纪都在议事日程上，议员观察和院外控制针对的正是这些问题。2005年，透明国际德国分部要求全面公开所有兼职收入以及每位议员从事兼职工作的时间，这样就能看出人民代表是否也为联邦议院的工作投入了足够的时间。[599]

在1990年代和21世纪初的反腐小册子中，院外主义占据了相对较大的篇幅。汉斯·莱恩德克的书中有一章专门论述腐败陷阱，把院外集团人士的活动描述为黑暗交易。莱恩德克以不同寻常的方式描述了他们的工作技巧，其中不只包括付钱，还包括多次与决策者接触和谈话，此外他还强调了各种协会对议会工作的专业支持。他写道：由于议员身边具备专业知识的工作人员太少，所以常常请各个协会为自己准备演讲稿或提案，导致了演讲和提案在内容上有缺陷。莱恩德克特别批评了两种弊端：一是院外人士没有合法议席，二是他们关心的主要是维护既得利益，因此会阻止政治变革。[600]

《院外集团统治国家》（*Die Lobby regiert das Land*）是2002年出版的一本自传式书籍的标题，[601] 作者克里斯蒂安·西默特（Christian Simmert）是一位年轻的绿党政治家。西默特描述了他如何平步青云坐上联邦议院议员的位子，以及他对政治活动的失望。一个任期结束后，他自愿退出政界。西默特的不满来自两个方面：一方面，他感觉政党内部相互勾连、拉帮结派，令他力不从心。另一方面，他谴责个别议员的影响力微小，认为这些议员受到政府和院外集团人士的控制。必须了解的背景是，西默特强烈反对在科索沃和阿富汗部署联邦国防军，并且不惧与绿党领导层发生激烈冲突。西默特的言论总体上表现出他对政治妥协的强烈不满。

西默特也描述了院外集团人士的工作方式（作为建立者，他把环境与自然保护联盟［BUND］和德国自然保护联盟［NABU］等环保协会的代表算作院外集团人士）。西默特批评许多国会议员同时活跃在各个协会——例如社民党中的工会成员或者恰恰是环境顾问委员会中的绿党成员，谴责曾经的政治家跳槽到各协会任职。在接下来的几年中，这个问题愈发重要，但总的来说，西默特不太强调国会议员的贪婪。在他看来，症结在于专业问题和权力问题过于复杂：议员往往对许多问题的内容极其后知后觉，无法洞悉一切，因此在做准备工作时也不得不依赖院外集团。此外，政治网络、帮派和联系往往非常重要，以至于专业技术问题退居次要地位。西默特的作品最后也以带有深深无力感的怀疑想法收尾，他说，在作为议员的那段时间里，自己能做的微乎其微，而如果议员个人不再获得权力，则民众对政治将更加冷漠。

西默特和莱恩德克把日益复杂的政治专业问题描述为院外集团势力增强的原因之一：各协会代表通常拥有并且利用自己的信息优势。然而大部分辩论并没有以如此细致入微的方式进行。虽说在院外主义的背景下经常有人提及各协会和院外集团人士的势力，但批评主要针对的是人云亦云的政治家，他们会被金钱、优惠或其他好处所操纵。在流行的表述中，院外集团做大的原因通常被简化为议员“会被收买”，这里还是很少谈到结构和必然性问题，而更多地谈及性格弱点。[602]

如果突出商界和政界关系中政治家道德上的不可靠性，那么政治生涯结束之后跳槽到高薪的协会或到商界工作就成了一个重要话题。进入 21 世纪之后才出现了就此展开的持续时间或长或短的辩论。在弗利克事件开始时莱纳·巴泽尔和一家律师事务所签订的顾问协议就引起了轰动，但直到前几任总理进入公众视线，辩论才真正有了进展。

第一个案例涉及赫尔穆特·科尔。在科尔的总理任期结束之后不久，传媒企业家利奥·基尔希（Leo Kirch）和他签订了一份顾问协议。据说这位前总理 1999 年到 2002 年每年收入 60 万马克。这份协议框架对科尔的职责几乎没有作出规定，由此给人一种投桃报李的印象。多年来，基尔希与科尔走得非常近。批评者早就怀疑科尔在1980年代和1990年代初期的媒体政策深受这位慕尼黑传媒企业家建议的影响，对电视行业放松管制和实行私有化恰好为基尔希成立一家价值数十亿的公司提供了框架条件，顾问协议看似一份谢礼，一种事后的馈赠，至少莱恩德克的结论是这样的。[603]

第二个案例至今仍有具体影响。这里指的是前总理格哈德·施罗德在俄罗斯天然气工业股份公司（Gazprom）的职业生涯。2005年卸任总理几周之后，施罗德接任俄罗斯天然气工业股份公司的子公司北溪股份公司（Nord Stream AG）股东委员会主席一职。2017年9月，施罗德成为拥有俄罗斯天然气工业股份公司大部分股份的俄罗斯石油公司（Rosneft）监事会主席。

由于种种原因，这种关系格外棘手。尽管在国内外饱受抨击，施罗德还是在联邦议院选举前几天签订了一份合同，为在俄罗斯和德国之间直接铺设管道铺平了道路；这条管道服务于北溪管道，而施罗德此时属于北溪管道运营公司。因此人们怀疑施罗德在担任总理的最后几个月里追求的就已经不仅仅是公共利益，至少自民党政治家吉多·韦斯特韦勒（Guido Westerwelle）提出了这种指责。[604] 在施罗德/俄罗斯天然气工业股份公司案中，公共利益和私人利益的混淆伴随着德国和外国利益在地缘政治方面可能发生的冲突。俄罗斯天然气工业股份公司是一家国有公司，能源政策是俄罗斯外交政策中最重要的领域之一。波罗的海天然气管道在一些东欧国家被视为来自俄罗斯的潜在威胁。有了这条管道，俄罗斯可以绕过乌克兰等传统的过境国（Transitländer），莫斯科现在可以在不失去西欧客户的情况下以停止供气威胁这些国家，因此波兰对施罗德的批评尤为强烈。[605]

这两位前总理并非个案。首届红绿联合政府的许多内阁成员因为跳槽到私营企业而引起人们的注意，但基本上所有政党的成员都涉及此事。2012 年，《明镜周刊》作了个小结，该杂志跟踪调查了曾经担任部长和国务秘书者卸任后的职业生涯，调查结果显示：1970 年代，41 位高级政治家中有 3 位进入商界，而从 2000 年到 2012 年间，35 位政治家中有 11 位转入商界，即大约三分之一。[606]

自从施罗德转任俄罗斯石油公司高管以来，人们曾经多次考虑引入限制卸任的部长就业的等待期（Karenzzeit），院外控制和透明国际等组织极力促成此事，《联合国反腐公约》也有此计划，[607]2006 年还有一项相应的法律草案但未能获得通过。2015 年，联邦议院最终通过了一项规定，根据这项规定，曾任国务秘书和部长者如果在卸任后两年内进入商界从事新的工作必须经过联邦政府批准。[608]

这样一来，政治职位在一定时间内属于民主国家的活动。与公务员不同，政治家可能在很短的时间内失去工作——比如在选举之后或由于党内冲突，那么反对政治家跳槽到商界的理由是什么呢？

对从政界跳槽至商界者的指责有三：第一项，怀疑有关人员会在自己还在位时就出于对未来就业的预期而为相应的公司牟取好处，这是对后置腐败行为的指控。第二项，针对的是卸任后利用任期内获得的人脉和信息的非法行为：如果某个协会雇用前公职人员或议员，则该协会希望从此人的关系网和在政党或机关中的旧人脉中受益。这两种情况的本质都是以牺牲公共利益为代价获取特殊利益。第三项，政治家被指责跳槽至商界是不公平地从自己曾经任职的岗位获取资本，也就是说他们靠在政坛曾经拥有的职位改善自己的收入，而这笔钱不是他们应得的。

但在公开辩论中很少出现这种立场鲜明的言论。因为在跳槽问题上占主导地位的也是具有攻击性、被大大简化的表述。比如上文提到的2012年《明镜周刊》文章的影响基于一个简单的对比故事：一方面，文章描述了据称曾经出卖了公民信任的政治家的道德沦丧情况。另一方面，作者展示了正派的化身，这是一部发生在与“弃政从商者作斗争”的院外控制柏林办事处的伤感剧：“没有接待室，只有污渍斑斑的房间……两把供访客使用的折叠椅，很不舒适……这些正派人买不起更多东西了。”总经理蒂莫·朗格（Timo Lange）在这里工作的“税前收入2604欧元”。[609] 印象替代了政治分析。

这同样适用于批评政党的人。按照古典自由主义思想家的想法，政治不应该是一种谋生手段，相反地，政治家应该从事某种文职，并且只是为了执行政治任务而暂时离开自己的工作岗位。人们认为这有助于增强政治家的独立性，尤其是独立于政党和其所属宗派，舒赫或阿尔宁经常流露出对这种观点的认同。当然，他们谁也不会挺身而出，为那些在职权之外经营公司或在政治生涯结束后转行从商的政治家们辩护。这又说明，关于政治家收入的辩论几乎不是严格的论证，不信任和论战占了上风。与权衡利弊的理性判断（mit abgewogenen Urteilen）相比，这种做法无论如何都更容易获得关注。

政党和议会毕竟已经由职业政治家主导了几十年。克里斯蒂安·西默特的观察说明了原因：联邦政治早已不再适合作为兼职爱好，对政治家的要求如此之高，问题如此复杂，除非全职投入，否则不可能取得成功。俾斯麦案也说明了这一点：事件发生时，俾斯麦在其所属的议会党团内早已得不到支持；他所在的地区党组织也没有人愿意给他撑腰。这一事件发生几个月后，他不得不放弃自己的议席。“他走了，谁也不难过”，《每日镜报》（*Tagesspiegel*）这样写道。[610]

但俾斯麦为自己辩护，称自己因为做了背部手术，行动严重受限，当时按规定请了病假。他可能把自己视为事无巨细地公布政治家一举一动的倾向的受害者，因此在某种意义上是透明度的受害者。但过去和现在，也有联邦议院的议员自愿增加透明度，我们将在下一节中看到这种做法导致的成败。

四、诺伯特·甘塞尔和“玻璃议员”的发明

《明镜周刊》1984年的一项调查显示：在波恩，为了抑制公民的厌烦情绪，增加透明度被提上了议事日程。但即便在绿党议员那里这种好听的有关“玻璃议员”的要求也没有丝毫实现的机会。在弗利克事件期间，基民盟总干事海纳·盖斯勒亲自要求所有议员公开自己的收入。但《明镜周刊》不确定这事究竟几分真几分假：“自从莱纳·巴泽尔被迫辞去联邦议院议长职务以来，开诚布公蔚然成风。从那时起，一个1970年代初一度消失的形象穿过联邦议院的走廊和各个议会党团再次幽灵般出现，这就是‘玻璃议员’。”[611]

这段引文之所以值得注意有两个原因。一方面，它表明了玻璃议员概念的早期起源。另一方面，作者误判了此事，玻璃议员不是自古以来被遗弃的职位。虽然这个想法1980年代中期很快再次消失，但2010年前后，它成了一个比以往任何时候都更加热门的话题。树立玻璃议员典范就是个典型的例子，说明了政治家如何试图借助透明度赢得信任与合法性。

很容易找到玻璃议员这个概念的发明者：他就是1972年至1997年担任德国联邦议院议员的社民党政治家诺伯特·甘塞尔，此后他在家乡基尔担任市长直到2003年。甘塞尔属于社民党左翼，他在首次选战中就承诺公开自己的收入和支出。互联网发明之前很多年，这位新任议员就利用当地报纸作为

平台——1973 年底，甘赛尔耗资 2000 马克在《基尔快报》（*Kieler Express*）刊登了大幅广告，详细列出了自己的资产、收入和支出，他总共赚了大约 8.6 万马克，把其中的大约一半又投入自己的政治工作。[612]《明镜周刊》虽然刊登了这一消息，但出现在《个人资料》（*Personalien*）栏目中；通常在这个专栏里，读者可以读到有关生日、纪念日和其他杂事的信息。也就是说，玻璃议员最初是个人自娱自乐的游戏。

几十年来，甘塞尔言而有信，年复一年地公布个人财务状况。在此期间，透明度逐渐站稳了脚跟。在弗利克事件中，透明口袋（gläserne Taschen）在联邦议员看来似乎值得追求，[613] 此时透明度不再是私人事务。1980 年代中期还有一些人致力于增加透明度，其中包括自民党议员布克哈德·赫希（Burkhard Hirsch）；他提交了相应的法律草案，但未能获得多数支持。[614]1984 年联邦议院成立了一个委员会，任务是以协商一致的方式制定有关公开义务的规则。该委员会提出了多项法案，但绝大多数成员担心过于严苛的规则会吓跑潜在的议员。隶属社民党的黑森州州长霍尔格·伯纳（Holger Börner）警告说，规则不能过于严格，否则就只有公共服务人员或曾经的学生愿意进入议会。甚至虽然绿党原则上也要求公开议员的所有收入，[615] 但在辩论中他们仍持保留态度——这可能是出于更重要的考虑。因为在 1980 年代初，绿党大力主张以数据保护作为公民抵御国家的防卫权利。1983 年的人口普查极具争议性，反对人口普查者杞人忧天，对透明公民忧心忡忡。[616] 因此，正如布克哈德·赫希嘲笑的那样，玻璃议员暂时也只是"毛玻璃制成的"。[617]

最终，联邦议院议事规则对 1972 年的"荣誉准则"作了适度调整。评论人士一方面表示遗憾，另一方面也对这种保留态度表示理解。在此期间，许多人接受了无法以法律强制执行道德和正确行为准则的论点。[618] 因此，尽管此事在当时受到了严厉的党内批评，但还残留着对“政治道德自愈力”(Selbstheilungskräfte) 的信任。对精英的信任尚未丧失殆尽。

1990 年代风向发生了转变——我们回顾一下 1991 年汉堡对提高议员津贴的评论。虽然丽塔·苏斯穆特 1993 年还声称：“如果您要求我做个‘玻璃议员’，我会说不。”但这已经是接受采访（采访中提问的记者指责联邦议员隐瞒额外收入）时的防御性声明。[619] 在 1990 年代和 21 世纪前 10 年，有关树立玻璃议员典型的动议越来越多。红绿联合政府上台之后，联邦总理府新任国务部长汉斯·马丁·伯里（Hans Martin Bury）再次要求公开议员收入。[620] 大约 3 年后，社民党议会党团再次讨论这一问题，未果。与此同时，这个问题为反对派或其他雄心勃勃、大多比较年轻的议员提供了一个提升自身形象的机会。比如，20 世纪和 21 世纪之交，社民党内部形成了作为保守派和左翼之间的第三个党内派系的所谓网络，玻璃议员成为愿意改革、相对自由、积极上进的群体的诉求。[621]

2002 年，在所谓奖励里程事件发生后，社民党联邦议会党团认为有义务公布联邦议员的所有兼职收入。公众情绪证明他们是对的，一项调查显示，这一计划获得了几乎 70% 民众的认可。可是，就连这个项目也失败了。[622]

在 2005 年的一份大型报告中，《明镜周刊》介绍了来自波恩的年轻社民党议员乌尔里希·凯尔伯（Ulrich Kelber）。凯尔伯公布了他的纳税申报表，并请媒体参观并报道他在一间玻璃般透明的选区办公室里工作的情况。据总部位于汉堡的《明镜周刊》报道，所有专家包括彼得·艾根、前联邦总统罗曼·赫尔佐格（Roman Herzog）和前宪法法院法官恩斯特·戈特弗里德·马伦霍尔兹（Ernst Gottfried Mahrenholz）等当时都要求国会议员绝对透明，并且口袋像玻璃般透明。同年各联邦州的议会主席开会以制定新的有关透明度的规则。[623]

与此同时，诺伯特·甘塞尔已经跃升为联邦议院的良知。1997年离开联邦议会时，他被奉为道德楷模，是正面意义上的反叛者。《时代周报》对这位政治家的特立独行表示赞赏。[624] 近十年后，甘塞尔依然被视为透明度运动的鼻祖，《明镜周刊》称赞他矢志不渝地坚持左翼思想，包括他每年作为工人在矿井、船坞和邮局实习的习惯。[625] 甘赛尔从未完全放弃身为参与1968年学运者通过定期与劳动人民接触克服社会和政治矛盾的空想。

甘塞尔受到欢迎不是社会浪漫主义（Sozialromantik）复兴的结果，他主要在三件事情上给评论员留下了深刻印象。首先，他很早就开始关注现在时兴的有关透明度的话题。其次，他一直处于权力的边缘，总是任凭同僚批评，所以他可以作为精英怀疑论（Elitenskepsis）的“皇冠证人”[10]。最后，甘塞尔满足了对真实性的需求。在柏林共和国，大概是由于各政党传播策略专业化的缘故，媒体越来越频繁地抱怨政治家不再真实，心口不一。此外，还有人指责从政就得卑躬屈膝——克里斯蒂安·西默特也曾提出过这样的指责。有人对不适应这种官场生态者被淘汰表示不满。甘塞尔则脱颖而出。很长一段时间以来，他固守初心，不惜因此身处逆境——这是无可辩驳的可信度的证明，也是精英怀疑论的一部分：谁要是把自己定位为批评人士，就在可信度方面占有优势。

---

[10] 即污点证人，是一种法律协商制度，也称证人免责协商，指检方与犯罪嫌疑人中罪行较轻者协商，以减刑换取其作为证人，以利侦办案件之制度。

2002年，3名联邦议院的议员完全公开了自己的收入：他们是基民盟的安吉丽卡·沃尔夸茨（Angelika Volquartz）、社民党的乌尔里希·凯尔伯（Ulrich Kelber）和上文已经提到的绿党成员克里斯蒂安·西默特。玻璃议员们的经历很有意思。同样来自联盟党的彼得·阿尔特迈尔（Peter Altmaier）连续三年公开自己的所得税证明，但在此期间又把这些文件从互联网上撤了下来，由于受到党内批评而被迫放弃公开收入的做法，他在议会党团的同僚公开指责他试图以同僚为代价哗众取宠。虽然安吉丽卡·沃尔夸茨坚持自己的做法，但她几乎没有得到民众认可。事实上，许多公民对她的高额议员津贴感到震惊——虽然她除此之外没有其他额外收入。显然议员津贴足够作为人们批判的素材。西默特的“开诚布公”给他带来的也主要是政治伤害。他在自己的主页上声称已经从议员津贴中拿出1000马克捐给了自己的政党，这种违规行为使他遭受了公开批评和冷言冷语；之所以如此，也因为“基民盟党捐事件”中的类似行为被摆上了台面。[626]

这些案例显示了坚定不移地增加透明度的政治和交际风险，当透明度出现在极端道德化的环境中时尤其如此。虽然有人可能辩称西默特只是因为“出版不慎”才被指控违法，但透明度由此实现了它的目的，即公开监督政治风气。阿尔特迈尔案就有所不同，联盟党的同僚显然认为阿尔特迈尔的坦诚是对他们自己的行为——即保密行为背地里捅刀子，从而质疑他的动机，认为阿尔特迈尔不是在溯源问责，而是试图大出风头，而这还是以牺牲他人为代价的。阿尔特迈尔认为这种对其诚信的质疑非常危险，彻底放弃了透明度。诺伯特·甘塞尔早已经历了类似情况：按他自己的说法，他收到了来自联邦议院同僚妻子们的恐吓信，指责他使自己的丈夫相形见绌。[627] 最后就剩下安吉丽卡·沃尔夸茨，她的经历表明透明度在另一个层面上也失败了：他们的透明度攻势的真正对象——选民并不买账。在许多情况下，通过开放赢得信任、合法性和认可的目标无法实现，证明了“公开的信息根本无法保证增进信任”的普遍论点。

此外，联邦议员还有特殊情况。多年来，在兴奋经济学（Aufregungsökonomie）的作用下，政界的每一笔收入——无论金额多少都令人反感，这与对精英的批评是一致的，认为政治家们捞取了不计其数的财富和特权。从来没有一场辩论讨论过薪水多少才合适，即功绩和特权之间的界限何在，因此没有衡量标准，甚至也没有就衡量标准展开过任何辩论。如果没有评价标准，透明度本身也并不能被进一步接受。

尽管如此，今天人们仍然对玻璃议员模式寄予厚望，希望它能树立民众的信心。2018 年，德国联邦议院和一些联邦州议会的许多议员承诺遵守这一原则。这一原则主要在社民党政治家中颇有市场，一些绿党成员也接受——比如黑森州和图林根州议会中的所有绿党议会党团成员。[628]

玻璃议员们在互联网上公布自己的收入和支出，许多玻璃议员所做的远不止于公开纳税申报表，典型做法是提供以后可能得到的退休金数额、差旅和公务用车情况、他们在联邦议院的投票行为，以及与院外集团人士和利益集团代表谈话的信息。他们还常常提供自己办公室装修、工作人员数量或类似的信息，[629] 但并非所有议员都能达到这一标准，上面提到的绿党的州议会党团基本上仅限于公开说服力较弱的法定信息。

姑且不论这些能否成功阻止仍在增加的对政治精英的不信任，有关透明度的承诺还有另外一个问题：信息过载。在许多情况下报告和提示、数字和信息异常复杂，许多玻璃议员的网页重重叠叠，几乎无法得出简洁的消息。

第四节 重新统一后德国的事件和丑闻

1990年之前，反腐政策几乎是一种为事件或丑闻量身定制的政策，是对个别政治家或公务员具体过失的反应。这在1990年代发生了变化。尽管如此，中饱私囊的事件、来路不明的党捐和对政以贿成的怀疑仍然存在，并且案例显著增加。此时，对腐败问题的讨论也超出了个案范围，相关的立法提案也应运而生。同时，有关腐败的辩论在这种新的背景下更具轰动效应，在这些事件中对反腐政策总体上形成了产生深刻影响的论据和机制。虽然这些丑闻丧失了作为反腐政策里程碑的特征，但它们制造了一种持续的事件狂热，为两德重新统一以来的政治涂上底色，并使政治阶层的声誉受损。与此同时，一些丑闻使名人成了牺牲品：两位州长，甚至一位联邦总统被迫辞职，一位前总理丧失了道德信用，两家跨国公司的根基受到动摇。因此，这里不能不提及这些丑闻的历史。

这些丑闻之所以值得一提还有另一个原因：与一般有关腐败辩论中的丑闻不同，它们只表明私人和公共事务之间的界限具体是如何划分的，只有借助它们才能研究如何在个案中理解腐败。

最初不当行为的类型与波恩共和国时期相比变化不大，依然有人怀疑政治家瞒天过海中饱私囊，其他事件则涉及政界被收买的可能性，两种指控偶尔相互交织。随着西门子丑闻和大众汽车丑闻的出现，关于私营经济中道德过错的辩论才得以扩大，这种前所未有的情况是全球反腐政策的结果。

一、“结交朋友”：1990 年代初期的政治家和实业家

结交朋友在我们基社盟是一种耻辱吗？1993 年 2 月 24 日，在帕绍举行的“政治圣灰星期三”[11] 会议上，时任巴伐利亚州州长马克斯·施特赖布尔这样问候他的党员：“朋友们好（Saludos Amigos）！”他原想以此表现幽默和自信，但最终酿成了一场公关大祸。施特赖布尔正处于“朋友事件”的漩涡中，这一事件不久之后他马失前蹄。对施特赖布尔的指控是：他曾应一位朋友的邀请去巴西度假，并因此为朋友提供便利。从此以后，朋友这个代号代表着政界的“巴伐利亚式”关系，代表私人、政治和经济的系统性混合，代表沆瀣一气，以及政界人员可疑的奢侈生活。施特赖布尔的朋友们象征着高层政治中腐败关系的危险。

当德国开始新的有关腐败的辩论时，最高政治阶层出现了多起政治丑闻，重新统一的共和国在对腐败的批判声中踉踉跄跄地进入了 1990 年代。我想列举其中的 3 个丑闻：梦幻号帆船事件、信笺事件（Briefbogen-Affäre）和朋友事件。在所有这些案件中，高级政治家都被迫辞职。

这些丑闻一方面事关个人的不当行为，另一方面也和导致政商不分的政治风格有关。现在，公众明确要求政界和商界保持距离。这一切的背景还是唤起民众对政治道德不信任的弗利克事件，但这个案件并不涉及政党融资问题，引起更大愤怒的是政治家个人获得的好处。

---

[11] 又名“大斋首日”或“圣灰礼仪日”，是基督教教会年历大斋期的起始日。“圣灰星期三”在复活节前 40 天，每年日期不同。德国各政党有在这一天召开集会、表达立场观点的传统。

1978年起洛塔尔·施佩特任巴登—符腾堡州州长。他的政策被认为卓有成效，在位于德国西南部的巴符州的权力基础长期以来被认为坚不可摧。1989年夏，他险些成功地推翻基民盟主席赫尔穆特·科尔。但此时柏林墙轰然倒塌，1990年12月的最后几天，公众得知可能放开旅行的消息，仅仅两周内，施佩特的权力基础土崩瓦解，于1991年1月13日辞去了州长职务。[630]

施佩特事件并非个别的致命错误，而是1980年代以来的常见现象。施佩特毫不避讳与商界的亲密关系，巴符州的工业发展是他最关心的问题之一，在这方面他颇有政治建树。麻烦的是，多年来他一直接受公司或实业家的邀请，参加昂贵的旅行却分文不付，1984年的一次休假导致东窗事发。当时，斯图加特电子企业SEL公司的负责人赫尔穆特·洛尔（Helmut Lohr）邀请洛塔尔·施佩特及其家人到爱琴海参加帆船之旅，并且承包了往返机票。此次事件即得名于这次梦幻号帆船上的休假，颇为棘手。但具有灾难性的是，SEL公司同年在未经招标的情况下获得了一笔大额订单：这家电气制造商获准为巴符州的所有政府部门配备传真机。对于洛尔来说，施佩特显然还为他敲开了菲律宾总统、印度尼西亚总统等高级政治家的大门。

此案只是冰山一角：施佩特几乎一直让实业家资助私人休假和飞行。比如，1987年施佩特与马克斯·格伦迪格（Max Grundig）共同乘坐一架特别租用的协和式飞机飞往加勒比地区，随后在格伦迪格的豪华游艇上度假。此外，施佩特还与一家斯图加特旅游公司的老板、戴姆勒股份公司的一名董事、百灵达（Blendax）公司的一位经理和其他商界人士共同旅行。人们怀疑在很多情况下东道主都获得了回报。

施佩特的防御战略充分体现了他作为资深州长的自信，

他大言不惭地宣称自己两袖清风："施佩特不腐败。"[631] 但这种以个人名义发表的自证清白的"荣誉声明"并不足以重新赢得公众的信任。《时代周报》对此事件的评论是："毕竟重要的不在于政治家做决策是否受制于其金主，而在于表象看起来可能有多糟糕。而但凡政界和商界这样不分彼此，你来我往之处就必然出现这种表象。"[632] 起初《法兰克福汇报》对此视而不见，后来也持严厉批判的态度——州长辞职一天后，该报称辞职是施佩特的不二选择。[633] 赫尔穆特·科尔当然没有采取任何措施保护施佩特，后者辞职的关键原因是他没有区分私人度假和公务活动，也没有使官职和商界保持距离。

"施佩特事件"发生大约两年之后，另一位高级政治家因为庇护腐败而丢了乌纱帽，他就是时任副总理兼经济部部长、一心想成为自民党主席的于尔根·W. 穆勒曼。1993 年 1 月 3 日，穆勒曼因为所谓"信笺事件"栽了跟头，该事件的情况与涉及弗朗茨·约瑟夫·施特劳斯的"菲巴格事件"类似，穆勒曼也使用其办公信纸给一位企业家帮忙。颇具讽刺意味的是，涉事者是一位通过联姻成为这位部长表亲的企业家——即狭义的裙带关系。

1990 年代初期，许多超市引进了带有保险装置的购物手推车。从此以后，如果想使用购物车，就必须把硬币塞入闭锁装置。这是为了防止购物车遭到破坏和盗窃，显然行之有效。但很快，许多超市的顾客都为缺少硬币而犯愁——硬币可能在面包店用掉了，或者停车时投入了咪表。来自艾菲尔地区卡尔镇的胡伯特·阿佩尔霍夫（Hubert Appelhoff）想出了解决这一购物者难题的主意。他没有使用硬币，而是设计出了一种扣在钥匙链上、可以用于解锁购物车的塑料片，这种塑料片除了用在购物车上没有其他用途。可这位部长的表亲在推销该解决方案时遇到了困难——他的设计一度无人问津，于是向穆勒曼寻求帮助。之后，部长办公室向包括阿尔迪（ALDI）、雷弗（REWE）和科浦（Coop）在内的大型零售连锁超市发送了多封带有穆勒曼签名的信件。信中，经济部部长对这款“聪明的产品”大加溢美之词，并请超市与阿佩尔霍夫联系。[634]

1992 年圣诞节前夕，《亮点周刊》（*Stern*）报道了这一事件。穆勒曼在公开场合应对不当并大发雷霆，声称工作人员在自己不知情的情况下使用了事先印好、带有他签名的空白纸张。然而，在首都波恩没有人相信这种与公然斥责工作人员联系在一起的辟谣。社民党议会党团行政负责人彼得·斯特鲁克（Peter Struck）立即要求经济部部长辞职。1 月初的《时代周报》上明明白白地写着：“穆勒曼的行为是缺乏考虑还是意志薄弱，这早就不是问题，不管怎么说，部长使自己的职位蒙羞受辱……此人必须下台。”[635] 很快，自民党也提出了类似的要求；穆勒曼除了辞职别无选择。

想要理解自民党何以同室操戈，必须考虑当时的政治背景。早在 1980 年代中期，《明镜周刊》就曾指责当时的外交部国务部长不能泾渭分明地区分公务和私事。《明镜周刊》称，穆勒曼曾在政府内部为某个与其个人有关的公关机构说话。此外，他还被怀疑利用其与沙特阿拉伯商界的良好关系为其兄弟在吉达[12]谋得了一份差事，并非白纸一张。

自民党的事件引起的另一种情况更为重要。1992 年 5 月，汉斯–迪特里希·根舍尔因年龄原因辞任副总理和外长职务，自由党内出现了几个月的权力真空。多年来穆勒曼一直得到根舍尔栽培，1993 年他也想竞选党主席，对手是接替根舍尔

[12] 沙特阿拉伯麦加省一个港口城市，是仅次于首都利雅得的第二大城市、沙特经济中心，也是中东和西亚地区最富有的城市。

担任外长的克劳斯·金克尔（Klaus Kinkel），而信笺事件结束了这场权力之争。1993 年 1 月，金克尔接替穆勒曼担任副总理，同年 6 月接替奥托·格拉夫·兰姆斯多夫任自民党主席。

1993 年也发生了“朋友事件”，这一事件中触犯众怒的是马克斯·施特赖布尔和巴伐利亚企业家布克哈德·格罗布（Burkhard Grob）之间的关系。格罗布是总部位于图森豪森（Tussenhausen）的布克哈德·格罗布航空航天公司（Burkhard Grob Luft- und Raumfahrt）的所有人。作为巴伐利亚州财政部部长，施特赖布尔 1980 年代起就为争取德国联邦空军向格罗布购买侦察机而努力；此外，他可能还帮助该公司从巴伐利亚州发展融资局获得了公共资助经费。这些指控于 1993 年 1 月公开——检察官对收受贿赂行为展开了调查，施特赖布尔曾多次应格罗布之邀度假旅行，尤其是去了格罗布位于巴西的私人庄园。

在“朋友们好”这个问题上，施特赖布尔试图这样为自己辩解：他认识格罗布已经几十年了，和格罗布是朋友，自己可以接受他的邀请度假。与洛塔尔·施佩特类似，施特赖布尔比较敏感，并宣称自己并不腐败。起初，这位巴伐利亚州的政府首脑还能坚持，可当春季的民意调查显示其支持率下降时，基社盟坐不住了。埃德蒙德·斯托伊贝（Edmund Stoiber）和特奥·魏格尔（Theo Waigel）进行了短暂的内部权力斗争之后，斯托伊贝于 1993 年 5 月在慕尼黑的州长办公室接替了施特赖布尔。[636]

此时许多记者追根溯源，更多细节浮出水面。比如 1980 年代施特劳斯州长执政期间，巴州的基社盟政治家常常免费乘坐军备公司 MBB 的飞机，因为巴州持有该公司的大量股份。据报道，马克斯·施特赖布尔让 MBB 公司免费为其私人住宅安装了一套卫星装置。慕尼黑汽车制造商宝马公司则常年为这位基社盟政治家提供免费豪华轿车，其中一辆被施特赖布尔在意大利伊斯基亚岛（Ischia）度假时撞毁。几乎所有基社盟的高级政治家都获得过类似的好处，并且在以弗朗茨·约瑟夫·施特劳斯为中心的朋友圈里和企业家过从甚密。[637]

在一个人们系统审视一切的时代，基社盟领导层的旧习对其他政治家来说也是一枚定时炸弹。就在同年，1993 年，基社盟政治家杰罗德·坦德勒（Gerold Tandler）也遭遇了一起类似事件。1988 年至 1990 年担任巴伐利亚州财政部部长期间，坦德勒曾致力于中止针对医生兼企业家爱德华·茨威克（Eduard Zwick）的税务刑事诉讼程序。茨威克通过在巴特菲兴（Bad Füssing）的一家疗养院敛财，自 1970 年代以来他一直拒绝偿还其税务债务。1980 年代初对茨威克的逮捕令就已经发出，随即他逃往瑞士。这一事件之所以引起关注是因为茨威克曾是弗朗茨·约瑟夫·施特劳斯的密友，在茨威克被起诉后，坦德勒又和他成立了一家有限责任公司。[638]

朋友事件之所以意义重大，是因为其被视为代表了基社盟的统治风格。记者米歇尔·斯蒂勒（Michael Stiller）这样描述弗朗茨·约瑟夫·施特劳斯与巴伐利亚商界的关系：他无条件地提携这些公司；作为对基社盟的回报（有时也为了自己的利益），它们在经济上被施特劳斯敲骨吸髓。在这种错综复杂的情况下，也出现了在“基民盟党捐事件”中再次发挥作用的关系——主要体现在军火商的说客卡尔海恩茨·施莱伯（Karlheinz Schreiber）身上。[639]

早在 1993 年初《时代周报》就作出了这样的分析：“巴伐利亚有许多‘朋友’。施特赖布尔会倒台，是因为作为一个只在政党政治和经济利益组成的共生体中谋生的人物形象，他再也没有用武之地了……国家、政党和工业利益在巴伐利亚融为一体绝非偶然。”结果，出现了作为协调者的州长和高高在上的巴伐利亚“工业新封建制度”（industrielles Neofeudalsystem）。在巴伐利亚州，中小企业主扮演了全州各地主人的角色，并始终与基社盟的精英密切“共生”。[640] 也就是说，缺少的是政治领域的划分，即缺少公务和私事界限的区分，同样缺少的还有巴伐利亚政治家经济决策背后的利益和动机的透明度。

朋友这个关键词影响深远。2013 年，人们得知巴伐利亚州议会的许多议员雇用自己的配偶和亲属作为工作人员，除了亲属事件（Verwandtenaffäre）一词外，人们又开始谈论起“朋友事件”。[641]

二、公务车和公务飞行事件

1990 年代起，政治家的旅行（不仅是由企业家买单的度假旅行）成为公众批评的麻烦事。在施佩特案和施特赖布尔案中有那么一点儿受贿的味道，而其他事件涉及的只是对收取好处和特权经济的指控。政治家们是否把他们的豪华汽车和飞机挪作私用？他们似乎是在窃国？这个问题已多次被提出，在这些案件中要明确划分私事和公务之间的界限也极其困难。施佩特和施特赖布尔声称他们度假纯属私事，使用公车者则指出自己几乎夙夜在公。

1992 年春天，丽塔·苏斯穆特陷入了凶险的困境。[642] 苏斯穆特被认为是赫尔穆特·科尔领导下的基民盟的一块自由主义招牌。1985 年，科尔把这位从学界半路出家的教育科学家请进了内阁，由她主管家庭和卫生事务。当时苏斯穆特所代表的政治立场在联盟党中颇有争议——比如使堕胎变得更加容易或对纳粹时期历史罪行的态度等方面。由于深受欢迎，

1988 年苏斯穆特成为首位执掌德国联邦议院的女性，担任联邦议院议长长达十年之久，直至她所在的政党 1998 年在议会中失去多数席位。苏斯穆特在议会中受到所有议会团体的尊重，偶尔会利用议会主席一职表达对科尔政府政策的不同看法，并敦促政界更加正派。这使苏斯穆特获得了独立的声誉，作为道德权威的角色声誉鹊起。可一旦其个人行为受到质疑，这种角色在政治上就陷入危险，苏斯穆特在所谓公务车事件中的经历就说明了这一点。

一开始出现的可能是联邦议院行政部门（苏斯穆特在那里结交的不仅是朋友）的欺诈行为。1991 年初，新闻杂志《亮点周刊》获得了大量有关这位联邦议院议长三辆公务车中的一辆的使用情况的文件。这辆奔驰豪华轿车经常由议长的丈夫、历史学教授汉斯·苏斯穆特（Hans Süssmuth）驾驶，政府为许多苏斯穆特夫妇在诺伊斯（Neuss）的住所、联邦议院所在地波恩和他在杜塞尔多夫的工作地点之间的用车里程支付了费用。[643] 调查很快证明，这些用车行为在法律上无懈可击。汉斯·苏斯穆特曾陪同妻子参加正式活动，有时每周多达 3 次。在波恩过夜后，他直接开车回自己的办公室，也没有必要雇用专职司机。这就是他公车私用的原因。

可是这些细节几乎无法阻止批评，虽然在他们自己的议会党团内部也不是每个人都对此事感到不满。联盟党的成员又进一步散布谣言，称汉斯·苏斯穆特曾经用公车送他们的女儿去大学，他还经营一家妻子为其做广告的公关公司。丽塔·苏斯穆特眼看就要辞职，但赫尔穆特·科尔说服她留任。《明镜周刊》对此的解释是：一方面，科尔总理认为受到道德攻击的丽塔·苏斯穆特是个正人君子。另一方面，他把丽塔·苏斯穆特视为吸引女性选民的磁石，是联盟党左翼不可或缺的人物。联邦议院的其他议会党团也支持丽塔·苏斯穆特。丽塔·苏斯穆特就这样在政治上度过了这场危机。不论这一事件的结局如何，媒体评论中对政治家特权生活的批评之声高涨，人们对施佩特的豪华旅行记忆犹新。在1990年代初期最终确立了这种解读模式："按照波恩传统的'自助服务'精神，早在1975年联邦议院议长团就广泛拥有'公务车特权'。"[644]《亮点周刊》把这两个事件联系起来，1991年3月21日，该刊的封面上是以亚当和夏娃形象出现的施佩特和丽塔·苏斯穆特，图片下方的标题是："91式道德：发你们的财吧！"副标题是："我们正在走向一个毫无原则的社会吗？"而几乎没有人认为这是个问句。

一项规则引起了特别关注。在公务用车方面，政府人员被视为"随时都在执行公务"，因此可以随时使用公车。这种取消公务和私人生活之间界限的行为看起来令人怀疑，至少存在一种不言而喻的嫌疑：政治家们以牺牲公众利益为代价营造舒适的私人生活环境。

此外，《法兰克福汇报》试图这样进行分类：对丽塔·苏斯穆特的批评也可以以她在家庭中的角色转换来解释，公众通常的预期模式中没有政治家的配偶会有工作。该报猜测，如果汉斯·苏斯穆特是"家庭主夫"，那么他使用公务车或许就不会引起那么多关注了。[645]

五年后，丽塔·苏斯穆特的旅行再次在醒目的新闻标题中出现。1996年底，引起关注的是另一种运输工具——联邦国防军的飞机，有人指责丽塔·苏斯穆特乘坐飞机去瑞士看望自己的女儿。实际上丽塔·苏斯穆特乘坐的飞机1993年已经在苏黎世的各个机场降落了20多次，事实很快证明这些飞行通常是为了参加诸如达沃斯世界经济论坛等公务活动。有两次，这位联邦议院议长确实飞往瑞士看望女儿。但其中一次丽塔·苏斯穆特因为必须临时前往波恩开会而中断了已经开始的私人旅行。另一次，她在德国南部参加活动之后选择了前往瑞士的路线，而不是乘坐行程较长的航班返回住所地。

飞行事件与公务车事件有很多相似之处：联盟党的议会党团中有一些人想摆脱丽塔·苏斯穆特。《明镜周刊》的消息显示，基民盟有将政治家鲁道夫·塞特斯推上联邦议院议长宝座的具体计划，《图片报》和《世界报》等报纸看似支持这种做法。不过，赫尔穆特·科尔再次力挺丽塔·苏斯穆特，反对派也鼓励丽塔·苏斯穆特，整个过程在法律上同样无懈可击，但使贪得无厌和无法无天的政治家形象更加深入人心。丽塔·苏斯穆特本人对此间接作出了贡献。在一份新闻通报中，她表示自己旅行的公务目的由联邦国防军审查——可这与事实不符，与使用公务车类似，飞机的使用者应自行对旅行的公务目的负责。

丽塔·苏斯穆特为此受到了言行不一的指责——毕竟就在几周前她还以批判社会的态度抱怨人人都只考虑财产，却不接受义务，导致“来自波恩的财迷”（Raffkes aus Bonn）的故事得以续写。

这一事件的发酵过程也值得一提。从事件中可以看出政治家面临的环境愈发恶劣，人们越来越表现出对政治家根本不信任。告发政治家此时俨然已经成了理所当然之事，即便告发的事情只是道听途说。这次辩论的起因不是调查研究基础上的新闻报道，也不是政府的公开报道，准确地说是这样的：1996 年 11 月末，一名德国乘客正在焦急地等待自己的航班从苏黎世起飞，当他询问延误的原因时，得到的答复是：他们仍在等待一架德国空军的飞机优先起飞，飞机上坐着联邦议院议长丽塔·苏斯穆特。机场工作人员认为丽塔·苏斯穆特经常来苏黎世是因为她的女儿住在这里，但这并没能安抚这位乘客。他越想越气，几天后致信纳税人协会讲述了自己的经历，抱怨浪费公款的行为。纳税人协会公开了这封投诉信，认为政治家们只许州官放火，不许百姓点灯。

或许是为了减轻丽塔·苏斯穆特独自承受的压力，《明镜周刊》研究了众多高级政治家使用飞机的可疑案例，由此继续描绘享受特权和不受控制的政治家形象，对“私事和公务之间的界限”在政治家的生活中含混不清表示不安。[646]

公务用车和公务飞行显然为屡禁不绝的不当行为提供了源泉，下文将讨论的奖励里程事件和2009年的一件怪事证明了这一点。这一次，一桩令人尴尬的意外引起了公众对终究未能解决的高级政治家私人生活与公务活动之间关系的关注。2009年暑假，窃贼闯入司机住处并拿走了车钥匙，偷走了社民党卫生部部长乌拉·施密特在柏林的豪华公务轿车。不过，这辆车并不是在柏林的施普雷河畔，而是在西班牙消失的。随后真相大白：部长想在她度假的阿利坎特（Alicante）附近出席公务活动，为此把车辆和司机一起调到了西班牙。[647]

纳税人协会再次发声，称此次事件关系到1万欧元税款。这里麻烦的同样是私人生活和公务活动混为一谈。涉及的费用看起来令人气愤，因为它和阳光明媚的欧洲南部，以及一位度假中的部长的画面联系在一起；而乌拉·施密特为了国家的工作而中断假期则似乎理所当然，出现了诸如“部长的假期花费了纳税人巨额资金”的指控——其实，在这个过程中，是政治日程使公车必须出现在西班牙。[648]后来发现，施密特在过去几年的夏天就经常在西班牙坐着公车参加公务活动，这些活动通常是为身在西班牙、应对其宣传养老金政策的德国退休人员举办的。

报道中的表述有时语焉不详，令读者产生一种部长私用公车度假的印象。但情况并非如此，部长唯一的私事是，

2009年夏天，司机经部长同意带上了自己的儿子。尽管如此，此事还是受到了严厉批判，《亮点周刊》写道，“叫个出租车好像严重损害部长的尊严似的”，因此不予考虑。[649] 这次丑闻没有导致严重的政治后果。事发后，虽然乌拉·施密特未能在2009年社民党总理候选人施泰因迈尔（Frank-Walter Steinmeier）参加联邦议院选举的竞选团队中获得一席之地，但很快补上。选战中，政治对手偶尔会老调重弹。施密特于2009年10月卸任，原因是社民党由执政党成了反对党。

施密特展示了有条不紊的危机管理能力，她避免表现出对批评感到哪怕丝毫愤怒，这是她与大约15年前的施佩特、施特赖布尔、穆勒曼和丽塔·苏斯穆特截然不同之处。回归政坛后，她面对媒体表达了对民众的不满与愤怒的理解，还公开了以前的公务用车情况，并全都请联邦审计署审查——审计署几乎没有发现什么违规之处。施密特的策略表明，政治家一旦让人怀疑中饱私囊，马上就会深陷被动。1990年代，她的同僚们还努力强调她正直无私，虽然这位卫生部部长大概认为这种努力纯属徒劳。

三、科尔的终极事件：基民盟的第二次献金丑闻（1999—2000）

赫尔穆特·科尔的总理之路起步并不光彩——最初几年，这位来自奥格斯海姆（Oggersheim）、因为频频陷入尴尬且土里土气而遭受非议的政府首脑被认为是“事件总理”（Affärenkanzler）。在弗利克事件中，他乱了方寸，险些因为在莱法州调查委员会的虚假证词而马失前蹄。两德重新统一使人们忘记了他的这些笨拙的应对之举，科尔的政治成就消除了民众对他的成见。1998年，科尔因为格哈德·施罗德领导的红绿联合政府上台而失去了权力。此后，科尔打算成为人人尊敬的老总理，成为他本人、两德重新统一和欧洲一体化的纪念碑。1998 年底，他被欧洲理事会授予“欧洲荣誉市民”称号，是让·莫内（Jean Monnet）之后第二位获此殊荣者。

无忧无虑、声名显赫的日子没有持续多久，仅仅一年之后，一个事件开始使这位老总理的受欢迎程度和信誉度受到了影响，也震动了整个基民盟。从此以后，科尔在所有政治阵营中都被视为一个极其矛盾的人，人们的印象开始变为这位老总理的政治成就也是在常常无所顾忌的人事政策基础之上、借助“黑金库”才取得的，怀疑科尔的各项决策可能与向他的政党提供的献金有关。从那时起，这位“老总理”的毕生成就始终被腐败的疑云所笼罩，甚至到 2017 年寿终正寝时也无法摆脱这种名声。

让我们先从对科尔的指控说起。作为基民盟党主席，赫尔穆特·科尔维持着一个秘密的政党融资系统，这个系统建立在诸如以现金形式交给他本人的未申报捐款的基础上，一些捐助者躲在暗处。比如事实证明，尽管 1980 年代中期公司的股东大会决定禁止党捐，但西门子董事会仍向科尔捐款，这笔钱以常见的洗钱手段洗白，通过国内外的隐蔽账户以现金形式流向瑞士，或从瑞士流入德国。基民盟在各个地区的财务主管，像税务顾问霍斯特·韦劳赫一样的特别专员等人都参与其中。据社民党议员约阿辛·斯通克（Joachim Stünker）估计，从 1980 年代初开始，基民盟以这种方式收到了 2 000 万~4 000 万马克。这笔资金供科尔本人支配：他系统地用这笔钱直接资助党内各部门，这种注资形式是党主席作为赞助人和问题解决者的统治风格的组成部分。

秘密献金至少流入了三个引发受贿怀疑的较大案件中。第一个案件发生在科尔执政的最后几个月。1998 年，基民盟从企业家埃勒丁（Karl Ehlerding）夫妇那里收到了超过590万马克的现金捐赠，这笔钱交给了基民盟总部的部门负责人汉斯·特林登（Hans Terlinden）。这笔献金在时间上与出售联邦政府拥有的超过10万套房屋有关，获得购买合同的是一家卡尔·埃勒丁拥有大量股份的房地产公司。从一开始这笔交易就受到诟病，因为竞争者报价更高；联邦审计署也对成交价格提出了批评。[650]

另一个案件涉及两德重新统一的经济后果。1992年夏天，托管机构把原洛伊纳（Leuna）化学联合公司和高速公路加油站连锁公司美诺（Minol）出售给法国国有石油企业埃尔夫阿奎坦公司（ELF Aquitaine），7.2亿马克的收购价格中规中矩，联邦政府承诺提供15亿马克补贴用于设备的现代化改造。此时，这笔交易一方面已经在科尔和法国总统弗朗索瓦·密特朗之间的最高政治层面达成；另一方面，英国石油公司（British Petrol）牵头的临时财团也提出了更高的报价。因为法国投入现代化改造的资金低于承诺，事后检察机关调查了埃尔夫阿奎坦公司骗取补贴的行为。1990年代，法国发生了一起围绕埃尔夫阿奎坦公司的重大腐败丑闻，对该案进行调查和审判后出现了指向德国的线索。据称，超过2.5亿法国法郎流向了德国的不同决策者、经纪人和院外集团人士，可能有多达30名德国政治家从中受益。这一过程中，1 300万~8 000万马克通过外国账户流向了基民盟或其政治家。来自瑞士调查当局的线索促使德国检察机关自行展开调查。德国的调查人员，尤其是奥格斯堡检察院的调查人员发现了一个由院外人士和政治家组成的网络，其中包括军火商卡尔海恩茨·施莱伯、基社盟的国防部国务秘书霍尔格·普法尔斯（Holger Pfahls）和基民盟财务主管瓦尔特·莱斯勒·基普等。

由联盟党政治家和军火经纪人组成的同一个网络也构成

了所谓坦克事件（Panzeraffäre）的背景。1991年，德国联邦政府批准向沙特阿拉伯交付一批侦察坦克。虽然这些坦克来自联邦国防军的库存，但之前已经借给了蒂森（Thyssen）公司，以便能够迅速交付至海湾地区。当时赫尔穆特·科尔不顾外交部的反对，亲自促成了这笔交易。在交付坦克的过程中，院外集团人士和其他参与者收到了极高的中介费，总计约2.2亿马克，相当于这笔业务总金额的一半左右。其中，国务秘书法尔斯获得了380万美元，后来他因此被判入狱。至少100万马克作为未申报捐款给了基民盟领导层。这也提出了一个问题，即出口许可的批准是否仅仅出于外交政策考虑。[651]

1999年底至2002年间，公众逐渐了解了这些案件，1999年11月对瓦尔特·莱斯勒·基普发出了逮捕令。[652] 基普1971年至1992年曾任基民盟财务主管，后来也负责处理各种特别账户。侦查人员首先从与沙特阿拉伯的交易中偶然发现了这100万马克，事态急速扩大。很快就有具体迹象表明，以科尔为首的基民盟领导层经常获得隐性收入。最终老总理主动出击，12月16日，在德国国家电视二台对其进行的一次后来出了名的访谈中，科尔承认在1993年至1998年期间个人收取了150万~200万马克捐款而没有申报。在这次节目中，他制定了一种至死坚持的防御策略。他说自己不能透露捐赠的来源，因为他个人向捐款人保证不会公开他们的姓名，捐款人是德国公民。科尔承认这么做是违法和错误的行为，但他保持缄默的义务不会因此改变。此外还必须考虑这一事件的背景：基民盟急需资金用于在民主德国的新联邦州建立其党组织，其他政党的财政状况好得多，尤其是原先的共产党。科尔认为这些报道说到底是对自己的“征讨行动”的一部分，称对手试图损害自己的声誉，并质疑自己为国家和基民盟作出的巨大成就。

以主席沃尔夫冈·朔伊布勒和总干事安格拉·默克尔（Angela Merkel）为核心的新的基民盟领导层不知道这些事件，科尔在党内也坚持拒绝与新的基民盟领导层合作。因此，基民盟领导层花费了数周时间才制定出应对正在发生的事情的策略。采访结束后，基民盟领导层开始疏远科尔。12月22日，默克尔在《法兰克福汇报》上发表了一篇文章，指责老总理正在损害基民盟，她建议基民盟走出科尔的阴影。基民盟主席团在同一天要求科尔透露他还知道的情况，从而确认了这一路线。近一个月后，主席团最终要求科尔辞去其担任的名誉党主席职务，科尔旋即辞职。从那时起，他指责新的基民盟领导层意图损毁自己的声誉，抱着一种“掩体心态”（Bunkermentalität）闭门不出，把党内成员对他行为的批判评价为企图搞破坏，是对他个人的背叛。[653] 对于科尔而言，这件事也产生了法律后果。2000年1月至2001年4月期间，波恩检察机关因为怀疑科尔有对基民盟的不忠行为而对他展开了调查，调查程序因证据不足而中止，科尔被处以30万马克罚款。

但受影响的不仅仅是科尔。2000年1月，人们得知基民盟黑森州党组织在瑞士运行了类似的“黑钱账户”系统。同月，沃尔夫冈·朔伊布勒不得不承认他接受了沃尔夫冈·施莱伯的一笔现金捐赠，并且没有申报。显然联盟党的财务存在结构性问题。尽管发生了弗利克事件，但直到1990年代末，联盟党领导人全都卷入了非法的政党融资活动。早在2000年2月，联邦议院议长团就首次对该党实施制裁，原因是联盟党的决算报告明显错误百出。仅1998年一年，联盟党就被迫向联邦议院的管理部门支付超过4000万马克。不久以后，沃尔夫冈·朔伊布勒被迫辞去党主席职务，该党下令进行全面重组整顿。

1999年底德国联邦议院成立了一个调查委员会，询问了赫尔穆特·科尔和其他许多参与者，收集了可疑付款和佣金的信息，但最终无法证明科尔政府存在具体的行贿受贿情形。

基民盟党捐事件引发了一场激烈的辩论。赫尔穆特·科尔的道德形象彻底土崩瓦解，一个党和政府的领导人把个人的誓言凌驾于遵纪守法之上，激起了公愤，被认为是对就职誓言的背叛，也被认为是对公共利益的损害。[654]2000年1月，格哈德·施罗德以一种不同寻常的做法批评了他的前任。他指责科尔超出了法律允许的范围。有趣的是，联盟党领导层对此未作批评。[655] 社民党的司法部部长赫塔·德乌勒-格梅林（Herta Däubler-Gmelin）在一次访谈中指责科尔的行为是对德意志联邦共和国的法治国家属性的直接质疑，像是在一个香蕉共和国做事。[656] 媒体以粗暴的判断报道此事：科尔行使权力的方式被描述为犯罪或无法无天，尤其是左翼和自由派媒体持这种观点。[657]

怒火很快蔓延到了保守派媒体。《法兰克福汇报》评论专栏论调的变化颇为有趣。最初几周，该报的评论文章还对权力的阴暗面持理解态度，认为有些做法虽不美观，但不可或缺；人们肯定也不能指责科尔，这位政治家和总理花了这么点儿钱就兜售了他的外交政策；德国的政党不腐败——1999年11月底的结论还是这样的。[658] 直到圣诞节，《法兰克福汇报》的评论员都在他们的专栏中宣扬科尔的功绩。[659]

大约从当年岁末开始，编辑部的风向明显转变了——这或许始于安格拉·默克尔12月22日的文章。从此以后，评论文章的重点是基民盟面临的危险，人们显然担心科尔会把全党拖入深渊。“赫尔穆特·科尔的权力对一个民主政党具有破坏性影响……在党捐事件中，科尔信誓旦旦，但他所认定的基民盟的利益也凌驾于法律之上。”[660] 联盟党的选民肯定有一种把票投给了一个“看似神圣的党”，“鬼迷心窍”的感觉。[661] 基民盟必须与科尔一刀两断，因为人们有了“基民盟也不遵纪守法”的印象。[662]《法兰克福汇报》因此也转持异常批判的态度。《时代周报》也作出了同样的判断：赫尔穆特·科尔摧毁了基民盟本身作为“法治国家党”的身份。[663] 这与基民盟领导层的担忧不谋而合。

只有《图片报》长期力挺科尔，圣诞节前夕还委托进行了一项旨在支持科尔的问卷调查。调查结果显示，将近60%的读者认为科尔应该言而有信，不能透露捐赠者的姓名，[664] 可惜孤掌难鸣。

科尔的防御策略建立在指控“人们不认可其历史成就的基础上”。面对调查委员会，科尔也是从这一点出发进行解释，他希望德国的统一最终会压倒一切——这被解读为傲慢和无视现实的表现。[665] 与此同时，有人怀疑所谓捐赠人是科尔自己虚构的，至少沃尔夫冈·朔伊布勒是这么认为的，他从2010年代中期起也公开表达这一观点，认为科尔拥有弗利克事件之前就建立的“黑金库”。2000年初君特·诺南马赫（Günther Nonnenmacher）在《法兰克福汇报》上撰文阐述了这种假设。[666] 如果捐款人是科尔虚构的，那么就科尔的自我形象而言这就更有说服力。老总理显然相信这个故事可以挽救他正人君子的名声。但诺南马赫在文中坚称：“科尔信誓旦旦地保护其所谓‘捐款人’的言辞越听越像黑手党的做派——缄默法则[13]。”其他人的批评更加严厉。

当时的其他观察家也注意到科尔的防御线缺乏理性。社

[13] 黑手党内部法则之一，与荣誉守则等在过去同为黑手党的最高法则，任何成员都不可侵犯。其内容包括：第一，当任何事情发生于黑手党成员身上，不可以通知警方，对政府组织必须保持缄默；第二，在不违反第一条的情况下，仇杀只能针对本人，不得伤害其家人。

会学家卢杰拉·沃格特（Ludgera Vogt）怀疑这一事件不是为了赢得好名声而战，而是为了维护科尔的精英圈子（Elitenkreis）：因为做好了受到公众羞辱的准备，所以科尔事后可以要求捐助者给予巨大的回报。[667] 从科尔后来的人生经历看，这一论点很难成立，但这表明当时人们要理解科尔的策略何其困难。

公众并不知晓科尔的态度，之所以反应如此强烈，很大程度上是因为有关腐败的辩论在德国已经进行了大约十年。正如我们所见，腐败已经被认定为无法正常运行的社会的一种主要弊端（Grundübel），是有组织犯罪的特征和落后的代码。科尔显然没有注意到这种文化变迁，犯下了把自己的私德公然凌驾于法律之上的弥天大错，这么做无异于把社会交往规范凌驾于公共规范之上。科尔毫不否认自己的不当行为，而是请求理解他所处的紧急情况：除了保持沉默，他别无选择。

科尔试图做的是自19世纪早期以来有关腐败的辩论实际上再也不允许的事情——即把自己私生活的“保护区”扩展到政治公共领域，把私人规范凌驾于以公共利益为导向的规范之上，这是对所有关于透明度和反腐斗争辩论的嘲弄。与施佩尔和施特赖布尔不同的是，科尔恰恰不满足于否认自己有腐败行为。他要求自己的政党和公众使用标准的决疑论[14]——这实际上是一种僭越法律的特殊权利。这样的判断即便在反腐政策的保守时代也只在特殊情况下出现——譬如出现在鲁道夫·奥格施泰因对卡尔·维南德为勃兰特总理执

[14] 决疑论，Kasuistik，一种推理过程，旨在通过从特定案例中提取或扩展理论规则，然后将它们重新应用于新实例来解决道德问题。这种方法适用于应用伦理学和法学。该术语通常含有贬义，以批评尤其是在道德问题上（如诡辩）使用巧妙但不合理的推理。

政期间贿选事件的评论中。但即便在这种极端情况下，这件事也无可避免地让维南德丢了乌纱帽，因为他违反了法律（参见《波恩共和国时期的腐败［1949—1990］》原文第96页）。

事实上，科尔对个人规范特殊化的要求有损其政治成就，因为这犯了大忌。自法国大革命以来，欧洲政治的合法性建立在这样一个事实基础之上：法律和公共规则始终享有优先于政府官员社会责任的地位。科尔不仅违背了这条基本原则——这当然司空见惯，他对这条基本原则本身也提出了质疑。只有这样才能理解为什么老总理甚至会被保守派的报刊指责犯了思想叛国罪（ideeller Hochverrat）。[668] 科尔没有认识到这些内在联系，可能是他晚年悲剧的一部分。他亡羊补牢的策略也完全不合时宜。丑闻还炒得沸沸扬扬之时，他就宣布他将通过新的、由他个人运作，但现在合法筹集来的捐款抵消基民盟要支付的费用。[669] 由于科尔一直到2017年去世之前都坚持主张其“私人道德”权利，因此许多给他的悼词中对他的评价充满矛盾。而施佩尔的度假旅行事件则相反，早已得到原谅。

除了对科尔私德的愤慨之外，报刊评论还涉及另外三个话题：一是所谓“科尔体制”，即科尔特殊的党内统治风格，二是政党与法治国家的关系，三是对“时代科尔”（die Ära Kohl）和波恩共和国的政治结构进行清算。

多年来，科尔的权术一直受到诟病。1994年，《明镜周刊》描述了基民盟内部的一种令人厌恶而党主席赖以牢牢占据其宝座的控制和恩宠制度。[670] 在那次“信誓旦旦的访谈”之前，科尔的这种制度就已经是弗利克事件中的一个重要参照点。现在，这些报告使人不仅可以把科尔的特殊权术与黑手党的做法类比，而且令科尔的权术看起来是封建、前现代的，纯粹建立在个人依附和恩惠之上——而且还以黑钱资助。对科尔权力背景的窥探显然很好地展示了政党批评者至少10年来一直在阐明的事实。舒赫夫妇在一篇为《日报》撰写的文章中欢呼道："前总理担心的是全面的研究永远也发现不了的事——现在我们知道基民盟内部是怎么回事了。"[671] 政治不再事关解决问题和实质内容，而事关维持权力和个人优势。在这里，这位老总理的防御策略也孤立无援、落了个空：他声称这一切都是为了防御共产党人，但充其量只是引起了对那些愚弄民众的当权者的冷嘲热讽。[672]

联盟党内部也出现了一场关于科尔体制的辩论。早在2000年，基民盟政治家弗里德伯特·普弗吕格（Friedbert Pflüger）的一本书就非常准确地剖析了其所在政党内部的权力机制。普弗吕格主要从心理学角度进行观察。在他看来，科尔是个操纵者（Manipulator）：他巧妙地玩弄党内成员，使他们感觉到自己的重要性，又伺机无情地抛弃他们。普弗吕格强调了总理在自己党内党同伐异的倾向，个人的忠诚度取代政治内容成为关键；但他也批评道，党内同志逆来顺受和缺乏勇气是这种制度的基础。[673]

有关基民盟内部统治制度的报道也助长了对该党腐败的怀疑，这可能完全出乎科尔的意料。这位曾经的基民盟主席一再强调，他个人从未从这笔钱中取过一分一厘，而是全数交给了党，认为单看这一点他就不腐败。但许多评论家对此有不同看法。透明国际在一份声明中坚称："'科尔案'显然是腐败案……根据定义，腐败是指为私人利益使用公共权力的行为。如果一个人为了再次当选而垫付党内经费，那也是一种公权私用。"[674] 在这种情况下，个别政治决策是否被收买已经无足轻重。

讨论的第二个主题是各个政党与法治国家的关系。所有评论员都认为，虽然基民盟经历了弗利克事件，并且有关法律数度收紧了对政党融资行为的规范，但该党依旧我行我素，简直骇人听闻。基民盟没有采取受到公开称赞的改进措施，而是实行了新的规避策略。这是一次系统性的错误，它使政党的作用再次受到质疑。但除此之外，还有人指责赫尔穆特·科尔作为联邦总理虽然多次签署相关法律，但仍然系统性地知法犯法。罗伯特·莱希特（Robert Leicht）在《时代周报》中这样评价道："前总理的态度被人画成了夸张的漫画，漫画中所有政党都拒绝向宪法低头。"[675]

最后一个话题反复折磨着新闻评论员，尤其是左翼自由派的评论员——这个话题就是人们其实应该知道这一切的感觉。评论员在科尔体制问题上也难辞其咎，因为自两德重新统一以来评论界就一直"没舍得"批评这位总理。在统一的光辉下，人们再也注意不到源自统一、危害民主制度的行为。然而随着科尔的丑闻被曝光和施罗德领导下的红绿联盟在大选中获胜，科尔与波恩共和国的历史就此结束。与此同时，他们把丑闻与这样一种希望联系在一起：经历了这次丑闻之后，德国的民主制度将像经历 1962 年《明镜周刊》事件后那样得到加强、成为现代化的民主制度。[676]

科尔案展现了为自己名誉而战的老总理科尔和一场道德化了的辩论（尴尬的是，这场辩论恰恰试图试探公共领域和私人领域之间的界限）之间明显存在误解。毕竟，与此同时已经有了关于玻璃议员的动议。前总理科尔自认为拥有明辨是非的指南针，但这种想法对他来说于事无补，他显然与德意志联邦共和国的共识格格不入。

四、奖励里程事件和对 2002 年“丑闻化命令”的首次质疑

乌拉·施密特的“公务车事件”并非红绿联合政府时期与政治家假公济私有关的唯一丑闻。2002 年，就在红绿联合政府的第一个任期即将结束时出现了各种争论，尤其是关于把汉莎航空公司的折扣点数用于私人飞行的所谓“奖励里程”事件。

早在 2002 年春天，一些媒体（《明镜周刊》首当其冲）就在基民盟“献金丑闻”和有社民党政治家参与、主要在地区层面影响较大的事件之间划清了界限。在所谓科隆垃圾丑闻中，科隆社民党的政府官员收受了贿赂。《明镜周刊》显然对“一视同仁”很感兴趣，也就是对待社民党的态度并不比对联盟党更宽容。因此《汉堡晚报》猜测能像 3 年前发现科尔政党中的献金事件那样揭露社民党类似的账户系统。[677] 人们很快发现地方社民党政要卷入此案——其中包括我们已经知道的卡尔·维南德。但特里内肯（Trieneken）垃圾处理公司的代表向各个政党都行了贿。在科隆，一个所有重要党派参与其中的地方“恩宠经济”（Gefälligkeitswirtschaft）的深渊打开了。[678]《明镜周刊》在这个案件中的立场表明，大多数记者怀疑的不是个别政党或者个人，而是怀疑整个政治精英阶层都随时可能收受黑钱和贿赂。当时，《明镜周刊》的封面上赫然印着“贿金共和国”（Die Schmiergeldrepublik）几个大字。

奖励里程事件之前发生了一桩事关国防部部长生活方式的丑闻，丑闻的焦点集中在 1990 年代一度是社民党希望之星和总理候选人的鲁道夫·沙尔平身上。奖励里程事件发生前几个月，沙尔平的公共信用丧失殆尽。2001 年秋季以来，他

一直担任部长；2002 年夏天铸成了种种大错：先是授权带有插图的杂志《彩色》（*Bunte*）刊登了一个带有本人度假照片的故事，照片上他和自己的同居女友在游泳池里戏水打闹。更严重的是有报道称沙尔平与莫里茨·洪辛格（Moritz Hunzinger）的公关公司暗通款曲，洪辛格亲自为部长沙尔平的公关活动出谋划策。[679] 问题是，洪辛格还代表军火商的利益，而且向沙尔平支付了高额酬金。沙尔平拒绝辞职，为此施罗德总理采取了罕见的措施：2002 年 7 月 18 日，他解除了这位国防部部长的职务，未像通常那样对卸任者表示感谢。

奖励里程事件是多米诺骨牌效应的结果。此时，一些编辑部对莫里茨·洪辛格的社会关系进行了调查，结果表明，洪辛格和许多政治家合作。

比如，1999 年洪辛格通过提供私人贷款帮助绿党的内政发言人杰姆·厄兹德米尔摆脱了财务困境。兴致盎然的公众可以阅读 1994 年厄兹德米尔这位当时的新科国会议员赢得联邦议院席位后如何向亲属、其所在政党和其他组织付钱，后来他欠下税款，债台高筑，洪辛格出手相助。这件事对厄兹德米尔来说足够难堪，因为洪辛格是基民盟成员。不久之后，《图片报》向绿党提出了其他指控：作为议员，厄兹德米尔在公务旅行中乘坐汉莎航空的飞机获得了奖励积分，但把通过公务飞行兑换的奖励里程私用：用于自己的飞行以及父母和一个朋友的旅行。《世界报》使用了一个不怀好意的词语："厄兹德米尔之旅"（Özdemir-Tours）。[680]

厄兹德米尔迅速作出回应。2002 年 7 月 26 日，也就是事发次日，他辞去了联邦政府部门的所有职务——2002 年大选之后他也不再担任联邦议院议员。从长远来看，这次辞职并没有对他造成伤害。相反地，他为此赢得了党内和部分媒体的高度尊重。[681] 在欧洲议会短暂过渡之后，厄兹德米尔 2009

年重返联邦议院，至2018年他担任绿党联邦主席。厄兹德米尔并不是唯一把公务奖励里程挪作私用的政治家，民社党政治家格雷戈尔·吉西（Gregor Gysi）也是如此。吉西当时担任柏林市经济部部长，和厄兹德米尔一样，他接受了指控，公开道歉，把与获得的奖励航班票价等值的款额捐赠给了一家公益组织并辞去在柏林市政府的职务。[682]

对不合理特权和假公济私的指责与我们看到的其他事件类似。但是奖励里程事件有两个地方不同寻常。一方面，当事人迅速辞职并承认错误。显然并不是只有吉西和厄兹德米尔愿意主动坦白，在社民党议会党团中，有一些具有类似私用公务里程行为的议员计划主动向公众坦白并道歉——议会党团的领导层当然制止了这种做法。[683] 也就是说他们的反应与冯·施佩特、科尔和沙尔平截然不同，很难说这是另外一种沟通策略还是一种真诚的内疚感（从这时起，德国人对腐败问题持续十多年保持敏感）使然。还有一些迹象表明，吉西在事件发生之前就已经萌生了辞职的念头。不管怎么说，政治家的公开忏悔似乎是当务之急。

另一方面，与“苏斯穆特案”不同，这些飞行明显是出于私人原因——至少在汉莎航空公司的预订系统里是这样显示的。但在这个案件中，我们第一次看到媒体对大肆渲染丑闻的行为进行了自我批评，这可能是因为丑闻的当事人迅速辞职，也可能与政治偏好有关。不仅联邦政府，《明镜周刊》《南德意志报》和《时代周报》等左翼自由派报刊也都在联邦大选前夕预感到一场政治运动山雨欲来。与“苏斯穆特飞行事件”的情况一样，最初关于奖励里程私用的证据来自纳税人协会，随后《图片报》公开提出了指控。值得注意的是，这一切都与中间左翼政治家的不当行为有关。绿党的于尔根·特里廷（Jürgen Trittin）和卢德格尔·福尔默（Ludger

Volmer）也受到《图片报》的怀疑，不过他们把奖励里程用在了公务飞行上。[684]

尽管存在种种限制，但还是能够明显看出新闻界首次以这种形式对丑闻化动力提出了质疑。《明镜周刊》轻蔑地嘲笑“联邦德国令人热血沸腾的民主”——故意对自己为这种民主作出的巨大努力只字不提。《明镜周刊》毕竟摆出了实实在在的论据，反对在奖励里程事件上小题大做，先是对双重道德标准和求全责备提出了指责——“公民希望他们的人民代表做到自己做不到的一切”“无欲无求、两袖清风、毫不利己，专门利人。难怪谁也无法达到这种要求”，然后把不端行为分门别类：如果把这些事和议会中真正的问题，即院外集团对政治和立法的影响相比，那它们全都是鸡毛蒜皮的小事。[685]

《时代周报》也认为公众开始良莠不分，担心政界的声誉会普遍受损：“无论是严重的腐败案件、来源不明的百万巨额捐款或是私人奖励航班——都混为一谈，不分青红皂白地用于对被视为贪得无厌的政治家阶层进行普遍怀疑。”很多事实证实了这种独具慧眼的判断，然而这篇针对“义愤填膺的街头小报”的文章忽略了一个事实，即所有媒体都助长了这种普遍怀疑，其中也包括自由派的优质报刊。[686]人们有了这样一种印象：著名的魔法学徒抱怨自己召来的鬼怪。

五、告别莱茵资本主义：大众汽车公司和西门子公司（2005—2007）

虽然腐败的丑闻史上有许多悲剧英雄，但彼得·哈茨（Peter Hartz）的故事与众不同。哈茨是格哈德·施罗德改革政策的幕后策划者之一，在某种程度上是“《2010年议程》之父”。《2010年议程》是一系列社会福利政策措施，后来被视为施罗德经济政策的伟大成就，也导致了社民党的分裂。

2002 年，施罗德总理任命哈茨担任一个专家委员会的主席。联邦议院选战即将开始时，哈茨准时提出了有关劳动力市场政策新办法的建议。政府把这位专家委员会主席的报告导演成了一场社会福利政策的“大弥撒”，让哈茨在柏林御林广场旁历史悠久的法国大教堂里发表了一场演讲。哈茨承诺，实施他提出的改革之后，大规模失业将很快成为历史。[687] 光明正大地请专家或科学家参与解决政治问题是红绿联合政府的执政风格。彼得·哈茨是一名经理，1993 年起担任大众汽车公司的人事主管。他以不拘一格的想法保住了岌岌可危的工作岗位，在全德国声名鹊起。这位社民党人以和工会同声相应、寻找协商一致的新的解决方案著称。从这个意义上说，哈茨是代表施罗德社会福利政策的理想人物，但过分强调在公司内部寻求共识后来成了他的厄运。

红绿联合政府赢得大选后，着手实施改革。2003 年 3 月起，《2010 年议程》主导了国内政治。哈茨获得了一项殊荣：在政治中心柏林，随后出台的四部与劳动力市场有关的法律都以他的名字命名。这些以“促进和要求”（Fördern und Fordern）为原则的法律颠覆了劳动行政管理体系，包括削减社会福利，左翼和亲工会的社民党人猛烈抨击这种做法。最终，《2010 年议程》导致政府失去了稳定性，施罗德 2005 年提前举行大选并失去了总理职位。回顾历史，经济学家认为“灵活性”（Flexibilisierung）是后来德国失业率下降的一个重要因素。

大约在同一时间，彼得·哈茨也下台了。2005 年 6 月，有消息称大众集团领导层赋予职工委员会的员工代表不当的特权，从此以后，挪用公司资金、贿赂职工委员会和光顾妓院等不光彩的事情组合在一起，和哈茨的名字如影随形。哈茨在劳动力市场政策方面也很快名誉扫地。在公开辩论中，四部“哈茨法”中留下的主要是“哈茨四”，其特征是基本保障明显降低，是社会救济的后续方案。对于施罗德的批评者而言，“哈茨四”是无情削减社会福利的象征。对“哈茨四”的批评导致了左翼社民党元气大伤，成为左翼党成立的基调，象征着施罗德时代结束后社民党的衰落。

只有在这种背景下才能理解于2005年夏季至2006年达到高潮的大众公司腐败事件在政治上的爆炸性和象征意义。大众事件和不久之后发生的西门子丑闻表明有关腐败的辩论对经济状况、经济实践产生了影响。在这两个案例中，公职人员几十年来养成的行为方式被公之于众，被证明再也不可接受。

这两起丑闻是对1945年之后德国经济活动进行清算的一部分。正如朋友事件和科尔捐赠丑闻成了对旧联邦共和国的政治文化进行审判的法庭一样，在大众公司和西门子公司的丑闻中，莱茵资本主义也受到了公开谴责。就大众公司而言，丑闻事关工作和资本之间的内部关系；对西门子公司来说丑闻则涉及与第三世界国家（主要是国家事务）决策者共同营私舞弊的问题。

莱茵资本主义不是一个有着明确定义的概念，[688] 它代表了波恩共和国经济秩序的某些特征，尤其是政治与经济的交织以及政治对经济的影响，代表了一种具有明显社会福利政策色彩的因素，以及银行和大企业之间的密切协调一致。这个概念描述了特殊情况下的劳资双方与一般情况下的社团主义[15]之间牢固的特别是随时准备妥协的伙伴关系。联邦德国由于其经济中的特殊权力结构有时也被称作德国股份有限公司，[689] 这指的是公司经理、作为股东代表的银行、工会和政治家经常就“共识模型”（Konsensmodelle）达成一致，可以解读为强大的社会伙伴关系，或者理解为对 1990 年代著名的“股东价值原则”的背离。

因此，自 1980 年代起，尤其在 1990 年代，莱茵资本主义和德国股份有限公司面临的压力越来越大也就不足为奇了，受新自由主义思想启发的经济学家和越来越多的政治家都呼吁另辟蹊径。这本质上是要加强市场力量，并把政治或社会考量重新纳入经济现象。例如，他们要求拆分有着千丝万缕联系的各个德国大型公司，政界和商界务必保持距离。哈茨改革的背景也是宣布脱离莱茵资本主义。这是彼得·哈茨故事中具有讽刺意味的部分：新的社会福利政策道路的主角之一在经济活动中栽了跟头——看起来像是一幅莱茵资本主义的漫画。

具体的指控是什么？[690] 核心是大众汽车公司管理层与职工委员会之间的关系。最迟自 1996 年开始，由董事会资助、经理偶尔也参加的大众公司职工委员会格外引人注目。职工委员会成员免费出国旅行，他们的妻子有时跟着沾光，特别重口味的是他们定期到国外逛妓院。在大众汽车总部沃尔夫斯堡（Wolfsburg）还有人专门租了一套公寓供妓女和职工委员会成员在此“金风玉露一相逢”。从这些“福利”中受益最大的正是德国金属工业工会（IG Metall）劳资委员总会主席克

[15] 又译统合主义、协调主义、协同主义、协调组合主义或协同组合主义，是历史上的一种政治体制。在这种体制中，立法权交给了由产业、农业和职业团体所派遣的代表。

劳斯·沃尔克特（Klaus Volkert）。沃尔克特得到的好处还不止于此——大众公司和他的心上人签订了一份金额颇高的顾问合同。

很多人卷入了这个“猎艳之旅”（Lustreise）系统。人事部门一个名叫克劳斯·约阿希姆·格鲍尔（Klaus-Joachim Gebauer）的经理负责组织旅行和召集妓女。他用自己的信用卡付费，并从大众公司收取他不必结算的信托费用（Vertrauensspesen）。人们很快也发现，作为首席人力资源官的彼得·哈茨积极支持这些做法，在某些情况下，他还为支出账单签字，估计也享受了色情服务。政界也卷入了这次事件。隶属社民党的德国联邦议院议员汉斯·于尔根·乌尔（Hans-Jürgen Uhl）的本职工作是大众汽车公司职工委员会秘书，起初他声称对发生的事情一无所知，但后来事实证明他本人参与了寻花问柳。下萨克森州州议会的社民党成员君特·伦茨（Günter Lenz）也在一场诉讼中受到大众前人事经理克劳斯-约阿希姆·格鲍尔（Klaus-Joachim Gebauer）的严厉指控。

调查和刑事审判以各种有罪判决告终。克劳斯·沃尔克特因教唆欺诈和违反《企业组织法》（Betriebsverfassungsgesetz）被判有期徒刑多年；彼得·哈茨也被判犯欺诈罪，但因为全面认罪而被从轻处罚——被判缓刑；克劳斯-约阿希姆·格鲍尔也是如此；汉斯-于尔根·乌尔也因为提供虚假证词和协助欺诈获刑。许多观察家认为大众首席执行官沃尔夫冈·皮耶希（Wolfgang Piëch）至少批准了这次猎艳之旅，但没有确凿的证据。

“猎艳之旅”给此前受到好评的大众公司管理层和工会之间的关系蒙上了一层阴影，现在人们至少怀疑职工委员会的代表会被收买。直到2004年底，大众公司职工委员会才同意停止加薪。也有人认为沃尔克特和哈茨之间存在长期的利益联盟：作为这家跨国公司职工委员总会的负责人，沃尔克特是大众公司监事会主席团成员、金属工业工会中一言九鼎的人物之一。借助其巨大影响，沃尔克特扶助来自萨尔地区、在沃尔夫斯堡寂寂无闻的彼得·哈茨登上了大众公司人事行政主管的宝座——哈茨随后通过与沃尔克特的情人签订顾问合同等其他好处表示感谢。据说，沃尔克特除了作为大众员工将近 70 万欧元的丰厚年薪之外还总共非法获利 260 万欧元。[691] 这一事件揭露了工会高层人士在多大程度上与商界高层不分彼此。由于造访妓院，二者之间的关系在道德上声名狼藉。此外，这种关系还表明，德国工业领导层依照纯粹男性世界的规则行事。

2005 年夏天和秋天，从政党政治的角度看，这起丑闻也颇具爆炸性——彼得·哈茨是虚拟的政府成员，克劳斯·沃尔克特是和联邦总理称兄道弟的朋友，社民党的工会网络受到了谴责。自由派政治家显然也希望能够在公愤的印象下削弱工人代表的影响。不管怎么说，自民党副主席莱纳·布吕德勒在这一事件发生后不久就宣布它可能成为“德国‘共同决定模式’的掘墓人”。[692]

从刑法角度看，此事无关贿赂，是不诚信行为。但媒体上刊发的公众意见从一开始就以“腐败”为关键词讨论这起丑闻。因为这在众目睽睽之下证实了 1990 年代的反腐小册子已经描述的内容：在所有经济部门都盛行“礼尚往来”制度，腐败在德国司空见惯。[693] 这之所以是个腐败问题，是因为职工委员会具有一种类似“员工议会”（Mitarbeiterparlament）的职能，参与猎艳之旅的工会成员似乎是纯粹为了个人利益出卖大众公司工人共同利益的叛徒，这对刑事诉讼程序产生了影响。彼得·哈茨在诉讼中成功地使自己的行为处于较为有利的地位：他虽然违反了法律，但始终是出于公司和董事会的利益才这么做的；而沃尔克特对自己行为的解释除了出于自身利益之外找不到其他任何说辞。[694]

抛开个人道德不谈，对腐败的批评也适用于要求“政企分家”。“猎艳之旅”事件对工会方面引以为豪的“共同管理”（Ko-Management）原则提出了质疑。在行使共同决定权的过程中，自1970年代起雇员代表在许多大公司中占据了监事会的半壁江山。在雇主和企业职工委员会签订协议（Betriebsvereinbarungen）以及劳资谈判的过程中，工会成员至少在人事领域强力参与公司决策；雇主和雇员常常必须密切协调；大公司的职工委员会早已是全职工作，有自己的秘书处；职工委员会的自我形象由此也发生了变化，他们常常把自己视为公司管理层的一部分，也就是自视为共同经理，[695]这也可以解读为一种“跨界”（Grenzüberschreitung）行为。

大众汽车公司职工委员会主席是这种人事安排危险的象征：沃尔克特显然想参与大公司管理层花天酒地的生活，他力有未逮，自甘腐败。据《时代周报》报道，为了换取猎艳之旅和诸如公司董事会成员旁边的停车位等地位的象征，他同意与老板们合作，时而拯救工作岗位，时而毁灭工作岗位。[696]工会方面表现得贪婪、虚伪和无能，共同管理黯然失色。股东价值原则的拥护者得以通过这一事件进一步证明非资本利益（kapitalfremde Interessen）在公司管理层没有立足之地。有关腐败的辩论还与严格区分资产所有人利益与雇员利益的要求有关。

这桩丑闻也可以纳入已经多次提及的对精英的批评之中，尤其是对社民党而言这是个讽刺。猎艳之旅事件发生后，在沃尔夫斯堡大众汽车公司工厂门口调查员工情绪的《亮点周刊》记者发现，不少大众员工感觉自己被工会的精英出卖了。[697] 其他文章，比如曾经担任经理的汉斯-约阿希姆·塞伦茨（Hans-Joachim Selenz）断定所有老牌精英包括管理层、雇员代表和政治家都出了问题。[698]

“西门子腐败事件”的政党政治色彩不那么浓厚，但它显示了国际反腐制度的具体影响。西门子是德国土地上的一个“测试用例”（Testfall），在这里，世界银行、美国政府和透明国际制定的规则直接发挥作用。

还是先说说各种指控。西门子公司和大众汽车公司一样，是德国最大的工业集团公司之一。“二战”后，该公司不得不把总部从柏林迁往慕尼黑，并在一定程度上进行了自我改造。其商业模式主要包括在海外，尤其是在南半球进行工厂的基础设施建设，特别在非洲，西门子公司发现那里是个利润丰厚的市场，比如公司生产的发电厂用的涡轮机在非洲就大有市场，机器和设备交付后大多会签订长期保养合同，这就有了其他后续业务。在进入21世纪后西门子海外业务的这种布局陷入了困境。

2006年初秋，慕尼黑检察机关掌握了西门子集团欺诈的线索。在意大利、瑞士和列支敦士登，检察机关也对个别涉嫌受贿或洗钱的西门子集团雇员展开了调查。检察机关很快得出了这样的印象：西门子公司内部一定存在一个星罗棋布的黑色资金系统。2006年11月15日，调查人员重拳出击，约270名来自德国的公务人员和一些意大利和瑞士的同僚联合搜查了位于慕尼黑的西门子总部以及公司的许多其他办公地点，当日就有几名经理被捕。显然，由于公司高层立即与嫌疑人保持距离，接受审问者都相当“健谈”，说出了姓名、金额和具体交易，西门子公司的贿赂制度迅速露出了“庐山真面目”，检察机关准备就此提起相应的诉讼。此后不久，美国执法部门和证券交易委员会也展开了调查，德国媒体对此作了详细报道。[699]

起初，西门子公司管理层还试图把这种违法行为描述为个案，但这种策略没能持续多久。2006 年 4 月监事会主席海因里希·冯必乐（Heinrich von Pierer）引咎辞职；几周后，首席执行官克劳斯·克莱恩菲尔德（Klaus Kleinfeld）步其后尘。西门子公司的生存也一度岌岌可危：纽约股市威胁要将其摘牌。2007 年夏天，一些大投资方押注西门子公司，准备将其恶意收购。

但事情并没有发展到这种地步，西门子监事会内部已经认识到了这种危险，以新任监事会主席格哈德·克罗姆（Gerhard Cromme）、德意志银行的约瑟夫·阿克曼（Josef Ackermann）和德国金属工业工会代表贝特霍尔德·胡伯（Berthold Huber）等为核心的一群人决定出其不意化解危机。此后，西门子公司与检察机关合作，更换了管理团队中的大部分成员，建立了强大的合规架构，并自费请一家大型美国律师事务所对公司重新进行审查。2008 年 12 月，西门子在德国和美国达成庭内和解。最终这些诉讼以支付约 16 亿美元中止——这绝对是有史以来一家公司因贿赂问题而不得不支付的数额最高的罚款。尽管如此，还有很多迹象表明这种战略是正确的。西门子最终清清白白，监管机构和股东认为管理层的这种行为堪称典范，受西门子公司委托调查这一丑闻历史的经济史学家哈特穆特·伯格霍夫（Hartmut Berghoff）就持这种观点。[700]

伯格霍夫还深入调查了西门子公司的业务。他指出，西门子公司数十年来在国外花费巨资用于行贿和支付回扣。这是其企业文化的一部分，在 1990 年代依然如此，比如西门子的员工长期以来在非洲习惯通过“礼尚往来”建立密切关系。尽管此时对商业活动中腐败行为的评估明显发生了变化，但公司管理层保护了本公司行贿的员工。如果西门子员工因为不诚信而被定罪，公司将承担律师费并继续支付薪水，甚至保留其可能被判入狱期间领取养老金的权利，管理层显然坚信这种做法是必要的，而且在企业经济学上是成功的；被判刑者被视为受害者和格外忠诚的员工。

与此同时，西门子公司打出了“道德企业”牌。西门子是首批支持透明国际的公司之一，并致力于签订经合组织的《海外反贿赂公约》。在欧洲范围内，西门子极早就建立了合规部门，但员工们很清楚，这个部门并没有真正监控他们。

西门子公司注意到新的法律规则和全球化的压力时已经为时过晚。1998 年，德国禁止海外贿赂。2001 年起，西门子开始在华尔街交易其股票。2002 年，美国加强了反腐立法，以便也能真正实施旧的《海外反腐败法》。2006 年，联邦调查局成立了自行负责调查海外贿赂犯罪的部门。一般而言，从大约 2000 年开始，美国政府部门普遍要求其监管的公司具有有效的合规结构。西门子对这一切变化显然后知后觉，冲突由此产生。特别是在美国政府部门的推动下，西门子被树为反面典型，罚金明显高于此前。不过，美国的相关诉讼数量随后也有所增加，处罚也愈发严厉。[701]

此外，西门子案中有一部分事件在一定程度上和大众公司腐败丑闻类似。在西门子案中，管理层也操纵着雇员代表，而且操纵范围要大得多。西门子资助了一个所谓“黄色工会”(gelbe Gewerkschaft)。公司管理层委托公司顾问威廉·谢尔斯基（Wilhelm Schelsky）协助建立一个有利于雇主的工会。谢尔斯基原本是西门子公司的员工，后来成为“德国独立雇员代表组织”（AUB）的成员并长期担任主席。该组织认为自己的任务是在西门子集团的职工委员会建立有利于雇主、与德国金属工业工会抗衡的组织。1990 年，谢尔斯基独立创业。据估计，他的顾问公司从西门子收取了大约 6000 万欧元，他把这笔钱转给了“德国独立雇员代表组织”。西门子的高管也知道这笔秘密付款；显然，工会与西门子高层之间已经密谋达成一致。[702]

大众汽车公司和西门子公司的事件也使莱茵资本主义的“联邦德国模式”在道德上受到了质疑，从这个意义上说，这些事件为有关社会福利和经济政策的辩论增加了一个论据，至少可以和科尔事件一起被解读为告别了“原联邦德国自然一切都好”的看法，具有政治象征意义。不过丑闻的政治后果有限，立法措施没有跟进；工会和政界在大众汽车公司的重大作用也没有受到影响。但西门子丑闻显然对商界产生了影响：从此以后，德国企业越来越多地致力于有效的合规。另一个因素对在德国进行的公开辩论可能更重要：大众汽车公司和西门子公司东窗事发后，人们自然而然地也把腐败和公司内部流程联系在一起。除了政治家，此时企业领导和工会成员也明显受到了批评。

西门子公司和大众汽车公司的丑闻可能是公共解读史上莱茵资本主义道德破产的象征，而经济政策的钟摆很快又动了起来。仅仅几年后，2008 年秋天，美国雷曼银行（Bankhaus Lehman）破产。世界各地的经济学家和制定经济政策的政治家担心出现毁灭性的多米诺骨牌效应，因此出手对市场进行了强力干预：国家出资拯救了银行，部分银行被国有化；金融部门曾经在很大范围内放松管制，但随后又出现了一个旨在阻止风险过大交易的管制阶段。[703] 在全球范围内，金融资本主义的过度发展成为焦点——在这一过程中，尽管业内人士犯了显而易见的错误，但给他们支付的薪水依旧是天文数字；对雇员的奖励机制又额外刺激了他们进行有风险的投机活动。从那时起，作为制定和实施监管政策的机构，国家的重要性再次增强。同时，银行的危机为合规的理念提供了支持：它表明私营企业中员工的道德行为至关重要，但这种重要性绝非不言而喻。

六、腐败的总统？“武尔夫贪腐事件”（2011—2012）

在德意志联邦共和国的顶级职位中，联邦总统一职独享殊荣。作为国家元首，总统几乎没有政治实权，主要起“赋义”作用。自特奥多尔·豪斯（Theodor Heuss）时代以来，总统旨在确保社会凝聚力以及在政治辩论中保持“深思熟虑的基调”。里夏德·冯·魏茨泽克或约阿希姆·高克（Joachim Gauck）等深受欢迎的总统以高超的技巧扮演了这一角色，并对政治事件的解读产生了重大影响。在这一过程中总统通常享有一定的尊严——摆脱了日常的政治意见之争，媒体报道总统时也充满敬意，因此，总统最重要的象征性资本是其完美人格和个人信用。

可是如果总统腐败呢？这与国家元首超然物外、体现共和国基本价值观的想法背道而驰，正是这种怀疑使克里斯蒂安·武尔夫2012年初丢了乌纱帽。就其正式职位而言，武尔夫是迄今为止德国有关腐败的辩论中最著名的牺牲品。武尔夫的悲剧在于，对他的指控无论是收受贿赂还是捞取好处都无从证实，但他却将作为政治家“占小便宜”心态的典范留在民众的记忆之中。

武尔夫案是一场日益激进的有关政治家腐败、特权化和中饱私囊危险的辩论的高潮。要理解这一事件何以产生如此强大的冲击力，就必须将其置于这样一种背景之下：对精英的不信任根深蒂固，普遍怀疑政治家当官主要是想利用职务之便谋取私利。

武尔夫案就显示了愈演愈烈、螺旋式上升的丑闻化可能导致哪些危险，尤其显示了媒体和公众几乎永无止境的对政治家透明度的渴望。武尔夫事件结束时留下了这些漫画：占小便宜的地方政治家的漫画，打了鸡血似的揭露国家秘密的调查记者的漫画，受到公众压力驱使的检察机关的漫画。对所有相关人员来说，武尔夫丑闻都是一场灾难。

我们首先回顾一下对武尔夫的指控和疑点。记者在公开辩论中提出的指控不少，几乎所有都涉及武尔夫担任下萨克森州州长时期——他从 2003 年开始担任这一职务，直至 2010 年 6 月竞选联邦总统。最重要的大型话题是 2008 年武尔夫及其妻子私人住宅的资金来源问题。多年前武尔夫就涉嫌获得实业家的财政援助。2010 年 2 月，武尔夫在下萨克森州州议会被问及与埃贡·吉尔肯斯（Egon Geerkens）是否有业务往来时做了否定回答。吉尔肯斯是一位奥斯纳布吕克（Osnabrück）的房地产商，也是武尔夫多年的朋友。2011 年底，《明镜周刊》和《图片报》的调查表明，州长武尔夫向议会撒了谎，大家这时已经知道武尔夫从吉尔肯斯的妻子艾迪特·吉尔肯斯（Edith Geerkens）的资产中获得了 50 万欧元贷款，联邦总统由此也证明了他此前对州议会的回答是合乎其自身逻辑的。同时也有人指责武尔夫为吉尔肯斯提供便利作为回报，后者曾多次参加随同州长武尔夫出国访问的商业代表团。

2012 年 1 月冯·阿尔宁发表了一篇仓促写就的专业论文表达自己的看法。他在文中根据媒体报道证实了自己的判断，即由于州长武尔夫在吉尔肯斯案中给予和收受好处，因此明显超越了刑事责任的界限。这篇文章还提到了可能存在政治家阻挠刑事追诉的危险。[704] 这位来自斯派尔的反腐专家的这种做法符合他的身份。汉诺威检察机关的法律评估结果则与此不同。这一指责并未导致武尔夫受到指控。在下萨克森州州议会接受质询后不久，武尔夫以来自巴符州州立银行的贷款取代了个人贷款——2011 年底此事也广为人知。许多人认为这是武尔夫瞒天过海的策略。此外，偶尔也有人怀疑此事背后武尔夫占了便宜：同一时期，武尔夫与巴符州州长君特·奥廷格（Günter Oettinger）来往频繁；巴符州是巴符州州立银行的所有人，但这种怀疑无从证实。

另一件令人气恼的事是武尔夫位于汉诺威的州长办公厅在举办的一系列以“北南对话”（Nord-Süd-Dialog）为主题的会议时所扮演的角色。这些活动是由私营公司组织的，来自下萨克森州和巴符州的政治家、实业家和名人亲临现场。以曼弗雷德·施密特（Manfred Schmidt）为经理的庆典公司组织了这些活动，并缴纳了高额的参与费资助此次活动。与武尔夫关系密切的工作人员奥拉夫·格莱泽克（Olaf Glaeseker）也卷入了此事，他与施密特过从甚密，显然给人造成这些活动是下萨克森州官方活动的印象。格莱泽克多次免费参加施密特的一家旅游公司组织的度假旅行。2014 年，以涉嫌贿赂和腐败对格莱泽克和施密特提起的刑事诉讼在附条件的情况下中止。

更早期的度假旅行和据说应邀参加的活动对克里斯蒂安·武尔夫也构成了政治威胁，最终让他丢了总统的宝座。有关武尔夫在吉尔肯斯家族拥有的豪宅中免费度假，以及经理沃尔夫-迪特·鲍姆加特（Wolf-Dieter Baumgartl）邀请其度假旅行的报道广为流传。武尔夫没有否认这些邀请。电影制片人大卫·格罗内沃尔德（David Groenewold）的情况则有所不同：他的制片公司获得了下萨克森州的补贴。格罗内沃尔德显然与武尔夫有密切的私人关系。2007 年共同前往叙尔特岛（Sylt）度假时，格罗内沃尔德也支付了武尔夫及其妻子的房费。《图片报》和其他媒体猜测，州长武尔夫接受了格罗内沃尔德的邀请。武尔夫则解释说格罗内沃尔德只是替自己预付了费用。另外一次双方共同入住酒店的事件则进入了公众的视线。2008 年，格罗内沃尔德和武尔夫一家共同参加了慕尼黑啤酒节，一道入住巴伐利亚宫廷酒店（Hotel Bayerischer Hof），并在啤酒节现场的草地上用餐。后来在汉诺威地区法院进行的审判（只）针对这次慕尼黑之行。

该事件还包括在 2011 年和 2012 年之交极其紧张的气氛中提出的许多其他指控。2012 年 1 月，《柏林日报》（*Berliner Zeitung*）找到了有关武尔夫一家订购私家车的车行信息。这家车行给了武尔夫一家特别优惠的报价，并送给他们的儿子一辆鲍比牌儿童玩具汽车。随后武尔夫邀请该车行的经销商参加了联邦总统的夏季派对。这看起来也有失体统。[705] 早在 2010 年，武尔夫就以特别优惠的价格作为大众汽车公司的员工租用了斯柯达汽车。他之所以得到这种优惠只是因为：作为下萨克森州的州长，他是总部位于下萨州沃尔夫斯堡的大众汽车公司的监事会成员。[706]

所有提到的指控都在相对较短的时间内（即 2011 年 12 月中旬到 2012 年 2 月中旬）被提上了议事日程。所有报纸几乎每天都报道这一事件，而且每期刊登不止一篇有关的文章；网络媒体和电子媒体也参与其中——尤其电视上播放了无数有关这一话题的脱口秀节目。起初，信贷事件占据了专栏的主要版面，大约从 2011 年年底、2012 年年初开始，各种指控纷至沓来。

此外，2012 年初还发生了另一起严重事件：武尔夫在“个人贷款事件”首次被曝光时试图阻止报道的事被公之于众。12 月 12 日，武尔夫在出国旅行期间电话联系了施普林格出版社（Springer-Verlag）的多位决策者，各方对通话内容说法不一。后来武尔夫声称他并未试图阻止这些报道，只想把报道推迟到自己重返德国之后，但大多数观察家认为这是试图进行出版审查。武尔夫曾在电话答录机上对《图片报》主编凯·迪克曼（Kai Diekmann）侃侃而谈，也使用了“战争”之类词语，可以解释为对迪克曼的威胁。《图片报》本身没有在邮箱上发布谈话内容的文本，但谈话内容通过其他途径传到了公众耳中。

长达数周时间内，武尔夫本人对这些指控不置可否，而是通过他的发言人或律师表态。直到 2012 年 1 月 4 日，联邦总统才接受了德国国家电视一台和二台的采访。在采访中，武尔夫拒绝辞职并捍卫自己的隐私权。他认为给迪克曼打电话是个错误，也已经为此道歉。不过，他并没有想阻止《图片报》的报道。此外他还宣布将在互联网上公开所有信息——但这只做到了一部分。[707]

武尔夫重申这些指控毫无根据，下定决心留任。2 月中旬，《图片报》公布，格罗内沃尔德向叙尔特岛的那家酒店索要其付款凭证。负责此案的汉诺威检察机关将此视为企图隐瞒真相：人们有理由担心证据会被销毁。因此，检察机关于 2 月 16 日申请取消武尔夫总统的豁免权。[708] 次日，武尔夫辞职。

颇具讽刺意味的是，尽管历尽千辛万苦，调查也只获得了微不足道的证据，许多迹象表明调查人员似乎陷入了僵局。也许他们认为来自政界和媒体的压力比武尔夫案的压力小。无论如何，在调查开始前后人们都能在媒体上读到：调查者对待国家元首和对待其他任何嫌疑人相比没有什么不同。当年春天，检察机关告知武尔夫可以在支付罚款后中止诉讼程序。这位前联邦总统没有接受这一条件。最后，汉诺威检察机关别无选择，只能针对他们的啤酒节之行以贿赂和腐败罪起诉格罗内沃尔德和武尔夫。

审判轰动一时，还从来没有哪位前联邦总统出现在刑事法庭。检察官从一开始就遭受到了第二次失败：法院只接受对收取及给予好处的起诉。案件审理过程中，问题集中在武尔夫和格罗内沃尔德在啤酒节聚餐时各自支付了多少费用。此时，新闻也不再说这是腐败。诉讼以检方一败涂地告终：2014 年 2 月 27 日，法院以事实不清、证据不足为由宣判格罗内沃尔德和武尔夫无罪。在判决理由中，法官对调查机关进行了严厉批评，主要指责调查机关单方面归咎于武尔夫，忽视了可以免除刑事责任的事由。[709] “无罪推定成了有罪推定”，《南德意志报》的赫里伯特·普兰特（Heribert Prantl）在一篇广播稿中这样批评道，[710] 也就是说被告的处境由于其政治职务变得更糟而非更佳。

但如果单纯地把武尔夫描绘成这一事件的受害者那就错了。这位总统犯了一系列沟通上的错误，主要错误当然是给凯·迪克曼打电话——这个电话为一种普遍的解读模式提供了依据：政治家们企图文过饰非并阻碍新闻界的工作，因此这通电话在一定程度上使记者们联合起来争取新闻自由。回顾此事，武尔夫的另一个错误可能在于很长一段时间只承认已经公开的事情。此外，他个人迟迟不发表声明，拒绝公开道歉并且固执己见。[711] 最后，还有一些武尔夫本身只负有部分责任的情况，但这些情况对于解读事件具有重要意义。多年来，武尔夫的形象一直是一位中规中矩、脚踏实地的政治家——在他担任州长期间也是如此。后来，他的外在形象发生了转变：在与第一任妻子离婚、和第二任的妻子贝蒂娜（Bettina）结婚时，他冒险改变了自己的形象。从此，这对风华正茂、左右逢源、风度翩翩的政治家夫妇的故事应运而生。

就任联邦总统后，德意志联邦共和国有史以来最年轻的国家元首继续维护这种形象——这从一开始就得到了《图片报》及其总编的大力协助，武尔夫夫妇与总编迪克曼长期形同朋友。[712]

许多观察家认为武尔夫在信贷事件中因为守口如瓶而失去了面具。许多记者则认为，这位生性乏味的地方政治家包括道德水准在内的全方位贫乏再次暴露无遗。免费的度假旅行、为中等豪宅提供的优惠贷款、占富人朋友的小便宜，所有这一切似乎正是这位联邦总统性格特征的完美写照。[713] 媒体认为，这位“占据国家最高职位的隐形市侩”仅仅出于性格原因就免不了会做出这种事。《日报》的评论是：“克里斯蒂安·武尔夫代表了把国家当作廉价商品市场的那部分民众。”[714] 事实上，除了指责其对媒体进行审查和缺乏可信度外，媒体的批评主要集中在这位信奉“便宜就是王道”（《德国金融时报》［*Financial Times Deutschland*］）的总统的所谓“叫花子心态”（《商报》［*Handelsblatt*］）和他的“半吊子律师倾向”（《法兰克福汇报》）上。[715] 这些言论和评论出现后，武尔夫的“性格资质”成了焦点。有关武尔夫去留的辩论的政治色彩也由此大大减弱。主张其辞职（这是大多数记者的要求）的理由主要是：这位联邦总统从此再也没有可信度和道德威望可言。没有了这种道德威望，他就无法再履行总统职责，只有新的总统才能使总统职位重现生机。[716]

现在人们可能倾向于认为有关武尔夫的辩论与腐败毫无关联，但事实上二者是有关系的。政治家占便宜和腐败是同义词，《日报》对此所作的描述格外深刻。武尔夫辞职 3 天后，该报宣布了这个大快人心的消息：“德国人不再容忍腐败。”“德国人无法原谅武尔夫滥用职权占小便宜。回顾历史会发现，德国人对腐败的这种反感史无前例。”出现这种态度的原因是实际工资下降，社会出现了分裂。[717] 在这个事件中确实从来没有人提到武尔夫作出的政治决策因为收取好处而受到影响，即使在民愤最盛之时，媒体也没有声称下萨克森州政府的政策被大规模收买。腐败主要是风格和个人品行问题。从这个意义上说，武尔夫事件是 1990 年代初以来对精英持批判态度的有关腐败辩论的一种实质体现。

武尔夫事件的另一个有趣之处也在于媒体的“异口同声”——不论隶属何种政治阵营，不论是关注花边新闻的小报还是大牌报刊，不论是评论记者还是新闻调查记者全都一个论调。当时就有一些评论家已经惊奇地注意到了这种现象。[718] 这强化了一种印象，即认为德意志联邦共和国的整个新闻界都在成群结队地“围猎”联邦总统——至少武尔夫本人是这么看的。[719]

然而武尔夫事件还包括这样一个事实，即部分媒体很早就展开了自我批评。《时代周报》的约瑟夫·约佛（Josef Joffe）和《日报》的乌尔里希·舒尔特（Ulrich Schulte）等记者明确指出媒体的运营机制有问题。这一部分涉及《图片报》的策略。人们很早就感觉“《图片报》正在领导一场推翻总统的运动”，指责这家隶属于斯普林格出版集团的报刊想要展示其绝对权力。但“运动新闻”（Kampagnenjournalismus）并非服务于政治启蒙。[720] 后来出版的描述这一事件的两份文件遵循的就是这种解读，按照这种解读，这一事件无疑有其政治背景。克里斯蒂安·武尔夫在 2010 年“德国统一日”发表的演讲中许诺“伊斯兰也属于德国”。凯·迪克曼尖锐地批评了这种有关融合政策的言论，政治分歧被认为是《图片报》发起推翻总统武尔夫运动的原因之一。[721]

《图片报》的一些员工强烈批评了该报公布武尔夫与迪克曼通话内容的做法——该报以迂回的方式，通过《法兰克福汇报》和《南德意志报》公布电话内容，自己则没有露面。《日报》谴责《图片报》及其总编“违反新闻职业道德”[722]。2012年1月中旬克尔斯汀·德克尔（Kerstin Decker）也在《日报》上撰文警告：“‘媒体民主’（Mediokratie）也是对民主的一种威胁。”[723] 在关于武尔夫案的文献中，《图片报》的行为被视为针对总统的运动的一部分。除了权力问题，该事件显然还有其他考虑：《图片报》的记者希望自己被视为“严肃的”记者，即被作为调查记者对待。对武尔夫本人在这一事件中起的作用各方评价不一——毕竟他在更早些时候曾经有意识地与《图片报》这个花边小报合作过。[724]

但媒体的批评不仅限于责骂同行，一些报刊的编辑部开始进行批判性的自我反省。评论员们越来越担心自己会因为这些浮夸之词在民众中失去信誉和尊重。[725] 他们认为人们已经失去了衡量哪个话题重要、哪个话题不那么重要的标准，认真和独立的报道岌岌可危。比如《时代周报》早在2012年1月中旬就认为，之所以如此是因为人们受到同行“从众本能”和网络媒体分分秒秒不断更新的影响，[726] 当前纸媒工作条件的变化由此受到了关注。显然，担忧发行量下降等经济因素也驱使记者参与了武尔夫事件。[727] 此外，一些报纸开始报道记者占小便宜的行为和特权。兴致盎然的公众由此了解到，许多公司常常优待记者甚于其他客户，媒体工作者享受各种免费服务，这种双重标准也危及新闻界的可信度。[728]

许多记者认为自己要为民众进行启蒙运动的需求发声，这种看法并非无可争议。2012年2月初阿伦斯巴赫人口学研究所（Institut für Demoskopie Allensbach）进行的一项调查显示，占微弱多数的德国人认为新闻报道言过其实——不过也有近40%德国人认为报道恰如其分。无论如何，这项调查结果表明，只有少数人认同主要媒体的“愤怒文化”，新闻界在这件事上显然做得过分了。[729]

媒体对武尔夫案的评价在记者中仍然存在争议，2012 年春季的一个插曲说明了这一点。当时，《图片报》编辑部因为调查武尔夫“房地产贷款事件”而获得了著名的亨利·南恩新闻奖（Henri-Nannen-Preis）。这是这家花边小报首次因为高质量的调查新闻受到表彰，3 名同时获奖的《南德意志报》编辑拒绝领奖以示抗议，其中也包括汉斯·莱恩德克，他们指责《图片报》在武尔夫案中也使用了——或者说恰恰使用了——不公平的方法。[730]

即便在武尔夫被无罪释放后，意见分歧仍然存在。与此同时，赫里伯特·普兰特把对武尔夫的行为丑闻化视为真正的丑闻：“过去和现在‘武尔夫案’这一国家事件都主要是那些公开这一事件者的事件。”[731] 各个编辑部内部也意见不一——无论是在事件发生时还是回顾此事时都是如此。《亮点周刊》网络版驻柏林办公室负责人在判决作出之后不久公布了这种意见之争：尽管许多同事当时有不同看法，但有关鲍比牌玩具汽车的报道颇为重要。他的编辑部同事汉斯-乌尔里希·于尔格斯（Hans-Ulrich Jörges）长期为武尔夫辩护，但在 2012 年 2 月中旬也对总统发起了攻击。[732]

通过武尔夫案可以详细研究有关腐败的辩论和对透明度要求的问题。这个案子清楚地表明严格区分公私事务的想法何等不切实际。武尔夫和格罗内沃尔德最初是在公务活动中认识的：这位企业家游说武尔夫，希望获得下萨克森州的电影资助资金。后来，私人友谊发展为极其密切的信任关系，在家庭事务中也是如此。在时间上要如何准确划分界线？在 2012 年 1 月 4 日的电视采访中，武尔夫强烈主张自己的私生活权利，认为自己没有必要向媒体提供与此有关的信息。这是不现实的，在这种情况下给人欲盖弥彰的感觉。在这次事件中，无数关于这位政治家及其家人生活的细节被公开，然后武尔夫开始对他受到指控的每项行为作出辩解。目的是反驳这些指控，并且很显然他想澄清这些事件具有私人性质。几乎在任何情况下都无法划定令人满意的公私界限。就此而言双方都错了。对于维护私生活的斗士和试图揭露“越界行为”的新闻界和检察机关的斗士来说也是如此。武尔夫及其妻子的许多活动和交往正是二者兼而有之：半公半私。

接受这种灰色地带不符合有关腐败辩论的逻辑。腐败这一概念基于二元思维：要么腐败，要么不腐败。与赫尔穆特·科尔不同，无论如何武尔夫并没有要求私人道德也应适用于政治领域。但他声称自己的职务在私人生活中没有起作用。与朋友事件或奖励里程事件不同的是，武尔夫辞职并没有结束这场讨论，因为它进入了审判阶段。这样一来，除司法部门外，公众也被迫划清公私界限并对请客吃饭作出道德评价，直至事情结束。

有关透明的梦想也在武尔夫案中经历了痛苦的幻灭。对武尔夫财务状况和他生活的一大部分几乎肆无忌惮的透明化并没能澄清事实。当武尔夫在接受询问时心不甘情不愿地提供信息时，记者经常怀疑他还是没有说出全部真相。任何有关饭局邀请或鲍比牌玩具车的信息最初都让人怀疑这背后可能隐藏着联邦总统的某种不道德行为。

但这种夸张的做法最终使所有的怀疑烟消云散。回想起来，颇为荒谬的对透明的要求使所有针对武尔夫的批评都失去了合法性。永无止境的透明事实上使人们无法区分哪些是重要信息，哪些信息不那么重要。

最终，透明化针对的是参与透明者本身。关于新闻折扣（Presserabatte）的辩论说明了这一点，辩论的结果是持批评态度的记者在道德方面的可信度丧失殆尽。对《图片报》政策的严厉批评也是明证。《图片报》先是把武尔夫“高高捧起”，为的是后来更加无所顾忌地揭露他。对可能是《图片报》泄露的武尔夫与迪克曼通话记录愈发尖锐的批评导致施普林格出版社名下的这家报纸对“高质量新闻报道”的要求土崩瓦解。此类辩论损害了自身动机不透明的报道的可信度。

对透明度的要求和有关划清公私界限的辩论也使有关武尔夫的辩论失去了政治色彩。它表明如果把冲突道德化，那么就存在一种危险，那就是这么做恰恰无法在重要信息的基础上控制政治权力。武尔夫案还告诉我们：不存在纯粹的信息——无论这些信息以怎样透明的方式呈现。各种信息在一种上下文中只有一种含义。武尔夫案的背景可能是一个毫无根据的假设，认为某个地方肯定有见不得人的勾当，因为武尔夫看起来很可疑——他采用的切香肠战术[16]、他给迪克曼打电话、他拒绝全面道歉等行为都令人生疑。只有在这种假设的背景下这些信息才显得重要。这种假设之所以起作用不仅仅因为武尔夫自身言行不当，最重要的是，它符合深入人心的爱占小便宜的政治家形象；大约20年来，这种形象在有关腐败的辩论中已经司空见惯并且被人添油加醋。

---

[16] 切香肠战术，Salamitaktik，指一系列常常以秘密方式进行的小动作，聚少成多成为更大的动作或导致严重结果。

政治的普通模式是以权谋私和大开方便之门——至少两德重新统一以来在关注德国政治的观察家们看来毫无疑问是这样的。

结 语

1950年，联邦议员格布哈特·泽洛斯对他联邦议院的同僚们高声疾呼，称“政治和商业生活中的两袖清风和一尘不染”是德国最重要的美德。这与近年来的辩论形成了何其鲜明的对比。政治的普通模式是以权谋私和大开方便之门——至少两德重新统一以来在关注德国政治的观察家们看来毫无疑问是这样的。通过这种对比可以得出两种说法：要么早期的联邦政治家掩盖了种种弊端和邪恶勾当，并且迟迟不提出解决方案；要么新近有关反腐问题的辩论是危言耸听。

立法的历史为第一种说法提供了佐证。问题早在1950年代、后来又在1970年代初期就已经摆上了台面，很久以后才被作出规范，其中主要包括公务员和政治家与商界代表接触中的利益冲突、如何对待额外收入、贿赂议员的行为是否应当受到处罚，等等。1990年代后期起才通过了针对这些问题的稍微稳定的法规，很多悬而未决的政党融资问题在弗利克事件之后虽然也被提出，但在基民盟党捐事件之前，显然存在知法犯法的行为。如果按照这种说法，那么共和国的政治精英只有在本国的调查媒体和国际反腐联盟施加巨大压力的情况下才会作出反应。因此，我们将不得不应对长期以来不可理喻、进入新千年后才得以克服的惯性。

总体上还有另外一种判断，即认为联邦共和国早期就没有哪位政治家（甚至包括阿登纳总理）不曾受到公开的批评，只不过腐败长期不被视为结构性问题，相应的道德化行为往往无济于事：当1959年《前进报》把波恩称作腐败之都时，社民党的大佬们不得不旋即退避三舍。维利·勃兰特在1972年的选战中指责对手腐败时并没有得到什么好处——虽然这不影响他最终赢得大选。相反地，卡尔·维南德的行为则不被视为对民主的威胁。

在1980年代的弗利克丑闻之后民众的这种看法首次有所变化，两德重新统一之后则发生了巨变。赫尔穆特·科尔信誓旦旦地坚称自己是清白的，自由派和保守派都将此视为对法治国家的攻击；而克里斯蒂安·武尔夫应邀度假和接受吃请则被视为对政府政策独立性的威胁。此时，丑闻常常伴随着使官员和政治家受到普遍怀疑的报道，1950年代对官员的“廉洁推定”1990年之后成了“腐败推定”；深深的悲观主义取代了对民主领导人的乐观评价。

有关腐败的辩论为人们对社会价值体系和变革过程进行观察提供了机会。比起弗利克事件，1950年代有关腐败的辩论表明联邦德国社会对待纳粹的态度发生了怎样的变化。在1950年代纳粹政权被描述为廉洁的民主制度的腐败对立面，在1980年代弗利克集团的纳粹历史则成了延续理论[17]的证据。活跃在1950年前后的政治家强调与过去决裂，而三十年后的批评者则担心旧势力死灰复燃。但与联邦德国1949年的情况相反，1989年之后统一社会党政权的腐败在全德国几乎没有引起关注，当时关于行政部门和政界腐败结构的辩论如火如荼，占了绝对统治地位，以至于人们无法将这种辩论视为关于腐败的民主德国政府的类似论述。有关托管的新经验似乎也覆盖了民主德国的旧体验。

[17] 也称连续性理论，指在给定时间段内特定对象或情况连续的思想、主张或叙述系统，尤指文化、语言或民族现象。

德意志联邦共和国成立之初，廉洁和荣誉（尤其公务员的廉洁和荣誉）被视为是与腐败对立的价值，就此已经达成了广泛共识。但是这些价值越来越不重要。在政治交往中，对归根结底品德高尚的国家的信任被随时随地、不依不饶地揭露不正当行为的要求所取代。这种变化与1960年代后期就已经开始的许多权威人士信誉度的丧失同时发生，从弗利克事件中能够很明显地看到这种转变，1999年对赫尔穆特·科尔的批评是这种变化的高潮。尽管科尔作为总理曾为两德重新统一大业作出过巨大贡献，享有崇高的历史和政治威望，但他未能成功地重建公众对其完美人格的信任。

统一也影响了对商界与国家之间关系的评价。在有关腐败的辩论中经常提到私营经济与政界之间的紧张关系。“二战”之后，首先是政治家有意识地担心商界代表可能对公职人员产生有害影响，企业家以盈利为导向的思维被视为对国家及其公务人员道德操守的威胁。1990年代的情况完全不同，此时企业管理的原则应当优化国家行为——最重要的是：这时公务人员的贪婪被视为问题，作为道德尺度堡垒的政府被商界所取代——至少在商界清除腐败之后（这是世界银行和经合组织当时正在系统开展的一个项目）。

经济思想的变化体现在有关腐败的辩论中。自1990年代起，改善国家和企业的各种方法的逻辑如同钟表的齿轮一般相互交错：市场自由主义、股东价值、新公共管理、良治政府、透明、反腐斗争，这么做的目的是提高效率，同时也为了提高道德水平。节约资金，同时行善积德，这是这些提议与改革方法形成的网络背后看起来不由得人不信服的逻辑。

在此背景下，对莱茵资本主义的攻击也取得了成功。最初，莱茵资本主义也通过追求利益平衡，尤其是追求雇员和雇主之间利益的平衡宣扬比掠夺性资本主义更优秀的道德。

但贪得无厌的大众汽车公司职工委员会和品行不端的西门子公司管理人员使商界的这种形象蒙羞受辱。这两家企业中，团结一致的组织形式都名声扫地——这指的是大众汽车的共同管理和西门子领导层对行贿员工的无条件支持，由此可以认为莱茵资本主义在道德上一败涂地。

腐败的历史也一直是一部私人与公共界限讨价还价的历史。一方面，随着新公共管理的实施，私营（经济）规范进入了公共领域。另一方面，大众汽车公司的丑闻表明，原本适用于公职人员的标准被用来衡量私营企业的内部行为：职工委员会可以被判犯有腐败之罪——至少公众中的大部分是这么认为的。人们从中可以看出私营经济领域和公共领域之间的界限是如何变得含混不清的。政治机构的情况也与此类似：1990 年代以来，具有国家合法性的参与者（各级议会、各行政部门、各级政府）和非政府组织等社会力量之间的差异就一直在缩小，透明的政府和透明国际都是世界银行项目的承担者——这分散了国家以外的政治权力。

就个体，尤其就政治家而言，这种辩论只有一个方向：取消私人“庇护所”。阿登纳乘车参加基民盟活动时，人们还不在意这些活动是出于公务还是私人目的；卡尔·维南德帮助解决议员的私人问题虽然也被认为有失体统，但只要不至于太过分，他就可以使许多记者理解其为深受困扰的议员排忧解难的行为。相反地，赫尔穆特·科尔的“对天发誓”则不再被容许；在武尔夫案中，公众认为他从住房贷款到休假的一举一动都必须在众目睽睽之下经受检验。在透明思维盛行的背景下，公共媒体要求窥探政治家的私生活，并且保留对标公职对这一切进行评估的权利。一场道德“钳制运动”出现了：一方面，国家的决策过程接受私人组织或私营经济思维的影响；另一方面，以公共价值为导向的对公职人员的道德要求几乎遥不可及。

鉴于19世纪和20世纪初激烈进行的有关腐败的辩论，人们不禁要问：更需要加以说明的究竟是什么？是1950年和1990年之间相对平静的状态，还是冷战结束后腐败模式大行其道的情况？至少就联邦德国来看已经很清楚为什么一开始许多迹象表明应该保持克制。媒体和政治家公开谴责覆灭的纳粹政权是腐败的化身，这与当时对纳粹的个性化和道德化评价一致，有关腐败的讨论为接受民主秩序作为道德上完美无瑕的解决方案提供了论据。援引所谓德意志国家性的传统似乎强化了这一论点，并且也使其能够为保守派所接受，两次世界大战期间占主导地位的腐败的议会制的刻板形象已然消失。但这不仅仅是个简单的民主宣传问题，而是一场涉及方方面面的辩论，其中也包括国家机构建立反腐部门的昙花一现式的尝试；还包括对艰难的日常生活中的腐败和被视为腐败的“仲裁庭程序”[18] 的批判。

1990年前后，诸多因素叠加，重新引发了有关腐败的辩论。在漫长的腐败史上，全球性讨论首次推动了全国性辩论。两德重新统一在其中发挥的作用小得令人吃惊，而1990年后建立的美国独霸天下的世界秩序对于腐败重新成为热门话题则无疑起了决定性作用。在德国，在全球范围内制定更严格的规则和刑法的努力遇上了由于弗利克事件而变得高度敏感的公众。

此外还叠加了腐败批评者自我理解的因素。与伯恩特·恩格尔曼1990年代之前对自己角色的理解不同，大多数记者和所有党派都保持距离，对腐败的批评并非针对某个政治派

[18] 纳粹政权垮台后在德国的美、英、法三个西部占领区进行的旨在清除纳粹余毒的仲裁程序。

别，而是针对一切作恶之人，对腐败的批评由此获得了信任。这显然不是一个政治阵营试图损害另一个政治阵营而采取的纯粹出于战术动机的指控。相反地，如果不考虑政治色彩，则其与问题本身有关，但一种新的道德上的"铁面无私"也随之而来。

柏林共和国时期的批评家常常将其关于政治家丰厚收入的报道置于削减社会福利的背景下，这背后是对双重道德标准的指责：政府苦口婆心地劝公民保持克制，或限制为公民提供的服务；政府的代表们则为自己创造越来越好的条件。《明镜周刊》1993 年这样写道："德国人受到为东部重建提供资金的财政紧缩计划的影响越大，就越为执政者出于个人利益在财务上瞒天过海而恼怒。"[733]1991 年就有类似的说法："让选民怒气冲冲的是这样一种印象，即感觉政治家和政党可以在很大程度上毫发无损地为所欲为，而那些底层人士——退休者、失业者和病人则被劝说放弃福利。"[734]

反腐斗争的政策为这种解读提供了共鸣空间。很难说《明镜周刊》的分析是否正确。如果正确，那么有关腐败辩论的激烈程度也可以用一种社会现象来解释，即以贫富差距实际扩大的程度和人们感受到的扩大程度来解释。如果这个解释是正确的，那么有关透明度和腐败问题的讨论就从两个方面推动了削减社会福利和国家资助的政策。一方面，它无形中损害了国家所代表的道德权威；另一方面，它有助于消除对政治纲领在社会福利方面过于苛刻的不满。这些过分苛刻的政策不会被认为是自由市场政策方案的组成部分，而被视为政界人士性格缺陷的结果。在这一过程中，有关腐败的辩论促进了去政治化，与政治纲领的角力将被"对高高在上者"的怨恨所取代。

随着透明度重要性的增加，腐败获得了一个具有政治效力的对应概念。当然，透明度不仅仅依附于腐败问题而存在，这一概念有自己的历史——可以追溯到启蒙运动，透明度既不能简化为腐败的对应概念（在互联网时代尤其不可如此），对腐败的批评也不能只以对透明的追求来解释。毕竟对腐败的愤怒有很多缘由，而不仅仅因为看不透幕后交易的感觉。

即便如此，最迟在1990年代对腐败和透明度的看法就已经融为一体——在德国，这在弗利克事件期间就已经“犹抱琵琶半遮面”地存在，自玻璃议员诺伯特·甘塞尔走上仕途之后则“养在深闺人未识”。柏林墙倒塌后，透明度把反腐斗争的两个最重要的政治动机合二为一：市场的开放和对政治权威的批判性审查。透明把解放的动机和市场导向的动机结合在了一起。

这样理解的话，透明是一个缺失的环节。它说明了反腐斗争何以一方面由市民社会参与者和持批判态度的左翼自由派记者领导，另一方面由部分经济精英和跨国公司领导。通常，双方关注的信息截然不同。像汉斯·莱恩德克这样的反腐作家并不讨大公司喜欢。尤其在院外集团问题上，总有人批评各种商业协会的权力不受控制。透明国际之类组织有时对自己的意愿含糊其词。尽管如此，辩论双方很少逾越对方的“雷池”。这也是由于相对较少谈及结构性依赖关系的缘故。倘若结构性问题是焦点，那么自弗利克事件以来，它针对的通常是政党、议会和政府，而不是经济环境。透明可以为弱势群体提供新的施加影响的可能性，但正如我们从欧盟委员会处理指导方针草案的方式所能看出的那样，它也可以继续为已经处于最优势地位的院外人士提供更好的机会。

通过上述几个例子，我们了解了透明度梦想的弱点。哪怕最彻底的玻璃议员也常常无法完全打消人们对其行为的怀疑。只要提出这样的关键问题就足够了：要求透明度背后的动机是否洁白无瑕，或者玻璃议员是否以牺牲同事博取关注。政界有关透明度的赌咒发誓很少能增加公众的信任。相反地，对透明度的要求是一种根深蒂固、基本无法消除的不信任的表现。

以议员津贴为例，我们了解到一种典型的困境：在波恩共和国成立之初议员自行决定收入这一事实从道德上看就颇为可疑。然而，在 1990 年代一种可能的解决方案也被摒弃——这就是把议员的津贴和法官的薪酬挂钩：如果这么做，议员就可以从批判其收入的辩论中金蝉脱壳，届时，由谁来决定法官的薪酬这一问题就不再透明了。唯一一劳永逸的解决方案是分文不取，但这样做要么将使议员的职业生涯对所有贫穷人士关上大门，要么议员就将依赖捐款，后者将导致更严重的依赖性和透明问题。

英国政治学家马修·弗拉克发现了另一种关联。[735] 在他看来，对透明度的要求和阴谋论具有相同的基础，二者都源于一个被认为深不可测、只能以隐藏的知识加以解释的事实。主张透明度者和阴谋论者都希望这种隐藏的知识能够提供决定性的评价标准。根据弗拉克的说法，二者都忽略了核心问题：他们期盼的知识并不存在。在阴谋论的情况下，解释是一种幻想；在透明度情况下，完全不清楚对于解释实际情况而言哪些信息重要，哪些不重要。推及关于腐败的辩论，这意味着人们怀疑自己不理解或不赞成的政治决策背后皆有黑幕——也就是存在腐败。这种关联越复杂，寄希望于透明者就越有可能回归腐败假设。在武尔夫案中，每一条新的信息看起来都证实了有关腐败的指控，直到司法部门花时间逐一驳回这些指控。

存在腐败风险的说法就完全不对吗？这当然不能一概而论。有关腐败辩论的积极效果之一是许多有问题的行为方式受到了遏制。当长期存在的利益纠葛被特别检察机构揭露时，许多城市的公共采购肯定从中受益。估计在弗利克事件和科尔事件之后，党派融资活动中的系统性违法行为也明显减少了。

但反之亦然：只有少数具有重大影响的国家政治决策是腐败的结果。这主要指的是关于定都的决策和对维利·勃兰特提出的不信任案的失败。除此之外，至少我们不知道有任何具有典型意义的重大贿赂案。在礼尚往来的业务领域可能还有对弗利克公司出售奔驰公司股票免于征税的问题；1990年代初期也可能向沙特阿拉伯交付了坦克，并把罗伊纳（Leuna）公司出售给埃尔夫阿奎坦石油公司，但可能性不大。修建穿越波罗的海的北溪管道的动机仍然不明。在联邦州层面，绝对可能存在企业受到政界欢迎的情况——比如在洛塔尔·施佩特主政的巴符州，或马克斯·施特赖布尔和弗朗兹·约瑟夫·施特劳斯担任州长的巴伐利亚州。大众汽车公司和西门子公司的情况不同：在这两家公司，密集的“优惠网络”显然剥夺了员工代表的独立性。

最难以解决的问题是数十年来各大党派以非法方式获取资金的做法，这种行为以及揭露这种行为的艰难过程动摇了对政治决策者法律忠诚度的信任，毕竟最终有政府成员被送上了被告席。1999年科尔东窗事发，强化了这样一种印象：政治精英并没有吃一堑长一智。

不过还是可以认为德意志联邦共和国从未出现过严重的腐败问题。作出这种判断的前提是，人们把欧根·格斯滕迈尔中饱私囊的行为、于尔根·穆勒曼对其表亲的支持和塞姆·欧兹德米私用奖励里程视为次要现象——虽不合法，但也不危及民主或议会与政府的能力。这些案例符合对腐败的定义：滥用公职谋取私利，只是造成的损害看似相对较小。

总结起来的结果是：批评如果出离愤怒，成本往往过大。这也会造成可能大于腐败本身造成的损害。至少1990年以来是这样的。

两德重新统一以来，有关腐败的辩论在很大程度上是一种对精英的批判。在弗利克事件的背景下，一方面这种情况是可以理解的；另一方面，政治领袖们很快竞相否认，这其实只能教人无话可说。1998年，《日报》只是就“政治和其他犯罪”刊发了半具讽刺意味的文章，[736]选择这种措辞颇具特色。自1990年起，把参与政治活动等同于犯罪的评论屡见不鲜——在优质报刊中也是如此。此时，这种经常笼统批判的“攻击方向”发生了变化，“弗利克事件”中首先出现了这种倾向。当时主要是通过指出保守派政治家的“双重道德”，对他们代表国家的言行举止质疑。1990年代初，舒赫夫妇描述了一种右翼保守派的做法：在他们看来，政界是由左翼白痴和暴发户统治的。相反地，从1998年起，持左翼自由主义观点的记者绑架了权力集团、不道德的政治家以及他们和企业老板的肮脏交易。

这一时期说法的引人注目之处是它巩固了想象中的普罗大众与“高高在上者”之间的对立而批评者本身就是这些精英的一部分：有影响力的媒体的记者、专家和学者、透明国际等新的政治参与者等。与此同时，还有比如文化悲观主义宿命论的观点：认为全社会都腐败，这个社会有的正是其该有的政治家。此外，还有当国家和政界代表的道德受到质疑时可能看似不无道理的经济学家——他们认为国家的结构效率低下，最终对国家及其代表的批评和怨恨交织在一起。时至今日，我们依然能看到这种后果：对身处政治中心的政治家的普遍怀疑态度和道德贬损是当代民粹主义的基础。

一个悲剧在于：腐败的批评者自视为民主制度的朋友而

非对手。他们想把自由的政治体系变得更好，而不是想冲击这个体系，相信“透明度”和严格遵守的道德会使代议制更加公平。反腐运动取得的成功也证明了他们的想法，在国际层面尤其如此。全球范围内的反腐斗争看似是个成功的模式：这场斗争不是迅速就被接受了吗？不是证明了自由贸易、市场经济和良治政府和廉洁的行政机构携手并进吗？不是证明了自由的民主制度在经济和道德上的优越性吗？

然而这种解读忽略了一个事实，即反腐斗争与经济增长之间因果关系的证据极其站不住脚。此外，我们也看到了反腐斗争是如何一方面接受世界银行的财政资助，另一方面以大力胁迫的手段（最终在美国经济实力的支持下）实施的，西门子案就是个典型的例子。

柏林共和国有关腐败的辩论使对腐败的批评变得系统化。与波恩共和国不同，虽然柏林共和国的各个丑闻交织成一个整体叙事，但还留有一处明显的空白：与19世纪和20世纪初期传统的有关腐败的辩论相比，此时没有可用的政治解释（早期可以用资本主义的影响来解释）。政党国家的结构和普遍的贪欲最有可能被认为是原因所在。“道德水准江河日下”这种陈词滥调不得不作为权宜之计敷衍一时，由此出现了一个没有政治原因的紧迫问题。

反腐斗争是道德操守之争。只要政治家的工作需要授权，只要他们追求自己的事业，他们就会有个人利益。只要议员被认为是民众的代表，并且应该分担民众的关切和问题，那么允许议员拥有私人生活、从事职业活动并享有其个人利益就是明智之举。可如果有意为之，就几乎总是能在此背景下发现可以成为丑闻的行为。在这一点上，“透明国际”德国分部对赫尔穆特·科尔的评论尤其令人担心：科尔之所以腐败是因为他在党内的权力斗争中获得了有利于个人政治生涯的好处。

如果一以贯之地考虑这种论点，就不可能有民主政治了。与君主制或独裁制不同，民主制也包含权力之争。在斗争中角力的不仅有政党，而且也有争夺影响力、职位和政治前途的个人，谁如果在这种权力斗争中已经看出了腐败的端倪，那就会破坏民主的基础——无论其本意多好，1990 年以后发生的事情有时恰恰如此。

因此不可能存在这种极其严格意义上的廉洁政治。不幸的是，对腐败的批评背后始终还有一个古老的“进步说法”。人们普遍认为现代社会没有腐败，没有腐败的“现代神话”还得到了以“腐败—感知指数”调查形式得出的假象经验的支持。这引发了不满，因为德国社会当然希望现代化，这样一来，批评就可能变成越来越急不可耐的批判。

有关腐败的辩论可能导致民主制度自我瓦解。这是一种自由制度的结果——在这种制度下，批评性媒体和政治丑闻是重要的纠错手段——透明被认为能使更多人参与这种纠错。但是对腐败的批评偶尔会起到类似自身免疫性疾病的作用：它破坏了对政治体系完美性（对腐败的批评最初就是这种完美性的体现）的信任。

有证据表明人们目前已经认识到了这些危险。透明度、市场自由主义和反腐斗争的光彩已经大不如前。自从围绕武尔夫展开辩论以来，记者们的问题意识日益增强，对无休无止的腐败丑闻化行为的负面后果也更加敏感。

应该用现实的期望取代脱离生活实际的希望身居高位者大公无私的幻想。政治家当然不是慈善家。政治活动的参与者相互勾连，他们对党的各级组织的支持者、非政府组织和院外集团负有义务，这既不应该被否认，也不应该被妖魔化。

比个人道德更重要的是政治结果。当然，必须对政治结果服务于哪些合理或不合理的利益进行检查。谁也无法否认，德国政府的首脑们并不比储蓄银行的经理赚得多。2012 年，社民党总理候选人皮尔·施泰因布吕克（Peer Steinbrück）无意中指出了这一点，引发了一场愤怒的风暴。这在公众眼中只能是个人贪得无厌的表现。相反地，奉行民粹主义的亿万富翁唐纳德·特朗普放弃自己的总统薪水并非偶然。对于一个实施大规模减税政策，从而使自家公司受益的企业家而言，这点儿薪水自然不值一提。[737] 批判性地询问那些自诩为“道德卫士”者的政治动机总归没有坏处。

从有关腐败辩论的历史中得出的结论主要是“怀疑”：怀疑泛滥的透明度乌托邦，也怀疑过分悲观的时代诊断。道德化能产生巨大的政治动力——既有好的动力，也有坏的动力，把握分寸、不偏不倚也有利于有关腐败的辩论，因此本书在声称德国是个香蕉共和国的论据上着墨不多。

致　谢

人文学者也越来越不像人们熟知的那样“躲进小楼”皓首穷经，他们在日常生活中参加小组会议、员工谈话、项目会议，当然也出现在阶梯教室和研讨室中。写这本书总归为我提供了一个机会，可以在假期里每周花几天时间专注于阅读和写作。早在与世隔绝的风险来临之前，生活就又恢复正常了。不过写书当然也不是一件孤独的事——这一点看过各种“谢辞”的读者诸君都会明白。

我必须郑重感谢安德烈亚·珀森。我们同时处理各自的手稿，交换意见，我获准提前使用一些她的研究成果。劳拉勒夫对不易获取的报纸资料做了实质性评估，这些评估对本书多处起了至关重要的作用。奥利弗·普里比拉和毛里西奥·洪贝格同样也很支持我。几年前弗兰·奥斯雷基就向我介绍了新公共管理中的外行控制原则。从罗纳德·克罗泽那里我获得了他对荷兰洛克希德丑闻（Lockheed-Skandal）的重要观点。2018 年夏天以来，我和桑德拉·齐默尔曼和马丁·迈恩卡就一些观点展开讨论；他们参与了一个名为透明历史的项目，并以此为主题撰写博士论文。几乎每天沃尔克·克勒都和我交谈，并且对所有关于腐败和庇护的问题都能作出睿智的答复。几年来，腐败和透明度的含义一直是一个临时组成的国际联合研究机构的共同话题——在此我要特别感谢我的同人弗雷德里克·莫尼尔、安德烈亚斯·法迈尔和奥利威尔·达特——他们的知识和见解令我受益匪浅。

我还要感谢知识·教育·共同体-泰斯（wbg Theiss）出版社的工作人员，尤其是本书的审稿人丹尼尔·齐默尔曼和项目经理克莱门斯·霍依克。他们两位都尽心尽力地把本书纳入出版计划，在本书的写作过程中始终陪伴着我，为我答疑解惑，摇旗呐喊。

和往常一样，我写作此书多少也影响了家人的生活——特别感谢他们。

延斯·伊沃·恩格尔斯

2019 年 5 月

注　释

导论

1　Tätige Reue, Der Spiegel 21. 12. 1981.

2　Berg 1997.

3　Berg 1997, S. 8.

4　Zur Definition von Korruption und zur Entstehung des modernen Korruptionsbegriffs Engels 2014.

5　„Corruption is the abuse of entrusted power for private gain", Webseite von Transparency International unter https://www.transparency.org/what-is-corruption (Aufruf: 18. 09. 2018).

6　Doyle 1996.

7　Bernsee 2017; Engels 2009.

8　Ebhardt 2015.

9　Kroeze 2013; Rothfuss 2017; Portalez 2018; Engels/Rothfuss 2013; Engels 2008a.

10　Ben-Ami 2012.

11　Klein 2014; Geyer 2018.

12　Buchan/Hill 2014.

第一章　波恩共和国的腐败（1949—1990）

13　Engels 2014.

14　Es gibt noch keine umfassende Arbeit zu dem Thema; einige Informationen finden sich etwa bei Ramge 2003 und Huge/Schmidt/

Thränhardt 1989.

15 Klug sein und mundhalten, Der Spiegel 27. 09. 1950.

16 Zu diesen Hintergründen vgl. die Sitzungsprotokolle des Untersuchungsausschusses-den Hinweis verdanke ich Andrea Perthen.

17 Deutscher Bundestag: Drucksache 1/2274, Zitat S. 1.

18 „If bribery and corruption followed by public investigation and punishment has to be part of the democratic process of government, then in this sense the West German Federal Republic has arrived", Bribery Case at Bonn, New York Herald Tribune 20. 11. 1950; für den Hinweis danke ich Andrea Perthen.

19 Deutscher Bundestag: Stenographische Protokolle, Plenardebatte vom 07. 06. 1951, 1. Wahlperiode, 148. Sitzung, S. 5897 ff.

20 Die Rede Arndts befindet sich auf S. 5917-5923.

21 Neben den Wortmeldungen in der Debatte dazu Deutscher Bundestag: Drucksache Nr. 2319 (Antrag der Union) und Umdruck Nr. 214 (SPD).

22 Sozialdemokratische Partei Deutschlands 1953; Zitate S. 36 und 49, letzte freie Wahlen S. 54.

23 Geld und Politik. Kommentar von Rudolf Augstein, Der Spiegel 20. 06. 1951.

24 Brawand, Leo: Die Spiegel-Story. Wie alles anfing, Düsseldorf 1987, S. 156. Dank an Andrea Perthen für den Hinweis.

25 Geld und Politik. Kommentar von Rudolf Augstein, Der Spiegel, 20. 06. 1951.

26 Der 30. Januar, Die Zeit 29. 01. 1953 von Marion Gräfin Dönhoff.

27 Rede in der Bundestagsdebatte über Korruptionsfälle in der Bundesverwaltung, Deutscher Bundestag: Stenographische Protokolle, Plenardebatte vom 18. 06. 1959, 3. Wahlperiode, 76. Sitzung, S. 4175-4200.

28 Klein 2014.

29 Besitz, Neid, Regierung und Parteien II, Die Zeit 23. 06. 1949.

30 Bajohr 2004.

31 Ausführliche Darstellung bei Gross 2009.

32 Gegeneinander und Durcheinander, Die Zeit 23. 09. 1948.

33 Kershaw 2009, S. 345. Die Formulierung wurde schon von den Zeitgenossen verwendet.

34 Entnazifizierung. Mehr ist besser, Der Spiegel 08. 11. 1950.

35 Das große Finale einer Denazifizierungskomödie, Die Zeit 25. 05. 1950.

36 Middendorf 1959, S. 72 mit einem Fall aus Württemberg.

37 Herbert 2014, S. 657-667.

38 Kiehne 1957, Zitate S. 185.

39 Vgl. Ruf 2016.

40 So etwa in einem Artikel Klarheit über künftige Lasten, Die Zeit 11. 04. 1946; oder Die Allmacht des kleinen Vorteils, Die Zeit 14. 08. 1947.

41 Kiehne 1957, Zitate S. 187.

42 Nöte der Planwirtschaft, Die Zeit 08. 05. 1947.

43 Verantwortungslos?, Die Zeit 27. 06. 1946.

44 Schildt 1999.

45 Stenographisches Protokoll der Plenardebatte des Deutschen Bundestages am 07. 06. 1951. 1. Wahlperiode, 148. Sitzung, S. 5921.

46 Herbert 2014, S. 616.

47 Engels 2014, Kap. 9.

48 Für die Weimarer Republik sehr eindrücklich Klein 2014.

49 Menne 1948/49.

50 Menne 1948/49; Zitate: Volksmoral S. 160, Unfähige und Minderwertige S. 179, Einnistung S. 149.

51 Das zweite Papier, Die Zeit 03. 10. 1946; Der Angelpunkt, Die Zeit 13. 02. 1947.

52 Getrübter Spiegel deutscher Heimat, Die Zeit 25. 04. 1957.

53 Polens Reformen bleiben stecken, Die Zeit 01. 08. 1957.

54 Vgl. zu den Vorwürfen und Untersuchungen im Fall Kilb Berichte

in Der Zeit vom 13. und 20. 11. 1959, im Spiegel vom 09. 07. 1958, 25. 11. 1959. Kurze Darstellungen auch bei Huge/Schmidt/Thränhardt 1989 und Noack 1985.

55 Informationen aus: Die Koblenzer „Hoflieferanten", Die Zeit 05. 09. 1957; Die Beamten vom Stamme „Nimm", Die Zeit 28. 11. 1957.

56 In den Quellen finden sich gleichberechtigt zwei Schreibweisen, Koenecke und Könecke.

57 Gewisse Gewohnheiten, Der Spiegel 28. 01. 1959.

58 Gewisse Gewohnheiten, Der Spiegel 28. 01. 1959.

59 Spiegel-Titel am 02. 09. 1959 (Bütt im Tribunal); Eine Stilfrage, Frankfurter Allgemeine Zeitung 17. 07. 1959.

60 Die Zeitung Die Welt berichtete am 28. 06. 1958 über diese Pressekonferenz.

61 F wie Freiherr, Der Spiegel 02. 11. 1960.

62 Burkhard Freiherr Loeffelholz von Colberg, Der Spiegel 30. 09. 1964.

63 Die Leihwagen rollen nicht mehr, Die Zeit 21. 05. 1965.

64 Nervosität in der Mainzer Staatskanzlei, Vorwärts 13. 02. 1959.

65 Der Spiegel berichtete ausführlich und häufig, und zwar am 11. 06., 20. 08., 01. 10., 22. 10. 1958. Vgl. auch den Ausschussbericht vom 07. 10. 1958, Landtag von Rheinland-Pfalz: Drucksache 3/473.

66 Stark beteiligt, Der Spiegel 21. 01. 1959.

67 Bleibt auf dem Teppich, Der Spiegel 09. 11. 1960 mit Zitaten aus der Bild am Sonntag.

68 Affären, Frankfurter Allgemeine Zeitung 10. 07. 1958.

69 Wiedergegeben in Der Spiegel 20. 08. 1958 (Presseschau).

70 Der Kommentar war gezeichnet von Moritz Pfeil, ein Pseudonym, das sowohl Herausgeber Augstein als auch Chefredakteur Hans-Detlev Becker verwendeten: Es gibt noch Richter, Der Spiegel 19. 11. 1958.

71 Die Zitate sind einer Presseschau entnommen, die Der Spiegel in seiner Ausgabe vom 02. 09. 1959 in kritischer Absicht veröffentlichte.

72 „Ist es wahr, daß wir die Kehrseite der Medaille zu ausschließlich

präsentieren? Es ist wahr. Was bleibt uns anderes übrig, da alle Welt sich gewöhnt hat, einseitig zu münzen", Editorial unter dem Titel Liebe Spiegelleser, Der Spiegel 22. 10. 1958.

73 Insbesondere mit Kritik am Landgerichtspräsidenten Becker, u. a. Nachspiel zur Kilb-Affäre, Die Zeit 26. 01. 1962; Der Fall Kilb wird zum Fall Becker, Die Zeit 25. 05. 1962.

74 Korruption und Sensation, Die Zeit 03. 06. 1966.

75 Affären 1967, Die Zeit 24. 03. 1967. Besprochen wird Engelmann 1967.

76 Die Villa zum halben Preis, Vorwärts 06. 02. 1959.

77 Deutscher Bundestag: Stenographische Protokolle, Plenardebatte vom 18. 06. 1959, 3. Wahlperiode, 76. Sitzung, S. 4175-4200. Eine Auswertung der Debatte auch bei Dörre 2015.

78 Deutscher Bundestag: Stenographische Protokolle, Plenardebatte vom 18. 06. 1959, 3. Wahlperiode, 76. Sitzung, S. 4199.

79 Minister Schröder weicht aus, Vorwärts 26. 06. 1959.

80 Wengst 2015; Eisfeld 2015.

81 Eilbote der Partei?, Der Spiegel 25. 11. 1959.

82 Bernsee 2017; Wagner 2005.

83 Zitat aus Wie korrupt sind wir eigentlich?, Die Zeit 17. 07. 1959; weitere Interventionen Eschenburgs: Was macht man gegen den Lobbyismus?, Die Zeit 26. 09. 1957; Des Kanzlers Präzedenzfälle, Die Zeit 09. 09. 1960.

84 Leihwagen-Moral, Die Zeit 10. 06. 1960.

85 Eschenburg 1961, insbes. S. 22-24, 54, 70.

86 Middendorf 1959, S. 69-76, Zitate 69, 75.

87 Korruption. Staatsdiener-oder wessen Diener?, Die Zeit 13. 01. 1961.

88 Die Beamten vom Stamme »Nimm", Die Zeit 28. 11. 1957.

89 Zu den Vorgängen sehr detailliert Möller 2015, S. 225-242.

90 Hans und Franz, Der Spiegel 31. 05. 1961.

91 Vgl. dazu die Ausführungen des SPD-Abgeordneten Jahn am

21. 03. 1962 im Parlament. Deutscher Bundestag: Stenographische Protokolle, 4. Wahlperiode, 21. Sitzung, S. 772-773.

92 Vgl. dazu die erste Debatte über den Ausschussbericht, an deren Ende die Zurückweisung in den Ausschuss stand; Deutscher Bundestag: Stenographische Protokolle, Plenardebatte vom 28. 06. 1951, 4. Wahlperiode, 37. Sitzung, S. 1581-1584.

93 Urteil in Sachen Strauß-Augstein, Die Zeit 03. 09. 1965.

94 Zitiert in der Presseschau des Spiegels 07. 02. 1962.

95 Zitiert in der Presseschau des Spiegels 14. 03. 1962.

96 Zu Strauß und zu Lockheed gibt es einige Studien: Schmidt 2007; Möller 2015, S. 212-224; Berghoff 2013, hier S. 9-15; Kroeze 2018; Siano 2016.

97 Möller 2015, S. 219-220.

98 Ein gewisses Flattern, Der Spiegel 24. 01. 1965.

99 Erste Rate an FM Munich, Der Spiegel 08. 12. 1975.

100 Strauß, die Gangster und die Wahrheit, Der Spiegel 23. 02. 1976.

101 Bohnsack/Brehmer 1992, S. 146-155.

102 Deutscher Bundestag: Drucksache 8/3835 vom 20. 03. 1980.

103 Schlammschlacht um Wähler, Der Spiegel 13. 09. 1976; ähnlich auch Nie etwas ausschließen, Der Spiegel 20. 09. 1976.

104 Kroeze 2018.

105 Was macht man gegen den Lobbyismus?, Die Zeit 26. 09. 1957.

106 Die kluge Lobby, Die Zeit 14. 07. 1961.

107 Perthen 2019, Kapitel 3. 4.

108 Das geht aus einem Protokoll über eine Abteilungsleiterbesprechung im Verteidigungsministerium vom 25. 06. 1957 hervor; Bundesarchiv Freiburg Militärarchiv BW 1/251307; Hinweis von Andrea Perthen.

109 Bundeswehr: Brevier für saubere Hände, Die Zeit 07. 11. 1969.

110 Ich Bösewicht, Der Spiegel 16. 01. 1989.

111 Bundeswehr: Brevier für saubere Hände, Die Zeit 07. 11. 1969.

112 Bundesarchiv Freiburg, Militärarchiv BW 1/347649; Hinweis von Andrea Perthen.

113 Zur Publizistik über den Fall HS 30 Perthen 2018.

114 Perthen 2019, Kapitel 3. 4 zum Antikorruptionsreferat.

115 Ich Bösewicht, Der Spiegel 16. 01. 1989.

116 Durynek 2008, S. 183.

117 Durynek 2008, S. 205-206.

118 Durynek 2008, S. 221. Vgl. auch die Kabinettsprotokolle der Bundesregierung, Protokoll vom 18. 05. 1960, online unter http: //www. bundesarchiv. de/cocoon/barch/0000/k/k1960k/kap1 _ 2/kap2 _ 20/para3 _ 4. html (Aufruf: 23. 05. 2017).

119 Gniss 2005; Möller 2002, S. 112-116.

120 Gniss 2005, S. 444; Knabe 2001, S. 256-259.

121 Diese Informationen stammen aus der Spiegel-Berichterstattung: Gerstenmaier. Ich dien', Der Spiegel, 20. 01. 1969; Gerstenmaier. Der Fall, Der Spiegel 27. 01. 1969.

122 Gniss 2005, S. 445.

123 Gerstenmaier. Ich dien', Der Spiegel 20. 01. 1969. Vgl. auch die ausführliche Presseschau in derselben Ausgabe.

124 Was bleibt ist der Rücktritt, Die Zeit 24. 01. 1969.

125 Angaben von Karl Wienand; Lotze 1995, S. 101-104.

126 Das berichtete später der SPD-Abgeordnete Hans-Joachim Baeuchle; Rätsel über Rätsel, Der Spiegel 23. 07. 1973.

127 Barzels Waterloo-Brandts Watergate?, Die Zeit 08. 06. 1973.

128 Deutscher Bundestag: Stenographische Protokolle, Plenarsitzung vom 28. 10. 1969, 6. Wahlperiode, 5. Sitzung, S. 33.

129 Vgl. Berichte im Spiegel vom 16. 11. und 23. 11. 1970 sowie die Ausgabe der Zeit vom 20. 11. 1970 mit sieben Artikeln.

130 Massiver Druck, Der Spiegel 12. 04. 1971.

131 Skandal um einen FDP-Abgeordneten, Die Zeit 20. 11. 1970.

132 Erpressung, Die Zeit 27. 11. 1970.

133 Die Karten dicht an der Brust, Brandt und die Korruption; beide Artikel in Der Spiegel 02. 10. 1972.

134 Die Union propagiert die Finsternis, Der Spiegel 30. 10. 1972.

135 Wir haben einen hohen Preis bezahlt, Der Spiegel 25. 09. 1972.

136 Allein drei Artikel in der Ausgabe der Zeit vom 06. 10. 1972.

137 Besuch im Schloß, Der Spiegel 16. 10. 1972.

138 Wie bei Radio Eriwan: Im Prinzip ja, Der Spiegel 23. 10. 1972.

139 Das ergibt sich indirekt aus einer Nach-der-Wahl-Befragung im Auftrag des Spiegels, erwähnt in: CDU sogar ihrer Minderheit nicht sicher, Der Spiegel 27. 11. 1972.

140 „Das ist nur die Vorhölle“, Der Spiegel 04. 06. 1973.

141 Deutscher Bundestag: Stenographische Protokolle, Plenardebatte vom 27. 03. 1974, 7. Wahlperiode, 90. Sitzung, S. 5966-6005.

142 Zur Paninternational-Affäre Lotze 1995, S. 128-133. Zum Abschluss der Ausschussarbeit Um Ausflucht nicht verlegen, Die Zeit 29. 09. 1972.

143 Es sieht schlecht aus um Wienand, Der Spiegel 26. 08. 1974.

144 Der Bundesbeauftragte für die Unterlagen des Staatssicherheitsdienstes 2013, insbes. S. 233, 242, 267; Grau 2009, insbes. S. 9-17; vgl. zur angeblichen Bestechung Leo Wagners via Albert Fleissmann, einen westdeutschen Verleger und angeblichen IM, auch die Memoiren eines ehemaligen Mitarbeiters der Staatssicherheit: Kopp 2016, S. 18-28.

145 Lotze 1995.

146 Die Karten dicht an der Brust, Der Spiegel 02. 10. 1972 mit diesem Zitat; vgl. auch Grau 2009, S. 9, 14-15; vgl. Lotze 1995, S. 110-111.

147 Lotze 1995, S. 110-111, 149-151.

148 (Noch kein) Watergate in Bonn, Der Spiegel 18. 06. 1973.

149 Hausmitteilung, Der Spiegel 25. 06. 1973.

150 SPD-Sturz vom Podest, Die Zeit 15. 06. 1973.

151 War Jule Steiner ein ferngesteuerter Agent?, Die Zeit 03. 08. 1973.

152 Als wär's ein Stück von ihm, Der Spiegel 23. 07. 1973.

153 SPD-Pressedienst: Vorurteil oder Vor-Urteil?, 01. 03. 1972, S. 5.

154 Zitiert in Wienand. Nichts Gutes, Der Spiegel 17. 12. 1973.

155 SPD-Sturz vom Podest, Die Zeit 15. 06. 1973.

156 „Das ist nur die Vorhölle", Der Spiegel 11. 06. 1973.

157 Zu Schäuble, Ehmke, Vorwürfen: Deutscher Bundestag: Stenographische Protokolle, Plenardebatte vom 27. 03. 1974, 7. Wahlperiode, 90. Sitzung, S. 5966-6005.

158 Wie arm die Wahrheit dran ist, Der Spiegel 09. 07. 1973. Ähnlicher Tenor in der Glosse Klein-Watergate, Die Zeit 15. 06. 1973.

159 Ausschuß-Ware, Die Zeit 03. 08. 1973.

160 Was sind die Abgeordneten uns wert?, Die Zeit 19. 04. 1974.

161 Pyta 2007, S. 101-102. Der erste Bild-Bericht erschien am 07. 06. 1971 unter dem Titel 140000 Mark her-oder wir verlieren.

162 Gauner, Gelder und Gerüchte, Die Zeit 11. 06. 1971; Idole wanken, doch sie weinen nicht, Die Zeit 13. 08. 1971.

163 Kren 2011, S. 101.

164 Wieder Tritt gefaßt, Der Spiegel 04. 02. 1974.

165 Kren 2011, S. 114.

166 Idole wanken, doch sie weinen nicht, Die Zeit 13. 08. 1971.

167 Gauner, Gelder und Gerüchte, Die Zeit 18. 06. 1971; Ein Elfmeter kostet 1000 Mark, Der Spiegel 14. 06. 1971.

168 Abstieg und Skandale, Die Zeit 11. 06. 1971.

169 Vgl. das Porträt des Fußballmanagers Otto Ratz unter dem Titel „Der Fußball bin ich", Die Zeit 11. 06. 1971.

170 Idole wanken, doch sie weinen nicht, Die Zeit 13. 08. 1971.

171 Das teure Spielzeug, Die Zeit 29. 10. 1971 (Aufsatz von Gerd Hortleder).

172 Enzensberger 1990, S. 223.

173 Kilz/Preuß 1984, S. 287-288; Bartholmes 2003, S. 15.

174 Hoeres 2013.

175 Wirsching 2006, S. 79.

176 Bundespräsident Richard von Weizsäcker zum 8. Mai 1985, Hamburg: Philips 1985, Schallplatte in Album, 33 UpM, stereo.

177 Herbert 2014, S. 1019-1022.

178 Roth/Rucht 2008.

179 Engels 2006.

180 Mende 2011.

181 Metzger 2015.

182 Kilz/Preuß 1984, S. 256.

183 Kilz/Preuß 1984, S. 268-271.

184 „Dann kann man sie nicht mehr hängen“, Der Spiegel 7. 12. 1981; Spendenaffäre: Vielleicht sieben Wahrheiten, Der Spiegel 14. 12. 1981; Tätige Reue, Der Spiegel 21. 12. 1981.

185 Bartholmes 2003, S. 13.

186 Z. B.: Eisernes Prinzip, Der Spiegel 06. 10. 1981; Jetzt hat's geschnackelt, Der Spiegel 09. 02. 1981. Ausführliche Schilderung der Vorgänge um Johanna Getrud Rech auch bei Kilz/Preuß 1984, S. 41-69.

187 Bartholmes 2003, S. 3-4.

188 Ausführliche Zusammenfassung und Analyse bei Kilz/Preuß 1984, insbes. S. 125-200.

189 Kilz/Preuß 1984, S. 182.

190 Priemel 2007.

191 Frei/Ahrens/Osterloh/Schanetzky 2009, S. 738.

192 Frei/Ahrens/Osterloh/Schanetzky 2009, Zitat S. 741. Alle weiteren Informationen über die frühe Zeit des Flick-Konzerns stammen aus diesem Buch, insbesondere dem Kapitel „Landschaftspflege“.

193 Engels 2014, S. 306.

194 Bösch 2001, S. 697.

195 Das ist die Interpretation von Frank Bösch, Bösch 2001,

insbes. S. 699-702.

196 Bartholmes 2003, S. 9-11.

197 Bartholmes 2003, S. 12-13.

198 Bösch 2001, S. 707.

199 Vgl. die hilfreiche Synopse auf http://visualisiert.net/parteiengesetz/ (Aufruf: 21.08.2017).

200 Wirsching 2006, S. 67, 74; Bartholmes 2003, S. 5-7; Kilz/Preuß 1984, S. 313.

201 Wirsching 2006, S. 69-74.

202 Die Grünen: Diesmal die Grünen. Warum? Ein Aufruf zur Bundestagswahl 1983, Bonn 1983, Zitate S. 3 und 4.

203 Die Grünen 1987, S. 4.

204 Die Grünen: Zur Bundestagswahl 1987. Brief an unsere Wählerinnen und Wähler, Bonn 1987, Zitate S. 1 und 2.

205 Vgl. das Vorwort von Rudolf Augstein in Kilz/Preuß 1984, S. 8.

206 Die Zitate stammen aus einem dokumentarischen Buch über die Zeugenaussagen, veröf-fentlicht vom Leiter des NDR-Hörfunkstudios in Bonn sowie einem Wirtschaftsredakteur des WDR. NDR-Mann Burchardt machte später Karriere als Sprecher des SPD-Parteivor-stands und langjähriger Chefredakteur des Deutschlandfunks; Burchardt/Schlamp 1985, Zitat S. 8, vgl. außerdem S. 7, 24-26.

207 Die Schilderung beruht auf einem Bericht aus der Feder von Gunter Hofmann: Politik, wie Klein Moritz sie sich vorstellt, Die Zeit 26.10.1984. In den Stenographischen Protokollen des Bundestags ist Fischers Ausruf bei Verlassen des Saals nicht dokumentiert. Deutscher Bundestag: Stenographische Protokolle, Plenarsitzung vom 18.10.1984, 10. Wahlperiode, 91. Sitzung, S. 6687, 6692, 6697-6699.

208 Kaufen und sich kaufen lassen, Die Zeit 26.10.1984 (von Theo Sommer); Politik, wie Klein Moritz sie sich vorstellt, Die Zeit 26.10.1984 (von Gunter Hofmann); Der Wald stirbt, die Grünen blühen, Die Zeit 26.10.1984; Das Beben in Bonn, Die Zeit 02.11.1984

(beide von Gerhard Spörl).

209 Sozialer Fall, Der Spiegel 08. 10. 1984; vgl. auch den Spiegel-Titel zu Barzel am 22. 10. 1984; Politik, wie Klein Moritz sie sich vorstellt, Die Zeit 26. 10. 1984.

210 Kurz und verletzend, Der Spiegel 03. 03. 1986.

211 Ich folge hier der Darstellung bei Wirsching 2006, S. 76-79.

212 Schily Ade, die tageszeitung 14. 03. 1986.

213 Bescheidener werden, Frankfurter Allgemeine Zeitung 28. 11. 1984; Halb so schlimm?, Frankfurter Allgemeine Zeitung 14. 03. 1986; Spiel mit Vermutungen, 18. 03. 1986.

214 Schily 1986, Zitate S. 181-182.

215 Schily 1986, S. 13.

216 Schily 1986, S. 161.

217 Schily 1986, S. 161.

218 Schily 1986, S. 13, 172-176. Dieser Punkt spielte auch eine große Rolle in seinem Debattenbeitrag im Bundestag nach Ende der Ausschussarbeit; Deutscher Bundestag: Stenographische Protokolle, Plenarsitzung vom 13. 03. 1986, 10. Wahlperiode, 204. Sitzung, S. 15646.

219 Bachmann/Carlebach 1985, S. 34-35, Zitat S. 102.

220 Burchardt/Schlamp 1985, beide Zitate S. 9.

221 Bescheidener werden, Frankfurter Allgemeine Zeitung 28. 11. 1984.

222 Kilz/Preuß 1984; Schily 1986, S. 188.

223 Die Enthüllung des Normalfalls, die tageszeitung 23. 10. 1984; Die Stunde der Wahrheit, die tageszeitung 08. 11. 1984.

224 Schily 1986, S. 181.

225 Kilz/Preuß 1984, S. 209.

226 Burchardt/Schlamp 1985, S. 11.

227 Zitate in Burchardt/Schlamp 1985, S. 12, 10.

228 Costay Martínez 1902.

229 Enzensberger 1990, Zitate: S. 204, 208, 223.

230 Alle Zitate aus dem Artikel Der Schein der weißen Westen, Der

Spiegel 28. 11. 1983.

231 Unterstützt die Basisgruppen/Grüne o. J. [1983], Zitate S. 2.

232 Wirsching 2006, S. 200.

233 Kilz/Preuß 1984, S. 317.

234 Halb so schlimm?, Frankfurter Allgemeine Zeitung 14. 03. 1986.

235 Die Sendung wurde vom WDR produziert und lief in drei Staffeln von je zehn bis zwölf Episoden am Montagabend. Eine Fernsehkritik dazu in Grämlich zu Bett, Der Spiegel 26. 06. 1989.

236 »Wo bleibt der politische Wille des Volkes?“, Die Zeit 19. 06. 1992 (Interview mit Richard von Weizsäcker).

237 Wirsching 2006, S. 200.

238 Wirsching 2006, S. 199-207, Zahlen S. 201-202; Bürklin 1995.

239 Fischer 2002, S. 69.

240 Kilz/Preuß 1984; Schily 1986; Burchardt/Schlamp 1985.

241 Engels 2006, Kap. 8-10; als Beispiel für eine Selbstbildungseinrichtung der Bewegung vgl. Mutz 2005.

242 Das lässt sich gut am Beispiel der Proteste gegen das im südbadischen Wyhl geplante Kernkraftwerk nachverfolgen; einschlägige Publikationen mit Dokumentation waren z. B. Frauenkollektiv Freiburg 1975; Wüstenhagen 1975; Vogt 1978; Büchele/Schneider/Nössler 1982.

243 Kilz/Preuß 1984, S. 212.

244 Kassieren und schweigen, Die Zeit 05. 03. 1982.

245 Zitiert in Die Wahrheiten des Herrn Kohl, Der Spiegel 12. 11. 1984.

246 Hilfe vom Rosenkavalier, Der Spiegel 12. 11. 1984.

247 Kungeln und kassieren, Die Zeit 14. 03. 1986.

248 Deutscher Bundestag: Stenographische Protokolle, Plenarsitzung vom 13. 03. 1986, 10. Wahlperiode, 204. Sitzung, S. 15646-15647.

249 Bundesrat: Plenarprotokoll 556. Sitzung vom 08. 11. 1985, S. 535.

250 Deutscher Bundestag: Stenographische Protokolle, Plenarsitzung

vom 13. 03. 1986, 10. Wahlperiode, 204. Sitzung, S. 15720.

251 Deutscher Bundestag: Stenographische Protokolle, Plenarsitzung vom 18. 10. 1984, 10. Wahlperiode, 91. Sitzung, S. 6699.

252 Kilz/Preuß 1984, S. 279-280.

253 Wirsching 2006, Zitate S. 69 und 70. Zur Ausschusssitzung Wenn der Schatzmeister kommt, Der Spiegel 12. 11. 1984.

254 Z. B. Helmut Kohl im Jahr 1983, zitiert bei Schily 1986, S. 21; Gerold Tandler von der CSU, zitiert in Frank/Augstein/Lücke/Schröder 1983, S. 14.

255 Nachdenken über Flick und Filz, Der Spiegel 05. 11. 1984 von Peter Glotz.

256 Kilz/Preuß 1984, S. 314.

257 Politik und Moral, Frankfurter Allgemeine Zeitung 26. 10. 1984; Das liebe, unliebe Geld, Frankfurter Allgemeine Zeitung 31. 10. 1984.

258 Persilschein von Flick, Frankfurter Allgemeine Zeitung 27. 10. 1984; Zitat: Die Scheinhei-ligen, Frankfurter Allgemeine Zeitung 29. 10. 1984.

259 Frank/Augstein/Lücke/Schröder 1983, insbes. S. 3-4, 8.

260 Brauchitsch 1999.

第二章 大转折：1990 年以来的全球反腐热

261 Zur Entwicklung der wissenschaftlichen Beschäftigung mit Korruption Osrecki 2017; Farrales 2005.

262 Rostow 1960.

263 Wiedergegeben bei Körner 1998, S. 333.

264 Nye 1967.

265 Leff 1964; Becker/Stigler 1974.

266 Huntington 1968, S. 59-71.

267 Scott 1969.

268 Merton 1957; Cornwell 1964.

269 Osrecki 2017.

270 Rödder 2015, S. 47-55.

271 Wolfrum 2013.

272 Hindess 2005, S. 1390.

273 Vgl. etwa Becker/Becker 1996.

274 Brown/Cloke 2004, S. 285.

275 Rose-Ackerman 1975, S. 202.

276 Rose-Ackerman 1978, insbes. S. 2-5, 12.

277 Jensen/Meckling 1976.

278 Graeff 2010.

279 Klitgaard 1988, S. xii-xiii, 10-11.

280 Klitgaard 1988, S. 196-198.

281 Klitgaard 1988, Zitate S. 200 und 202.

282 Dearden 2002, S. 28-30; Lambsdorff 1999.

283 Ades/Di Tella 1997.

284 Leite/Weidmann 1999, S. 25-26.

285 Rohwer 2009; Lambsdorff/Galtung 1999. Kritik bei Andersson/Heywood 2009b.

286 Rohwer 2009.

287 Zur Kritik an der Vermischung von Korrelation und Kausalität in der Literatur zu Korruption Cartier-Bresson 2010, Abs. 36-38.

288 Rose-Ackerman 1999, insbes. Conclusion.

289 Cartier-Bresson 1992.

290 Hindess 2005, S. 1394-1395; Bratsis 2014, S. 120.

291 Hood 2006, S. 16-18.

292 Rappaport 1986.

293 Grossman/Luque/Muniesa 2006, insbes. S. 11. Vgl. auch die Selbstdarstellung des ICGN auf https://www.icgn.org (Aufruf: 06.09.2017).

294 Fukuyama 1992.

295 Diamond/Morlino 2004.

296 Cartier-Bresson 2010, Abs. 5.

297 Vgl. Eigen 2003a, S. 181.

298 Larkin 2016.

299 Rothstein 2011, Teorell/Rothstein 2015, Mungiu-Pippidi 2013.

300 Weber 1922.

301 Engels 2014, Kap. 5 und 6.

302 Collins 2011, Mungiu-Pippidi 2006, Mungiu-Pippidi 2015.

303 Cartier-Bresson 2010, Abs. 16.

304 Lindstedt/Naurin 2010.

305 Combes/Vommaro 2015, S. 88-90.

306 Cartier-Bresson 2010, Abs. 18-21.

307 Cartier-Bresson 2010, Abs. 36-38.

308 Zu den zentralen Prinzipien des New Public Management Haldemann 1995.

309 Osrecki 2015, S. 340.

310 Knodt 2013, S. 539.

311 Sampson 2010, S. 275.

312 Hood 2006, S. 15-16.

313 Wunder 1998.

314 Osrecki 2015, S. 340-341.

315 Anechiarico/Jacobs 1996; dazu auch die Interpretation bei Osrecki 2015, S. 350-355. Dank an Fran Osrecki für den Hinweis auf diesen Fall.

316 Thiel 2011, Zitat S. 352.

317 Eigen 2003a, S. 40-41.

318 Larkin 2016.

319 Christensen/Cornelissen 2015, S. 133, 145.

320 Barnstone 2005.

321 Schneider 2013, Zitate S. 12 (messianisch), 29 (Wissbarkeit), 30 (truglos). Zur Entwick-lung von Transparenzdefinitionen vor allem in der akademischen Diskussion des späten 20. Jahrhunderts Ball 2009.

322 Ausführlich dazu Schneider 2013, Kap. 4.

323 Hansen/Christensen/Flyverbom 2015, S. 118-119.

324 Christensen/Cornelissen 2015, S. 134-137.

325 Fluck 2016, S. 59.

326 Chartier 1991, S. 44-52.

327 Der „Government in Sunshine Act" von 1976 regelte vor allem, welche Sitzungen von Organen des Bundes öffentlich stattzufinden hatten. Der „Physician Payments Sunshine Act" ist Teil des „Patient Protection and Affordable Care Act" von 2010, auch als Obama-Care bekannt.

328 Dazu grundsätzlich Flyverbom 2015.

329 Goschler 2017.

330 Klitgaard 1988, S. 200-202; zu beiden Prinzipien auch Hansen/Christensen/Flyverbom 2015, S. 120, 123.

331 Hood 2006, S. 4-5.

332 Ball 2009, S. 296.

333 Hansen/Christensen/Flyverbom 2015, S. 122.

334 Grossman/Luque/Muniesa 2006, S. 14-15.

335 Lodge 1994; Fluck 2016, S. 51-53.

336 Crouch 2004.

337 Ich folge hier recht eng der Darstellung von Fenster 2012, S. 478-489. Zur Rolle der Internetkonzerne auch Flyverbom 2015.

338 Selbstdarstellung unter https://liqd.net/de/ (Aufruf: 21.09.2018).

339 Fluck 2016, S. 68-73.

340 Christensen/Cornelissen 2015, S. 141-143.

341 Brin 1998.

342 Schneider 2013, S. 135-142.

343 Schneider 2013, S. 33-34; Hansen/Christensen/Flyverbom 2015, S. 122.

344 Engels 2014.

345 Der Transparenz-Wahn, Süddeutsche Zeitung 22.10.2016.

346 Cavaillé 2014; Schneider 2013, S. 292-295.

347 Hansen/Christensen/Flyverbom 2015, S. 120.

348 Beide entspringen dem » desire to make visible a hidden wealth of politically relevant information"; Fluck 2016, S. 54.

349 Engels 2014, Kap. 8, insbes. S. 296-298.

350 Bernsee 2013.

351 Vgl. hierzu die empirischen Befunde zum Staatsvertrauen in der Bevölkerung bei Grimmelikhuijsen 2012.

352 Eigen 2003a, S. 42-47.

353 Favarel-Garrigues 2009, S. 279.

354 Zu den folgenden Passagen insbes. Berghoff 2013, S. 9-17.

355 Lambsdorff 1999, S. 10.

356 Favarel-Garrigues 2009, S. 276.

357 Diesen Aspekt betonen Krastev 2009, S. 143-146 und Bratsis 2014, S. 117.

358 Kuhnert 2015; Boyd 2012; Carroll 1998.

359 Zyglidopoulos 2002.

360 Sampson 2016.

361 Eigen 2003a, S. 69-70.

362 Berghoff 2013, S. 21.

363 Bukovansky 2006, S. 191-192.

364 Zur Geschichte der UNO-Konvention Bukovansky 2006, S. 186-188.

365 Dieser Absatz folgt Berghoff 2013, S. 21-25.

366 Erstmals in einem englischen Pamphlet von 1590 belegt, vgl. Knights 2018, S. 184 und Fußnote 22.

367 Eigen 2003a, S. 57.

368 Kapur/Lewis/Webb 1997.

369 Wolfensohn 1996.

370 Bukovansky 2006, S. 190-191.

371 Sampson 2005, S. 120.

372 Bukovansky 2006, S. 181-183.

373 Krastev 2009, S. 146-149.

374 Eigen 2003a, Zitat S. 20.

375 Eigen 2003a, Zitat S. 43.

376 Eigen 2003a, S. 60-62.

377 Transparency International 2006, S. 9.

378 20.000 Mann suchen Alberto Dahik, die tageszeitung 13.10.1995.

379 Diese Interpretation und viele weitere Informationen in diesem Abschnitt bei Sousa/Larmour 2009.

380 Sousa/Larmour 2009, S. 274-275; Sampson 2005, S. 120.

381 Sampson 2005, S. 114-115.

382 Eigen 2003a, Kap. 12.

383 Alle Ergebnisse finden sich auf der Homepage von Transparency International: https://www.transparency.org/research/cpi/ (Aufruf: 21.09.2017).

384 Sousa/Larmour 2009, S. 277-278.

385 Cooley 2015, hier S. 9-10.

386 Cooley 2015, S. 30-32.

387 Bukovansky 2015, S. 78.

388 Kubbe 2015, S. 177.

389 Guillaume 2007, S. 59.

390 Bukovansky 2015; Rohwer 2009. Zur Methodik auch mehrere Publikationen des Autors, etwa Lambsdorff 2002; Lambsdorff/Galtung 1999.

391 Bukovansky 2015, S. 64, 75-76.

392 Sousa/Larmour 2009, S. 278-279.

393 Pope 1996.

394 Sampson 2005, S. 121.

395 Hindess 2009, S. 21.

396 Sampson 2005, S. 118.

397 Eigen 2003a, S. 218.

398 Pope 1996.

399 Eigen 2003b, S. 169.

400 Krastev 2009, S. 153-159.

401 Hindess 2005, S. 1391-1392.

402 Hindess 2005.

403 Mungiu-Pippidi 2013.

404 Bratsis 2014.

405 Antikorruptionspolitik als »attempt to present the particular political agenda of powerful international interests as a universal good, something being done for the benefit of the oppressed and weak, rather than as a part of imperial [...] domination"; Bratsis 2014, S. 125.

406 Sampson 2010, insbes. S. 262-272.

407 Pétric/Blundo 2012, S. 10-12.

408 Bratsis 2014, S. 111-113.

409 Sampson 2009, S. 177.

410 Michael/Bowser 2010, S. 168.

411 Eigen 2003a, S. 84-94.

412 Vgl. etwa Dahl 2009, S. 166.

413 Sampson 2005, S. 121-123.

414 Sampson 2009, S. 174.

415 Monsutti 2012, S. 171.

416 Sampson 2009, S. 178, 182.

417 Dahl 2009, S. 154.

418 Bratsis 2014.

419 Pétric/Blundo 2012

420 Blundo 2012.

421 Favarel-Garrigues 2009, S. 281. Vgl. auch Neudorfer/Neudorfer 2015.

422 Die nun folgende Darstellung basiert auf Andersson/Heywood 2009a, S. 43-48.

第三章 柏林共和国的腐败（1990—2012）

423 Klemm 1991, S. 11.

424 Steiner 2018.

425 Zur Geschichte der Treuhand und ihrer Wahrnehmung Böick 2018, Böick 2015 sowie Goschler/Böick 2017.

426 Fernsehansprache von Bundeskanzler Kohl anlässlich des Inkrafttretens der Währungs-, Wirtschafts- und Sozialunion am 1. Juli 1990. Zitiert nach einer Wiedergabe auf der Homepage der Konrad-Adenauer-Stiftung unter http: //www. helmut-kohl. de/index. php? msg = 555 (Aufruf: 19. 03. 2018).

427 Mischung aus Marx und Mafia, Der Spiegel 09. 09. 1991.

428 Jürgs 1997; Suhr 1991.

429 Roth 1995; Zitate S. 29, 192.

430 Roth 1995, Zitate S. 221.

431 Das Nationale nutzen, Der Spiegel 19. 09. 1994. In einem Interview mit Wolfgang Schäuble.

432 Wolfrum 2013.

433 Rödder 2015, S. 213.

434 Zschaler 2013; vgl. auch Hay 2007.

435 Sabrow 2006; Rödder 2015; Mouffe 2011; Merkel 2013.

436 Korte 2013.

437 Engels 2008b.

438 Merkel 2013, hier S. 8-9.

439 Jörke 2011.

440 Crouch 2004.

441 Engels 2014.

442 Stephan 1992.

443 Deutscher Bundestag: Stenographische Protokolle, Plenardebatte vom 11. 11. 1987, 11. Wahlperiode, 38. Sitzung, S. 2533-2535.

444 Stichworte zur geistigen Korruption der Zeit, Die Zeit 07. 10. 1988.

445 Das Krebsgeschwür der Korruption, Die Zeit 17. 02. 1989.

446 Vgl. den Spiegel-Titel vom 18. 01. 1993.

447 Zu den Maßnahmen in der Verwaltung: Wolf 2014, S. 45-46, 90-94; vgl. auch Darge 2009, S. 85-88.

448 Durynek 2008, S. 388-401; Wolf 2014, S. 59-60.

449 Wolf 2014, S. 63-64, 94.

450 Durynek 2008, S. 307-310.

451 Darge 2009, S. 90-102; vgl. auch Scholz 1995, S. 138-142.

452 Dieses Gesetz ist ein Witz, Die Zeit 26. 06. 2014.

453 Ausführliche Schilderung aus der Feder des mit dem Fall beauftragten Staatsanwalts Schaupensteiner in dem Buch Bannenberg/Schaupensteiner 2007.

454 Scholz 1995, S. 30 und 34.

455 Scholz 1995, S. 13, 162-163, 183.

456 Zwei Blaue extra, Der Spiegel 12. 12. 1994; Aufstand der Amtsschimmel, Die Zeit 04. 04. 2002; Der Unbestechliche, Süddeutsche Zeitung 31. 05. 2007, zitiert nach der Onlineausgabe http://www.sueddeutsche.de/wirtschaft/deutsche-bahn-prominenter-com-pliance-chief-der-unbestechliche-1.914083 (Aufruf: 21. 03. 2018); zur Entlassung: Bahnchef Grube schasst Topmanager, Zeit online 13. 05. 2009 http://www.zeit.de/online/2009/20/bahn-datenaffaere-ermittlungen (Aufruf: 21. 03. 2018).

457 Scheuch und Landfried: Kripo in den Bundestag, Der Spiegel 01. 03. 1993; Arnim: Blüten im Sumpf, Der Spiegel 18. 01. 1993 (Kasten mit dem Titel „Das Kartell der Kassierer").

458 Engelmann 1967; vgl. auch Perthen 2018.

459 Pressedienst Demokratische Initiative/Engelmann 1976; zur Initiative: Ratten und Fliegen, Die Zeit 31. 08. 1979. Dank für diese Hinweise an Andrea Perthen.

460 Wolf 2014, S. 48.

461 Vgl. den Abschlussbericht als Bundestags-Drucksache Nr. 14/7515 vom 14. 08. 2001.

462 Evangelische Akademie Bad Boll 1991.

463 Friedrich-Ebert-Stiftung 1995.

464 Scholz 1995.

465 Friedrich-Ebert-Stiftung 1995, S. 14-15.

466 So berichtet in Transparency widerspricht Clement, Der Spiegel 22. 11. 2004.

467 So heißt es in einem durchaus kritischen Artikel unter dem Titel Angeschlagene Wunderheiler, Die Zeit 07. 02. 1997.

468 Wie regieren wir die Welt?, Die Zeit 29. 07. 1999.

469 Die neue Internationale, Die Zeit 25. 08. 1995.

470 Eigen 2003b, S. 170.

471 Wächter gegen Korruption: Internationale Koalition bekämpft Bestechung, Der Spiegel 10. 05. 1993.

472 Was bewegt ... Peter Eigen?, Die Zeit 04. 11. 2004.

473 Damenwahl? Da gäb's noch bessere Gründe, Die Zeit 19. 05. 2004.

474 Alles wie geschmiert, Der Spiegel 03. 06. 1996; Rückkehr zur Ehrlichkeit?, Der Spiegel 01. 11. 1999; Korruption: (Fast) sauber, Zeit online 06. 11. 2006.

475 Aufwärts, Die Zeit 09. 10. 2003.

476 Die Vettern der Wirtschaft, Der Spiegel 23. 06. 2003.

477 Boom in Bakschikistan, Der Spiegel 15. 12. 2003.

478 Gefangene der Korruption, die tageszeitung 01. 08. 1995.

479 Die Reichen bestechen die Armen, die tageszeitung 04. 06. 1996.

480 Von Bestochenen und Bestechern, die tageszeitung 01. 08. 1997.

481 Nicht mehr bestechend, die tageszeitung 15. 10. 1999.

482 Blinder Fleck, Der Spiegel 03. 06. 1991. Ausführliche Selbstdarstellung bei See/Schenk 1992.

483 Mit Wirtschaftskriminalität auf du und du, die tageszeitung 17. 10. 1996.

484 Kapital-Verbrechen auf der Spur, Die Zeit 22. 09. 1995.

485 Vgl. etwa Ein Paradigmenwechsel ist fällig, die tageszeitung 22. 01. 1992 (Hans See); Die Ermittlungen gegen Helmut Kohl sind zu eng gefaßt, die tageszeitung 03. 01. 2000 (Werner Rügemer); Zu leichtes Spiel für korrupte Manager, die tageszeitung 09. 09. 2004 (Werner Rügemer); Lehrstück, die tageszeitung 07. 07. 2012 (Hans See).

486 Vgl. hierzu ein Porträt aus dem Jahr 2002：Ein Kämpfer gegen den Staat im Staat, Frankfurter Allgemeine Zeitung 18. 06. 2002.

487 https：//www. hans-see. de（Aufruf：08. 06. 2018）.

488 Schaubühne für die Einflussreichen und Meinungsmacher. Der neoliberal geprägte Reformdiskurs bei „Sabine Christiansen“, 07. 09. 2006；https：//www. lobbycontrol. de/wp-con-tent/uploads/Christiansen-Schaubuehne_komplett_7Sept 2006. pdf（Aufruf：07. 06. 2018）.

489 Vgl. die Selbstdarstellung auf der Homepage https：//www. lobbycontrol. de（Aufruf：08. 06. 2018）.

490 Die Informationen sind im Wesentlichen der Selbstdarstellung von Abgeordnetenwatch entnommen, vgl. https：//www. abgeordnetenwatch. de/（Aufruf：07. 06. 2018）.

491 Vgl. hierzu die Selbstdarstellung „Wir feiern 10 Jahre MEZIS“ auf https：//mezis. de/wp-content/uploads/2017/09/mezis-brosch% C3% BCre-10-online. pdf（Aufruf：08. 06. 2018）. Rothfuss 2017.

492 Rothfuss 2017.

493 Klein 2014；Geyer 2018.

494 Köpf 1997.

495 Scheuch/Scheuch 1992.

496 Scheuch/Scheuch 1992；zum Gutachten S. 8 sowie 135-137, zur Kritik u. a. S. 109-110.

497 Scholz 1995, S. 92.

498 Leyendecker 1992, S. 33.

499 Roth 1995, S. 8.

500 Roth 1995, S. 10.

501 Roth 1995, Großdeutschland S. 201, Moralprediger S. 11.

502 Richter 1989.

503 Evangelische Akademie Bad Boll 1991, S. 41.

504 Roth 1995, S. 8.

505 Roth 1995, S. 50, 305.

506 Adamek 2013, S. 18-19.

507 Scheuch/Scheuch 1992, Zitate S. 117, 118, 8.

508 Bannenberg/Schaupensteiner 2007, S. 47, 49. Erste Auflage des Buches im Jahr 2004.

509 Leyendecker 1992.

510 Der Spiegel 12. 12. 1994.

511 Pleterski/Korth 1997.

512 Leyendecker 2003, S. 274-276.

513 Scholz 1995, S. 113-114; Berg 1997, S. 137-139; Leyendecker 2003, S. 152-155.

514 Berg 1997, S. 9-10.

515 Bannenberg/Schaupensteiner 2007, S. 70-71.

516 Scholz 1995, S. 90, 95; Roth 1995, S. 39.

517 Schaupensteiner/Bommarius 1995, S. 38.

518 Berg 1997, S. 21.

519 Scheuch/Scheuch 1992, Zitat S. 112.

520 Sehr einfach gestrickt, Die Zeit 10. 04. 1992.

521 Vgl. Stimme der Mehrheit, telepolis/heise online 13. 11. 2003 https: //www. heise. de/tp/fea-tures/Stimme-der-Mehrheit-3432061. html (Aufruf: 18. 04. 2018). Zustimmend äußerte sich auch die Zeitschrift „Junge Freiheit" am 30. 05. 1997 über ein Zeitschriftenprojekt der Gruppe mit dem Titel „Kompaß", http: //www. jf-archiv. de/archiv/23aa38. htm (Aufruf: 18. 04. 2018).

522 Vgl. einen zustimmenden Bericht über einen Vorschlag Scheuchs zum Verbot der Abgeordnetenbestechung: Strafe für bestechliche Abgeordnete, die tageszeitung 22. 02. 1993.

523 Leyendecker 2007, S. 34.

524 Roth 1995, S. 14-15, 22-23.

525 Rothfuss 2017; Bösch 2005.

526 Engels 2014, Kap. 8 und 9.

527 Streck 1995.

528 Leyendecker 2007, S. 34.

529 Scholz 1995, S. 164.

530 Engelmann 1998. Erstauflage 1994.

531 Papcke 2002.

532 Der Vortrag trug den Titel „Wirtschaft und Politik im Spannungsfeld der Korruption“; Friedrich-Ebert-Stiftung 1995, S. 113-122. Zitate auf S. 115 und 117.

533 Friedrich-Ebert-Stiftung 1995, S. 124.

534 See 1990, z. B. S. 320-321.

535 See/Schenk 1992.

536 Korrupt mit Stil, die tageszeitung 04. 02. 1997.

537 Rau hat uns nicht verkohlt, die tageszeitung 20. 12. 1999.

538 Selbstheilungskräfte, die tageszeitung/Eurotaz 12. 08. 1997. Weitere Beispiele: Schlawinerwirtschaft, die tageszeitung 16. 02. 1994; Jetzt noch ekliger!, die tageszeitung 27. 06. 1996; Politik und andere Verbrechen, die tageszeitung 07. 08. 1998; Korruption als Routinege-schäft, die tageszeitung 12. 11. 1999.

539 Berlin zappelt im Spinnennetz der CDU, die tageszeitung 08. 04. 1997 (ein Kommentar von Werner Rügemer).

540 Ethik und Monetik, die tageszeitung 20. 07. 1996.

541 Ein Schritt zur Harmonisierung, die tageszeitung 14. 03. 1994.

542 Mehr Kontrolle, die tageszeitung/Berlin lokal 03. 09. 1998.

543 Korruption als Routinegeschäft, die tageszeitung 12. 11. 1999; Mord und Profit, die tageszeitung 13. 12. 1997.

544 Vereinte Korruption, die tageszeitung/Eurotaz 08. 10. 1994.

545 Falsche Zeugen, Die Zeit 19. 03. 1965; Streit um die Börsen-Transparenz, Die Zeit 22. 09. 1961; Warentester Nr. 2; Die Zeit 25. 03. 1966.

546 Zitat aus einem Text des Reformpädagogen Hartmut von Hentig: Lernen, frei zu leben, Die Zeit 13. 02. 1970.

547 Die pädagogische Herausforderung, Die Zeit 21. 08. 1970.

548 Die Roten und ihre Zellen, Die Zeit 05. 02. 1971.

549 Die Lobby der Treuen Diener, Die Zeit 03. 11. 1972.

550 Parlament der Presse, Die Zeit 10. 06. 1977. Zitat aus Wollen die Verleger nur absahnen?, Die Zeit 10. 02. 1978; Ein Bundestrainer für

die Medien, Die Zeit 30. 09. 1994; Keine Zukunft unter Billigflagge, Die Zeit 16. 12. 1994.

551 Nie besonders kleinlich gewesen, Die Zeit 21. 11. 1975. Zitat aus Ohne Eile, Die Zeit 24. 07. 1981.

552 Paukboden für Kraftproben, Die Zeit 12. 12. 1980.

553 Angst ist ein schlechter Ratgeber, Die Zeit 30. 09. 1983; ähnlich Bonner Kulisse, Die Zeit 09. 11. 1990.

554 Hart bleiben, Die Zeit 23. 09. 1983; Alles oder nichts, Die Zeit 29. 01. 1993.

555 Friedrich-Ebert-Stiftung 1995, S. 14.

556 Scholz 1995, S. 185-186; Bannenberg/Schaupensteiner 2007, S. 223.

557 Deutscher Bundestag: Drucksache 14/9300 vom 13. 06. 2002, S. 361.

558 Kodex im Kopf, Die Zeit 21. 07. 1995.

559 Ein Abgrund von Landesbetrug, Die Zeit 21. 07. 1995.

560 Vgl. die Referate einer Konferenz der Friedrich-Ebert-Stiftung von 1999 in Scholz 2000.

561 Wann fällt das Monopol? Ein Gespräch mit Minister Christian Schwarz-Schilling, Die Zeit 25. 09. 1987.

562 Orchideen im Labor, Die Zeit 05. 03. 1993.

563 Özdemir 2000.

564 Wolfrum 2013, S. 198-203.

565 Sozialer Wettbewerb, Die Zeit 10. 03. 1995.

566 Verbündete gesucht, Die Zeit 03. 09. 1998; Namensarikel von Lafontaine und Strauss-Kahn unter dem Titel Europa-sozial und stark, Die Zeit 14. 01. 1999.

567 Bündnisgrüne haben keine Wahl, die tageszeitung/Berlin 19. 04. 1994.

568 Zum Streit beim DGB, die tageszeitung/Berlin 31. 08. 1993.

569 Rückkehr ins Dunkel, die tageszeitung/Berlin 21. 01. 1993. Ähnlich auch Stets zu Diensten, die tageszeitung 05. 01. 1999.

570 Ende einer Technik, tageszeitug/Hamburg 09. 02. 1993. Ähnlich Die Legende von der Beherrschbarkeit, die tageszeitung 26. 05. 1998.

571 Mehr Transparenz, Spiegel online 21. 05. 2001, http://www. spiegel. de/wirtschaft/interview-mehr-transparenz-a-135130. html; Ratingagenturen: Angriff auf die großen Drei, manager-magazin online 18. 08. 2003, http://www. manager-magazin. de/unternehmen/artikel/a-261722. html (Aufruf jeweils: 17. 08. 2018).

572 Informationen und Zitate von der Homepage https://www. transparency. de/mitmachen/initiative-transparente-zivilgesellschaft/ (Aufruf: 08. 06. 2018).

573 Vgl. Cavaillé 2014.

574 Wächter in der Zwickmühle, Spiegel Online 04. 08. 2009, http://www. spiegel. de/wirtschaft/transparency-international-waechter-in-der-zwickmuehle-a-638784. html (Aufruf: 12. 09. 2018).)

575 Zur Transparenz in der Piratenpartei Ringel 2017.

576 Vgl. dazu die von der Partei betriebene Seite https://wiki. piratenpartei. de/Liquid_Democracy (Aufruf: 17. 08. 2018), die auch viele historische Einträge aus der Zeit um 2010 enthält.

577 Partei der Sehnsucht, Der Spiegel 23. 04. 2012.

578 Die Antwort der Piraten, faz. net 16. 10. 2011, http://www. faz. net/aktuell/feuilleton/netzfreiheit-die-antwort-der-piraten-11495541. html (Aufruf: 17. 08. 2018).

579 Fetisch Transparenz, Der Spiegel 24. 10. 2011; Partei der Sehnsucht, Der Spiegel 23. 04. 2012.

580 Fetisch Transparenz, Der Spiegel 24. 10. 2011.

581 Partei der Sehnsucht, Der Spiegel 23. 04. 2012.

582 Ist er Deutschlands faulster Abgeordneter?, Bild. T-Online 07. 05. 2007, http://www. bild. tonline. de/BTO/news/2007/05/07/faulster-abgeordneter/carl-eduard-graf-von-bismarck. html (Aufruf: 07. 06. 2018); zur Panorama-Sendung am 24. 05. 2007 https://daserste. ndr. de/panorama/media/cdu74. html (Aufruf: 07. 06. 2018).

583 Zitiert nach Transparenz bei Abgeordneten-Gehältern, Spiegel online 18. 07. 1999, http://www.spiegel.de/politik/deutschland/bury-transparenz-bei-abgeordneten-gehaeltern-a-31882.html (Aufruf: 14. 08. 2018).

584 Blüten im Sumpf, Der Spiegel 18. 01. 1993.

585 Wächter des Schatzes, Der Spiegel 24. 01. 2005.

586 Korruption wird zur Gretchenfrage für Parlamentarier, die tageszeitung 22. 11. 1997; Parteien auf der Jagd nach der schnellen Mark, die tageszeitung 13. 11. 1993.

587 Gut gepolstert, Die Zeit 26. 03. 1998.

588 Selbstherrlicher Beschluß, die tageszeitung Berlin 17. 03. 1998.

589 Mißbildungen der Herrschaft, Der Spiegel 16. 12. 1991.

590 Arnim 1995. Zum Vorgang auch die Selbstdarstellung auf von Arnims Homepage: Wissenschaftlicher und publizistischer Werdegang eines „Parteienkritikers", S. 8-9, http://www.uni-speyer.de/files/de/Lehrst% C3% BChle/ehemalige% 20Lehrstuhlinhaber/VonAr-nim/Persoenliches/Wissenschaftlich-eru. publizist. Werdegang% 2822. 03. 10% 29. pdf (Aufruf: 14. 08. 2018).

591 Macht zum eigenen Vorteil, Die Zeit 13. 09. 1991.

592 Ein deutscher Professor, Die Zeit 30. 05. 2008.

593 Bei Nebel aufs Gaspedal, Die Zeit 13. 10. 1995.

594 Nur die Diktatur ist einfach, Der Spiegel 05. 07. 1993.

595 Ebhardt 2015.

596 Käufliche Menschen, Der Spiegel 07. 12. 1970; Parlament ohne Makel?, Die Zeit 29. 09. 1972; Verrückte werden zugelassen, Die Zeit 05. 10. 1973; Darge 2009, S. 104-108.

597 Schmierer und Angeschmierte, Die Zeit 20. 11. 1970.

598 Machtlos gegen die Korruption? Ein Vorschlag, um der politischen Moral des Parlaments auf die Sprünge zu helfen, Die Zeit 22. 06. 1973.

599 Darge 2009, S. 114.

600 Leyendecker 2003, S. 195-204.

601 Simmert/Engels 2002.

602 Vgl. z. B. Schein von Ehrsamkeit. Banknoten als Stimmzettel: Rolf Lamprecht über die Bestechung von Abgeordneten, Spiegel Special „Volk ohne Moral" 01. 01. 1999, S. 28-30.

603 Leyendecker 2003, S. 76-96. Vgl. auch ARD veröffentlicht Kohls Beratervertrag bei Kirch, faz. net 31. 07. 2003, http: //www. faz. net/aktuell/politik/panorama-ard-vero-effentlicht-kohls-beratervertrag-bei-kirch-1114474. html (Aufruf: 15. 08. 2018).

604 Schröder verrubelt seinen Ruf, Spiegel online 12. 12. 2005, http: //www. spiegel. de/politik/ deutschland/neuer-job-schroeder-verrubelt-seinen-ruf-a-389956. html (Aufruf: 15. 08. 2018). Schöllgen 2015.

605 Schöllgen 2015.

606 Silberfüchse, Der Spiegel 10. 09. 2012.

607 Darge 2009, S. 115.

608 https: //www. bundesregierung. de/Content/DE/Artikel/2015/07/2015-07-03-karenz-bun-desministergesetz. html (Aufruf: 15. 08. 2018).

609 Silberfüchse, Der Spiegel 10. 09. 2012.

610 Bismarck geht von Bord-CDU erleichtert, Der Tagesspiegel online 20. 12. 2007, https: //www. tagesspiegel. de/politik/ruecktritt-bismarck-geht-von-bord-cdu-erleichtert/1126508. html (Aufruf: 12. 09. 2018).

611 Hilfe vom Rosenkavalier, Der Spiegel 12. 11. 1984.

612 Personalien, Der Spiegel 19. 11. 1973.

613 Kassieren und schweigen, Die Zeit 05. 03. 1982; Schlamperei der Verwaltung, Die Zeit 09. 11. 1984.

614 Politikereinkünfte. Ein Schritt zu mehr Transparenz, Die Zeit 30. 11. 1984.

615 Schily 1986, S. 195.

616 Politiker fragen-Bürger antworten nicht, Die Zeit 11. 02. 1983.

617 Vor den Latz, Der Spiegel 01. 07. 1985.

618 Muß rauskommen, was reinkommt?, Die Zeit 01. 11. 1985.

619 Nur die Diktatur ist einfach, Der Spiegel 05. 07. 1993.

620 Transparenz bei Abgeordnetengehältern, Spiegel online 18. 07. 1999, http://www. spiegel. de/politik/deutschland/bury-transparenz-bei-abgeordneten-gehaeltern-a-31882. html (Aufruf: 16. 08. 2018).

621 Marsch der Urenkel, Der Spiegel 24. 02. 2001.

622 Transparenz erwünscht, Der Spiegel 29. 07. 2002.

623 Diener zweier Herren, Der Spiegel 17. 01. 2005.

624 Außenseiter, drinnen respektiert, Die Zeit 30. 05. 1997.

625 Diener zweier Herren, Der Spiegel 17. 01. 2005.

626 Die vier gläsernen Abgeordneten, Spiegel online 07. 08. 2002, http://www. spiegel. de/poli-tik/deutschland/pa-rlamentarier-einkuenfte-die-vier-glaesernen-abgeordneten-a-2084-25. html (Aufruf: 15. 08. 2018).

627 Zitiert in Diener zweier Herren, Der Spiegel 17. 01. 2005.

628 https://www. gruene-thl. de/fraktion/glaeserne-abgeordnete; https://www. gruene-hessen. de/landtag/fraktion/glaeserne-abgeordnete/ (Aufruf jeweils: 21. 08. 2018).

629 Vgl. etwa https://www. ulrich-kelber. de/glaesernermdb/, https://www. bettina-hagedornde/glaeserne-abgeordnete/, http://www. gabriele-katzmarek. de/politik-person/glaeserne-abgeordnete/# 1455524749151-c4b306ca-4280 (Aufruf jeweils: 16. 08. 2018).

630 Vgl. auch die zeitgenössische Darstellung der Affäre bei Graw/Lessenthin 1991.

631 Zitat und zahlreiche weitere Informationen in Das mache ich mit Lothar aus, Der Spiegel 14. 01. 1991.

632 Späth am Ende, Die Zeit 11. 01. 1991.

633 Der tiefe Sturz des Lothar Späth, Frankfurter Allgemeine Zeitung 14. 01. 1991. Den Hinweisverdanke ich Philipp Gottschalk.

634 Dringlicher Fall, Der Spiegel 28. 12. 1992.

635 Unehrlich, Die Zeit 01. 01. 1993.

636 Philipp 2007; Streibls verhängnisvolle Freunde, Sueddeutsche. de 13. 12. 2008, https://www. sueddeutsche. de/politik/amigo-affaere-streibls-verhaengnisvolle-freunde-1. 780435 (Aufruf: 21. 08. 2018).

637 Stattlicher Umfang, Der Spiegel 22. 02. 1993.

638 Schlau genug, Der Spiegel 11. 10. 1993.

639 Stiller 2000.

640 Wo Freundschaft noch zahlt, Die Zeit 12. 02. 1993.

641 Bayerns Agrarminister Brunner zahlt 13. 500 Euro zurück, Spiegel online 04. 05. 2013, http: //www. spiegel. de/politik/deutschland/bayern-agrarminister-brunner-will-in-amigo-a-ffaere-geld-zurueckzahlen-a-898067. html (Aufruf: 22. 08. 2018).

642 Zu beiden Affären auch Klatt 2010, Kap. 12.

643 Insbesondere die Artikel Ende einer Dienstfahrt und Der Fall Süssmuth, Stern 14. 03. 1991.

644 Zitat und weitere Informationen aus Da muß man durch, Der Spiegel 18. 03. 1991.

645 Die Familienbande Frau Süssmuths, Frankfurter Allgemeine Zeitung 15. 03. 1991.

646 Alle Zitate aus: Lovely Rita im Zwielicht, Der Spiegel 23. 12. 1996.

647 Schmidt sieht sich als Opfer einer Kampagne, Spiegel online 29. 07. 2009, http: //www. spie-gel. de/politik/deutschland/dienstwagen-affaere-schmidt-sieht-sich-als-opfer-einer-kam-pagne-a-639084. html (Aufruf: 21. 08. 2018); Die Leerfahrten der Ulla Schmidt, Sueddeutsche. de 17. 05. 2010, https: //www. sueddeutsche. de/politik/dienstwagen-neue-details-die-lee-rfahrten-der-ulla-schmidt-1. 175390 (Aufruf: 21. 08. 2018). Das auf der Seite angegebene Veröffentlichungsdatum ist offensichtlich fehlerhaft; der Text wurde vor der Bundestagswahl im September 2009 verfasst.

648 Schmidts Urlaub kostet Steuerzahler 10. 000 Euro, faz. net 28. 07. 2009, http: //www. faz. net/aktuell/politik/inland/dienstwagen-affaere-schmidts-urlaub-kostet-steuerzahler-10-000-euro-1826104. html (Aufruf: 20. 08. 2018).

649 Das Ende einer Dienstfahrt, Stern. de 29. 07. 2009, https: //www. stern. de/politik/wahl/gesundheitsministerin-ulla-schmidt-das-ende-einer-dienstfahrt-3808142. html (Aufruf: 21. 08. 2008).

650 Darge 2009, S. 69-71.

651 Detaillierte Darstellung der beiden Fälle in Lindemann 2005.

652 Darstellung der Ereignisse zwischen Ende 1999 und Mitte 2000 bei Leyendecker 2000, S. 189-244.

653 Reuth 2017, S. 178-182.

654 Nebulöses Vermächtnis, Die Zeit 22. 12. 1999.

655 Leyendecker 2000, S. 222.

656 „Grenze vom Rechtsstaat zur Bananenrepublik überschritten", Spiegel online 20. 12. 1999, http://www.spiegel.de/politik/deutschland/interview-teil-2-schwarze-kassen-und-der-ladenschluss-a-57290.html (Aufruf: 18. 09. 2018).

657 Der GAU der CDU, Die Zeit 20. 01. 2000; Der Ehrenhandel in der CDU, die tageszeitung 22. 01. 2000.

658 Selbstbeschäftigung, Frankfurter Allgemeine Zeitung 29. 11. 1999. Zitat vom Staatsmann: Geständnis, Reue und Buße, Frankfurter Allgemeine Zeitung 19. 12. 1999. Vgl. auch Die Union und Kohl, Frankfurter Allgemeine Zeitung 18. 12. 1999.

659 Z. B. Rückkehr zur Solidarität, Frankfurter Allgemeine Zeitung 10. 12. 1999.

660 Kohls Macht, Frankfurter Allgemeine Zeitung 12. 01. 2000.

661 Die Schuld der CDU, Frankfurter Allgemeine Zeitung 17. 01. 2000.

662 Kohls zweiter Sturz, Frankfurter Allgemeine Zeitung 20. 01. 2000.

663 Null Toleranz, Die Zeit 10. 02. 2000.

664 Leyendecker 2000, S. 214.

665 Was Kohl nicht kann, die tageszeitung 29. 11. 1999. Ausführliche Darstellung von Kohls Position bei Was denkt er?, Die Zeit 03. 02. 2000 und in Kohls eigener Rechtfertigungs-schrift Kohl 2000.

666 Im Strudel, Frankfurter Allgemeine Zeitung 18. 01. 2000. Zu Schäuble: Das Ehrenwort, Der Spiegel 02. 12. 2017; bereits 2015 hatte er sich entsprechend in einer ARD-Dokumentation geäußert, vgl. Reuth

2017, S. 189.

667 Der Ehrenhandel in der CDU, die tageszeitung 22. 01. 2000.

668 FAZ-Redakteur Karl Feldmeyer zu Kohls Verfassungsbruch, die tageszeitung 25. 01. 2000.

669 Vgl. Kohl immateriell, Frankfurter Allgemeine Zeitung 11. 03. 2000.

670 Kanzlers Machtkartell. Wie das System Kohl funktioniert, Der Spiegel 01. 08. 1994.

671 Das System Kohl, die tageszeitung 13. 12. 1999.

672 Beispielsweise Die schwarzen Riesen, die tageszeitung 18. 11. 1999; Kohl am Abgrund, Die Zeit 16. 12. 1999; Der Ehrenhandel in der CDU, die tageszeitung 22. 01. 2000.

673 Pflüger 2000.

674 Eigen 2003a, S. 156.

675 Gelegenheit macht Diebe, Die Zeit 03. 02. 2000. Ähnlich bereits Lieber dumm als ehrlich. CDU, die tageszeitung 02. 12. 1999.

676 Besonders pointiert in zwei Artikeln (von Gunter Hofmann und Klaus Hartung): Kohl am Abgrund, Die Zeit 16. 12. 1999; Vitale Skandale, Die Zeit 24. 02. 2000.

677 „Nach Art der Mafia“, Der Spiegel 18. 03. 2002.

678 Rügemer 2015; Überall 2007.

679 Scharpings dubiose Deals mit Hunzinger, Spiegel online 17. 07. 2002, http://www.spiegel.de/politik/deutschland/affaere-um-pr-geschaefte-scharpings-dubiose-deals-mit-hunzin-ger-a-205647.html (Aufruf: 22. 08. 2018); vgl. auch Wolfrum 2013, S. 310-313, der aber ein falsches Entlassungsdatum nennt.

680 „Özdemir-Tours“ versorgte Freunde und Eltern, Welt.de 29. 07. 2002, https://www.welt.de/print-welt/article402663/Oezdemir-Tours-versorgte-Freunde-und-Eltern.html (Aufruf: 22. 08. 2018).

681 Ehrensache, Die Zeit 10. 10. 2002.

682 Auch Gysi nutzte dienstliche Bonusmeilen privat, Spiegel online 29. 07. 2002, http://www.spiegel.de/politik/deutschland/flugaffaere-auch-

gysi-nutzte-dienstliche-bonusmeilen-privat-a-207264. html （Aufruf：22. 08. 2018）.

683 Das berichtete der Spiegel in Die Politiker und das Mehr, Der Spiegel 05. 08. 2002.

684 Abgekartetes Spiel, Spiegel online 31. 07. 2002, http：//www. spiegel. de/politik/deutsch-land/politiker-flugmeilen-abgekartetes-spiel-a-207548. html（Aufruf：22. 08. 2018）；Die Politiker und das Mehr, Der Spiegel 05. 08. 2002.

685 Die Politiker und das Mehr, Der Spiegel 05. 08. 2002.

686 Özdemir fliegt, Die Zeit 01. 08. 2002；gleicher Tenor in Das Scheingefecht, Die Zeit 08. 08. 2002.

687 Wolfrum 2013, S. 528-583.

688 Sattler 2012；Abelshauser 2006.

689 Ahrens/Gehlen/Reckendrees 2013. Vor Drucklegung konnte nicht mehr berücksichtigt werden Berghoff 2019.

690 Die folgende Darstellung beruht auf Adamek 2013, S. 53-60 und Leyendecker 2007, S. 154-215.

691 Leyendecker 2007, S. 191, 195.

692 Wolfsburger Schleuderfahrt, Die Zeit 07. 07. 2005.

693 Tatort Deutschland, Die Zeit 14. 07. 2005.

694 Hart, und dazu noch unfair, Die Zeit 28. 02. 2008.

695 Gegner und Kumpane, Die Zeit 14. 07. 2005.

696 Hart, und dazu noch unfair, Die Zeit 28. 02. 2008.

697 Die Wolfsburg, Stern. de 23. 07. 2005, https：//www. stern. de/wirtschaft/news/vw-skandal-die-wolfsburg-3300038. html （Aufruf：30. 08. 2018）.

698 Selenz 2005.

699 Zu den Ermittlungen und dem Verlauf der Affäre Leyendecker 2007, S. 59-137.

700 Berghoff 2018. Ich stütze mich auf Berghoffs Darstellung zu den Korruptionspraktiken, zur Compliance und zum internationalen Einfluss auf die Affäre.

701 Berghoff 2018, S. 424, 430.

702 Leyendecker 2007, S. 118-122.

703 Rödder 2015, S. 62-72.

704 Der Fachaufsatz für die » Neue Zeitschrift für Verwaltungsrecht " wurde vorab veröffentlicht und z. B. von Spiegel online verbreitet: Grenze der Strafbarkeit eindeutig überschritten, Spiegel online 14. 01. 2012, http: // www. spiegel. de/politik/deutschland/neues-gutach-ten-zu-wulff-kredit-grenze-der-strafbarkeit-eindeutig-ueberschritten-a-809037. html (Aufruf: 27. 08. 2018).

705 Jetzt geht es um ein Bobby-Car, Die Zeit 18. 01. 2012.

706 Ein Škoda zu Spezialkonditionen, Spiegel online 04. 02. 2012, https: //www. spiegel. de/po-litik/deutschland/christian-wulff-ein-skoda-zu-spezialkonditionen-a-813371. html (Aufruf: 27. 08. 2018).

707 Das gesamte Wulff-Interview in Video und Wortlaut, Spiegel online 04. 01. 2012, http: //www. spiegel. de/politik/deutschland/dokumentation-das-gesamte-wulff-interview-in-vi-deo-und-wortlaut-a-807232. html (Aufruf: 27. 08. 2018).

708 Wir haben kein Interesse, Wulff plattzumachen, Welt. de 20. 04. 2013, https: //www. welt. de/politik/deutschland/article115454723/Wir-haben-kein-Interesse-Wulff-plattzumachen. html (Aufruf: 27. 08. 2018).

709 Freispruch für Wulff, Deutschlandfunk aktuell 27. 02. 2014, https: //web. archive. org/web/20141207063630/http: //www. deutschlandfunk. de/korruptionsprozess-freispruch-fuer-wulff. 1818. de. html? dram: article_id = 278638 (Aufruf: 27. 08. 2018).

710 Kommentar zum Urteil im Deutschlandfunk am 01. 03. 2014, nachlesbar unter https: //web. archive. org/web/20141204175929/http: // www. deutschlandfunk. de/wulff-prozess-muster-fuer-unverhaeltnismaessigkeit. 858. de. html? dram: ar-ticle_id = 278843 (Aufruf: 27. 08. 2018).

711 Z. B. Der endgültige Bruch, Frankfurter Allgemeine Zeitung 03. 01. 2012; Die doppelte Bigotterie, die tageszeitung 03. 01. 2012; Kann Christian Wulff jetzt weitermachen?, Die Zeit 29. 12. 2011.

712 Was Wulff in seiner eigenen Darstellung nicht abstreitet; vgl.

Wulff 2014. Vgl. auch Arlt/Storz 2012.

713 Ein teurer Freund, Die Zeit 15. 12. 2011.

714 Costa Germania, die tageszeitung 21. 01. 2012.

715 In sumpfigem Gelände, Frankfurter Allgemeine Zeitung 24. 01. 2012; Zitate und Zuordnung zu Handelsblatt und Financial Times in Nützliche Tipps, Die Zeit 29. 12. 2011.

716 Leeres Schloss, Die Zeit 05. 01. 2012; Die Leere des Raumes, Frankfurter Allgemeine Zeitung 04. 01. 2012; Die doppelte Bigotterie, die tageszeitung 03. 01. 2012.

717 Verschärfte Beobachtung, die tageszeitung 18. 02. 2012.

718 Der kleine böse Wulff, Die Zeit 12. 01. 2012 (von Josef Joffe).

719 Wulff 2014.

720 Leeres Schloss, Die Zeit 05. 01. 2012; Geht's noch?, die tageszeitung 21. 12. 2011.

721 Adamek 2013, Kap. 4; ähnlich auch Götschenberg 2013.

722 Diekmanns Anmaßung, die tageszeitung 07. 01. 2012.

723 Being Christian Wulff, die tageszeitung 11. 01. 2012.

724 Arlt/Storz 2012; Adamek 2013, S. 150-157; Götschenberg 2013, S. 344-249.

725 Die Gefahr der Lächerlichkeit, die tageszeitung 20. 01. 2012.

726 Eine Machtprobe, Die Zeit 12. 01. 2012.

727 Wir sind „Bild", die tageszeitung 03. 03. 2014.

728 Z. B. in Eine Machtprobe, Die Zeit 12. 01. 2012; Erst steinigen, dann Streckbank, die tageszeitung 06. 03. 2012. Darüber berichtete ausführlich die NDR-Sendung Zapp am 04. 04. 2012, vgl. https://www.ndr.de/fernsehen/sendungen/zapp/presserabatte109.html (Aufruf: 29. 08. 2018).

729 Götschenberg 2013, S. 14.

730 SZ-Redakteure lehnen Henri-Nannen-Preis ab, sueddeutsche.de 15. 05. 2012, https://www.sueddeutsche.de/medien/eklat-bei-journalisten-ehrung-sz-redakteure-lehnen-henri-n-annen-preis-ab-1.1355532 (Aufruf:

29. 08. 2018).

731 Kommentar zum Urteil im Deutschlandfunk am 01. 03. 2014, nachlesbar unter https: //web. archive. org/web/20141204175929/http: //www. deutschlandfunk. de/wulff-prozess-muster-fuer-unverhaeltnismaessigkeit. 858. de. html? dram: article_id=278843 (Aufruf: 27. 08. 2018).

732 Weshalb das Bobby-Car wichtig war, Stern. de 27. 02. 2014, https: //www. stern. de/politik/ deutschland/freispruch-fuer-wulff-weshalb-das-bobby-car-wichtig-war-3398924. html (Aufruf: 27. 08. 2018). Zu Jörges Götschenberg 2013, S. 29.

结语

733 Kripo in den Bundestag, Der Spiegel 01. 03. 1993.

734 Mißbildungen der Herrschaft, Der Spiegel 16. 12. 1991.

735 Fluck 2016.

736 Politik und andere Verbrechen, die tageszeitung 07. 08. 1998.

737 Steinbrück beklagt sich über geringes Kanzler-Gehalt, Spiegel online 29. 12. 2012, http: //www. spiegel. de/politik/deutschland/spd-steinbrueck-beklagt-sich-ueber-geringes-kanz-ler-gehalt-a-875096. html (Aufruf: 25. 09. 2018); Trump will kein Präsidentengehalt, Sueddeutsche. de 14. 11. 2016, https: //www. sueddeutsche. de/politik/usa-trump-will-kein-praesidenten-gehalt-1. 3248790 (Aufruf: 25. 09. 2018); Ein „großartiges Weihnachtsgeschenk“, faz. net 20. 12. 2017, http: //www. faz. net/aktuell/wirtschaft/steuerreform-in-den-usa-die-wich-tigsten-fragen-und-antworten-15351951. html (Aufruf: 25. 09. 2018).

参考文献

Abelshauser, Werner: Der Rheinische Kapitalismus im Kampf der Wirtschaftskulturen; in: Berghahn, Volker/Vitols, Sigurt (Hrsg.): *Gibt es einen deutschen Kapitalismus? Tradition und globale Perspektiven der sozialen Marktwirtschaft*, Frankfurt a. M./New York 2006, S. 186-199.

Adamek, Sascha: *Die Machtmaschine. Sex, Lügen und Politik*, München 2013. Ades, Alberto/Di Tella, Rafael: Champions and Corruption: Some Unpleasant Interventionist Arithmetic; in: *The Economic Journal* 107 (1997), S. 1023-1042. Ahrens, Ralf/Gehlen, Boris/Reckendrees, Alfred (Hrsg.): *Die „Deutschland AG". Historische Annäherungen an den bundesdeutschen Kapitalismus*, Essen 2013.

Andersson, Staffan/Heywood, Paul M.: Anti-corruption as a risk to democracy. On the unintended consequences of international anti-corruption campaigns; in: Sousa, Luís de/Larmour, Peter/Hindess, Barry (Hrsg.): *Governments, NGOs and Anti-Corruption. The New Integrity Warriors*, London 2009a, S. 33-50.

Andersson, Staffan/Heywood, Paul M.: The Politics of Perception: Use and Abuse of Transparency International's Approach to Measuring Corruption; in: *Political Studies* 57 (2009b), S. 746-767.

Anechiarico, Frank/Jacobs, James B.: *The pursuit of absolute integrity. How cor-ruption control makes government ineffective*, Chicago 1996.

Arlt, Hans-Jürgen/Storz, Wolfgang: *„Bild" und Wulff-ziemlich beste Partner. Fallstudie über eine einseitig aufgelöste Geschäftsbeziehung*, Frankfurt a. M. 2012.

Arnim, Hans Herbert von: *„Der Staat sind wir!" Politische Klasse* *ohne Kontrolle? Das neue Diätengesetz*, München 1995.

Bachmann, Kurt/Carlebach, Emil: *Kauf' Dir einen Minister! Hintergründe zum Flick-Skandal*, Frankfurt a. M. 1985.

Bajohr, Frank: Der folgenlose Skandal. Korruptionsaffären im Nationalsozialismus; in: Sabrow, Martin (Hrsg.): *Skandal und Diktatur. Formen öffentlicher Empörung im NS-Staat und in der DDR*, Göttingen 2004, S. 59-76.

Ball, Carolyn: What is Transparency?; in: *Public Integrity* 11 (2009), S. 293-308. Bannenberg, Britta/Schaupensteiner, Wolfgang J.: *Korruption in Deutschland. Portrait einer Wachstumsbranche*, München 32007.

Barnstone, Deborah A.: *The Transparent State. Architecture and Politics in Postwar Germany*, London/New York 2005.

Bartholmes, Thomas: *Die »Flick-Affäre«. Verlauf und Folgen*, Speyer 2003. Becker, Gary S./Becker, Guity Nashat: *The economics of life. From baseball to af-firmative action to immigration. How real-world issues affect our everyday life*, New York 1996.

Becker, Gary S./Stigler, George J.: Law enforcement, malfeasance, and compensation of enforcers; in: *Journal of Legal Studies* 3 (1974), S. 1-18.

Ben-Ami, Shlomo: *El cirujano de hierro. La dictadura de Primo de Rivera (1923-1930)*, Barcelona 2012.

Berg, Wolfhart: *Bananenrepublik Deutschland. Korruption-der ganz alltägliche Skandal*, Landsberg 1997.

Berghoff, Hartmut: From the Watergate Scandal to the Compliance Revolution. The Fight against Corporate Corruption in the United States and Germany, 1972-2012; in: *Bulletin of the German Historical Institute* 53, 3 (2013), S. 7-30.

Berghoff, Hartmut: »Organised irresponsibility«? The Siemens corruption scandal of the 1990s and 2000s; in: *Business History* 60 (2018), S. 423-445.

Berghoff, Hartmut: Die 1990er-Jahre als Epochenschwelle? Der Umbau der Deutschland AG zwischen Traditionsbruch und Kontinuitätswahrung; in: Historische Zeitschrift 308 (2019), S. 364-400.

Bernsee, Robert: Corruption in German Political Discourse between 1780 and 1820: A Categorisation; in: *Journal of Modern European History* 11 (2013), S. 52-71.

Bernsee, Robert: *Moralische Erneuerung. Korruption und bürokratische Reformen in Bayern und Preußen 1780-1820*, Göttingen 2017.

Blundo, Giorgio: Du plaidoyer à l ' engagement politique. État, ONG et politiques de »bonne gouvernance« au Sénégal; in: Pétric, Boris (Hrsg.): *La fabrique de la démocratie. ONG, fondations, think tanks et organisations internationales en action*, Paris 2012, S. 35-64.

Bohnsack, Günter/Brehmer, Herbert: *Auftrag Irreführung. Wie die Stasi Politik im Westen machte*, Hamburg 1992.

Böick, Marcus: *Die Treuhandanstalt 1990-1994*, Erfurt 2015.

Böick, Marcus: *Die Treuhand. Idee-Praxis-Erfahrung 1990-1994*, Göttingen 2018.

Bösch, Frank: Die Entstehung des CDU-Spendensystems; in: *Zeitschrift für Geschichtswissenschaft* 49 (2001), S. 695-711.

Bösch, Frank: Krupps »Kornwalzer«. Formen und Wahrnehmungen von Korruption im Kaiserreich; in: *Historische Zeitschrift* 281 (2005), S. 337-379.

Boyd, Colin: The Nestlé Infant Formula Controversy and a Strange Web of Subsequent Business Scandals; in: *Journal of Business Ethics* 103 (2012), S. 283-293. Bratsis, Peter: Political Corruption in the Age of Transnational Capitalism. From the Relative Autonomy of the State to the White Man's Burden; in: *Historical Materialism* 22 (2014), S. 105-128.

Brauchitsch, Eberhard von: *Der Preis des Schweigens. Erfahrungen eines Unternehmers*, Berlin 1999.

Brin, David: *The Transparent Society. Will Technology Force Us to Choose Between Privacy and Freedom?*, New York 1998.

Brown, Ed/Cloke, Jonathan: Neoliberal Reform, Governance and Corruption in the South: Assessing the International Anti-Corruption Crusade; in: *Antipode* 36 (2004), S. 272-294.

Buchan, Bruce/Hill, Lisa: *An Intellectual History of Political Corruption*, Basingstoke 2014.

Büchele, Christoph/Schneider, Irmgard/Nössler, Bernd (Hrsg.): *Wyhl. Der Widerstand geht weiter. Der Bürgerprotest gegen das Kernkraftwerk von 1976 bis zum Mannheimer Prozeß*, Freiburg 1982.

Bukovansky, Mlada: The hollowness of anti-corruption discourse; in: *Review of International Political Economy* 13 (2006), S. 181-209.

Bukovansky, Mlada: Corruption Rankings. Constructing and Contesting the Global Anti-Corruption Agenda; in: Cooley, Alexander/Snyder, Jack (Hrsg.): *Ranking the World. Grading States as a Tool of Global Governance*, Cambridge 2015, S. 60-84.

Burchardt, Rainer/Schlamp, Hans-Jürgen (Hrsg.): *Flick-Zeugen. Protokolle aus dem Untersuchungssausschuß*, Reinbek bei Hamburg 1985.

Bürklin, Wilhelm: Die deutsche Parteienkritik im Wandel: Die 1970er bis 1990er Jahre; in: Birke, Adolf M./Brechtken, Magnus (Hrsg.): *Politikverdrossenheit. Der Parteienstaat in der historischen und gegenwärtigen Diskussion*, München et al. 1995, S. 101-111.

Carroll, Archie B.: Corporate Social Responsibility. Evolution of a Definitional Construct; in: *Business & Society* 38 (1998), S. 268-295.

Cartier-Bresson, Jean: Éléments d'analyse pour une économie de la corruption; in: *Tiers-Monde* 33 (1992), S. 581-609.

Cartier-Bresson, Jean: Les mécanismes de construction de l'agenda de la gouvernance; in: *Mondes en développement* 152 (2010), S. 111-127.

Cavaillé, Jean-Pierre: La face cachée de l'injonction de transparence; in: *Les Dossiers du Grihl* [*en ligne*] (2014), o. S.

Chartier, Roger: *Les origines culturelles de la Révolution française*, Paris 1991.

Christensen, Lars Thøger/Cornelissen, Joep: Organizational transparency as myth and metaphor; in: *European Journal of Social Theory* 18 (2015), S. 132-149.

Collins, Randall: Patrimonial Alliances and Failures of State Penetration: A Historical Dynamic of Crime, Corruption, Gangs, and Mafias; in: *Annals of the American Academy of Political & Social Science* 636 (2011), S. 16-31.

Combes, Hélène/Vommaro, Gabriel: *Sociologie du clientélisme*, Paris 2015.

Cooley, Alexander: The Emerging Politics of International Rankings and Ratings: A Framework for Analysis; in: Cooley, Alexander/Snyder, Jack (Hrsg.): *Ranking the World. Grading States as a Tool of Global Governance*, Cambridge 2015, S. 1-38. Cornwell, Elmer E.: Bosses, Machines, and Ethnic Groups; in: *The Annals of the American Academy of Political and Social Science* 353 (1964), S. 27-39.

Costa y Martínez, Joaquín: *Oligarquía y caciquismo como la forma actual de gobierno en España. Urgencia y modo de cambiarla*, Madrid 21902.

Crouch, Colin: *Post-Democracy*, Oxford 2004.

Dahl, Matilda: How do international organizations scrutinize transforming states? The case of Transparency International in the Baltic states; in: Sousa, Luís de/ Larmour, Peter/Hindess, Barry (Hrsg.): *Governments, NGOs and Anti-Corruption. The New Integrity Warriors*, London 2009, S. 152-167.

Darge, Ekkehard: *Korruption in der Bundespolitik Deutschlands. Fälle und Bekämpfungsstrategien*, Oldenburg 2009.

Dearden, Stephen: The Challenge to Corruption and the International Business Environment; in: Kidd, John/Richter, Frank-Jürgen (Hrsg.): *Corruption and Governance in Asia*, London 2002, S. 27-42.

Der Bundesbeauftragte für die Unterlagen des Staatssicherheitsdienstes: *Der Deut-sche Bundestag 1949 bis 1989 in den Akten des Ministeriums für Staatssicher-heit (MfS) der DDR*, Berlin 2013.

Diamond, Larry/Morlino, Leonardo: The Quality of Democracy. An

Overview; in: *Journal of Democracy* 15 (2004), S. 20-31.

Die Grünen: *Bundestagswahl Programm 1987*, Bonn 1987.

Dörre, Steffen: Normenkonkurrenz im Wirtschaftswunder. Debatten über Korruption und Wirtschaftskriminalität in der Bundesrepublik Deutschland 1957-1960; in: Engels, Jens Ivo/Fahrmeir, Andreas/Monier, Frédéric/Dard, Olivier (Hrsg.): *Krumme Touren in der Wirtschaft. Zur Geschichte ethischen Fehlverhaltens und seiner Bekämpfung*, Köln/Weimar/Wien 2015, S. 101-124.

Doyle, William: *Venality. The Sale of Offices in Eighteenth Century France*, Oxford 1996.

Durynek, Jürgen: *Korruptionsdelikte (§ § 331 ff. StGB). Reformdiskussion und Gesetzgebung seit dem 19. Jahrhundert*, Berlin 2008.

Ebhardt, Christian: *Interessenpolitik und Korruption. Personale Netzwerke und Korruptionsdebatten am Beispiel der Eisenbahnbranche in Großbritannien und Frankreich, 1830-1870*, Göttingen 2015.

Eigen, Peter: *Das Netz der Korruption. Wie eine weltweite Bewegung gegen Bestechung kämpft*, Frankfurt a. M. 2003a.

Eigen, Peter: Mit kraftvollen und kompetenten zivilgesellschaftlichen Organisationen gegen Korruption; in: Arnim, Hans Herbert v. (Hrsg.): *Korruption. Netzwerke in Politik, Ämtern und Wirtschaft*, München 2003b, S. 160-172.

Eisfeld, Rainer (Hrsg.): *Mitgemacht. Theodor Eschenburgs Beteiligung an „Arisierungen" im Nationalsozialismus*, Wiesbaden 2015.

Engelmann, Bernt: *Schützenpanzer HS 30, Starfighter F-104 G. Oder wie man unseren Staat zugrunde richtet*, München 1967.

Engelmann, Bernt: *Schwarzbuch Helmut Kohl, oder: wie man einen Staat ruiniert*, Göttingen^2 1998.

Engels, Jens Ivo: *Naturpolitik in der Bundesrepublik. Ideenwelt und politische Verhaltensstile in Naturschutz und Umweltbewegung 1950-1980*, Paderborn 2006.

Engels, Jens Ivo: Corruption as a Political Issue in Modern Societies: France, Great Britain and the United States in the Long 19th Century; in:

Public Voices X (2008a), S. 68-86.

Engels, Jens Ivo: »Inkorporierung“ und »Normalisierung“ einer Protestbewegung am Beispiel der westdeutschen Umweltproteste in den 1980er Jahren; in: *Mitteilungsblatt des Instituts für soziale Bewegungen* 40 (2008b), S. 81-100.

Engels, Jens Ivo: Revolution und Panama. Korruptionsdebatten als Systemkritik in Frankreich vom 18. Jahrhundert bis zur Dritten Republik; in: Engels, Jens Ivo/ Fahrmeir, Andreas/Nützenadel, Alexander (Hrsg.): *Geld-Geschenke-Politik. Korruption im neuzeitlichen Europa*, München 2009, S. 143-174.

Engels, Jens Ivo: *Die Geschichte der Korruption. Von der Frühen Neuzeit bis ins 20. Jahrhundert*, Frankfurt a. M. 2014.

Engels, Jens Ivo/Rothfuss, Anna: Les usages de la politique du scandale. La SPD et les débats sur la corruption politique pendant le Kaiserreich 1873-1913; in: *Ca-hiers Jaurès* 209 (2013), S. 33-51.

Enzensberger, Hans Magnus: Kassensturz. Ein Bonner Memorandum; in: Hafner, Georg M./Jacoby, Edmund (Hrsg.): *Die Skandale der Republik*, Hamburg 1990, S. 197-225.

Eschenburg, Theodor: *Ämterpatronage*, Stuttgart 1961.

Evangelische Akademie Bad Boll (Hrsg.): *Korruption-eine Herausforderung für Gesellschaft und Kirche*, Bad Boll 1991.

Farrales, Mark J.: *What is Corruption? A History of Corruption Studies and the Great Definitions Debate*, University of California, San Diego 2005.

Favarel-Garrigues, Gilles: Présentation. La lutte anticorruption, de l'unanisme international aux priorités intérieures; in: *Droit et Société* 72 (2009), S. 273-284. Fenster, Mark: The Transparency Fix: Advocating Legal Rights and Their Alternatives in the Pursuit of a Visible State; in: *University of Pittsburgh Law Review* 73 (2012), S. 443-503.

Fischer, Karsten: Selbstkorrumpierung des Parteienstaates. Versuch über einen Gestaltwandel politischer Korruption; in: Bluhm, Harald/Fischer, Karsten (Hrsg.): *Sichtbarkeit und Unsichtbarkeit der Macht. Theorien politischer Korruption*, Baden-Baden 2002, S. 67-86.

Fluck, Matthew: Theory, , truthers ‘, and transparency: Reflecting on knowledge in the twenty-first century; in: *Review of International Studies* 42 (2016), S. 48-73. Flyverbom, Mikkel: Sunlight in cyberspace? On transparency as a form of ordering; in: *European Journal of Social Theory* 18 (2015), S. 168-184.

Fox, Jonathan/Garcia Jimenez, Carlos/Haight, Libby: Rural democratisation in Mexico's deep south: grassroots right-to-know campaigns in Guerrero; in: *Journal of Peasant Studies* 36 (2009), S. 271-298.

Frank, Henning/Augstein, Josef/Lücke, Horst/Schröder, Friedrich-Christian: *Die Flick-Affäre zwischen Anklage und Hauptverhandlung. Manuskript der Sendung „Zur Diskussion“ im Deutschlandfunk am 16. 12. 1983*, Köln 1983.

Frauenkollektiv Freiburg (Hrsg.): *Frauen erklären Atom und Blei den Krieg. Über die Badische Fraueninitiative gegen Bleiwerk Marckolsheim und gegen KKW Wyhl*, München 1975.

Frei, Norbert/Ahrens, Ralf/Osterloh, Jörg/Schanetzky, Tim: *Flick. Der Konzern, die Familie, die Macht*, München 2009.

Friedrich-Ebert-Stiftung (Hrsg.): *Korruption in Deutschland. Ursachen, Erschei-nungsformen, Bekämpfungsstrategien*, Berlin 1995.

Fukuyama, Francis: *The End of History and the Last Man*, London 1992.

Geyer, Martin H.: *Kapitalismus und politische Moral in der Zwischenkriegszeit. Oder: Wer war Julius Barmat*, Hamburg 2018.

Gniss, Daniela: *Der Politiker Eugen Gerstenmaier 1906-1986. Eine Biographie*, Düsseldorf 2005.

Goschler, Constantin: *Das Zeitalter der #Transparenz. Ein Epilog?* 07. 05. 2017; http://geschichtedergegenwart.ch/das-zeitalter-der-transparenz-ein-epilog/, o. S. (Aufruf 24. 06. 2018).

Goschler, Constantin/Böick, Marcus: *Studie zur Wahrnehmung und Bewertung der Arbeit der Treuhandanstalt. Im Auftrag des Bundesministeriums für Wirtschaft und Energie*, Bochum 2017.

Götschenberg, Michael: *Der böse Wulff? Die Geschichte hinter der Geschichte und die Rolle der Medien*, Kulmbach 2013.

Graeff, Peter: Prinzipal-Agent-Klient-Modelle als Zugangs-möglichkeit zur Korruptionsforschung; in: Grüne, Niels/Slanicˇka, Simona (Hrsg.): *Korruption. Historische Annäherungen*, Göttingen 2010, S. 55-75.

Grau, Andreas: Auf der Suche nach den fehlenden Stimmen 1972. Zu den Nachwirkungen des gescheiterten Misstrauensvotums Barzel/Brandt; in: *Historisch-politische Mitteilungen* 16 (2009), S. 1-17.

Graw, Ansgar/Lessenthin, Martin: *Lothar Späth. Politik, Wirtschaft und die Rolle der Medien*, Zürich 1991.

Grimmelikhuijsen, Stephan: Relier transparence, connaissances et confiance des citoyens dans l'État: expérience; in: *Revue Internationale des Sciences Administratives* 78 (2012), S. 55-78.

Gross, Raphael: Die Ethik eines wahrheitssuchenden Richters. Konrad Morgen, SS-Richter und Korruptionsspezialist; in: Konitzer, Werner/Gross, Raphael (Hrsg.): *Moralität des Bösen. Ethik und nationalsozialistische Verbrechen*, Frankfurt a. M. 2009, S. 243-264.

Grossman, Emiliano/Luque, Emilio/Muniesa, Fabian: *Economies Through Transparency*, CSI Working Papers Series 3, Paris 2006.

Guillaume, Louis: De l'opacité à la transparence: les limites de l'indice de perception de la corruption de Transparency international; in: *Déviance et Société* 31 (2007), S. 41-64.

Haldemann, Theo: Internationale Entwicklungen im Bereich des New Public Management und der wirkungsorientierten Verwaltungsführung-Übersicht und Vergleich; in: *Wirtschaft und Gesellschaft* 21 (1995), S. 425-445.

Hansen, Hans Krause/Christensen, Lars Thøger/Flyverbom, Mikkel: Introduction. Logics of transparency in late modernity. Paradoxes, mediation and governance; in: *European Journal of Social Theory* 18 (2015), S. 117-131.

Hay, Colin: *Why We Hate Politics*, Cambridge 2007.

Herbert, Ulrich: *Geschichte Deutschlands im 20. Jahrhundert*,

München 2014. Hindess, Barry: Investigating International Anti-Corruption; in: *Third World Quarterly* 26 (2005), S. 1389-1398.

Hindess, Barry: International anti-corruption as a programme of normalization; in: Sousa, Luís de/Larmour, Peter/Hindess, Barry (Hrsg.): *Governments, NGOs and Anti-Corruption. The New Integrity Warriors*, London 2009, S. 19-32.

Hoeres, Peter: Von der „Tendenzwende" zur „geistig-moralischen Wende". Konstruktion und Kritik konservativer Signaturen in den 1970er und 1980er Jahren; in: *Vierteljahrshefte für Zeitgeschichte* 61 (2013), S. 93-119.

Hood, Christopher: Transparency in Historical Perspective; in: Hood, Christopher/ Heald, David (Hrsg.): *Transparency. The key to better governance?*, Oxford 2006, S. 3-23.

Huge, Dieter/Schmidt, Regina/Thränhardt, Dietrich: Politische Korruptionsskandale auf Bundesebene 1949-1986; in: Bellers, Jürgen (Hrsg.): *Politische Korrup-tion-vergleichende Untersuchungen*, Münster 1989, S. 38-59.

Huntington, Samuel: *Political Order in Changing Societies*, New Haven/London 1968. Jensen, Michael/Meckling, William: Theory of the firm. Managerial behavior, agency costs, and ownership structure; in: *Journal of Financial Economics* 3 (1976), S. 305-360.

Jörke, Dirk: Bürgerbeteiligung in der Postdemokratie; in: *Aus Politik und Zeitgeschichte* 1-2 (2011), S. 13-18.

Jürgs, Michael: *Die Treuhändler. Wie Helden und Halunken die DDR verkauften*, München 1997.

Kapur, Devesh/Lewis, John Prior/Webb, Richard Charles: *The World Bank. Its first half century*, Washington 1997.

Kershaw, Ian: *Hitler 1889-1945*, München 2009.

Kiehne (Kriminalrat): Erfahrungen aus der Tätigkeit zentraler Dienststellen zur Bekämpfung der Korruption; in: Bundeskriminalamt Wiesbaden (Hrsg.): *Wirtschaftsdelikte (einschliesslich der Korruption). Arbeitstagung im Bundeskriminalamt Wiesbaden vom 8. 4. -13. 4. 1957 über Bekämpfung der Wirtschaftsdelikte einschliesslich der Korruption*, Wiesbaden 1957, S. 181-192.

Kilz, Hans Werner/Preuß, Joachim (Hrsg.): *Flick. Die gekaufte Republik*, Reinbek 21984.

Klatt, Johanna: *Rita Süssmuth. Politische Karriere einer Seiteneinsteigerin in der Ära Kohl*, Stuttgart 2010.

Klein, Annika: *Korruption und Korruptionsskandale in der Weimarer Republik*, Göttingen 2014.

Klemm, Volker: *Korruption und Amtsmißbrauch in der DDR*, Stuttgart 1991.

Klitgaard, Robert: *Controlling Corruption*, Berkeley 1988.

Knabe, Hubertus: *Der diskrete Charme der DDR. Stasi und Westmedien*, Berlin/ München 2001.

Knights, Mark: Anticorruption in Seventeenth-and Eighteenth Century Britain; in: Kroeze, Ronald/Vitória, André/Geltner, Guy (Hrsg.): *Anticorruption in History. From Antiquity to the Modern Era*, Oxford 2018, S. 181-195.

Knodt, Michèle: Semi-permeable Verwaltung im postdemokratischen europäischen Mehrebenensystem; in: *Politische Vierteljahresschrift* 54 (2013), S. 534-557.

Kohl, Helmut: *Mein Tagebuch, 1998-2000*, München 2000.

Köpf, Peter: *Auf unsere Kosten! Misswirtschaft und Korruption in Deutschland*, München 1997.

Kopp, Horst: *Der Desinformant. Erinnerungen eines DDR-Geheimdienstlers*, Berlin 2016.

Körner, Heiko: Korruption in der „Dritten Welt“-eine kritische Analyse neuerer Beiträge in der Literatur; in: *Hamburger Jahrbuch für Wirtschafts- und Gesellschaftspolitik* 43 (1998), S. 327-343.

Korte, Karl-Rudolf: Regieren unter schwindenden Gewissheiten. Substanzverluste der Demokratie und deren politische Herausforderungen in der Berliner Republik; in: Bienert, Michael C./Creuzberger, Stefan/Hübener, Kristina/Oppermann, Matthias (Hrsg.): *Die Berliner Republik. Beiträge zur deutschen Zeitgeschichte seit 1990*, Berlin 2013, S. 55-

76.

Krastev, Ivan: Die Obsession der Transparenz. Der Washington-Konsens zur Korruption; in: Randeria, Shalini (Hrsg.): *Vom Imperialismus zum Empire. Nicht-westliche Perspektiven auf Globalisierung*, Frankfurt a. M. 2009, S. 137-161.

Kren, Hendrik: Der » Bundesliga-Skandal“ 1970/71 und der mediale Diskurs über einen wettbewerbskonformen Sport; in: *Kieler Blätter zur Volkskunde* 43 (2011), S. 101-115.

Kroeze, Ronald: *Een kwestie van politieke moraliteit. Politieke corruptieschandalen en goed bestuur in Nederland, 1848-1940*, Hilversum 2013.

Kroeze, Ronald: Lockheed (1977) and Flick (1981-1986): Anticorruption as a Pragmatic Practice in the Netherlands and Germany; in: Kroeze, Ronald/Vitória, André/Geltner, Guy (Hrsg.): *Anticorruption in History. From Antiquity to the Modern Era*, Oxford 2018, S. 279-292.

Kubbe, Ina: *Corruption in Europe. Is It all About Democracy?*, Baden-Baden 2015.

Kuhnert, Matthias: Die Moral von Tee und Babymilch. Unternehmenskritik und Konzepte für ethisches Wirtschaften bei britischen Entwicklungsaktivisten; in: Engels, Jens Ivo/Fahrmeir, Andreas/Monier, Frédéric/Dard, Olivier (Hrsg.): *Krumme Touren in der Wirtschaft. Zur Geschichte ethischen Fehlverhaltens und seiner Bekämpfung*, Köln/Weimar/Wien 2015, S. 43-59.

Lambsdorff, Johann: *Corruption in Empirical Research -A Review*; 9th Annual Anti-Corruption Conference, Durban South Africa 10.-15. 12. 1999; http://www1. worldbank. org / publicsector/ anticorrupt/ d2ws1_ jglambsdorff. pdf, S. 1-18 (Aufruf 20. 08. 2018).

Lambsdorff, Johann Graf: Korruption. Ausmaß und ökonomische Folgen; in: *Wirtschaftsdienst* 82 (2002), S. 544-548.

Lambsdorff, Johann Graf/Galtung, Fredrik: Wie kann man Korruption messen? Der Korruptionsindex 1999 von Transparency International; in: *Entwicklung und Zusammenarbeit* 40 (1999), S. 300-302.

Larkin, Sean P.: The Age of Transparency; in: *Foreign Affairs* 95

(2016), S. 136-146.

Leff, Nathaniel H.: Economic development through bureaucratic corruption; in: *American Behavioral Scientist* 8, 3 (1964), S. 8-14.

Leite, Carlos/Weidmann, Jens: *Does Mother Nature Corrupt? Natural Resources, Corruption, and Economic Growth. IMF Working Paper*, Washington 1999.

Leyendecker, Hans: *Mafia im Staat. Deutschland fällt unter die Räuber*, Göttingen 1992.

Leyendecker, Hans: Helmut Kohl, die CDU und die Spenden. Eine Fortsetzungsgeschichte; in: Leyendecker, Hans/Stiller, Michael/Prantl, Heribert (Hrsg.): *Helmut Kohl, die Macht und das Geld*, Göttingen 2000, S. 13-245.

Leyendecker, Hans: *Die Korruptionsfalle. Wie unser Land im Filz versinkt*, Reinbek bei Hamburg 2003.

Leyendecker, Hans: *Die große Gier: Korruption, Kartelle, Lustreisen. Warum unsere Wirtschaft eine neue Moral braucht*, Berlin 2007.

Lindemann, Kai: *Korruption als Skandalierung informeller Einflusspolitik. Fallstudien aus der „CDU-Spendenaffäre“*, Berlin 2005.

Lindstedt, Catharina/Naurin, Daniel: Transparency is not enough. Making transparency effective in reducing corruption; in: *International Political Science Review/Revue internationale de science politique* 31 (2010), S. 301-322.

Lodge, Juliet: Transparency and democratic legitimacy; in: *Journal of Common Market Studies* 32 (1994), S. 343-368.

Lotze, Gerd: *Karl Wienand. Der Drahtzieher*, Köln 1995.

Mende, Silke: *Nicht rechts, nicht links, sondern vorn. Eine Geschichte der Grün-dungsgrünen*, München 2011.

Menne, Leo: Korruption; in: *Kölner Zeitschrift für Soziologie und Sozialpsychologie* 1 (1948/49), S. 144-188.

Merkel, Wolfgang: Gibt es eine Krise der Demokratie?; in: *WZB-Mitteilungen* 139 (2013), S. 6-9.

Merton, Robert: *Social Theory and Social Structure*, New York[2]

1957.

Metzger, Birgit: *»Erst stirbt der Wald, dann du! “ Das Waldsterben als westdeutsches Politikum (1978-1986)*, Frankfurt a. M. 2015.

Michael, Bryane/Bowser, Donald: The Evolution of the Anti-Corruption Industry in the Third Wave of Anti-Corruption Work; in: Wolf, Sebastian/Schmidt-Pfister, Diana (Hrsg.): *International anti-corruption regimes in Europe. Between corruption, integration, and culture*, Baden-Baden 2010, S. 161-177.

Middendorf, Wolf: *Soziologie des Verbrechens. Erscheinungen und Wandlungen des asozialen Verhaltens*, Düsseldorf/Köln 1959.

Möller, Franz: Eugen Gerstenmaier und die Bundesversammlung in Berlin 1969; in: *Historisch-politische Mitteilungen* (2002), S. 95-126.

Möller, Horst: *Franz Josef Strauß. Herrscher und Rebell*, München/Berlin 2015.

Monsutti, Alessandro: La Banque mondiale et le développement rural an Afghanistan. Promotion de la démocratie, participation locale et gouvernementalité transnationale; in: Pétric, Boris (Hrsg.): *La fabrique de la démocratie. ONG, fondations, think tanks et organisations internationales en action*, Paris 2012, S. 169-192.

Mouffe, Chantal: Postdemokratie und die zunehmende Entpolitisierung; in: *Aus Politik und Zeitgeschichte* 1/2 (2011), S. 3-5.

Mungiu-Pippidi, Alina: Corruption. Diagnosis and Treatment; in: *Journal of De-mocracy* 17 (2006), S. 86-99.

Mungiu-Pippidi, Alina: Becoming Denmark. Historical Designs of Corruption Control; in: *Social Research* 80 (2013), S. 1259-1286.

Mungiu-Pippidi, Alina: Good governance powers innovation; in: *Nature* 518 (2015), S. 295-297.

Mutz, Mathias: Die Volkshochschul' fuer unser Volksgewuhl-Zur Bedeutung der Volkshochschule Wyhler Wald für den Widerstand gegen das Kernkraftwerk Wyhl; in: *Schau-ins-Land* 124 (2005), S. 203-220.

Neudorfer, Benjamin/Neudorfer, Natascha S.: Decentralization and Political Corruption: Disaggregating Regional Authority; in: *Publius: The Journal of Federalism* 45 (2015), S. 24-50.

Noack, Paul: *Korruption. Die andere Seite der Macht*, München 1985.

Nye, Joseph S.: Corruption and Political Development. A Cost-Benefit Analysis; in: *American Science Review* 66 (1967), S. 417-427.

Osrecki, Fran: Fighting Corruption with Transparent Organizations. Anti-Corruption and Functional Deviance in Organizational Behavior; in: *ephemera* 15 (2015), S. 337-364.

Osrecki, Fran: A Short History of the Sociology of Corruption: the Demise of Counter-Intuitivity and the Rise of Numerical Comparisons; in: *The American Sociologist* 48 (2017), S. 103-125.

Özdemir, Cem: Akteneinsichtsrecht als deutsches Freedom-of-Information-Gesetz; in: Scholz, Reiner (Hrsg.): *Der gläserne Bürokrat. Welche Rolle spielt Transparenz in der Bürokratie für die Bekämpfung der Korruption? Konferenz der Friedrich-Ebert-Stiftung, 29. Oktober 1999*, Berlin 2000, S. 53-57.

Papcke, Sven: Durchkorrumpierung. Schatten über der politischen Moderne; in: *Gewerkschaftliche Monatshefte* 3/4 (2002), S. 201-208.

Perthen, Andrea: Réseaux, pots-de-vin et dons à des partis; in: Mattina, Cesare/ Monier, Frédéric/Dard, Olivier/Engels, Jens Ivo (Hrsg.): *Dénoncer la corruption. Chevaliers blancs, pamphlétaires et promoteurs de la transparence à l'époque contemporaine*, Paris 2018, S. 159-178.

Perthen, Andrea: *Korruption kritisieren. Über Entstehung und Verlauf politischer Korruptionsskandale in der Bundesrepublik Deutschland der 1950er und 1960er Jahre*, Dissertation Darmstadt 2019.

Pétric, Boris/Blundo, Giorgio: Introduction. Promotion de la démocratie et transnationalisation du politique. Perspectives locales; in: Pétric, Boris (Hrsg.): *La fabrique de la démocratie. ONG, fondations, think tanks et organisations inter-nationales en action*, Paris 2012, S. 9-33.

Pflüger, Friedbert: *Ehrenwort. Das System Kohl und der Neubeginn*, München 2000.

Philipp, Michael: Amigo-Affäre; in: *Skandale in Deutschland nach 1945*, Bonn/ Bielefeld 2007, S. 173-179.

Pleterski, Friederun/Korth, Michael: *Die Beamten. Privilegien, Pfründen & Pensionen*, Frankfurt am Main 1997.

Pope, Jeremy (Hrsg.): *The TI Source Book*, Berlin 1996.

Portalez, Christophe: *Alfred Naquet et ses amis politiques: Patronage, corruption et scandale en République (1870-1898)*, Rennes 2018.

Pressedienst Demokratische Initiative/Engelmann, Bernt (Hrsg.): *Schwarzbuch Strauss, Kohl & Co*, Köln 1976.

Priemel, Kim Christian: *Flick. Eine Konzerngeschichte vom Kaiserreich bis zur Bundesrepublik*, Göttingen 2007.

Pyta, Wolfram: Bundesligaskandal; in: *Skandale in Deutschland nach 1945*, Bonn/ Bielefeld 2007, S. 95-103.

Ramge, Thomas: *Die großen Polit-Skandale. Eine andere Geschichte der Bundesrepublik*, Frankfurt a. M. 2003.

Rappaport, Alfred: *Creating shareholder value. The new standard for business performance*, New York 1986.

Reuth, Ralf Georg: *Annäherung an Helmut Kohl*, München 2017.

Richter, Horst-Eberhard: *Die hohe Kunst der Korruption. Erkenntnisse eines Politikberaters*, Hamburg 1989.

Ringel, Leopold: *Transparenz. Ideal und Organisationsproblem. Eine Studie am Beispiel der Piratenpartei Deutschland*, Wiesbaden 2017.

Rödder, Andreas: *21. 0. Eine kurze Geschichte der Gegenwart*, München 2015. Rohwer, Anja: Measuring Corruption: A Comparison between the Transparency International's Corruption Perception Index and the World Bank's Worldwide Governance Indicators; in: *ifo DICE Report* 7, 3 (2009), S. 42-52.

Rose-Ackerman, Susan: The economics of corruption; in: *Journal of Public Economics* 4 (1975), S. 187-203.

Rose-Ackerman, Susan: *Corruption: A study in political economy*, New York 1978.

Rose-Ackerman, Susan: *Corruption and Government: Causes, Consequences, and Reform*, Cambridge 1999.

Rostow, Walt W.: The Take-Off into Self-Sustained Growth; in: Agarwala, Amar N./Singh, Shish P. (Hrsg.): *The Economics of Underdevelopment*, London 1960, S. 154-186.

Roth, Jürgen: *Der Sumpf. Korruption in Deutschland*, München 1995.

Roth, Roland/Rucht, Dieter (Hrsg.): *Die Sozialen Bewegungen in Deutschland seit 1945. Ein Handbuch*, Frankfurt a. M. 2008.

Rothfuss, Anna: *Debatte-Skandal-Diskurs. Korruptionskommunikation im Deutschen Kaiserreich 1871-1914*, Dissertation Darmstadt 2017.

Rothstein, Bo: Anti-corruption: the indirect ‚big bang' approach; in: *Review of International Political Economy* 18 (2011), S. 228-250.

Ruf, Friedhelm (Hrsg.): *Der rheinische Kardinal. Josef Frings-Seelsorger, Diplomat und Brückenbauer*, Köln 22016.

Rügemer, Werner: *Colonia Corrupta. Globalisierung, Privatisierung und Korruption im Schatten des Kölner Klüngels*, Münster 82015.

Sabrow, Martin: 1990-eine Epochenzäsur?; in: Sabrow, Martin (Hrsg.): *1990-eine Epochenzäsur?*, Leipzig 2006, S. 9-26.

Sampson, Steven: Integrity Warriors: Global Morality and the Anti-Corruption Movement in the Balkans; in: Haller, Dieter/Shore, Cris (Hrsg.): *Corruption. Anthropological Perspectives*, London 2005, S. 103-130.

Sampson, Steven: Corruption and anti-corruption in Southeast Europe. Landscapes and sites; in: Sousa, Luís de/Larmour, Peter/Hindess, Barry (Hrsg.): *Governments, NGOs and Anti-Corruption. The New Integrity Warriors*, London 2009, S. 168-185.

Sampson, Steven: The Anti-Corruption Industry. From Movement to Institution; in: *Global Crime* 11 (2010), S. 261-278.

Sampson, Steven: The „Right Way". Moral Capitalism and the Emergence of the Corporate Ethics and Compliance Officer; in: *Journal of Business Anthropology* 10 (2016), S. 65-86.

Sattler, Friederike: Rheinischer Kapitalismus. Staat, Wirtschaft und Gesellschaft in der Bonner Republik; in: *Archiv für Sozialgeschichte* 52

(2012), S. 687-724.

Schaupensteiner, Wolfgang J./Bommarius, Christian: Filz und Speck. Ein Gespräch; in: *Korruption. Kursbuch 120*, Berlin 1995, S. 36-44.

Scheuch, Erwin K./Scheuch, Ute: *Cliquen, Klüngel und Karrieren. Über den Verfall der politischen Parteien. Eine Studie*, Reinbek bei Hamburg 1992.

Schildt, Axel: *Zwischen Abendland und Amerika. Studien zur westdeutschen Ideenlandschaft der 50er Jahre*, München 1999.

Schily, Otto: *Politik in bar. Flick und die Verfassung unserer Republik*, München 1986.

Schmidt, Wolfgang: Starfighter/Lockheed; in: *Skandale in Deutschland nach 1945*, Bonn/Bielefeld 2007, S. 77-85.

Schneider, Manfred: *Transparenztraum. Literatur, Politik, Medien und das Unmögliche*, Berlin 2013.

Schöllgen, Gregor: *Gerhard Schröder. Die Biographie*, München 2015.

Scholz, Reiner: *Korruption in Deutschland. Die schmutzigen Finger der öffentlichen Hand*, Reinbek 1995.

Scholz, Reiner (Hrsg.): *Der gläserne Bürokrat. Welche Rolle spielt Transparenz in der Bürokratie für die Bekämpfung der Korruption? Konferenz der Friedrich-Ebert-Stiftung, 29. Oktober 1999*, Berlin 2000.

Scott, James C.: The Analysis of Corruption in Developing Nations; in: *Comparative Studies in Society and History* 11 (1969), S. 315-341.

See, Hans: *Kapital-Verbrechen. Die Verwirtschaftung der Moral*, Düsseldorf 1990.

See, Hans/Schenk, Dieter: Business Crime Control oder Aufklärung tut not; in: See, Hans/Schenk, Dieter (Hrsg.): *Wirtschaftsverbrechen. Der innere Feind der freien Marktwirtschaft*, Köln 1992, S. 17-35.

Selenz, Hans-Joachim: *Schwarzbuch VW. Wie Manager, Politiker und Gewerkschafter den Konzern ausplündern*, Frankfurt a. M. 2005.

Siano, Claas: *Die Luftwaffe und der Starfighter. Rüstung im Span-*

nungsfeld von Politik, Wirtschaft und Militär, Berlin 2016.

Simmert, Christian/Engels, Volker: *Die Lobby regiert das Land*, Berlin 2002.

Sousa, Luís de/Larmour, Peter: Transparency International: Global Franchising and the War of Information against Corruption; in: Burke, Ronald J. /Cooper, Cary L. (Hrsg.): *Research Companion to Corruption in Organizations*, Cheltenham 2009, S. 269-284.

Sozialdemokratische Partei Deutschlands (Hrsg.): *Unternehmermillionen kaufen politische Macht! Finanzierung und Korrumpierung der Regierungsparteien durch die Managerschicht der » Wirtschaft "*, Bonn 1953.

Steiner, André: Corruption in an Anticorruption State? East Germany under Communist Rule; in: Kroeze, Ronald/Vitória, André/Geltner, Guy (Hrsg.): *Anticorruption in History. From Antiquity to the Modern Era*, Oxford 2018, S. 293-304.

Stephan, Cora (Hrsg.): *Wir Kollaborateure. Der Westen und die deutschen Vergangenheiten*, Reinbek bei Hamburg 1992.

Stiller, Michael: Strauß, Schreiber & Co. Das weißblaue Amigo-System; in: Leyendecker, Hans/Stiller, Michael/Prantl, Heribert (Hrsg.): *Helmut Kohl, die Macht und das Geld*, Göttingen 2000, S. 247-473.

Streck, Bernhard: Geben und Nehmen; in: *Korruption. Kursbuch 120*, Berlin 1995, S. 1-8.

Suhr, Heinz: *Der Treuhand-Skandal. Wie Ostdeutschland geschlachtet wurde*, Frankfurt a. M. 1991.

Teorell, Jan/Rothstein, Bo: Getting to Sweden, Part I: War and Malfeasance, 1720-1850; in: *Scandinavian Political Studies* 38 (2015), S. 217-237.

Thiel, Stephanie: Korruptionsbekämpfung zwischen Effizienzismus und Moralismus; in: Kliche, Thomas/Thiel, Stephanie (Hrsg.): *Korruption. Forschungsstand, Prävention, Probleme*, Lengerich 2011, S. 337-357.

Transparency International: *Annual Report 2006*, Berlin 2006.

Überall, Frank: *Der Klüngel in der politischen Kultur Kölns*, Bonn 2007.

Unterstützt die Basisgruppen/Grüne: *Wählt Flick. Damit unsere Politiker berechenbar bleiben*, o. O. [Gießen], o. J. [1983].

Vogt, Roland: Rechtshilfe im Widerstand gegen Atomkraftwerke; in: Ebert, Theodor/Sternstein, Wolfgang/Vogt, Roland (Hrsg.): *Ökologiebewegung und ziviler Widerstand. Wyhler Erfahrungen*, Stuttgart 1978.

Wagner, Patrick: *Bauern, Junker und Beamte. Lokale Herrschaft und Partizipation im Ostelbien des 19. Jahrhunderts*, Göttingen 2005.

Weber, Max: *Wirtschaft und Gesellschaft. Grundriß der verstehenden Soziologie*, Tübingen 1922.

Wengst, Udo: *Theodor Eschenburg: Biografie einer politischen Leitfigur 1904-1999*, Berlin 2015.

Wirsching, Andreas: *Abschied vom Provisorium. Geschichte der Bundesrepublik Deutschland 1982-1990*, München 2006.

Wolf, Sebastian: *Korruption, Antikorruptionspolitik und öffentliche Verwaltung. Einführung und europapolitische Bezüge*, Wiesbaden 2014.

Wolfensohn, James D.: *People and Development. Annual Meetings Address, World Bank* Washington 1996, https://openknowledge.worldbank.org/handle/10986/ 25081 (Aufruf 04. 03. 2019).

Wolfrum, Edgar: *Rot-Grün an der Macht. Deutschland 1998-2005*, München 2013.

Wulff, Christian: *Ganz oben. Ganz unten*, München 2014.

Wunder, Bernd: *Die badische Beamtenschaft zwischen Rheinbund und Reichsgründung (1806-1871): Dienstrecht, Pension, Ausbildung, Karriere, sozialesProfil und politische Haltung*, Stuttgart 1998.

Wüstenhagen, Hans-Helmut: *Bürger gegen Kernkraftwerke. Wyhl-der Anfang?*, Reinbek bei Hamburg 1975.

Zschaler, Frank E. W.: Von der Krise des Sozialstaats zur Finanzmarktkrise. Die wirtschafts- und sozialpolitische Entwicklung der Berliner Republik; in: Bienert, Michael C./Creuzberger, Stefan/Hübener, Kristina/Oppermann, Matthias (Hrsg.): *Die Berliner Republik. Beiträge zur deutschen Zeitgeschichte seit 1990*, Berlin 2013, S. 77-90.

Zyglidopoulos, Stelios C. : The Social and Environmental Responsibilities of Mul-tinationals: Evidence from the Brent Spar Case; in: *Journal of Business Ethics* 36 (2002), S. 141-151.

著作权合同登记号　图字:01-2022-1268
图书在版编目(CIP)数据

追寻透明/(德)延斯·伊沃·恩格尔斯著;黄行洲,李烨译
.—北京:北京大学出版社,2024.1
ISBN 978-7-301-34227-5

Ⅰ.①追…　Ⅱ.①延…②黄…③李…　Ⅲ.①社会管理—研究—德国　Ⅳ.①D751.63

中国国家版本馆 CIP 数据核字(2023)第 125566 号

Originally published in German as *Alles nur gekauft? Korruption in der Bundesrepublik seit 1949*

The translation of this work was financed by the Goethe-Institut China.
本书获得歌德学院(中国)全额翻译资助

书　　名　追寻透明
ZHUIXUN TOUMING
著作责任者　[德]延斯·伊沃·恩格尔斯　著
黄行洲　李　烨　译
责任编辑　赵　聪　魏冬峰
标准书号　ISBN 978-7-301-34227-5
出版发行　北京大学出版社
地　　址　北京市海淀区成府路 205 号　100871
网　　址　http://www.pup.cn
电子邮箱　zpup@pup.cn
新浪微博　@北京大学出版社
电　　话　邮购部 010-62752015　发行部 010-62750672
编辑部 010-62753154
印 刷 者　北京九天鸿程印刷有限责任公司
经 销 者　新华书店
880 毫米×1230 毫米　32 开本　14 印张　351 千字
2024 年 1 月第 1 版　2024 年 1 月第 1 次印刷
定　　价　98.00 元
